权威·前沿·原创

皮书系列为
"十二五""十三五"国家重点图书出版规划项目

经济特区蓝皮书
BLUE BOOK OF SPECIAL ECONOMIC ZONES

中国经济特区发展报告
（2017）

ANNUAL REPORT ON THE DEVELOPMENT OF CHINA'S
SPECIAL ECONOMIC ZONES (2017)

主　编／陶一桃
执行主编／袁易明

社会科学文献出版社
SOCIAL SCIENCES ACADEMIC PRESS (CHINA)

图书在版编目(CIP)数据

中国经济特区发展报告.2017/陶一桃主编.——北京:社会科学文献出版社,2018.1
(经济特区蓝皮书)
ISBN 978-7-5201-2232-0

Ⅰ.①中… Ⅱ.①陶… Ⅲ.①经济特区-经济发展-研究报告-中国-2017 Ⅳ.①F127.9

中国版本图书馆 CIP 数据核字(2018)第 029188 号

经济特区蓝皮书
中国经济特区发展报告(2017)

主　　编 / 陶一桃
执行主编 / 袁易明

出 版 人 / 谢寿光
项目统筹 / 周　丽　高　雁
责任编辑 / 王玉山

出　　版 / 社会科学文献出版社·经济与管理分社(010)59367226
　　　　　地址:北京市北三环中路甲29号院华龙大厦　邮编:100029
　　　　　网址:www.ssap.com.cn

发　　行 / 市场营销中心(010)59367081　59367018
印　　装 / 北京季蜂印刷有限公司

规　　格 / 开本:787mm×1092mm　1/16
　　　　　印　张:23.5　字　数:387千字
版　　次 / 2018年1月第1版　2018年1月第1次印刷
书　　号 / ISBN 978-7-5201-2232-0
定　　价 / 98.00元

皮书序列号 / PSN B-2009-139-1/1

本书如有印装质量问题,请与读者服务中心(010-59367028)联系

▲ 版权所有 翻印必究

本报告由深圳市宣传文化基金资助。

本报告得到教育部哲学社会科学发展报告培育项目"中国经济特区发展报告"立项资助，同时，本报告也得到中共广东省委宣传部"理论粤军·教育部在粤人文社科重点研究基地"专项建设支持。

经济特区蓝皮书编委会

主 任 委 员 吴 忠　陶一桃

编委会成员（按姓氏笔画排序）

　　　　　　 吴 忠　林 起　俞友康　郝寿义　钟若愚
　　　　　　 赵康太　陶一桃　袁易明

主　　　编 陶一桃

执 行 主 编 袁易明

执行副主编 钟若愚　伍凤兰

主 编 助 理 周轶昆

主要编撰者简介

主编：陶一桃 博士、教授

陶一桃 女，满族，经济学教授，博士生导师，中国经济特区问题研究专家，师从著名学者胡寄窗先生。享受国务院特殊津贴专家、国家社科基金重大项目首席专家、国家社科基金评审专家；南开大学兼职教授、广东省学位委员会学科评议组成员；广东省特支计划领军人才、深圳市国家级学术领军人才、深圳大学理论经济学学科带头人、深圳大学领军学者；中国经济思想史学会常务副会长、广东经济学会副会长；深圳市政协委员、深圳市决策咨询委员会委员。现任深圳大学党委副书记、纪委书记，教育部人文社科重点研究基地——深圳大学中国经济特区研究中心主任，"一带一路"国际合作（深圳）研究院院长。

长期从事中西方经济思想与理论研究，研究领域涵盖经济史、经济思想史和制度经济学等领域。近二十多年来致力于中国改革开放史、中国改革开放经济思想史、中国经济特区发展史、中外经济特区比较研究，并在国内外具有一定的学术影响力。其代表性论文《从特区到自贸区：中国自贸区的特殊使命》被《新华文摘》全文转载；代表性著作《中国经济特区史论》被中宣部和国家新闻出版总署列入"纪念改革开放30周年"重点书系（共35本）之一，入选国家社科基金"中华学术外译项目"，并由英国帕斯国际出版公司以英文出版发行，2011年该书获广东省社会科学优秀成果一等奖；国家社科基金重点项目结项成果《经济特区与中国道路》一书入选2016年德国法兰克福书展，由德国斯普林格出版社海外出版发行。

陶一桃教授在宣传以深圳经济特区为典型代表的中国经济特区建设和中国道路方面做出卓越贡献。主持编撰中英双语海内外年度权威发布的《中国经济特区发展报告》（蓝皮书）；主持编撰《中国"双创"指数发展报告》（蓝皮书）、《一带一路与湾区经济蓝皮书》；创办《一带一路研究》学术集刊。目前正在主持国家社科基金重大项目"中国经济特区发展史（1978~2018）"。

执行主编：袁易明　教授

袁易明　经济学博士，教授、博士生导师。深圳大学中国经济特区研究中心副主任，深圳市科技工作者联合会会长，深圳市绿色发展研究院院长，深圳市政府决策咨询委员会专家，贵州省委服务决策专家，曾任世界银行地区研究顾问、深圳市绿色低碳基金会理事长。

袁易明教授是《中国经济特区研究》中文版和英文版集刊（斯普林格出版社出版发行）的创办人和主编，《中国经济特区发展报告》执行主编。长期致力于经济增长、产业结构理论与政策研究。主持国家教育部、水利部、环保部和世界银行课题、非洲开发银行等国际组织研究课题25项，主笔完成世界银行课题报告3个，深圳市政府重大政策课题报告30多个。

出版学术著作十多部：《资源约束与产业结构演进》《中国经济特区产业结构演进与原因》《平等—效率的替代与选择》《产权、机制、效率》《台湾香港公营经济》《政治经济学的现代形态》《市场经济的两大结构》《世界国有企业研究》等。

专著《台湾香港公营经济》（1998年）是国内该领域第一部学术专著，2006年完成的《福利目标下中国所有制结构调整的路径选择》建立了中国所有制改革的社会边际福利方法，2002年完成的研究《平等—效率的替代与选择》建立了中国经济运行效率、所有制结构与平等间关系的分析框架和结构模型；在《经济学动态》《经济研究》《南开经济研究》《学术研究》

《海外事情研究》（日）等国内外刊物发表论文 90 余篇。

多次受邀在国际学术会议上进行演讲。2016 年 5 月应邀在深圳低碳发展国际会议上做学术演讲，2014 年 5 月在卢旺达基加利非洲开发银行 2014 年会经济特区高级学术会议上演讲，2012 年 1 月在联合国开发计划署"中非发展与减贫"国际会议上发表主题演讲，2011 年 2 月受邀参加在亚的斯亚贝巴非盟总部由非洲联盟委员会、联合国非洲经济委员会和 OECD 主办的学术会议并演讲，在竞争性产业集群发展南南合作交流会中国片区会议上做学术演讲。

摘 要

《中国经济特区发展报告（2017）》是教育部人文社科重点研究基地——深圳大学中国经济特区研究中心创立于2009年并持续建设的高端学术品牌，已经成为经济特区研究的重要标志性学术成果。

本书由总报告、专题研究报告、特区发展分述报告和特区发展动态考察报告4个部分21篇报告构成，内容包括：（1）中国经济特区发展年度报告；（2）中国经济特区产业绿色转型发展报告、资源效率与可持续发展报告、创新发展报告、医疗卫生服务体系建设发展报告、社会保障发展报告、金融产业发展报告、文化产业发展报告等专题报告；（3）深圳、珠海、汕头、厦门、海南五大传统特区以及上海浦东新区和天津滨海新区等特区发展分述报告；（4）深圳前海合作区、中国自由贸易试验区、中国图们江地区、深圳湾区、新疆新兴经济特区、欧洲经济特区等特区发展动态考察报告。

本报告针对经济特区一年以来的政治、经济、社会、文化、制度、环境、创新、改革等方面的进展及面临的问题、挑战进行了分析，并提出了发展建议，是研究中国经济特区的重要史料来源和经济特区研究的权威性成果。

Abstract

Annual Report on the Development of China's Special Economic Zones (2017) is the high-end academic brand established in 2009 and has become the iconic academic achievement developed by the key research base of Humanities & Social Sciences of Ministry of Education——China Center for Special Economic Zone Research, Shenzhen University.

The Annual Report consists of four parts detailed as general report, reportson specific researches, reports on the special economic zones and investigation reports on the development trends of the special economic zones, including 21 papers: (1) annual report on the development of China's special economic zones (2017); (2) specific reports of China's special economic zones such as report on the development of green transformation of the industries, report on the resource efficiency and sustainable development, report on the development of innovation, report on the construction of medical and health services, report on the social insurance development, report on the development of the financial industry and report on the development of the culture industry; (3) reports on the special economic zones, including five traditional special economic zones like Shenzhen SEZ, Zhuhai SEZ, Shantou SEZ, Xiamen SEZ and Hainan SEZ and new special economic zones such as Pudong New Area in Shanghai and Tianjin Binhai New Area; (4) investigation reports on the development trends of the special economic zones including Shenzhen-Hong Kong Cooperation on Modern Service Industries in Qianhai Area, China (Shanghai) Pilot Free Trade Zone, the foreign investment in Tumen River area, the economic development of Shenzhen bay area, the emerging special economic zones in Xinjiang and the special economic zones of Europe.

The Annual Report analyzes the progresses regarding politics, economy, society, culture, system, environment, innovation and reform as well as the problems and challenges thereof in the special economic zones in the whole year and offers development proposals, and hence is the important historical resource for researches on China's special economic zones and also the authoritative achievement obtained on the researches on the special economic zones.

目 录

中国三大湾区经济带比较及深圳在粤港澳
大湾区经济带中的地位与作用（代序） …………………………… 001

Ⅰ 总报告

B.1 中国经济特区发展年度报告 …………………………………… 001
  一 2017年经济特区发展的基本背景 ……………………… 002
  二 经济特区进展与评述 …………………………………… 002
  三 经济特区发展面临的新挑战和机遇 …………………… 012
  四 下一年发展路径与注意的问题 ………………………… 013

Ⅱ 专题研究报告

B.2 中国经济特区产业绿色转型发展报告 …………………………… 015
B.3 中国经济特区资源效率与可持续发展报告 ……………………… 042
B.4 中国经济特区创新发展报告 ……………………………………… 061
B.5 中国经济特区社会保障发展报告 ………………………………… 082
B.6 中国经济特区医疗卫生服务体系建设报告 ……………………… 101
B.7 中国经济特区金融产业发展报告 ………………………………… 117
B.8 中国经济特区文化产业发展报告 ………………………………… 139

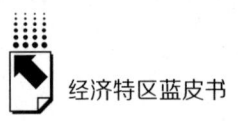

Ⅲ 特区发展分述报告

- B.9 深圳经济特区发展报告 …………………………………… 152
- B.10 珠海经济特区发展报告 …………………………………… 170
- B.11 汕头经济特区发展报告 …………………………………… 186
- B.12 厦门经济特区发展报告 …………………………………… 194
- B.13 海南经济特区发展报告 …………………………………… 205
- B.14 上海浦东新区发展报告 …………………………………… 227
- B.15 天津滨海新区发展报告 …………………………………… 241

Ⅳ 特区发展动态考察报告

- B.16 前海发展报告 ……………………………………………… 257
- B.17 中国自由贸易试验区发展报告 …………………………… 272
- B.18 中国图们江地区外商投资发展报告 ……………………… 288
- B.19 深圳湾区经济发展报告 …………………………………… 301
- B.20 新疆新兴经济特区发展报告 ……………………………… 313
- B.21 欧洲经济特区发展报告 …………………………………… 330

- B.22 后 记 ……………………………………………………… 338

皮书数据库阅读使用指南

CONTENTS

Comparison of the Economy of China's 3 Bay Areas and the
Status and Role of Shenzhen in the Economic Belt of
Guangdong-Hong Kong-Macao Greater Bay Area (Foreword) / 001

I General Report

B.1   Annual Report on the Development of China's Special
Economic Zones / 001
  *1. Background on the Development of China's Special Economic
  Zones in 2017* / 002
  2. Progress and Comment on China's Special Economic Zones / 002
  *3. New Challenges and Opportunities in the development of
  Special Economic Zones* / 012
  4. Development Path and Attention Issues in Next Year / 013

II Specific Reports

B.2   Report on the Development of Green Transformation of the
Industries in China's Special Economic Zones / 015
B.3   Report on the Resource Efficiency and the Sustainable Development
of China's Special Economic Zones / 042

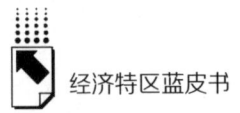
经济特区蓝皮书

B.4 Report on the Development of Innovation in China's Special Economic Zones / 061

B.5 Report on the Social Insurance Development of China's Special Economic Zones / 082

B.6 Report on the Development of the Medical and Health Services in China's Special Economic Zones / 101

B.7 Report on the Development of Financial Industry of China's Special Economic Zones / 117

B.8 Report on the Development of Cultural Industry of China's Special Economic Zones / 139

Ⅲ Reports on the Special Economic Zones

B.9 Development Report on Shenzhen Special Economic Zone / 152
B.10 Development Report on Zhuhai Special Economic Zone / 170
B.11 Development Report on Shantou Special Economic Zone / 186
B.12 Development Report on Xiamen Special Economic Zone / 194
B.13 Development Report on Hainan Special Economic Zone / 205
B.14 Development Report on Shanghai Pudong New Area / 227
B.15 Development Report on Tianjin Binhai New Area / 241

Ⅳ Investigation Reports on the Development Trends of the Special Economic Zones

B.16 Development Report on Shenzhen-Hong Kong Cooperation on Modern Service Industries in Qianhai Area / 257

B.17 Development Report on China Pilot Free Trade Zone / 272

B.18 Report on the Foreign Investment Development of China's Tumen River Area / 288

CONTENTS

B.19	Report on the Development Patterns of Shenzhen Bay Area Economy	/ 301
B.20	Development Report on the Emerging Special Economic Zones in Xinjiang	/ 313
B.21	Report on the Construction and Development of the Special Economic Zones in Europe	/ 330
B.22	Afterword	/ 338

中国三大湾区经济带比较及深圳在粤港澳大湾区经济带中的地位与作用(代序)

陶一桃*

经过近40年的改革开放实践,中国对外开放的制度环境和经济社会基础已经发生了根本性变化,中国社会也正在以坚实的步伐走进世界经济的大格局,并在世界经济中处于越来越显著的地位。在深化改革和实施"一带一路"倡议的大背景下,湾区经济不仅是一种新的开放模式和发展理念,是继特区、自贸区之后我国新一轮对外开放的区域引擎,而且还肩负着探索国际区域合作的可行模式;探寻共同繁荣、分享发展的有效方式;开拓以开放促改革的制度变迁的创新路径之使命。

一 粤港澳大湾区经济带的提出

粤港澳大湾区是指由广州、深圳、珠海、佛山、惠州、东莞、中山、江门、肇庆9市和香港、澳门两个特别行政区形成的城市群。在2017年3月5日召开的十二届全国人大五次会议上,国务院总理李克强在政府工作报告中郑重提出,要推动内地与港澳深化合作,研究制订粤港澳大湾区城市群发展规划,发挥港澳独特优势,提升在国家经济发展和对外开放中的地位与功能。

其实,9年前粤港澳大湾区的设想,就已经进入国家深化改革开放的整体规划之中。自2008年提出粤港澳大湾区规划建设以来,一直得到中央和地方

---

* 陶一桃,深圳大学党委副书记兼纪委书记,中国经济特区研究中心主任,教授、博士生导师。

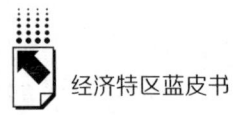

的高度重视与持续推进。2009年完成的《大珠三角城镇群协调发展规划研究》，就已经把"湾区发展计划"列为空间总体布局协调计划的一环，并提出四项跟进工作，即跨界交通合作、跨界地区合作、生态环境保护合作和协调机制建设①。2014年深圳市政府工作报告首次提到"湾区经济"的概念②；2015年"一带一路"顶层设计提出要深化港澳合作，打造粤港澳大湾区③；2017年3月粤港澳大湾区建设首次被写入政府工作报告，上升为国家战略④；2017年6月首届粤港澳大湾区论坛在香港举行；2017年7月《深化粤港澳合作推进大湾区建设框架协议》正式签署。

中央关于粤港澳湾区经济带的建设有"四大目标"和"七大构想"⑤。所谓"四大目标"又可称为"四个实现"，即实现人员自由流动、实现贸易自由流动、实现资金自由流动、实现信息自由安全流动。所谓"七大构想"是指：(1) 推进基础设施互联互通。发挥香港作为国际航运中心的优势，带动大湾区其他城市共建世界级港口群和空港群。共同推进包括港珠澳大桥、广深港高铁、粤澳新通道等区域重点项目建设。(2) 进一步提升市场一体化水平。落实内地与香港、澳门CEPA及其系列协议。推动扩大内地与港澳企业互相投资。鼓励港澳人员赴粤投资及创业就业。(3) 打造国际科技创新中心：优化跨区域合作创新发展模式，构建国际化、开发型区域创新体系。(4) 构建协调发展现代产业体系。充分发挥大湾区不同城市产业优势，推进产业协同发展，完善产业发展格局，加快向全球价值链高端迈进。(5) 共建宜居宜业宜游的优质生活圈。推进区域旅游发展，支持澳门打造旅游教育培训基地，共建健康湾区，完善生态建设和环境保护合作机制，建设绿色低碳湾区。(6) 培育国际合作新优势。充分发挥港澳地区独特优势，深化与"一带一路"沿线国家在基础设施互联互通、经贸、金融、生态环保及人文交流领域的合作。(7) 支持重大合作平台建设。推进深圳前海、广州南沙、珠海横琴等重大粤

---

① 《大珠三角城镇群协调发展报告出炉》，《南方日报》2009年10月29日。
② 许勤：《2014年深圳市政府工作报告》，深圳市第五届人民代表大会第六次会议，2014。
③ 《推动共建丝绸之路经济带和21世纪海上丝绸之路的愿景与行动》，国家发改委、外交部、商务部，2015。
④ 李克强：《2017年政府工作报告》，第十二届全国人民代表大会第五次会议，2017。
⑤ 《深化粤港澳合作，推进大湾区建设框架协议》，国家发改委、广东省政府、香港特别行政区政府、澳门特别行政区政府，2017。

港澳合作平台开发建设。支持港深创新及科技园、江门大广海湾经济区、中山粤澳全面合作示范区等合作平台建设。

粤港澳大湾区布局的正式确立，意味着中国新一轮发展战略的较为成熟的区域布局业已形成。同时，由自然与政治因素所共同决定的独特的地缘地位、由率先发展所致的优质要素禀赋及优化产业结构因素，都使粤港澳大湾区不仅肩负着与港澳深度合作、协同发展、共同繁荣的历史使命，而且还将继续以持续创新的生命力，社会整体协调发展的原动力和对外开放的活力，在深化改革和实践"一带一路"倡议中发挥独特功能与作用。

二 我国三大湾区基础数据比较

湾区经济作为重要的滨海经济形态，是当今国际经济版图的突出亮点，是世界一流滨海城市的显著标志。国际一流湾区如纽约湾区、旧金山湾区、东京湾区等，以开放性、创新性、宜居性和国际化为其最重要特征，具有开放的经济结构、高效的资源配置能力、强大的集聚外溢功能和发达的国际交往网络，发挥着引领创新、聚集辐射的核心功能，是带动全球经济发展的重要增长极和引领技术变革的引擎。

中国的三大湾区包括环珠江口湾区、环长江口湾区和环渤海湾区。环珠江口湾区又称为珠江三角洲经济区，是中国最发达的经济区域之一。地理上包括香港、澳门两个特别行政区和广州、深圳、珠海、佛山、惠州、肇庆、江门、中山和东莞九个城市，简称"9+2"。作为中国改革开放的先行先试地区，这里不仅已经成为当今中国重要的经济中心区域、世界知名的加工制造基地和出口基地、世界产业转移的首选地区之一，而且还承载着中国改革开放四十年所沉淀下来的可贵的政治资本、精神财富和文化力量。

环长江口湾区又称为长三角经济圈，被誉为中国的"金三角"。其核心城市包括上海、南京、杭州、宁波、舟山、绍兴、嘉兴。这里是目前中国经济发展速度最快、经济总量规模最大、最具有发展潜力的经济板块。同时又是具有深厚的现代商业文明、广泛的国际知名度和认可度的城市群，它们的发展繁华在相当长时期曾是中国近现代史的标志。

环渤海湾区又称环渤海京津唐经济圈，包括天津、北京和雄安新区在内的河北省内的城市。渤海是一个内海,被辽东半岛、山东半岛和华北大平原"C"字形所环抱。沿岸13座城市,经济辐射面积遍及大半个中国,是东北、华北、西北和华东部分地区的主要出海口。从国外进口的设备、资金、商品从这里进入中国的北方市场。这些内陆腹地,涉及十几个省份,国民生产总值约占全国的40%。

从三大湾区的人口和土地面积来看:2015年上海杭州大湾区人口为5200.10万人,陆地面积为46386平方公里;粤港澳大湾区人口为6798.42万人,陆地面积56506平方公里;环渤海湾陆地人口为11205.07万人,地区面积217157.42平方公里①。从三大湾区的国民经济总量和均量比较来看:2016年上海杭州大湾区GDP总和为56756.58亿元,人均GDP为10.98万元,地均GDP为1.22亿元/平方公里;粤港澳大湾区GDP总和为92590.76亿元,人均GDP为13.88万元,地均GDP为1.64亿元/平方公里;环渤海湾区GDP总和74612.59亿元,人均GDP为6.66万元,地均GDP为0.34亿元/平方公里②。从三大湾区的创新能力数据比较来看:2016年上海杭州大湾区每万人平均专利授权数为37.73项;粤港澳大湾区每万人平均专利授权数为38.47项;环渤海湾区每万人平均专利授权数为15.36项③。从三大湾区的产业结构数据比较来看:2016年上海杭州大湾区第三产业占比61.18%、第二产业占比36.67%;粤港澳大湾区第三产业占比65.06%、第二产业占比33.58%;环渤海湾区第三产业占比57.53%、第二产业占比37.32%④。从三大湾区的对外开放数据比较来看:截至2016年12月上海杭州大湾区进出口总额43997.41亿元,进出口总额与GDP的比值为77.52%;粤港澳大湾区进出口总额64901.88亿元,进出口总额与GDP的比值为70.1%;环渤海湾区进出口总额28515.93亿元,进出口总额与GDP的比值为38%⑤。

从基础数据的比较中我们可以说,粤港澳经济带的形成是40年改革开放

---

① 数据来源于Wind资讯,其中粤港澳大湾区中香港、澳门人口为2016年人口,其余各城市为2015年人口。
② 数据来源于Wind资讯,其中上海杭州大湾区人均GDP核算以2015年人口数为准,按照1美元兑6.75元人民币换算。
③ 数据来源于各城市统计局网站。
④ 来源于Wind资讯。
⑤ 各城市统计局网站。

积累的结果,是进一步深化改革的契机,是中国社会由政策开放走向制度开放的自然选择,是由外向经济走向开放经济的必然路径,是构建中国政治经济新版图的伟大实践,更是中国道路的一个重要组成部分。

三 深圳在粤港澳大湾区建设中的独特作用

一座城市独特的要素禀赋,决定了这座城市在区域经济中独特作用的彰显与发挥。这里所谓的要素禀赋,不仅仅是指已拥有的经济要素的优势,而且还包括由于历史机遇而拥有的政治资源优势和制度性资本。作为中国最成功的经济特区,深圳正是这种稀缺要素禀赋的拥有者。作为粤港澳大湾区经济带中最富有活力的城市,深圳具有不可替代的制度变迁的"示范效应",区域经济的"引擎作用",集聚优质要素的"虹吸效应",带动周边区域的"扩散效应"及创新驱动的"引领作用"。

笔者以为,在粤港澳大湾区建设中深圳可以发挥四方面的独特作用:其一,继续先行先试,为深化改革提供更深刻的可推广、可复制的经验与制度安排。

湾区经济对中国而言绝不是简单的区域经济学的概念,而是中国经济持续40年高速发展的必然结果,是中国社会深化改革的必然产物,它与特区、自贸区一样,都担负着不同发展时期所赋予的不同内涵的改革目标与使命。湾区经济将以其自身的探索与发展,促进中国社会由政策开放走向制度开放,由外向型经济向开放型经济转型。

粤港澳大湾区的确立,首先就会把行政管理体制机制的改革提到议事日程上来。比如非常现实的行政区划与区域经济一体化的矛盾,会在操作层面上显现出来。每一个独立的行政区域是否会无地方主义地服从区域整体发展目标?区域公共物品和公共基础设施由谁付费?你的政绩是不是我的政绩?区域政绩是不是我的政绩?这样的一个区域共同体,是需要有一个每个成员都能认同的规则来约束的。如是,才有可能降低交易成本,提高合作效率,实现共同目标。所以在中央进行顶层设计的同时,更需要地方政府有胆略和智慧去实施制度创新,创造性地提供作为准公共物品的、能够被区域共同体所共同遵循的制度规则的设计与安排。深圳从它产生那天起就具有了率先改革、勇于担当的社

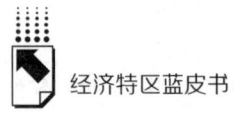

会文化基因与政治品格。失去改革的勇气与精神，就不是深圳。

其二，充分发挥好自身经济结构优势，在带动、促进区域市场经济体制完善的同时，以"虹吸效应"和"扩散效应"继续发挥经济增长极作用。

1992年深圳就已经是一个民营企业占主导地位的城市。目前，深圳的民营企业占企业总数的96%，占全市企业上缴税收的近50%，2015年深圳民营经济增加值占GDP的比重达到42.8%。深圳民营企业中诞生了4个世界500强，20多个中国500强，主营收入超百亿元企业60余家，可谓名副其实的深圳经济的生力军、擎天柱。深圳这种"大市场、小政府"的社会格局，既是率先改革的历史收获，又是其可持续高速增长的制度环境与资本。深圳的发展不仅展示了市场的力量，更彰显了小政府的大力量，其本身就是对政府在市场经济中职能的最好诠释。那就是，政府提供包括制度、法律在内的公共物品与公共服务。政府所营造的宽松、自由、法治的社会制度文化环境，是最好的制度资本与力量。

其三，充分利用好自身产业结构优势，成为驱动区域创新发展的引擎。

据最新出台的中国城市创新指数排行榜，深圳市依然高居榜首，紧随其后的是北京、上海、广州、珠海分列第七名、第八名；世界知识产权组织（WIPO）发布的《2017年全球创新指数报告》显示，深圳—香港地区以4.1万项国际专利数排名全球第二，东京—横滨城市群以9.4万项位于第一，美国的圣何塞—旧金山城市群（硅谷所在地）排名第三①。创新不仅可以让一个社会拥有更多的财富与资本，不仅可以通过增加产品的附加值来改善一国的贸易结构，不仅可以以减少资源消耗的方式创造价值，不仅可以为人类自身创造美好生活和神奇的未来，更重要的是它将改变人们的观念，并以观念的力量改变社会。从长远来看，创新给人类带来的文化和观念的收获甚至高于创新所创造的财富或产值。这或许就是深圳这座城市的生命力与魅力之所在。

其四，站在国家战略的高度，真正用好毗邻香港的地缘优势，为香港与祖国大陆共同繁荣进一步消除制度文化障碍，建立共识通道，确立互信机制，提

---

① 王健羽：《2017年创新指数报告发布：深港地区列全球第二》，《环球时报》2017年7月26日。

供平等机会,让分享发展与共同繁荣成为祖国改革开放的共同收获。

深港两地总计面积仅有3000多平方公里,但二者GDP之和达到4.08万亿元,相当于上海的1.48倍,是珠江口周边与杭州湾周边的总量之和,而珠江口周边地区GDP合计,相当于杭州湾沿岸的1.51倍。香港和深圳的人均GDP分别为29万元和16.74万元,明显高于上海,在湾区经济带城市中也处于领先水平,它们均可谓粤港澳大湾区经济带中,不可替代的具有高品质引擎作用的卫星城市,并共同构成了得天独厚的裙带增长极。笔者以为充分发挥香港在粤港澳大湾区中的积极作用要做到以下三点:(1)借鉴香港体制优势,这是我们一直没有完成的课题;(2)反思以往某些"惠港不惠民"的政策失误,让香港居民公平分享祖国改革开放的福祉;(3)在一国两制大原则前提下,真正实现价值尊重,包容发展,和谐共享。

深圳完全有可能以"中国硅谷"之姿态,成为粤港澳大湾区中最具有辐射力和"扩散效应"的引擎城市,为从根本上提升中国的国际竞争力提供全要素的创新支撑。

粤港澳大湾区是中国又一个更大版图、更具整体规划意义的区域一体化的经济增长极,又一个极具国际竞争力的,跨行政区域合作的社会发展的动力引擎。我们要进一步从制度上解决市场开放度大于社会开放度问题;要进一步从机制上解决人才国际化问题;还要更进一步从观念上明白,并不是任何改变都是改革,更不能以改革的名义回到计划经济的过去。"不忘初心"的根本就在于,真正铭记我们为什么选择了今天的改革开放之道路!

参考文献

1. 《大珠三角城镇群协调发展报告出炉》,《南方日报》2009年10月29日。
2. 许勤:《2014年深圳市政府工作报告》,深圳市第五届人民代表大会第六次会议,2014。
3. 《推动共建丝绸之路经济带和21世纪海上丝绸之路的愿景与行动》,国家发改委、外交部、商务部,2015。
4. 李克强:《2017年政府工作报告》,第十二届全国人民代表大会第五次会议,2017。

5. 《深化粤港澳合作，推进大湾区建设框架协议》，国家发改委、广东省政府、香港特别行政区政府、澳门特别行政区政府，2017。
6. 王健羽：《2017年创新指数报告发布：深港地区列全球第二》，《环球时报》2017年7月26日。

总 报 告
General Report

B.1
中国经济特区发展年度报告

陶一桃 李 猛*

摘 要： 2017年，中国经济特区在供给侧结构性改革背景下，制度红利进一步递减，社会经济发展（社会要素、技术要素、经济要素、政治法律要素、文化要素、生态资源）等诸多方面正面临前所未有的掣肘和发展瓶颈，主要问题如下：第一，与消费需求增长相比，固定资产投资增长存在反弹压力；第二，能源消耗过多、环境压力增大的问题仍然突出；第三，房地产行业中存在部分经济特区城市房价上涨过高，其直接影响到特区人才的引进和有效流动。针对上述情况，经济特区的未来宏观调控要注意以下方面：第一，不仅需要注意结构性问题，加快产业结构调整，同时要注意协调发展问题；第二，

---

* 陶一桃，女，深圳大学校党委副书记、中国经济特区研究中心主任，教授，博士生导师；李猛，男，深圳大学数量经济与数据科学研究中心主任，教授，博士生导师（首届交叉学科），中国数量经济学会理事，深圳大学经济学院统计系主任。

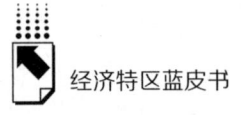

积极地扩大消费需求，保持特区经济的健康快速增长。

关键词： 结构调整 扩大消费 环境压力

本报告是2016年度中国经济特区发展报告的延续，力图展现中国经济特区发展的最新发展现状。同时为了与2016年度报告相承接，本报告采用了与2016年度报告基本相同的写作框架和数据分析指标。

一 2017年经济特区发展的基本背景

当前，中国经济在供给侧结构性改革背景下，之前改革的制度红利已经开始消退和明显递减，社会经济发展（社会要素、技术要素、经济要素、政治法律要素、文化要素、生态资源）等诸多方面正面临前所未有的掣肘和发展瓶颈，原有的发展模式尚待改革，中国需要寻找可持续增长的新引擎。

2017年，我国经济特区的宏观经济总体运行基本平稳，经济社会改革发展取得了显著的成绩。但是必须清醒地认识到，自2017年初以来经济特区发展中还存在突出矛盾和可能影响经济社会发展的重大问题。这些问题主要有：第一，外贸和国际收支的不平衡压力加大，国际收支不平衡的矛盾突出；第二，与消费需求增长相比，固定资产投资增长存在反弹压力；第三，能源消耗过多、环境压力增大的问题仍然突出；第四，房地产行业中存在部分经济特区城市房价上涨过高，其直接影响到特区人才的引进和有效流动。

二 经济特区进展与评述

（一）经济特区在社会经济发展等诸多方面进一步推进和深化改革

1. 经济特区在产业层面的进展

深圳、厦门和海南三大经济特区第三产业高于全国平均水平，而汕头和珠海低于全国平均水平。从国际视野来看，我国的第三产业比例明显低于世界平均水平,第二产业明显高于世界平均水平,仍然面临产业绿色转型的巨大挑战,预示着我国产业转型任重而道远。第二产业比例较高体现了我国作为世界制造大国的国际地位。从世界高收入国家的第二、第三产业比例来看,其第二产业的比例也高于世界平均水平。由此可见,第二产业在世界高收入国家中仍然占有重要位置。第三产业比重是衡量一个地区或城市产业转型的重要指标,世界主要城市或地区转型的代表性特征就是第三产业比例极高。发达国家的第三产业占国民经济的比重从20世纪50年代开始逐渐上升并取得主导型地位,并且达到60%以上的水平。从五大经济特区和世界高收入国家对比来看,我国经济特区第二产业显著高于它们,而第三产业低于它们,说明我国经济特区产业结构调整重点在于第二产业如何优化为第三产业(见图1)。我国经济特区的第二产业比例高于世界高收入国家十几个百分点,相应地,第三产业比例低于世界高收入国家十几个百分点,说明我国经济特区产业绿色转型水平还有很大的提升空间。如果我们以世界高收入国家的第三产业比重来看待未来五大经济特区的第三产业比重发展趋势,可见第三产业还有极大的发展潜力,而第二产业也将面临更加严峻的转型挑战。

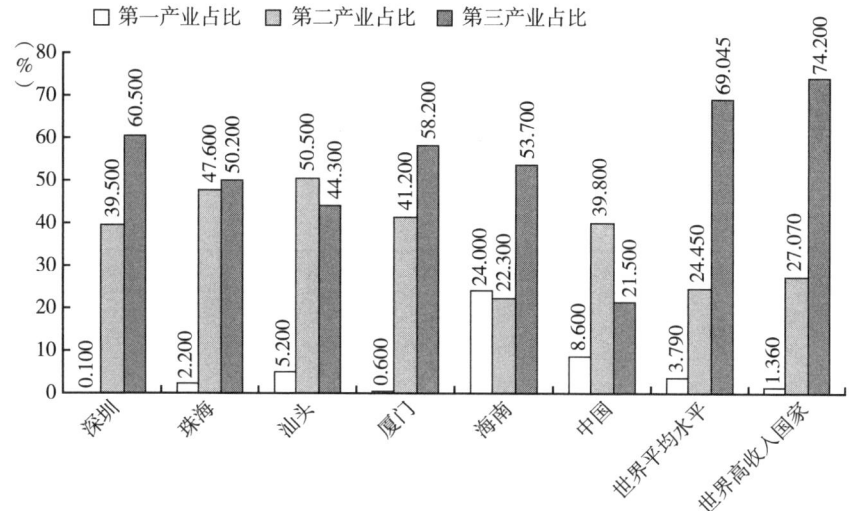

图1 2016年中国五大经济特区和中国、世界及世界高收入国家三次产业比重

注:世界平均水平和世界高收入国家数据来自世界银行2015年数据,五大经济特区和我国数据均来自官方网站统计数据。

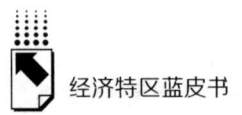

我国第三产业占比在一半以上,但是如何达到发达国家60%以上的水平,调整第二产业、扩大第三产业的比重是产业转型的关键所在,也是本报告第二部分的重要内容。从五大经济特区的数据来看,深圳和厦门的第三产业比重已较高,但是离世界平均水平,特别是高收入国家的水平还有较大的差距。我国服务业占比偏低体现了我国过去重重工业、轻服务业,重投资和出口、轻消费等产业结构问题。产业绿色转型将有助于我国转变目前的第三产业占比结构,协调各产业之间的关系。目前,我国各大经济特区均加大了对服务业,特别是现代服务业的支持,均致力于提高第三产业比重,优化产业结构。

从三次产业增长速度来看,五大经济特区第三产业增长率均高于全国平均水平,体现了经济特区产业转型处于领先水平。从世界范围来看,五大经济特区的第三产业增速几乎是世界平均水平和世界高收入国家的五倍,这也预示着我国五大经济特区产业结构调整正处于加速期,第三产业发展潜力大。在五大经济特区中,2016年第一产业正处于逐渐萎缩状态,第二产业保持较高增长速度,第三产业保持高速增长的态势。五大经济特区第三产业增长速度2016年平均达到近10%,珠海第三产业增长速度最快,达到11.7%。其中汕头市第二产业增速与第三产业相同,预示着汕头市第二产业还面临转型的挑战(见表1)。

表1 2016年五大经济特区、中国、世界及世界高收入国家三次产业增速

单位:%

三次产业增速	深圳	珠海	汕头	厦门	海南	中国	世界	世界高收入国家
第一产业增速	-3.70	1.40	3.40	-5.50	4.10	3.30	1.727	-0.182
第二产业增速	7.00	5.80	9.00	5.70	5.10	6.10	2.87	2.06
第三产业增速	10.40	11.70	9.00	9.80	10.10	7.80	2.78	2.12

注:世界平均水平和世界高收入国家数据来自世界银行2015年数据,五大经济特区和我国数据均来自官方网站统计数据。

另外一个考量产业结构未来发展的趋势就是固定资产投资第三产业的比例。从固定资产投资的指标来看,2016年五大经济特区除汕头之外,均将超过八成以上的固定资产投入了第三产业部门。这些数据表明五大经济特区政府

高度重视产业结构调整，固定资产投资也在一定程度上体现了产业结构调整的艰巨性，高额的第三产业投资保障了产业结构调整的长期稳定性。五大经济特区中只有汕头的第二产业固定资产投资较多，而其他均高度集中于第三产业，海南甚至高达90%以上。五大经济特区高额的第三产业固定资产投资的大量增长为经济特区未来产业结构调整奠定了良好和坚实的基础，同时也为我国其他地方提供了借鉴。

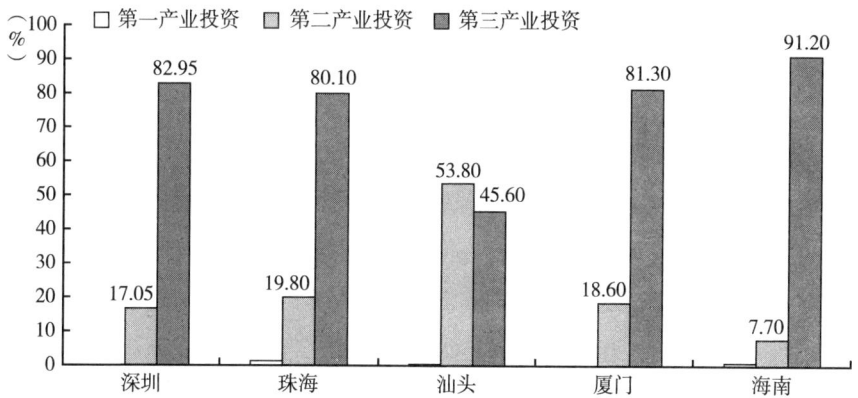

图2　2016年五大经济特区固定资产投资三次产业的比重

我们来观察五大经济特区的支柱产业状况。从2016年数据来看，在五大经济特区支柱产业中，仅有深圳已经形成了以金融、物流、文化及相关产业为主的现代服务业以及高新技术产业的现代产业体系，其他经济特区的支柱产业还主要停留在第二产业，有些甚至还是传统制造业领域，如汕头和海南。深圳的支柱产业的基本特征是低能源和资源消耗，是高附加值的低碳绿色产业。厦门以电子和机械为支柱产业和深圳相比还有一定差距，但是仍然属于较为低碳和环保的产业。珠海既有低碳环保的电子信息、生物医药、精密仪器为主的现代服务业，也有家用电器、石油化工等与电力能源相关的高耗能产业。如何加快能源相关产业的转型是珠海产业绿色转型的重要内容之一。在五大经济特区中，汕头和海南仍然呈现传统制造业和现代制造业混合的支柱产业结构特征，其支柱产业中含有不少的传统劳动密集型、资源消耗较高以及对环境影响较大的行业，如纺织服装、化工塑料、造纸及造纸制品业，如何加快传统制造业的转型升级是这两个特区面临的共同挑战（见表2）。

表2 2016年我国五大经济特区支柱产业结构

特区	深圳	珠海	汕头	厦门	海南
2016年支柱产业	金融业 物流业 文化及相关产业 高新技术产业	电子信息 生物医药 家用电器 电力能源 石油化工 精密仪器	纺织服装 化工塑料 工艺玩具 机械装备 印刷包装 食品医药 电子信息 音像制品	电子机械	农副食品加工业 造纸及纸制品业 石油加工业 化学原料和化学制品制造业 医药制造业 非金属矿物制品业 汽车制造业 电力、热力的生产和供应业

在产业转型过程中，不同的经济特区处于不同的发展阶段，同时也会面临不同的问题和挑战。如深圳虽然在规模和转型方面支撑条件具有较强优势，未来随着产业转型的深入推进，深圳仍需不断寻找新的产业转型着力点和产业增长点。珠海虽然在产业转型能力评价得分上仅次于深圳，但在产业规模、市场条件和创新驱动方面与深圳有较大差距，未来产业转型仍需深入挖掘创新潜力。海南在五大经济特区产业转型方面得到很大提升，但在产业创新发展、市场拓展等方面短板明显，甚至还与其他四个经济特区有较大的差距。汕头、厦门两个特区在产业转型方面进展乏力。综上所述，五大经济特区当前在产业转型过程中仍面临诸多瓶颈，对此各主要经济特区仍需从自身实际出发，不断寻找契合自身发展阶段特点的模式和路径，努力构建符合自身特点的产业创新体系。

2. 经济特区在文化要素层面的进展

2016年，国家出台了一系列扶持政策和法规性文件，包括《文化企业无形资产评估指导意见》《关于开展引导城乡居民扩大文化消费试点工作的通知》《关于移动游戏出版服务管理的通知》《关于大力推动广播电视节目自主创新工作的通知》《关于支持实体书店发展的指导意见》《关于推动文化文物单位文化创意产品开发的若干意见》《中华人民共和国电影产业促进法》《国家创新驱动发展战略纲要》《关于进一步加强和改进中华文化走出去工作的指导意见》《"十三五"国家战略性新兴产业发展规划》等。在国家的大力扶持下,中国文化产业实现逆势增长,以"互联网+"为主要形式的相关产业展现了积极向上的活力和前景,并在更广领域形成跨界融合的新增长点。一些经济特区已形成以战略性新兴产业和未来产业为主的全新的产业结构,同时探索出"文化+旅游""文化+金融"等新的发展模式,在规模化、集约化、专业化的发展路径下推动文化产业的集聚发展,不断提升特区的综合竞争力,努力为当好全国文化产业排头兵做出新的更大贡献,实现了"十三五"的良好开局。

2016年1月,《深圳文化创新发展2020(实施方案)》正式印发,该方案对深圳文化发展战略做出顶层设计,描绘了未来5年"文化深圳"的美好蓝图与行动指南,将持续推动深圳文化产业实现质量型增长、内涵式发展,建设与现代化、国际化创新型城市和国际科技、产业创新中心相匹配的文化强市。为深圳转型升级提供了新路径。龙头领航,园区集聚,2017年深圳文化产业集聚效应越发凸显。

2016年《珠海市"十三五"文化创意产业发展规划》的发布更是为未来珠海文化产业发展描绘了清晰的发展蓝图。根据珠海市统计局数据,2016年全市实现地区生产总值(GDP)2226.37亿元,同比增长8.5%;全年接待入境旅游人数492.06万人次,同比增长4.4%,其中,外国人63.7万人次,增长6.2%;实现旅游总收入317.08亿元,同比增长14.6%;全年居民消费价格总水平上涨1.9%。[①] 这些数据表明,2016年珠海顺利完成年度主要经济目标任务,实现了"十三五"的良好开局。2016年珠海规模以上高技术服务业企业158家,比上年增加12家,逐步形成以龙头企业为核心的产业集群,创新发展和壮大实体经济呈现新亮点。在建设"大湾区创新高地"的时代背景下,珠海将在"十三五"时期发挥自身本土文化优势。重点发展文化旅游、文化休闲、影视、数字内容、创意设计和文化制造产业,成为珠三角重要文化创意产业中心。

厦门文化产业园区作为重要的产业经济集群化载体,对厦门创新、创意平台的发展发挥了重要的引领作用。曾获"中国创意产业最佳园区奖"殊荣的

---

① 珠海市统计局:《2016年珠海市国民经济和社会发展统计公报》,珠海统计信息网,http://www.stats-zh.gov.cn/tjzl/tjgb/201703/t20170328_359811.htm,2017年3月28日。

龙山文化创意产业园不仅入选国家级闽台文化产业试验基地的文化创意产业园区，同时在工信部公布的《全国纺织服装创意设计试点园区（平台）》上榜。此外，湖里文创园、沙坡尾艺术西区等园区均已逐渐成为创意人才的聚集区，为厦门文化创意的孵化提供了支撑平台。厦门市着力发展以文化信息服务业、数字内容集成、新媒体等为主的文化产业新业态。创意设计、动漫网游、数字内容与新媒体等新兴业态发展态势良好，相关文化企业规模不断扩大，已形成集聚发展态势，一批具有全国影响力的文化科技融合发展平台日渐形成。

在《国务院关于积极推进"互联网+"行动的指导意见》和《广东省"互联网+"行动计划（2015~2020年）》的指导下，汕头市于2016年4月公布《汕头市"互联网+"行动计划（2016~2020年）》。计划提出"到2020年，全市经济社会互联网应用成效显著，成为全省互联网经济发展重要基地、网络民生应用服务示范区、网络创业创新集聚中心"的发展目标，并实施"互联网+创业创新""互联网+工业制造""互联网+商务贸易""互联网+农业农村""互联网+新兴产业""互联网+金融创新""互联网+公共服务""互联网+绿色生态"八大重点行动。① 力争使文化产业成为汕头重要支柱产业，将汕头打造成具有核心竞争力的粤东文化中心。

2016年，文化产业作为海南省十二个重点产业之一，在一系列创新改革措施的推动下取得了新的进展。《2016年海南文化产业发展状况分析》显示，海南文化产业稳步增长，总体呈现崭新的面貌和良好的态势。全省文化及相关产业法人单位3460个，比上年增长10.6%；期末从业人员73791人，比上年增长9.2%；文化企业实现营业收入255.93亿元，比上年增长8.1%；资产总计1012.38亿元，比上年增长9.4%；全省规模以上文化企业法人单位120个，比上年增长11.1%；港澳台商投资企业实现营业收入21.01亿元，比上年增长34.6%。② 在十大文化产业相关行业中，文化用品的生产占比最大，文化服务业逐渐成为文化产业发展的核心产业。

---

① 汕头市人民政府办公室：《关于印发汕头市"互联网+"行动计划（2016~2020年）的通知》，汕头市人民政府，http：//www.shantou.gov.cn/00000/020303/201604/759797f2abc94f72bf63219f2f0805cb.shtml，2016年4月7日。
② 海南省统计局：《2016年海南文化产业发展状况分析》，海南省统计局，http：//www.stats.hainan.gov.cn/tjsj/tjfx/jdfx/201707/t20170722_2376316.html，2017年7月22日。

3. 经济特区在生态资源要素层面的进展

从1996年和2016年年度指标比较各特区人均DMI的年均增速，海南、厦门、珠海三地人均物质资源消耗的增长在五个经济特区中居于高位（分别为5.5%、5.1%、4.2%），汕头的人均物质资源消耗增长较为平稳（2.9%），只有深圳实现了人均DMI的净减少，仍保持为-2.7%，具体参见表3。

表3　1996年和2016年各特区人均DMI及其年均增速对比

年份＼人均DMI	厦门	汕头	海南	深圳	珠海
1996年（吨）	1.10	1.52	1.86	2.38	2.82
2016年（吨）	3.1	2.77	5.7	1.34	6.66
年均增速（%）	5.1	2.9	5.5	-2.7	4.2

资料来源：根据本研究物质流分析结合相关统计报告结果计算整理。

近二十年间深圳DMI总量年均增速仅为1.6%，相较于其他特区物质投入总量增长速度最低，考虑同期常住人口年均增长速度高达4.4%，人均DMI指标下降幅度在情理之中。深圳处于人均物质投入逐步下降的阶段，经济增长引擎对物质资源消耗需求放缓，这与深圳基本上完成产业转型升级过程，已进入后工业化经济发展的实际发展情况相吻合。

一方面，长期以来，经济发展缺少反映资源消耗和环境污染代价的度量。生态经济则要求资源和传统要素的综合效益最优，获得资源、环境和社会效益的最优。在给定社会、经济和自然条件的约束下，经济特区应以生态效益、经济效益和社会效益整体优化为目的，在国民经济整体和产业各种层次与环节的经济活动中逐步实现经济系统的生态转型。另一方面，我国尚处于工业化进程的初、中级阶段，较高的要素投入增长不可能长期持续，经济特区必须认识到提高要素生产率水平对经济长期持续增长的重要性，着力提高经济发展的整体效率。

（二）"新区"肩负实施国家战略的使命

国家发改委的公开资料显示，下一步会加大对"新区"的制度供给。国家发改委未来将"重点加快自贸试验区、丝绸之路经济带"等功能区建设，

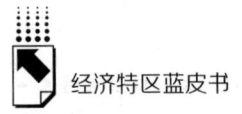

重点加快"相关领域先行先试,为进一步改革提供重要经验"。

1. 前海自贸试验区的新进展

2017年是前海自贸试验区(以下简称"前海")开发开放的关键一年,在迎来习近平总书记视察前海5周年,香港回归20周年,以及党的十九大胜利召开之际,前海围绕着"制度创新、现代服务业的集聚发展、深港合作",不断进行开发开放,并取得了以下的进展。

(1)主打法治建设、深港合作,与其他自贸区差异化发展

法治建设、深港合作,这是前海区别于其他自贸区的独特优势。作为特区中的特区,前海拥有其他自贸区所没有的立法权,开发开放的7年里,前海在立法、司法、执法等方面不断创新,取得了明显的成效。立法方面,出台了前海的基本法"一条例两办法","基础性立法、产业性规定、配套性制度"三管齐下,初步形成了以"基本法"为核心的前海规则体系。司法方面,建立前海法院,引入香港元素,探索多元化的商业纠纷解决机制。执法方面,借鉴香港经验建立前海廉政公署,摸索廉政监督新机制。深港合作,是前海拥有的地缘优势,在过去的几年里,前海在产业合作、人才交流等方面积极与香港合作,建立了青年梦工厂、基金小镇,搭建了"内港通"平台,服务深港两地企业合作和人才交流。未来几年,前海应把握法治建设与深港合作两个抓手,借鉴香港经验,法治先行,建设"中国特色社会主义法治示范区"。

(2)推进创新驱动,实现科技与金融的融合发展

在经济发展新常态下,随着要素成本的提高以及资源环境的约束,以要素驱动的经济发展越来越显现出其局限性。加快科技创新、制度创新,实现经济增长由要素驱动向创新驱动转变,推动经济的转型发展,是经济可持续发展的根本途径。作为中国新一轮改革开放的桥头堡——深圳前海,在创新驱动发展中应该起到排头兵作用。产业技术创新取得突破,是形成前海区别于其他自贸区的发展核心竞争力的关键。发展金融产业是前海开发开放的重要内容,深化深港合作,与香港共建国际金融中心,带动整个湾区经济的发展,是前海发展的重要目标。前海在未来的发展中应该借鉴发达国家在高新技术领域与金融之间相互融合的经验,借助深圳的高新科技创新,优化金融服务,加强对高新科技企业的扶持,促进科技应用于金融,提升金融服务的效率,加快前海"科

技+金融"的融合发展,推动湾区经济的发展,更好地服务"一带一路"建设。

2. 湾区经济的新进展

自20世纪60年代开始,世界湾区城市掀起滨海湾区建设浪潮。随着美国纽约、旧金山湾区经济带和日本东京湾区经济带的迅速崛起和持续发展,湾区经济逐渐形成一种独特的经济发展效应,在国内外受到政界、学界和商界的普遍关注。在国际上,"湾区"一词多用于描述围绕沿海口岸分布的众多海港和城镇所构成的港口群和城镇群,是一个地理区位的概念;在此地理区位内衍生的经济效应称为"湾区经济"。① 相较于国外对于湾区经济的定义,深圳不但强调该效应对于自身地缘优势和邻近城市集群的依赖,而且赋予其更高、更广的使命:产业发达、功能强大、开放互动、集聚外溢。

当前,我国正紧密建设"丝绸之路经济带"和"21世纪海上丝绸之路"(以下简称"一带一路"),深圳经济特区作为我国改革开放的窗口,地处粤港澳大湾区和海上丝绸之路战略要冲,与"一带一路"沿线国家交流合作紧密,应当继续发挥改革开放排头兵的作用:率先落实中央和广东省的要求,主动适应经济发展新常态,推动粤港澳大湾区合作。这是深圳经济特区服务国家"一带一路"倡议的主动担当,是对接广东省海洋经济战略的主动作为,也是在新的经济发展形势中谋划深圳经济特区更高质量发展的主动选择。

深圳发展湾区经济,是深圳协同珠三角区域发展、发挥经济中心城市功能的重要方略,也是深圳扩大开放和国际化的重要路径。深圳市出台的《深圳市人民政府关于大力发展湾区经济建设21世纪海上丝绸之路桥头堡的若干意见》中,提出"发展湾区经济,努力建设海上丝绸之路桥头堡"。深圳市市长许勤在2014年的政府工作报告也提出"聚焦湾区经济,构建区域协同发展新优势"的重点工作任务。

深圳作为粤港澳湾区重要中心城市,发展湾区经济的总体思路是:全面贯彻落实国家"一带一路"建设要求,以全球视野把握世界经济和国际湾区发展新趋势,充分发挥湾区、特区双优势,以"市场化、法治化、国际化改革"

---

① 刘艳霞:《国内外湾区经济发展研究与启示》,《城市观察》2014年第3期。

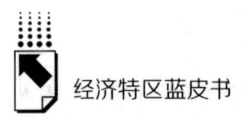

为发展方向,以前海开发开放为突破口,坚持深圳质量深圳标准发展理念,集聚高端资源,强化创新驱动,充分发挥多港联动效应,努力建设"创新能力卓越、产业层级高端、交通网络发达、基础设施完善、生态环境优美、辐射功能强大"的一流湾区城市,带动粤港澳大湾区发展,为实施国家"一带一路"倡议提供有力支撑。

三 经济特区发展面临的新挑战和机遇

2017年是各经济特区加快结构调整的一年,我们必须时刻保持清醒头脑,丝毫不能低估当前和今后一段时期经济走势的复杂性和严峻性。从中短期来看,应着重研究和实践以下若干广大人民群众密切关注的问题。

(一)保持房地产业的稳定和健康发展,多渠道提供廉租房

房地产价格上涨过高,不仅反映投资方面的问题,更重要的是已经影响到人民群众的切身利益。近年来,经济特区的房价涨幅明显偏高,虽然政府采取措施试图抑制本地区房价过快上涨,但是2016年以来各地房价仍然呈较快上升的趋势。房价涨幅过高是多种因素共同作用的结果:首先是市场需求旺盛;其次是土地的稀缺性;最后是地方政府受局部利益驱动,用土地换资金,从而促使了房地产价格的进一步上涨。

(二)抓好降耗减排,转变增长方式

国家"十三五"规划综合分析未来国内外各方面因素,提出的这两项降耗减排约束性目标,符合我国国情,对于我国经济特区加强节能环保工作具有十分重要的意义。为了在"十三五"期间完成这两项任务,必须认真处理好经济增长速度与环境保护之间的关系,把经济增长速度调整到适度水平上,以保证完成降耗减排任务的空间。转变经济增长方式是完成降耗减排任务的基础,保持经济增长的适度是降耗减排的必要条件。

另外,还有全社会的养老问题。由于实行多年的计划生育,中国经济特区现今生育率偏低,未来面临人口减少的趋势。养老改革、医疗改革也是如箭在弦。

四 下一年发展路径与注意的问题

（一）宏观调控不仅需要注意结构性问题，加快产业结构调整，同时要注意协调发展问题

从总体来看，我国经济特区宏观经济运行处于一种比较有利的状态，2018年继续保持良好增长势头的可能性很大。根据较具代表性OECD成员国的发展经历，人均国内生产总值突破7000美元后，将进入工业化高级阶段。因为，在工业化高级阶段，应加快发展和壮大"高附加值"的高新技术产业、先进制造业、战略性新兴产业和现代服务业，将管理重心从生产链向价值链转移，不断提升深圳的产业层次和区域综合竞争力，助推经济结构在更高层次发展。

在这种情况下，我们需要同时注意各种影响经济稳定的因素在总量方面的表现和在结构方面的表现。因此，经济特区的宏观调控就不仅需要注意结构性问题，更要注意其与总量的协调发展。

（二）更积极地扩大消费需求，保持特区经济的健康快速增长

现阶段可以通过优化财政支出结构，着重解决民生问题，加大对教育、医疗、廉租房的投入，转变民众对未来支出的预期，扩大内需，拉动经济增长，从而形成经济与税收的良性循环。必须从调整收入分配政策入手，使收入分配更有利于增加居民收入，使经济增长与居民收入增长相匹配，以实现最终消费率的提高。当前应该大力增加对服务业的投资力度，调整一、二、三产业的结构关系，以实现投资促进消费增长。

2017年10月18日召开的党的十九大，是中国人民政治生活中的大事。十九大的召开，将为全面贯彻落实科学发展观，加快构建社会主义和谐社会增加强大的动力，也将为保持我国经济的持续稳定快速增长提供保证，必将促使我国经济社会发展取得更大的成绩。

参考文献

［1］国家统计局2000～2017年历年《中国统计年鉴》。
［2］国家统计局：《新中国五十五年统计资料汇编》，新华出版社，2005。
［3］《中国统计摘要·2017》。
［4］全国及各省份2017年统计公报。
［5］国家统计局网站（www.stats.gov.cn）有关数据。
［6］中国政府网（www.gov.cn）有关政策。
［7］国土资源部网站（www.mlr.gov.cn）有关规划、政策和公报。
［8］国家环境保护总局网站（www.mep.gov.cn）有关规划、政策和公报。
［9］国家发展与改革委员会网站（www.ndrc.gov.cn）有关规划、政策。

专题研究报告

Specific Reports

B.2 中国经济特区产业绿色转型发展报告[*]

袁易明 盛春红 吕 平[**]

摘 要： 产业绿色转型是中国经济特区践行绿色发展的重要体现。首先，本报告综合论述和分析了2016年深圳、珠海、汕头、厦门及海南在三次产业绿色转型中所采取的具体措施。本报告既总结了经济特区在产业绿色转型中所展示的共同特征，也分析了其产业绿色转型体现出的差异性及背后原因。其次，本报告描述了经济特区产业绿色转型所取得的环境效果。再次，通过选取产业绿色转型的量化指标，建立了产业绿色转型综合能力的评价体系和模型，对特区产业绿色转型能力进

---

[*] 本文为教育部人文社会科学重点研究基地重大课题"经济特区产业转型与发展机会的社会分配研究"（课题号：15JJDZONGHE032）和深圳大学中国经济特区研究中心2017年度课题"中国经济特区产业转型研究"的成果。

[**] 袁易明，深圳大学中国经济特区研究中心副主任，教授，博士生导师，深圳市汉仑绿色发展研究院院长；盛春红，深圳大学中国经济特区研究中心博士后研究人员；吕平，深圳大学中国经济特区研究中心博士研究生。

行了排序和综合点评。最后，针对经济特区产业绿色转型所面临的挑战，本报告提出了相关政策建议。

关键词： 中国经济特区　产业绿色转型　三次产业　绿色转型能力

一　引言

绿色发展是实现社会主义生态文明、建设资源节约和环境友好型社会的必经路径，也是人们对美好生活向往和全面建成小康社会的重要内容之一。产业绿色转型，通过对现有产业的改进以及布局创新型绿色产业是实现绿色发展的重要途径。中国经济特区是国内第一批面临产业转型难题的地区和城市。中国经济特区在绿色转型中所积累的经验和教训相比发达国家对中国更具有借鉴意义。本报告系统地跟踪了中国经济特区产业绿色转型的历程，重点关注它们在平衡经济增长和环境保护方面所采取的措施以及取得的效果。

深圳、珠海、汕头、厦门和海南在近年的生态、可持续发展及绿色发展城市排名中均名列前茅，表明了经济特区在绿色转型方面已经取得了一定的成效（见表1）[①]。深圳在2016年由麦肯锡和清华大学发布的中国城市可持续发展中排名第1位，而珠海排名第4位[②]。中国经济特区城市也是全国低碳、生态示范城市或省份。此外，它们制定了相关规划和政策，以推动产业绿色转型。

表1　2016年中国经济特区产业绿色转型规划

特区名称	环境清洁*（位次排名）	国家低碳试点城市或省份	2016年绿色发展相关规划
深圳	1	第一批低碳城市	第五届深圳国际低碳论坛 《深圳市循环经济"十三五"规划》 《深圳市水务发展"十三五"规划》

[①] 在刘举科等主编的《生态城市绿皮书：中国生态城市建设发展报告（2017）》中，珠海排名第1位，厦门排名第2位，深圳排名第13位，在环境友好型指标方面，汕头排名第10位。

[②] 麦肯锡和清华大学从2010年起跟踪和评价中国185个城市的可持续发展状况。

续表

特区名称	环境清洁*（位次排名）	国家低碳试点城市或省份	2016年绿色发展相关规划
珠海	4	广东省为第一批低碳省份	2016中欧低碳生态试点城市 2016中国(珠海)绿色创新电力大会 《珠海市绿色低碳发展"十三五"规划》
汕头	9	广东省为第一批低碳省份	《汕头市海绵城市建设专项规划》
厦门	3	第一批低碳城市	《厦门市海洋环境保护规划(2016~2020年)》
海南	7(海口)	海南省为第二批低碳省份	《海南省推进生态文明体制重点改革实施方案》 《海南省陆域生态保护红线区开发建设管理目录》 《海南省珊瑚礁和砗磲保护规定》

* 中国185个城市环境清洁排名得分，主要衡量指标包括空气污染、工业污染、空气质量合格天数、废水处理率、生活垃圾管理等。详见：http://www.urbanchinainitiative.org/zh/research/usi.html。

资料来源：《城市可持续发展指数2016》。

二 经济特区产业绿色转型的实践

本部分根据国家统计局对三次产业划分的规定对经济特区三次产业绿色转型实践进行具体论述。① 产业绿色转型实践内容即如何促进低端服务业过渡到高效的现代服务业，从"褐色"工业转为"绿色"工业，从低端制造业向高端制造业发展，以及农业的绿色转型。

（一）服务业高端化

首先，中国经济特区产业绿色转型的主要特征就是其高技术含量和高附加值的现代服务业已经成为拉动经济增长的主力，同时以信息技术和现代金融为代表的现代服务业对传统服务业的升级带动作用显著。其次，中国经济特区均提出积极参与"一带一路"建设，加快发展现代服务业，增强与沿路沿海国

---

① 第一产业是指农、林、牧、渔业（不含农、林、牧、渔服务业）。第二产业是指采矿业（不含开采辅助活动）、制造业（不含金属制品、机械和设备修理业）、电力、热力、燃气及水生产和供应业、建筑业。第三产业即服务业，是指除第一产业、第二产业以外的其他行业。

家的国际交流与合作。最后，中国经济特区发展绿色服务业为产业绿色转型提供智力、财力和技术支撑。围绕着节能环保服务业、绿色金融、科技创新服务和绿色交通加快传统产业的绿色转型和激发新兴绿色产业的发展。

现代和高端服务业有着低资源和能源消耗，环境友好以及绿色低碳等特征，是产业绿色转型的良好选择。从交通运输邮政仓储业、批发和零售业、住宿和餐饮业、金融业和房地产业来描述服务业的现状和判断其未来发展方向（见图1）。2016年五大经济特区，除了汕头之外，金融业均保持了10%以上的增长率。海南在金融业发展方面增速最快，同比达到15.7%。在房地产方面，深圳和厦门均保持了较低的增长率，而珠海、汕头和海南仍然保持了10%以上的增长率。伴随着信息技术的发展，电子商务的出现及现代物流的快速提升，提高了传统交通运输仓储业和批发及零售业的效率。另外五大经济特区2016年积极参与到"一带一路"的建设当中，加强与"一带一路"沿线国家的贸易与合作，加快本城市或地区的现代服务业的发展。

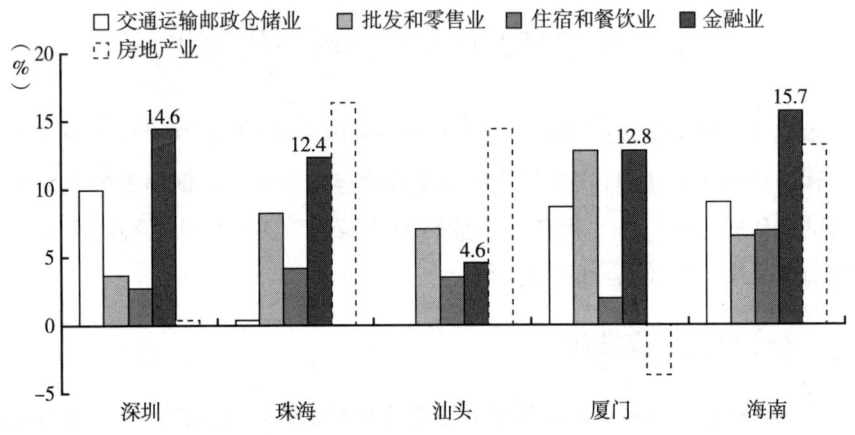

图1 2016年五大经济特区五大类服务业增长情况

2016年深圳在金融、现代物流、科技服务和专业服务等现代服务业方面发展迅速，它们成为拉动深圳国民经济发展的主力。2016年，深圳市的金融业、物流业、文化及相关产业和高新技术产业四大支柱产业的增加值达到22522亿元。2016年的3136亿元地方级收入中，第三产业税收占比突破七成。深圳市在"十三五"服务业规划中提出，要推进深圳与"一带一路"沿线国家、地区在服务业领域的相互开放，探索开展双边监管互信，构筑以品牌、技术、资本和管理为主导的新型区域产业合作体系。

珠海2016年第三产业增加值达到1118.39亿元，同比增长11.7%，对GDP增长的贡献率为66.0%。2016年，珠海市金融业增加值同比增长12.4%，房地产业增加值同比增长16.4%。2016年，珠海市现代服务业增加值同比增长12.6%，占珠海GDP的近30%。《珠海港口发展"十三五"规划》提出，珠海要实现成为"一带一路"重要支点和国家综合运输体系重要枢纽港的总体目标。

汕头市政府根据制造业占主导的产业结构特征，侧重于生产性服务业的发展，支撑汕头的制造业升级转型。2016年，汕头市以电信业、房地产业和金融业为代表的现代服务业实现增加值403.59亿元，占服务业的比重达到43.8%。汕头作为潮汕商人的故乡，创新金融管理体制，推出华侨银行及人寿保险等服务平台。汕头港与广州、深圳、湛江三个城市的港口一道，被列入"一带一路"加强建设的沿海港口，成为"一带一路"建设的关键节点。

2016年，厦门服务业全年实现增加值达422.36亿元，同比增长12.8%，占GDP的比重为11.2%；金融业对厦门第三产业增长的贡献率为25.1%，对GDP增长的贡献率为17.4%。厦门作为"一带一路"建设的支点城市，其充分发挥海空航运口岸和"海上海外"等特色优势，加强与东盟港口城市的互联互通，密切与海上丝绸之路沿线国家的经贸往来。

2016年，海南省服务业增加值达到2171.90亿元，比上年增长10.1%。2016年，海南省金融业增加值同比增长15.7%，房地产业增加值同比增长13%，它们的增速是批发和零售业、住宿和餐饮业的两倍还多。2016年，海南省发布的《海南省人民政府关于加快发展现代金融服务业的若干意见》提出，加快发展互联网金融加快推动海洋金融创新，推动跨境金融创新产品和抵押担保。海南省独特的地理位置和丰富的旅游资源，在与"一带一路"沿线国家特别是"海上丝绸之路"国家的人文交流方面将发挥更为重要的作用。

1. 节能环保服务业

节能环保服务业成为五大经济特区均支持的产业类型。节能环保产业作为深圳市战略新兴产业之一，2016年其增加值已经达到401.73亿元，同比增长8.2%。深圳市政府明确了自2014年始，连续7年，每年安排5亿元节能环保产业发展专项资金，为节能环保产业提供政策和财政支持。厦门市明确表示到2020年，全市节能环保产业总产值目标值为700亿元，年均保持15%的增长率，其中节能产业产值为400亿元，环保产业产值为200亿元，资源循环利用产业产值为100亿元。珠海市、汕头市和海南省均加大了节能环保产业的财政支出，以促进节能环保产业的发展。2016年珠海市节能环保产业支出达到10.13亿元，同比增长80.2%；2016年海南省的节能环保产业支出达到34.59亿元，同比增长18.5%；2016年汕头市的节能环保产业支出为2.02亿元。

2. 绿色金融

五大经济特区均注重金融工具在加快本地区产业绿色转型中的作用。鉴于每个经济特区独特的产业结构特征，因此五大经济特区的绿色金融手段以及侧重的产业有所不同。深圳市的绿色金融具有市场化和产品多样化的特征，注重绿色金融产品的开发（见表2）。深圳市碳排放交易市场作为中国碳排放交易市场的试点，为全国碳排放交易市场建设提供了先行先试的经验。截至2017年1月4日，深圳碳市场配额累计总成交量约1807万吨，总成交额约5.96亿元。在绿色信贷方面，截至2017年6月末，辖内银行业金融机构投向污染治理、资源节约、清洁能源等领域的绿色信贷资金共计1004.54亿元，同比增长27%。

表2 2016年深圳市绿色金融产品及其规模

绿色金融产品	产品规模
绿色信贷	1004.54亿元
绿色债券	550.8亿元
绿色基金	70.82亿元
绿色保险	60多亿元

由于珠海市的产业结构中包含高能耗、高排放和高污染的行业，例如石油行业，因此珠海市的绿色金融更加侧重于如何通过绿色金融工具促进这类企业的绿色转型，重点在于通过金融手段让企业实现能源节约，污染排放减少，以及资源循环利用等绿色工业目标。能源密集型产业的绿色转型需要大量资金投入，为了解决环保资金有效到位的难题。2016年珠海市环保局与金融机构以及企业一起合作，建立排污权抵押贷款、融资等办法，由商业银行推出排污权

抵押融资金融产品，保障企业可以有效凭借排污权进行融资。

汕头市是一个拥有不少传统经济的特区，其绿色金融更多侧重于如何加快传统经济的绿色转型。汕头市主要针对金融服务实体经济方式单一、能力不足、效率不高等问题，通过金融创新发展和构建跨境产融合作平台，将金融创新与科技创新紧密结合，强化金融对产业的支撑作用，实现产业与金融的深度融合，创建共生发展的生态环境，促进实体经济加快发展，实现产业转型升级。

厦门市的绿色金融主要结合其电子、机械以及旅游业为主导产业的特点，侧重于清洁能源发展和生态保护。2016年厦门市通过绿色信贷指引，加强对信贷项目的生态影响考核，严格控制对危害生态环境项目的贷款；同时通过能效信贷指引项目，加大对节能、清洁能源和可再生能源项目的资金扶持，并严格控制资源和能源密集型产业的投资。

海南省作为一个有着较大农业比重的省份，其绿色金融侧重于对农业和农民的扶持，通过绿色金融达到环保和扶贫的双重效果。海南省第一产业比重达到20%以上，其产业绿色化道路关键在于如何让第一产业直接过渡到现代服务业，实现跨越式绿色发展。以海南农业信用合作社开展针对农民的小额贷款为例，在给农民贷款的同时，强调技术和环保的结合，通过生态农业、绿色农业、生态旅游等项目兼顾生态和农民利益，同时达到减贫的效果。

3. 科技创新

科技创新在五大经济特区产业绿色转型过程中发挥了关键作用。科技创新可以为传统制造业中的转型升级提供服务，也可以推动高端制造业和现代服务业发展。五大经济特区中的深圳、珠海和厦门均保持了较高的研发投入，而海南和汕头的研发投入则较低。深圳、珠海和厦门的研发投入占GDP的比重已经超过高收入国家的平均水平，而深圳的研发投入占GDP的比重已经高达4.10%，接近世界研发支出最高国家以色列的4.27%的水平（见图2）。从图3观察五大经济特区的专利申请数据，深圳、珠海和厦门的高研发投入获得了较好的效果；而海南以较低的研发投入得到了较高的专利申请量，汕头在专利申请量方面不是非常理想。

4. 绿色交通

有关交通领域的产业绿色转型不得不谈到新能源汽车的发展。汽车在消耗能源的过程中，排放大量的污染物，是城市空气污染的主要原因之一。从

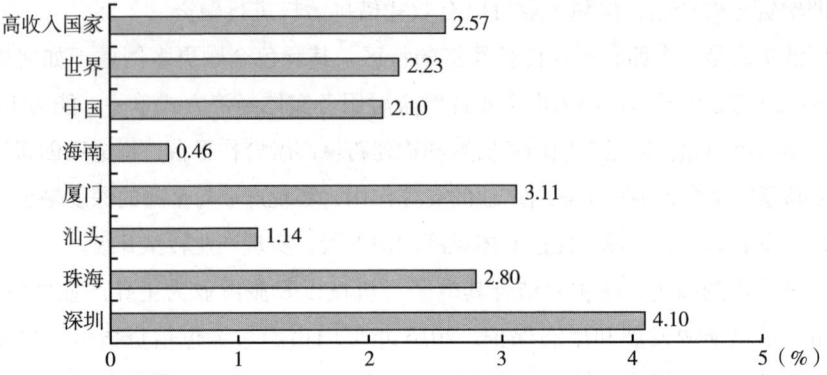

图2 2016年五大经济特区、中国、世界以及高收入国家研发投入占GDP比重

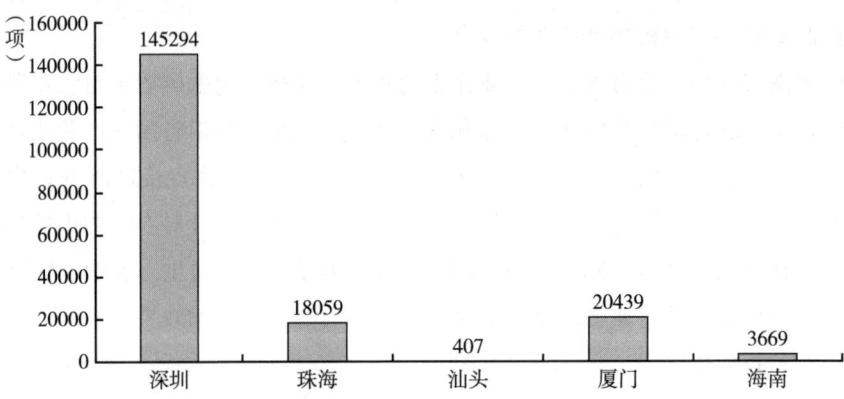

图3 2016年五大经济特区专利申请数量

2016年五大经济特区的规划看,它们均十分关注绿色低碳交通体系的建设,并且出台了各种鼓励措施。比如在新能源汽车的推广方面,五大经济特区均提出了2020年目标(见表3)。

表3 五大经济特区新能源汽车发展目标

类别	深圳	珠海	汕头	厦门	海南
新能源汽车2020年目标	12万至15万辆	不少于1万辆,私家车不低于6000辆	5000辆	2.6万辆	3万辆
新能源公交车目标	2017年底百分之百纯电动	2020年新能源公交车不低于85%	2020年达到705辆	2020年达到1430辆	2020年比重提高到90%

深圳市是中国首批新能源汽车示范城市，在新能源汽车推广方面，深圳市处于世界领先地位。深圳在2017年实现了公交车的百分之百纯电动化，成为全球纯电动公交车规模最大的城市。珠海市从2016年开始规定其城市更新或新增的公交车中，100%为新能源汽车，不得使用燃油车。针对出租车，珠海市规定不得使用燃油车，并逐年提高新能源汽车比例。汕头市对新能源汽车的发展主要体现在其对新能源公交的推广上。汕头市于2016年已投放新能源公交车224辆，2017年汕头市将再投放400~600辆新能源公交车。厦门市是中国第二批"十城千辆"节能与新能源汽车示范城市。厦门市在2016年出台了《厦门市电动汽车充电基础设施专项规划（2016~2020年）》，规划指出至2020年，厦门市推广电动汽车总数量预计约为2.6万辆。海南省2016年也出台了《关于大力推广应用新能源汽车促进生态省建设的实施意见》，意见中指明到2020年底，海南省新能源汽车达到3万辆以上，充电桩达到2.8万个以上。海南省在全省范围内推广新能源汽车，新能源公交车比例从50%提高到90%。

（二）工业的绿色转型

中国第二产业在三次产业结构中仍然占有将近40%的比重，远远高于世界第二产业25%的平均比重。中国第二产业用电量远远高于第一产业和第三产业（见图4）。中国第二产业增加值占GDP的比重为40%，却使用了80%以上的总电量。本部分将重点介绍五大经济特区在第二产业的制造业和建筑业的绿色转型过程中的举措以及共同的趋势。①

1. 绿色制造

五大经济特区的制造业正从传统制造业迈向先进以及智能制造业。先进和智能制造业表现为制造业的附加值和利润更多地来源于服务，而不只是加工制造的过程。在高新技术制造业方面，深圳、汕头和厦门均出现了较快增长。2016年五大经济特区中的深圳、珠海、汕头和厦门的先进制造业增加值速度较快（见表4）。2016年汕头的规模以上工业增加值增速最快，这与汕头较高比重的第二产业有一定的联系。海南的第二产业比重较低，同时也保持了较低速度的增长。在先进制造业和高技术制造业增加值增速方面，汕头的增速最

---

① 第二产业的采掘业本报告未采纳，因为经济特区的第二产业结构中采掘业所占比重较小。

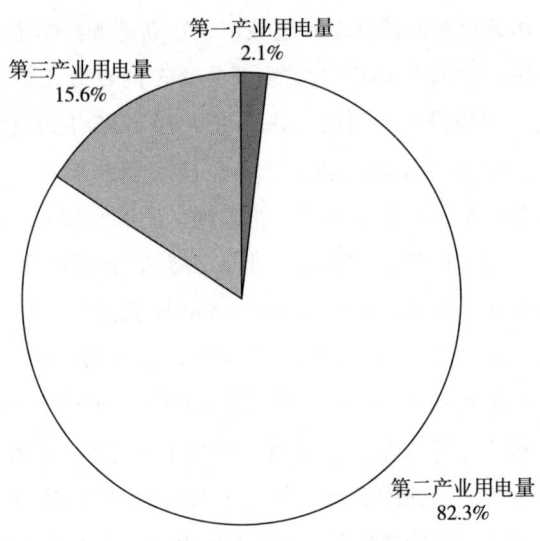

图4 2016年中国三次产业用电总量

快,这表明汕头的传统制造业有加快向现代制造业发展的趋势。2016年珠海在高技术制造业发展方面较为缓慢,而深圳和厦门均保持了较高速度的增长。

表4 2016年五大经济特区规模以上工业增加值增速

单位:%

类别	深圳	珠海	汕头	厦门	海南
规模以上工业增加值增速	7.00	5.90	9.60	5.40	2.60
先进制造业增加值增速	8.50	7.20	11.60	9.6	—
高技术制造业增加值增速	9.80	1.00	18.40	7.60	12.5

深圳市的低端制造业由于人力、土地等成本上涨因素,出现了往外搬迁的现象。而规模以上制造业则加快了自动化和智能化的步伐,有向高端制造业发展的趋势。2016年,深圳先进制造业增加值达到5428.39亿元,同比增长8.5%;高技术制造业增加值为4762.87亿元,同比增长9.8%。新材料产业增加值为373.40亿元,同比增长19.6%;生物产业增加值为222.36亿元,同比增长13.4%;新能源产业增加值达到592.25亿元,同比增长29.3%。以"深圳质量"和"深圳智造"为代表的深圳工业绿色转型路径,通过科技创新,

提高产品的技术含量、知识含量和品牌含量，增加了产品的附加值，是深圳提供给其他地区的重要启示。2016年珠海市的工业呈现了低端制造业比重下降，高端制造业比重上升的良好转型特征。珠海的纺织服装业、食品饮料业、家具制造业、建筑材料和金属制品出现负增长。同时一些能源密集型行业的增速也出现了下降的趋势，例如珠海石油及化学行业同比下降了9.4%，而信息化学品制造业增速同比达到了22.2%，医疗仪器设备及仪器仪表制造业增速同比达到了16.1%，装备制造业增长同比达到了11.6%。

2016年汕头市在高新技术产业方面得到较高速度的增长，但与珠海市传统行业增速降低的趋势不同，汕头市的传统行业和高新技术产业保持了一起增长的趋势。汕头市先进制造业同比增长11.6%，高技术制造业同比增长18.4%，而纺织服装、化工塑料和工艺玩具也达到了同比10%以上的增长率。在汕头高新技术行业中，计算机、通信和电子设备制造业则达到了28.8%的增长，加速传统制造业的升级转型将是汕头工业绿色转型的工作重点。

2016年，厦门一方面通过工业技改，提高传统工业产业升级转型能力；另一方面加大对高新技术和制造产业的扶持，加大高新技术产业在第二产业中的比重。2016年厦门在工业技改方面投入了57.3亿元，而其高新技术企业达到了1225家，高新技术产业增加值占厦门市工业增加值的比重近60%。但是厦门的塑胶和塑料制品还占有重要份额，影响了其工业结构的绿色转型。

与其他经济特区相比，2016年海南省在低端制造向高端制造发展的进程中还面临着比较大的挑战。在海南省的八大工业支柱行业增加值中，一些高能耗行业仍然处于增长的阶段，例如化学原料和化学制品制造业增加值同比增长了7.7%，造纸及纸制品业增加值同比增长了4.8%，石油加工业增加值同比增长了2.2%，非金属矿物制品业增加值同比增长3.4%，电力、热力的生产和供应业增加值同比增长了3.6%。2016年五大经济特区规模以上工业增加值完成情况如图5所示。

2. 绿色能源

五大经济特区2016年单位工业增加值能耗均有下降，表明工业能效有所提高（见图6）。深圳、珠海和海南省均颁布了各自的能源"十三五"规划，提出控制能源消费总量、优化能源结构、加大清洁能源和可再生能源含量，推动能源的绿色低碳发展的目标。

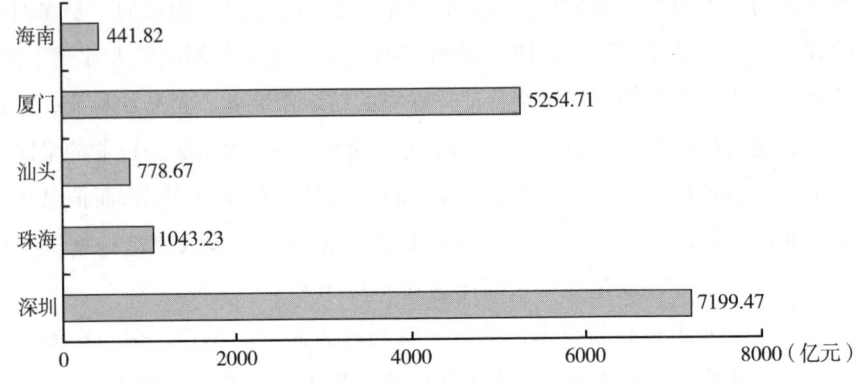

图5 2016年五大经济特区规模以上工业增加值完成情况

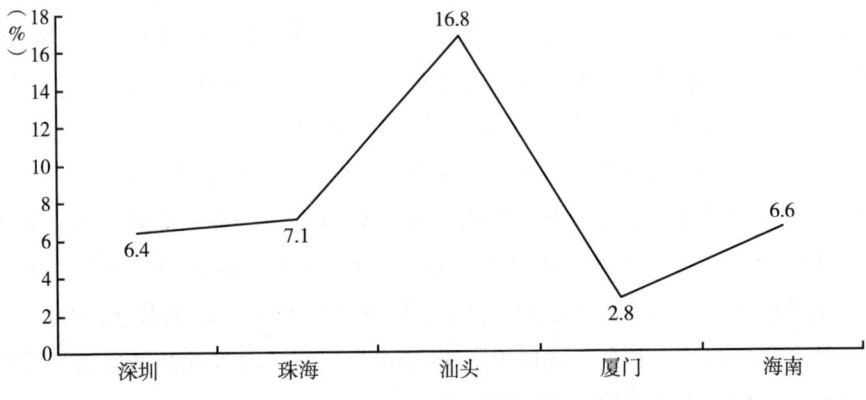

图6 2016年五大经济特区单位工业增加值能耗降幅

2015年,深圳市加大了电力特别是清洁能源电力在一次能源消费中的比重。在深圳市电力结构中,核电和气电是其主要来源,煤电仅占不到15%。在可再生能源电力方面,深圳建立了垃圾焚烧电站6座以及太阳能光伏发电70兆瓦。在2015年珠海的能源消费结构中,煤炭的消耗呈现下降的趋势,而天然气的消耗比重得到上升,同比增长684.4%。珠海市在"十二五"期间,第二产业单位能耗降低了26.63%,其高能耗工业部门的能效得到了有效提升。汕头市2015年工业综合能源消费下降了9.7%。厦门市能源消耗结构仍然以煤炭为主,天然气和电力能源消耗的比例还比较低,2015年,厦门的原煤消费占比将近一半,而天然气只占10%左右。2015年,海南省的一次能源消费仍然以煤炭为主,其占比将近四成,以风电和水电为代表的非化石能源占比达到5.81%。

3.绿色建筑业

表5　2016年五大经济特区绿色建筑项目总数和新增绿色建筑总面积

类别	深圳	珠海	汕头	厦门	海南
绿色建筑项目(个)	591	57	7	9	9
绿色建筑总面积(平方米)	6000万	570万	27.6万	642.34万	642.34万

深圳市的绿色建筑不管是从项目数量上还是面积上都比其他四大经济特区的总和还多,表明深圳市在绿色建筑领域处于国内领先地位(见表5)。珠海市在绿色建筑领域紧跟深圳步伐,在2016年发布了《珠海市2016年建筑节能与绿色建筑目标责任实施方案》,以推动珠海市绿色建筑发展。厦门市和海南省的绿色建筑业得到一定发展。汕头市的绿色建筑业发展较为缓慢。整体而言,绿色建筑业在深圳之外的其他经济特区还处于初步发展阶段。

(三)第一产业向服务业转化

第一产业在五大经济特区中只有在海南省还占有较高比例,在其他四大经济特区中均只占较少份额。如何将第一产业转化为高附加值的服务业是海南省产业绿色转型的关键。2016年,海南省出台《关于推进农村一二三产业融合发展的实施意见》,通过第一产业与第二、第三产业的有机融合,加快第一产业的服务化趋势。以生态和绿色农业为主的现代农业,提高了农产品的附加值。通过建立农民、科研单位、高校和政府通力合作的平台,共同促进生态农业发展。以旅游和农业相结合的方式,推动第一产业向服务业发展。加强信息技术和电子商务在第一产业的应用,克服农业产业化经营中的难题,提高农产品的附加值。

三　经济特区产业绿色转型的环境效果

首先,产业绿色转型让五大经济特区提高了能效(见图7)。2016年五大经济特区的万元国内生产总值能耗均处于下降的趋势，深圳的下降速度最快。深圳市2016年万元国内生产总值能耗同比下降了4.10%，珠海同比下降了3.94%，海南同比下降了3.71%，而厦门的下降幅度为1.82%（见图7）。

2016年五大经济特区环境质量指标情况见表6。

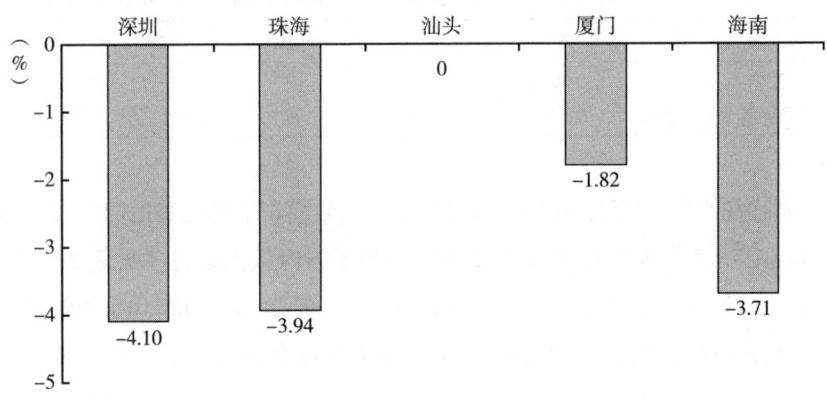

图7　2016年五大经济特区国内生产总值能耗增速

注：汕头的万元生产能耗总值数据不可得。

其次，产业绿色转型对五大经济特区的污染物排放减少具有显著效果，提升了其环境质量。深圳、厦门和海南在2016年可得数据下，污染物排放继续得到下降。针对公众较为关注的空气污染指标PM2.5进行统计，五大经济特区2016年的PM2.5浓度均有所下降，珠海的下降幅度同比高达16.1%（见图8）。同时，五大经济特区的空气质量领跑全国，空气质量优良率高达90%以上（见图9）。

表6　2016年五大经济特区环境质量指标情况

单位：%

	深圳	珠海	汕头	厦门	海南
化学需氧量	-8.6	—	-35.7	-9.87	-1.7
氨氮	-5.2	—	-37.8	-5.02	-2.8
二氧化硫	-10.2	0	7.7	-6.57	-6.2
氮氧化物	-3.4	10.3	5.0	-12.22	-6.1

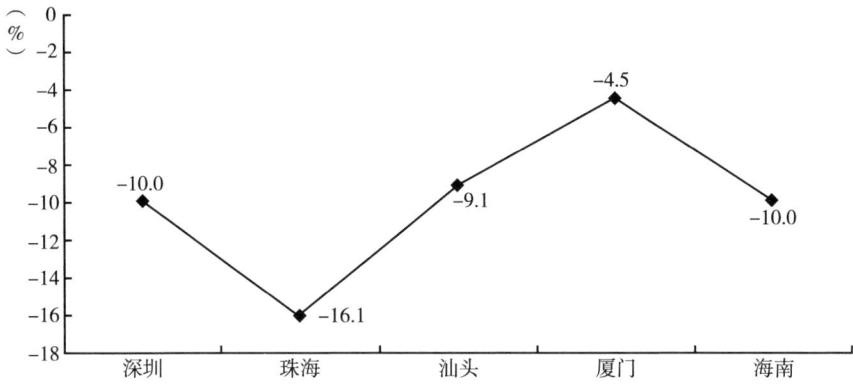

图 8　2016 年五大经济特区 PM2.5 增速

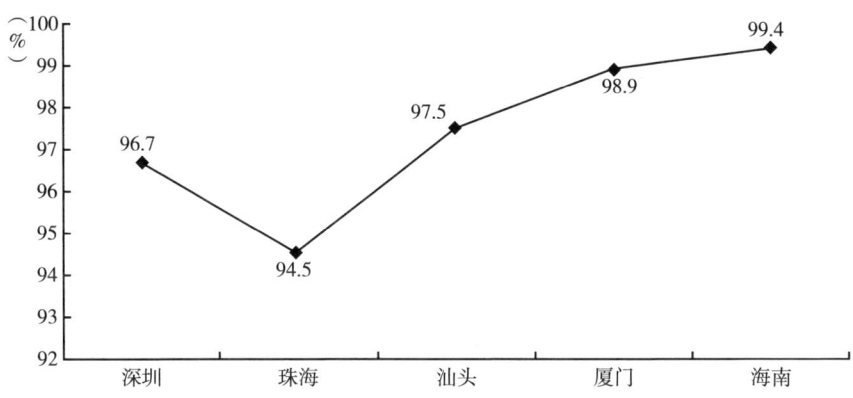

图 9　2016 年五大经济特区环境空气质量指标达到优良天数占比

四　经济特区产业绿色转型发展能力评估

（一）评估意义

在产业绿色转型研究方面，目前学术界主要关注具体产业和具体区域的绿色转型，或者是集中于资源型城市的产业绿色转型研究，或者是高能耗部门的产业绿色转型研究。针对国内工业较为发达城市的产业转型综合性对比研究还较少。本研究强调产业绿色转型的整体性以及相互关联性，对经济特区产业绿色转型进行综合评价。本评价指标体系突出以研发投入、科研能力及固定资产投资增速为代表的绿色投入和三次产业结构变化、高新技术和现代服务业为指标的绿色生产在产业绿色转型能力中的作用。本指标也从政府绿色治理的角度，以单位GDP能耗和电耗的管理和控制来评价各个经济特区的产业绿色转型发展能力。本指标最后从绿色效益和绿色环境的角度对产业绿色转型的效果进行评述。

参考朱斌、胡志强、姚琴琴（2014），朱斌、史轩亚（2016），顾在浜、石宝峰、迟国泰（2013），李云燕和殷晨曦（2017）的产业绿色转型指标体系，结合五大经济特区产业绿色转型发展能力这一评价主题，本文从绿色投入、绿色生产、绿色管控、绿色效益和绿色环境五个方面设置指标体系，并采用熵值法对各个经济特区的产业绿色转型发展能力进行定量评价。

（二）评价指标体系以及数据采集

1. 评价指标体系的设计

通过对五大经济特区官方文件和统计资料的收集及整理，结合指标数据的可得性和评价方案的可操作性，将14个具体指标纳入经济特区产业绿色转型发展能力的评价体系中，对14个指标体系按照不同的指标级进行更系统的划分（见表7）。

表7 经济特区产业绿色转型发展能力评价体系

评价目标	一级指标	二级指标	指标类型
经济特区产业绿色转型能力评价	绿色投入	R&D经费支出占GDP比重	正向
		常住人口中大专及以上学历人员比重	正向
		固定资产投资增速	正向
	绿色生产	三次产业结构变化值	正向
		高新技术产业产值增长率	正向
		现代服务业增加值增长率	正向
	绿色管控	单位GDP能耗下降比率	正向
		单位GDP电耗下降比率	正向
	绿色效益	单位土地面积GDP	正向
		人均GDP	正向

续表

评价目标	一级指标	二级指标	指标类型
经济特区产业绿色转型能力评价	绿色环境	空气质量达到国家优良标准天数	正向
		人均公园绿地面积	正向
		可吸入颗粒物PM10年均浓度	负向
		细微颗粒物PM2.5浓度	负向

2. 数据来源

根据中国五大经济特区官方发布的各类统计资料和文件，整理出2016年五大经济特区产业绿色转型发展能力评价指标体系中的二级指标数据，如表8所示。

表8 2016年五大经济特区产业绿色转型发展能力评价基础数据

二级指标	深圳	珠海	汕头	厦门	海南
R&D经费支出占GDP比重（%）	4.10	2.80	1.14	3.11	0.46
常住人口大专及以上学历人员比重（%）	22.67	22.1	4.2	17.8	7.8
固定资产投资增速（%）	23.60	6.50	14.40	24.00	11.70
三次产业结构变化值	1.7	2.2	1.3	2.4	0.4
高新技术产业产值（增加值）增长率（%）	9.80	1.00	18.40	7.60	12.30
现代服务业增加值增长率（%）	11.60	12.60	11.30	7.7	9.9
单位万元GDP能耗下降比率（%）	6.44	3.94	8.8	1.82	3.71
单位万元GDP电耗下降比率（%）	4.32	4.84	4.62	1.76	1.35
单位土地面积GDP（万元/平方公里）	97596	12852	9463	22268	1143
人均GDP（元）	167411	134500	37382	98038	44252
空气质量达到国家优良标准天数	354	346	357	362	362
人均公园绿地面积（平方米）	16.8	19.8	15.19	11.5	15
可吸入颗粒物PM10年均浓度（微克/立方米）	42	41	48	47	31
细微颗粒物PM2.5浓度（微克/立方米）	27	26	30	28	18

注：厦门的高新技术产业和汕头的现代服务业的数据没有在统计公报中显示，此处厦门高新技术产业数据采用2016年1~11月的数据，汕头现代服务业增加值增长率采用12个重点产业增加值平均增长率。

（三）评价过程

本文采用熵值法对五大经济特区产业绿色转型发展能力进行评价。熵值法是一种客观赋权评价法，其评价过程遵循如下几个步骤。

1. 原始数据的标准化处理

由于经济特区产业绿色转型发展能力评价指标体系中各项评价指标的含义和计量单位不同，为便于统一比较，将上述指标分两类进行无量纲处理，其中正向指标按照下列处理方法进行标准化处理：

$$x'_{ij} = \frac{x_{ij} - \min x_{ij}}{\max x_{ij} - \min x_{ij}} (0 \leq x'_{ij} \leq 1) \tag{1}$$

负向指标按照下列处理方法进行标准化处理：

$$x'_{ij} = \frac{\max x_{ij} - x_{ij}}{\max x_{ij} - \min x_{ij}} (0 \leq x'_{ij} \leq 1) \tag{2}$$

其中，各项指标最小值和最大值的确定根据近几年各项指标的极端值来确定。根据上述公式（1）和公式（2），将上述指标的原始数据进行正向化、无量纲处理，结果如表9所示。

表9 2016年五大经济特区产业绿色转型发展能力评价指标标准化数据

二级指标	深圳	珠海	汕头	厦门	海南
R&D经费支出占GDP比重(%)	0.8012	0.5315	0.1801	0.2720	0.0893
常住人口大专及以上学历人员比重(%)	0.8328	0.0252	0.8132	0.5753	0.5549
固定资产投资增速(%)	0.6123	0.6731	0.7663	0.2361	0.6743
三次产业结构变化值	0.5211	0.4581	0.5486	0.3535	0.8891
高新技术产业产值(增加值)增长率(%)	0.3823	0.3881	0.5562	0.2134	0.6670
现代服务业增加值增长率(%)	0.5749	0.1312	0.0451	0.9763	0.9980
单位万元GDP能耗下降比率(%)	0.3581	0.6963	0.5500	0.7629	0.7752
单位万元GDP电耗下降比率(%)	0.5928	0.5749	0.2653	0.5540	0.8864
单位土地面积GDP(万元/平方公里)	0.8792	0.8786	0.1200	0.3320	0.8836
人均GDP(元)	0.9645	0.2531	0.0630	0.6670	0.7735
空气质量达到国家优良标准天数	0.6458	0.8973	0.7856	0.7760	0.3320
人均公园绿地面积(平方米)	0.6873	0.4396	0.3125	0.2259	0.2158
可吸入颗粒物PM10年均浓度(微克/立方米)	0.2461	0.4118	0.4430	0.3210	0.3421
细微颗粒物PM2.5浓度(微克/立方米)	0.3529	0.3333	0.3331	0.1241	0.2300

2. 计算熵值、差异性系数和权重

首先，确定每项指标下各评价单元的指标值比重，计算公式如下：

$$p_{ij} = \frac{x'_{ij}}{\sum_{i=1}^{n} x'_{ij}} \tag{3}$$

其次，计算每一项指标的熵值：

$$e_j = -k \sum_{i=1}^{n} p_{ij} \ln p_{ij}, \quad k = \frac{1}{\ln n} \tag{4}$$

定义差异性系数：$g_j = 1 - e_j$，根据差异性系数计算权重：

$$a_j = \frac{g_j}{\sum_{i=1}^{m} g_j} \tag{5}$$

根据上述公式计算熵值、差异性系数和权重，结果如表10所示。

表10 各项评价指标的熵值、差异性系数和权重

二级指标	熵值	差异性系数	权重
R&D经费支出占GDP比重(%)	0.8900	0.4637	0.0620
常住人口大专及以上学历人员比重(%)	0.8851	0.9642	0.1252
固定资产投资增速(%)	0.8790	0.9208	0.1196
三次产业结构变化值	0.8601	0.6105	0.0793
高新技术产业产值(增加值)增长率(%)	0.8712	0.3989	0.0518
现代服务业增加值增长率(%)	0.8000	0.5153	0.0660
单位万元GDP能耗下降比率(%)	0.8676	0.3962	0.5150
单位万元GDP电耗下降比率(%)	0.8657	0.8566	0.1112
单位土地面积GDP(万元/平方公里)	0.8320	0.3321	0.0431
人均GDP(元)	0.8060	0.4563	0.0593
空气质量达到国家优良标准天数	0.8700	0.1279	0.0116
人均公园绿地面积(平方米)	0.8650	0.1135	0.0509
可吸入颗粒物PM10年均浓度(微克/立方米)	0.8703	0.3690	0.0930
细微颗粒物PM2.5浓度(微克/立方米)	0.8733	0.0430	0.0728

（四）评价结果

根据上述熵值、差异性系数和权重，计算综合评价值：

$$v_i = \sum_{j=1}^{n} a_j p_{ij} \tag{6}$$

代入数据，可以得到2016年五大经济特区产业绿色转型发展能力的评价结果，五大经济特区产业绿色转型发展能力的二级评价因子和一级评价因子得分及最终评价结果，如表11和表12所示。

表11 2016年五大经济特区产业绿色转型发展能力二级评价因子得分

二级指标	深圳	珠海	汕头	厦门	海南
R&D经费支出占GDP比重(%)	0.0291	0.0187	0.0059	0.0209	0.0031
常住人口大专及以上学历人员比重(%)	0.0211	0.0299	0.0016	0.0239	0.0078
固定资产投资增速(%)	0.0288	0.0123	0.0345	0.0234	0.0009
三次产业结构变化值	0.0132	0.0089	0.0027	0.0212	0.0113
高新技术产业产值(增加值)增长率(%)	0.0069	0.0029	0.0289	0.0100	0.0187
现代服务业增加值增长率(%)	0.0059	0.0065	0.0055	0.0015	0.0051
单位万元GDP能耗下降比率(%)	0.0156	0.0071	0.0189	0.0321	0.0061
单位万元GDP电耗下降比率(%)	0.0187	0.0187	0.0186	0.0189	0.0037
单位土地面积GDP(万元/平方公里)	0.1354	0.0902	0.0167	0.0231	0.0057
人均GDP(元)	0.0567	0.0011	0.0017	0.0265	0.0059
空气质量达到国家优良标准天数	0.0043	0.0142	0.0034	0.0067	0.0039
人均公园绿地面积(平方米)	0.0197	0.0091	0.0123	0.0038	0.0349
可吸入颗粒物PM10年均浓度(微克/立方米)	0.0126	0.0043	0.0023	0.0027	0.0019
细微颗粒物PM2.5浓度(微克/立方米)	0.0141	0.032	0.0021	0.0089	0.0012

表12 2016年五大经济特区产业绿色转型发展能力最终评价结果

一级指标	深圳	珠海	汕头	厦门	海南
绿色投入	0.0790	0.0609	0.0420	0.0682	0.0118
绿色生产	0.0260	0.0183	0.0371	0.0327	0.0351
绿色管控	0.0343	0.0258	0.0375	0.0510	0.0098
绿色效益	0.1921	0.0913	0.0184	0.0496	0.0116
绿色环境	0.0507	0.0596	0.0201	0.0221	0.0419
合计	0.3821	0.2559	0.1551	0.2236	0.1102
排序	1	2	4	3	5

（五）评价结果分析

从表12可以看出，在五大经济特区中，深圳特区的产业绿色转型发展能力排名仍居第一位，五方面的因子总体得分最高，其次是珠海，再次是厦门，汕头和海南分列第四位和第五位。从近几年持续跟踪的五大经济特区产业转型能力的评价结果看，产业的绿色转型和单纯的产业转型能力评价结果存在差异。2013~2016年，深圳的产业转型能力稳居五大经济特区之首，且地位较为稳固。相比较而言，其他四个经济特区的排名变动较大（见表13）。

表13　2013~2016年五大经济特区产业转型能力评价位次分析*

年份	深圳	珠海	汕头	厦门	海南
2013	第一位	第二位	第四位	第三位	第五位
2014	第一位	第二位	第五位	第四位	第三位
2015	第一位	第三位	第四位	第二位	第五位
2016	第一位	第二位	第四位	第三位	第五位

*2013~2016年五大经济特区产业转型能力的评价结果见袁易明、阎振坤、李璇《中国经济特区产业转型发展报告》，载陶一桃主编《中国经济特区产业发展报告（2016）》，社会科学文献出版社，2016，第37页。

深圳在2016年产业绿色转型发展能力排名中再次排第一位，这得益于深圳在绿色投入和绿色效益两个方面的突出作用。绿色投入和绿色效益在评价指标系统中占比较高，因此深圳整体得分较高。深圳产业绿色转型总体特征为，高水平研发投入、人才集聚效应以及高效的经济产出。深圳在高新技术产业和现代服务业方面也表现得较好，表明深圳的产业绿色转型是以科技创新为主导的，产业转型和绿色转型融合度较高。深圳在绿色生产方面的排名较差，主要是由于深圳市三次产业结构调整已经进行多年，许多低端制造业已经搬离，高新技术产业和现代服务业得到发展。在绿色管控方面，深圳得分低于厦门和汕头，表明深圳市政府在绿色管控方面还有提升的空间。

珠海在2016年五大经济特区产业绿色转型发展能力排名中超过厦门排在第二位，珠海在五个指标上的得分较为均衡。珠海在绿色环境和绿色效益方面的指标得分超过厦门两倍，导致其排名上升。珠海在其他四个一级指标中，排名靠前的是绿色效益，这得益于珠海在2016年加大研发投入，其高新技术产业和现代服务业均得到较快增长。在绿色生产、绿色管控等领域,珠海还存在明显的"短板"。

厦门在2016年五大经济特区产业绿色转型发展能力排名中居第三位,相较2015年下降了一位。厦门第三产业比重的快速提升使厦门占据三次产业结构变化值得分的最高点,2.4的三次产业结构变化值是五大经济特区中产业调整变化幅度最大的。2016年厦门单位GDP能耗和电耗下降速度在五大经济特区中排名靠后,拉低了厦门的产业绿色转型能力。厦门的能源结构以煤炭为主,影响了其在绿色环境方面的得分。厦门在绿色环境方面的得分较低,其PM10和PM2.5均处于较高水平。厦门的产业绿色转型在绿色能源和绿色环境方面还需要付出努力。

汕头在2016年五大经济特区产业绿色转型发展能力排名中居第四位。尽管汕头的整体排名较为靠后,但是汕头在绿色生产和绿色管控方面均有较好表现,尤其是在单位GDP能耗、电耗下降比率方面优势突出。汕头在绿色效益、绿色投入、绿色环境方面与深圳、珠海、厦门还有较大的差距,特别是在研发投入和人才方面。汕头要提升产业绿色转型能力,首先要增加科研投入和提升对人才的吸引力,以此来提升其产业绿色转型综合能力。此外,在绿色环境方面,汕头还有待提高。

海南在2016年五大经济特区产业绿色转型发展能力排名中居最后一位。海南省在绿色环境方面得分较高,但是在其他方面得分均比较低。海南在绿色投入,特别是研发投入方面与其他经济特区有差距,与第一名的深圳差距更大,这表明海南省的产业绿色转型需要加大科研投入,加快高新技术产业和高端制造业的发展。另外,海南省的产业结构变化值也只有0.4,没有太大变化,导致其产业绿色转型能力得分偏低。海南省的三次产业结构为第一产业高,第二产业低,第三产业高,海南省的产业绿色转型需要考虑优化产业结构,加快第三产业发展。

五 经济特区产业绿色转型未来挑战

(一)三次产业转型面临的挑战

深圳产业绿色转型面临的挑战之一,是让那些为高新技术产业和现代服务业配套的制造业企业就地进行产业绿色转型和升级。珠海和厦门均有不少能源密集型企业,如何引导这些企业绿色转型是其面临的共同挑战。汕头和海南都有不少传统产业,如何促进传统产业往高端方向发展是其面临的主要问题。从政府的角度出发,一方面政府要注重产业绿色转型扶持方式,从间接扶持到更有针对性的扶持。具体表现为政府需扶持高新技术之外的中小企业的产业绿色转型。同时,政府在绿色转型中也需要有效结合控制和命令以及市场方式等灵活措施和手段,特别是对一些在绿色转型方面能力有限的中小企业,通过共享知识和技术的方式,促进它们绿色转型。

(二)转型人力培养

五大经济特区均十分注重科技人才的培养,但是专门针对产业绿色转型的人力资源培训还较少。特别是如何应对产业绿色转型带来的产业结构变化,如何让人们通过教育和培训适应新的产业结构,让企业招聘到它们所需要的绿色转型人才是一个严峻的挑战。产业绿色转型也伴随着新的产业出现,应加强现行教育体制对新兴绿色产业的人才输送机制建设。智能制造预计将让不少低技术含量的工种人员失业,如何培训失业工人成功过渡到现代服务业是目前产业绿色转型的挑战之一。

(三)公共服务配套

产业绿色转型是一个伴随着阵痛的过程,并不是每个人、每个企业或者每个组织均可以受益,有些人的利益将不得不让位于绿色转型。让产业绿色转型中那些失去利益的人,特别是弱势群体,有一个基本的保障。进一步而言,在阵痛的过程中,如何保障弱势群体可以在产业绿色转型中华丽转身,让他们也参与到产业绿色转型中,并从中受益,需要一个完善的公共服务配套系统。

(四)公众参与

在五大经济特区的产业绿色转型中,国内公民组织参与促进产业绿色转型发展的案例还比较少。五大经济特区的产业转型路径仍然停留在以政府和企业为主导的阶段,较少有公众参与其中。如何加快公众绿色消费,将政府产业绿

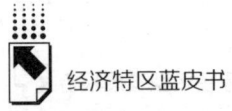

色转型的优惠政策从以企业为主,以市场供应侧管理为主,转为侧重于需求端,以绿色需求促进产业绿色转型,成为一个重要课题。

(五)国际合作

产业绿色转型伴随着低端产业的迁移和转移现象,如何在国际和国内展开合作,共同降低低端产业的污染,防止污染和高耗能产业向内陆和国际扩散,是经济特区产业绿色转型需要承担起的环保责任。五大经济特区均积极参与"一带一路"建设,表达了加强国际合作的强烈意愿,同时也需要认识到"一带一路"沿线沿海国家不少都是自然生态较为脆弱的国家,需要强化参与"一带一路"建设的政府、企业和投资者的环保意识,与国内国际其他政府共同合作,减少环境污染的跨国扩散。

参考文献

[1] 曹亮:《厦门市专利事业发展各项指标量质齐升》,厦门市知识产权局,2017。

[2] 陈耀:《世界发达国家二、三产业关系的演变与启示》,《经济纵横》2007年第8期。

[3] 顾在浜、石宝峰、迟国泰:《资源开发与市场》2013年第4期。

[4] 郭巍、许伟:《世界三大城市产业转型路径》,《中国经济报告》2016年第12期。

[5] 《2016年度深圳市环境状况公报》,深圳市人居环境委员会,http://www.szhec.gov.cn/xxgk/tjsj/ndhjzkgb/201703/t20170331_6109219.htm。

[6] 《2016年海南省市县专利申请量排名》,海南省知识产权局,2017。

[7] 《2016年海南省规模以上工业经济运行情况分析》,商务部驻海南特派员办事处,2017。

[8] 《2016年全国用电数据观察:发展动能转换,用电结构优化》,2017,《中国电力报》2017年1月24日。

[9] 《2016年全市经济实现逐季走强向好新增长》,深圳市统计局,2017。

[10] 《2016年三季度珠海市其他营利性服务业发展情况简析》,珠海市统计局,2016。

[11] 《2016年汕头规模以上工业生产保持稳步增长》,汕头统计信息网,2017。

[12] 《2016年汕头经济运行分析》,汕头统计信息网,2017。

[13]《2016年汕头市环境状况公报》，汕头市环境保护局，2017，http：//www.stepb.gov.cn/zwxx/hjzlzk/hjzkgb/201706/t20170606_16663.html。

[14]《2016年12月度主要经济指标》，珠海市统计局，2017。

[15]《2016年汕头市政府工作报告》，汕头市第十三届人民代表大会第六次会议，2017。

[16]《2016年深圳市国民经济和社会发展统计公报》，深圳市统计局，2017。

[17]《2016年深圳市专利申请与授权量》，深圳市市场和质量监督管理委员会，2017。

[18]《2017年市政府工作安排》，汕头市人民政府办公室，2017。

[19]《2016年厦门市工业生产保持平稳增长》，厦门市统计局，2017。

[20]《2016年厦门市经济运行情况简析》，厦门市统计局，2017。

[21]《2016年1~12月珠海市专利申请授权情况》，珠海市科技和工业信息化局编，2017。

[22]《2016年珠海规模以上服务业发展情况分析》，珠海统计信息网。http：//www.stats-zh.gov.cn/tjzl/tjfx/201701/t20170124_354052.htm，2017年9月21日。

[23]《2016年珠海市国民经济和社会发展统计公报》，珠海市统计局，2017。

[24]《2016年珠海市经济运行简况》，珠海市统计局，2017。

[25]《工业能耗继续下降 结构调整任重道远》，厦门市统计局，2017，http：//www.stats-xm.gov.cn/tjzl/tjfx/201703/t20170306_29462.htm。

[26]《海南出台农村产业融合发展意见 将部分农村转变为旅游景区》，2017，http：//www.cnta.gov.cn/xxfb/jdxwnew2/201704/t20170414_822373.shtml。

[27]《海南举行2016年经济运行情况新闻发布会》，海南省人民政府，2017。

[28]《海南省金融运行报告（2017）》，中国人民银行海口中心支行货币政策分析小组，2017。

[29]《海南省2016年国民经济和社会发展计划执行情况与2017年国民经济和社会发展计划》，海南省第五届人民代表大会第五次会议，2017。

[30]《海南省人民政府关于大力推广应用新能源汽车促进生态省建设的实施意见》，海南省人民政府，2016。

[31]李家才：《汕头市电动汽车充电设施的现状与促进措施》，《汕头社科》2017年第1期。

[32]李茹萍、周明阳：《珠海保税区：从加工制造迈向现代服务业》，《经济日报》2016年12月1日。

[33]李云燕、殷晨曦：《绿色发展背景下的京津冀大中型城市产业转型模式研究》，《环境保护》2017年第4期。

[34]林平：《深圳绿色金融发展现状与前景》，深圳金融信息网，2017。

[35]《平稳转型匀速换挡 积极亮点逐步显现——2016年厦门市GDP分析》，厦门市统计局，2017。

[36]《汕头入选国家产融合作试点城市》，汕头市经济和信息化局，2017。

[37]《汕头市第三次全国经济普查主要数据公报（第一号）》，汕头统计信息网，2017。

[38]《深圳市2016年新能源汽车推广应用财政支持政策》，深圳市改革与发展委员会，2016。

[39]《深圳市服务业发展"十三五"规划》，2016。

[40]《深圳市节能环保产业发展专项资金扶持计划政策解读》，深圳市发展和改革委员会，2016，http：//www.szpb.gov.cn/hdjl_1/zxjl/fthg/201607/t20160720_4220462.htm。

[41]《厦门市节能环保产业"十三五"发展规划》，http：//news.xmsme.gov.cn/2016/11/18/627_52584.shtml。

[42]《深圳市人民政府关于印发人口与社会事业发展"十三五"规划的通知》，2017，http：//www.sz.gov.cn/zfgb/2017/gb987/201701/t20170111_5879219.htm。

[43]《深圳先进制造业领跑提升GDP质量》，深圳市人民政府政策研究室和深圳市人民政府发展研究中心，2017。

[44]《深圳新能源汽车超7.6万辆 年底公交车将百分百纯电动化》，深圳市交通运输委员会，2017。

[45]《深圳市建筑节能与绿色建筑"十三五"规划（2016～2020年）（征求意见稿）》，深圳市住房和建设局，2016。

[46]《厦门市2016年国民经济和社会发展统计公报》，厦门统计局，2017。

[47]《厦门市电动汽车充电基础设施专项规划（2016～2020年）》，厦门市人民政府，2016。

[48]《厦门市"十三五"工业转型升级专项规划的通知》，厦门市经济和信息化局，2017。

[49]杨玉英、郭丽岩：《对我国服务业发展现状的再认识》，《宏观经济研究》2009年第4期。

[50]袁易明、闫振坤、李璇：《中国经济特区产业绿色转型发展报告》。陶一桃主编《中国经济特区发展报告（2016）》，社会科学文献出版社，2016。

[51]袁易明、闫振坤、郭宏毅：《中国经济特区产业转型发展报告》。陶一桃主编《中国经济特区发展报告（2015）》，社会科学文献出版社，2015。

[52]《珠海市2016年预算执行情况与2017年预算草案的报告》，珠海市财政局，2017。

[53]《珠海市人民政府办公室关于印发珠海市新能源汽车推广应用实施方案（2016～

2020年）》的通知。
［54］《珠海市现代服务业功能区发展规划（2011～2020年）》，珠海市人民政府，2011。
［55］《珠海市新能源汽车推广应用实施方案（2016～2020年）》，珠海市人民政府，2017。
［56］朱斌、史轩亚：《区域产业绿色转型的综合评价与战略分析——以福建省为例》，《生态经济》2016年第9期。
［57］《专家学者谈"一带一路"背景下华侨试验区发展之路》，国务院侨务办公室，2017，http://www.gqb.gov.cn/news/2017/0516/42536.shtml。

B.3
中国经济特区资源效率与可持续发展报告

钟若愚 唐文 管志贵*

摘　要： 资源和环境承载能力稀缺是中国经济特区可持续发展所面临的硬约束，资源利用效率是衡量区域可持续发展的重要参照。本报告通过构建区域与城市层面的物质流和资源效率分析框架，系统收集和整理了中国五大经济特区1996～2016年的物质流投入数据，对中国五大经济特区的直接物质投入（DMI）指标进行横向和纵向比较，重点分析了2016年度五大经济特区资源投入和资源效率情况并指出其效率差异的原因，同时将五大经济特区的资源效率与可持续发展理念进行结合，在此基础之上给出了中国经济特区要转变传统发展观念、加快绿色指标体系建设和大力发展绿色金融的政策建议。

关键词： 经济特区　物质流分析　资源效率　可持续发展

资源和环境承载能力的稀缺是制约区域可持续发展的关键因素，它直接决定了各区域在发展的过程中，或者在确保经济增长目标不变的前提下，消耗尽量少的自然和环境资源，或者在资源和环境承载能力既定的前提下，实

---

* 钟若愚，深圳大学中国经济特区研究中心教授、博士生导师，深圳大学人口研究所所长，山西财经大学副校长、中国特色社会主义政治经济学研究中心研究员；唐文，深圳大学中国经济特区研究中心硕士研究生；管志贵，深圳大学中国经济特区研究中心博士研究生。本报告同时也是教育部人文社科重点研究基地重大项目（10JJDZONGHE019）的阶段性成果。

现更高的经济产出目标。简言之，因为资源稀缺所以要高效利用。资源环境利用效率是衡量区域绿色可持续发展的重要参照，基于物质流分析的区域和城市层面 DMI 指标可以作为区域绿色可持续发展的重要衡量依据，本报告系统收集和梳理了中国五大经济特区 1996~2016 年的物质流投入数据，纵向和横向分析了其效率差异和原因。在此基础之上给出了经济特区要转变传统发展观念、加快绿色指标体系建设、大力发展绿色金融等行之有效的政策建议。

一 区域与城市层面物质流与资源效率分析框架

物质流分析（MFA）作为一种从国家、区域和城市等多个层面来度量资源消耗以及经济增长质量的方法，可以有效测度可持续发展的完成和推进情况。这为研究区域资源效率与可持续发展问题提供一种新的思考路径[1]。

（一）区域与城市层面的物质流分析框架

物质流分析方法是指考察经济系统中的物质量投入、消耗和流动状况并进行分析，从而得到简洁的、可以用来衡量资源投入与消耗状况的指标，是对可持续发展研究方法的拓展。

物质流分析方法在国家、区域和城市层面的应用存在差异。国内现有的关于城市 MFA 研究大多基于欧盟导则这一分析框架，比如黄晓芬等（2007）[2]、钟若愚（2008）[3] 使用欧盟导则分别对上海市、深圳市进行了城市层面的物质流分析。徐晓新、张利华（2015）[4] 认为可持续发展在区域层面的研究对象应

---

[1] 参见钟若愚《自然资源价值与效率问题研究》，《求索》2008 年第 5 期；钟若愚：《中国资源生产率和全要素生产率研究》，《经济学动态》2010 年第 7 期。
[2] 黄晓芬、诸大建：《上海市经济—环境系统的物质输入分析》，《中国人口资源与环境》2007 年第 17（3）期。
[3] 钟若愚：《深圳资源生产率的变迁及其影响》，《开放导报》2008 年第 4 期。
[4] 徐晓新、张利华：《论可持续发展区域管理研究的基本框架》，《中国软科学》2015 年第 5 期。

该是一定时空范围内的自然－经济－社会复合系统，重点考察人口、资源、环境与社会发展之间的协调关系问题，因此，他们把可持续发展区域管理研究分为动力机制研究、战略研究和公共管理研究三个子领域。费威、刘心等（2015）[①] 运用物质流分析将辽宁省的经济数据进行物质化处理，再利用改进的数据包络分析（DEA）模型对辽宁省环境和经济效率进行综合评价。研究发现，辽宁省物质消费并非依赖进口，向其他地区物质输出量大；对环境效率评价的综合效率主要受规模因素影响，而整体经济的综合效率则主要是受纯技术效率影响，第二产业占比较大的产业结构特征是导致上述结果的主因。鉴于此，该研究建议辽宁省应该进一步改造提升传统产业，发展战略性新兴产业，提高第三产业发展水平，扩大环保投入规模。郭存芝、彭泽怡等（2016）[②] 以对城市可持续发展能力进行评价为例，在满足 DEA 方法要求的前提下，以城市可持续发展相关理论为指导，遵循指标体系设计的目的性、理论性、系统性等原则，采用主客观权重相结合的方法将数十个一级、二级和三级指标归纳为输入和输出两大类，然后用 DEA 分析方法来进行评价，并举例说明了其指标设计的合理性，该指标体系的构建为资料包络法在可持续发展领域的应用提供了思路。

本报告延续一个简化的物质流分析（MFA）框架以探讨区域和城市层面的资源效率问题。着重研究中国经济特区层面与工业化发展相关的物质资源利用效率问题，考虑到城市边界系统的界定、城市物质资源使用数据的可得性等因素，本报告将对直接物质输入指标进行简化分类，如表1所示。

（二）基于物质流分析的资源效率指标

资源生产率指标 $P_{resource}$ 可以用经济社会发展的价值量 $Value$（一般是 GDP 总量）和资源实物量 $Material$ 的比值来衡量：

[①] 费威、刘心、杨晨：《基于 MFA 和 DEA 的区域经济环境效率评价———以辽宁省为例》，《生态学报》2015 年第 35（11）期。

[②] 郭存芝、彭泽怡、丁继强：《可持续发展综合评价的 DEA 指标构建》，《中国人口·资源与环境》2016 年第 26 卷第 3 期。

表1 城市物质流分析的简化框架：直接物质输入指标的分类

指标	大类	构成项目	细分指标	主要内容
输入指标 DMI	直接物质输入 = 本地投入 + 外地调入 DMI = DE + I	本地投入 DE	1. 化石燃料	(1)原煤 (2)原油 (3)天然气
			2. 工业金属矿物	(1)铁矿石 (2)铝矿石 (3)铜矿石 (4)其他
消耗指标 DMC	直接物质消耗 = 直接物质输入 - 本地调出 DMC = DMI - E		3. 工业非金属矿物	(1)化学化工原料 (2)初级形态的塑料 (3)玻璃、水泥等 (4)其他
			4. 生物质	(1)农作物 (2)林产品 (3)水产品 (4)畜产品
		调入（进口）I	化石燃料；工业矿物；生物质	
		调出（出口）E	化石燃料；工业矿物；生物质	

注：（1）在进行区域和城市物质流分析时借鉴国家物质流分析框架，城市层面的调入和调出对应国家层面的进口和出口；（2）以上分析框架最初来源参考钟若愚、庄伟锋《中国经济特区资源效率与可持续发展报告》，2012。

$$P_{resource} = \frac{Value}{Material} \tag{1}$$

目前衡量自然资源生产率最常采用的简化指标被称为 Pearce 指标（Pearce，2001）：$P_{Pearce} = \frac{V_{output}}{M_{input}}$，这里 V_{output} 是价值形态的产出量，M_{input} 是物质资源投入量（materials input）。

结合考虑物质流体系和国民经济核算体系，构建一系列衍生指标，主要包括物质投入指标、物质消耗指标和物质排放指标。在一系列衡量资源生产率的指标基础上建立基于物质流分析（MFA）的资源效率分析框架，把社会经济系统作为一个整体来考察其物质输入、消耗与输出情况，对经济系统输入端的物质流进行研究。

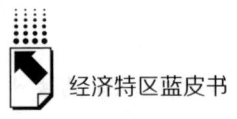

二 中国五大经济特区物质流分析及结果

（一）数据来源及处理

本报告数据主要取自五大经济特区的统计年鉴、统计公报等，同时结合团队进行的相关调研数据汇总形成。

由于五大经济特区统计层面存在着数据匮乏、统计口径不一致和获取成本过高等问题，在数据处理的过程中遵循以下基本假设：第一，对某种物质的消费需求，如果本地有生产则优先选择本地生产；第二，本地生产的某种物质如果供过于求，假设其调入为零；第三，若本地物质产出无法满足本地需求量，则假定其调出为零。除了海南省之外，其他经济特区的化石燃料、金属矿物、工业非金属矿物等要素均属于内部供给不足、需从外部调入或进口的状态，可依据第三条假设进行数据分析处理。

五大经济特区主要类别物质流数据处理如下：第一，化石燃料、金属矿物、工业非金属矿物如果是由市外调入，本地没有开采，那么就依照假设情况处理，调出量为零。这三部分以年产量来度量，其中，化石燃料由原煤、原油和天然气三部分构成，按照一定比例转换为标准原煤形式进行数据处理，数据来源均取自五大经济特区统计年鉴及相关统计公报。第二，工业金属矿物主要包括金、铜、铝、铅、锌和铁矿石等①，从相应统计年鉴可获得某些产品产量数据，再通过简单的投入产出分析，估算出其原矿需求量。根据基本假设三的相关描述，可令直接物质投入量等于本地开采量加上外地调入量，原矿需求量等于直接物质投入量。需特别说明的是，本报告并未将矿产资源开采的生态包袱数值计算在内。第三，生物质是由农作物、经济作物、林木年产量和水产品产量等组成。本报告根据主要生物质本地人均消耗量进行估算得到。

（二）物质流分析初步结果

直接物质投入（DMI）指标反映了经济增长过程中直接物质投入总量的情

---

① 根据铝矿石含铝量40%、1吨粗钢需要1.6吨含铁量为62%的铁矿石等技术指标进行换算。

况。本报告基于简化的物质流分析框架,利用各经济特区历年统计数据,计算可衡量各特区经济发展过程中物质资源投入的 DMI 指标。

1. 历年 DMI 总量、人均 DMI 及其变化

表 2 和图 1 为 1996~2016 年各经济特区 DMI 总量变化情况,在所考察的五大经济特区中,海南省年均直接物质消耗总量远高于其他特区,是深圳和汕头的三倍还多,DMI 总量较低的是厦门和珠海,其只有海南省的 1/5 多。

表 2 1996 年及 2000~2016 年五大经济特区直接物质投入（DMI）指标情况

单位：万吨

年份	直接物质投入（DMI）				
	深圳	海南	厦门	珠海	汕头
1996	1150.4	1327.0	211.4	267.6	647.4
2000	1340.2	1829.4	313.0	443.9	605.7
2005	1743.0	2285.4	571.0	641.7	745.6
2006	1889.3	2599.8	679.8	691.2	771.5
2007	1910.8	2843.3	674.6	932.3	771.1
2008	1863.5	2996.5	766.5	1031.0	760.4
2009	1787.3	3397.8	768.1	1052.2	873.6
2010	1861.3	3844.0	944.1	1123.0	1177.6
2011	2024.7	4512.8	1049.1	1144.1	1288.8
2012	1912.1	4827.4	1109.5	1065.5	1200.7
2013	1838.8	5232.7	1126.8	1123.7	1398.4
2014	1722.0	5375.1	1147.8	1158.4	1422.8
2015	1620.2	5395.9	1174.3	1111.8	1464.5
2016	1601.3	5229.3	1214.7	1115.6	1547.9

资料来源：根据简化的 MFA 分析框架整理计算得到；并根据 2016 年统计年鉴对 2015 年数据进行修正。

从直接物质投入指标来看,珠海 DMI 总量从 1996 年的 267.6 万吨增长到 2016 年的 1115.6 万吨,1996~2016 年年均增长速度达 7.8%；DMI 年均增速最慢的是深圳,增速为 1.8%,厦门、海南和汕头的年均增速分别为 9.6%、7.5% 和 4.7%。

从历年变化情况来看,深圳 2015 年和 2016 年 DMI 指标同比出现不同程度

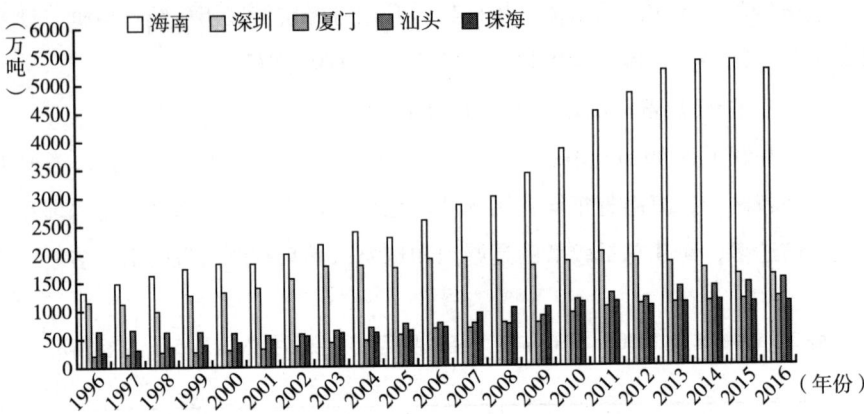

图1　1996～2016年五大经济特区直接物质投入指标比较

的下降，分析其DMI构成情况可知，DMI指标的下降主要来自化石能源和工业非金属矿物消耗的减少，具体增长率情况见图2。

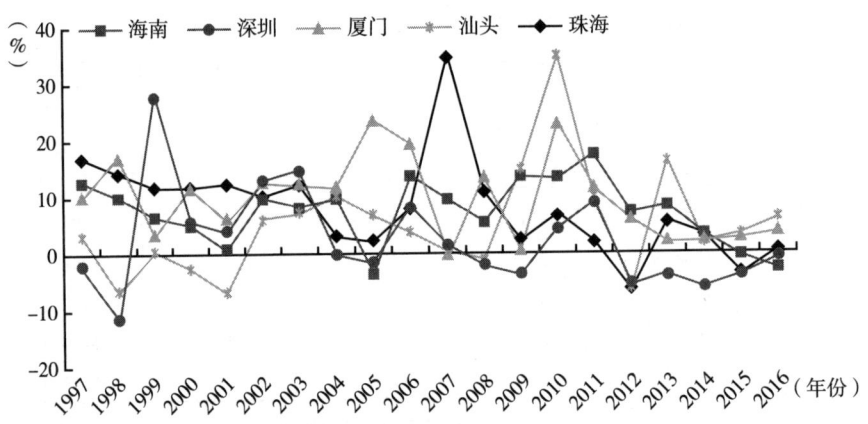

图2　1997～2016年各经济特区DMI指标增长率比较

2. 人均DMI指标及其比较

人均DMI指标反映的是在经济增长过程中各经济特区物质资源消耗的人均投入水平。从表3可以看出，珠海人均DMI指标在五大经济特区中最高。2016年，珠海达6.66吨/人；其他特区指标指数分别为深圳1.34吨/人、厦门3.1吨/人、海南5.7吨/人和汕头2.8吨/人。

表3　1996年及2000～2016年各经济特区人均DMI指标比较

单位：吨/人

年份	人均直接物质投入				
	深圳	汕头	厦门	海南	珠海
1996	2.38	1.52	1.10	1.86	2.82
2000	1.91	1.29	1.53	2.40	3.59
2005	2.11	1.51	2.09	2.76	4.53
2006	2.17	1.54	2.36	3.11	4.78
2007	2.09	1.52	2.22	3.36	6.32
2008	1.95	1.48	2.35	3.51	6.82
2009	1.80	1.67	2.33	3.93	6.83
2010	1.79	2.18	2.65	4.43	7.19
2011	1.93	2.38	2.91	5.14	7.30
2012	1.81	2.20	3.02	5.45	6.73
2013	1.74	2.63	3.23	5.84	7.07
2014	1.60	2.58	3.01	5.95	7.18
2015	1.42	2.64	3.04	6.22	6.80
2016	1.34	2.77	3.10	5.70	6.66

注：人均指标用历年常住人口数作为计算口径。

从图3可知，珠海人均DMI指标远高于其他经济特区，自2015年开始出现回落。海南的人均DMI指标自2015年之后呈现下滑趋势，汕头、厦门在2014～2016年期间趋于平稳，而深圳的人均DMI指标则呈现逐渐下降的趋势。

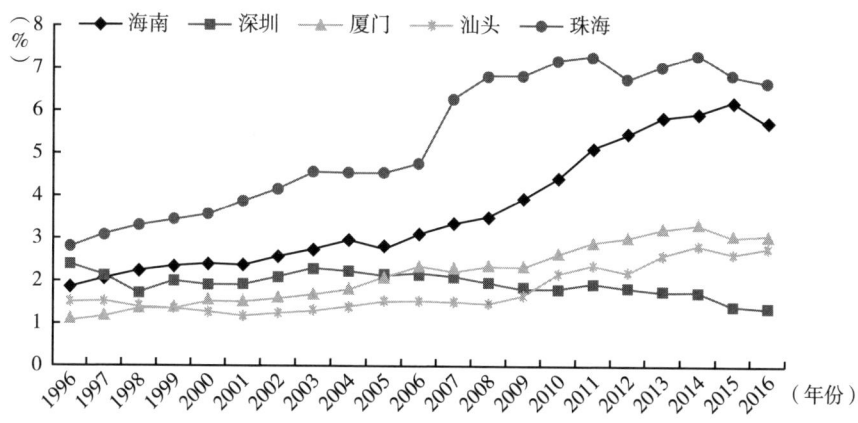

图3　1996～2016年五大经济特区人均DMI指标变化

各经济特区人均 DMI 指标的年均增速显示，海南、厦门、珠海三地人均物质资源消耗的增长在五个经济特区中相对较高，分别为 5.5%、5.1% 和 4.2%，汕头的人均物质消耗增长情况相对比较平稳，增速为 2.9%，同时期的深圳则实现了人均 DMI 指标的净下降，维持在 -2.7% 的水平，具体数值见表 4。

表 4　1996 年和 2016 年各经济特区人均 DMI 及其年均增速对比

年份＼人均DMI	厦门	汕头	海南	深圳	珠海
1996 年(吨/人)	1.10	1.52	1.86	2.38	2.82
2016 年(吨/人)	3.1	2.77	5.7	1.34	6.66
年均增速(%)	5.1	2.9	5.5	-2.7	4.2

资料来源：根据简化的物质流分析框架和相关的统计公报计算整理所得。

由于只有深圳出现了人均 DMI 指标的净下降，年均增速仅为 -2.7%，远低于其他经济特区，所以本报告分析认为这种净下降的原因是，一方面深圳人口增速过快，人均指标下降幅度较大；另一方面深圳已经完成产业转型升级、步入后工业化经济发展阶段，其经济增长与物质的消耗出现脱钩现象。

（三）典型特区资源利用构成分析

从深圳 DMI 指标构成情况来看，首先，1996～2004 年，金属矿物质占比变化不大，自 2005 年以来金属矿物质占比持续下降，由 47.4% 下降到 2016 年的 20.6%。

其次，化石燃料投入占比呈现持续缓慢增长态势，1996 年化石燃料投入占比为 8.6%，2016 年增加到 40.82%。在仅 2000 平方公里的土地上，深圳市集聚了近 2000 万名实际管理服务人口，因此面临着沉重的资源能源压力，化石燃料投入占比的变化，可以反映深圳市可持续发展所要面临的严峻现实，具体变化情况参见图 4。

珠海 1996～2016 年 DMI 指标构成情况显示，其总体的 DMI 指标由 1996 年的 267.63 万吨增加到 2016 年的 1115.59 万吨，年均增速为 0.34%。在其 DMI 指标构成中，化石燃料投入占比呈现先平稳上升后缓慢下降的趋势，金属矿物占比由 1996 年的 19.7% 上升到 2016 年的 34.88%，生物质投入占比保持持续下降的态势，由 1996 年的 41.2% 下降至 2016 年的 5.5%，具体变化情况参见图 5。

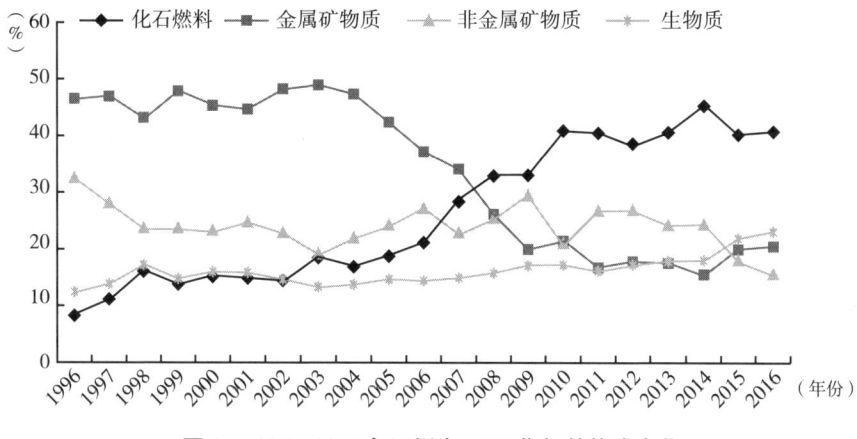

图4　1996~2016年深圳市DMI指标的构成变化

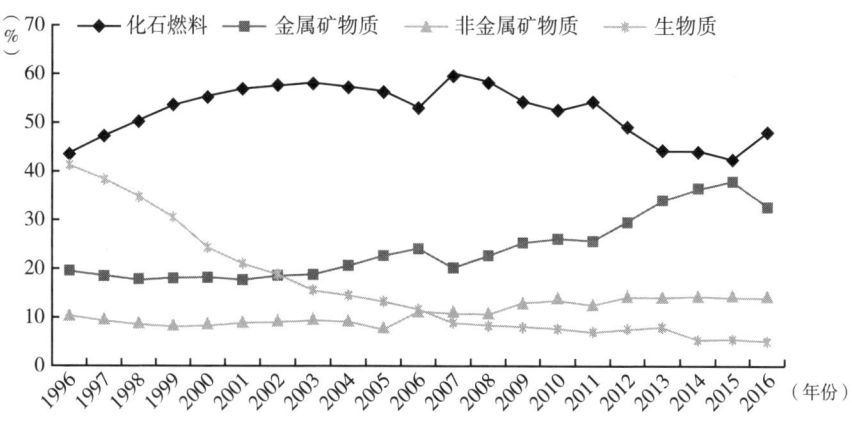

图5　1996~2016年珠海市DMI指标的构成变化

三　2016年五大经济特区资源投入、资源效率比较分析

（一）2016年五大经济特区资源投入及其构成比较

从DMI指标变化来看，2016年各经济特区直接物质资源投入总量从低到高依次为珠海1115.6万吨、厦门1214.8万吨、汕头1547.9万吨、深圳1601.3

万吨、海南5229.3万吨；人均DMI指标从低到高依次为深圳1.34吨/人、汕头2.77吨/人、厦门3.1吨/人、海南5.7吨/人、珠海6.66吨/人（见表5）。

表5　2016年各经济特区DMI及人均DMI等指标比较

指标	DMI（万吨）	人均DMI（吨/人）	资源生产率（元/吨）	GDP（亿元）	年末常住人口（万人）	人均GDP（万元）
海南	5229.29	5.70	5153.09	2694.70	917.13	2.94
深圳	1601.28	1.34	93620.51	14991.27	1190.84	12.59
厦门	1214.75	3.10	29088.08	3533.47	392.00	9.01
汕头	1547.93	2.77	12316.38	1906.49	557.92	3.42
珠海	1115.59	6.66	17700.00	1974.59	167.53	11.79

资料来源：根据简化的物质流分析框架计算整理所得；GDP和人均GDP的计算以2000年不变价为基准。

由于部分经济特区2016年统计年鉴在对常住人口、GDP总量和化石能源消耗等数据进行校验时做了调整，个别数据存在误差，故将2015年各经济特区的指标做了重新修正，具体数据变化情况参见表6。

表6　2015年各经济特区DMI及人均DMI等指标调整修订比较

指标	DMI（万吨）	人均DMI（吨/人）	资源生产率（元/吨）	GDP（亿元）	年末常住人口（万人）	人均GDP（万元）
海南	5229.29	6.22	4645.58	2506.70	867.15	2.89
深圳	1601.28	1.42	84889.66	13753.74	1137.89	12.09
厦门	1214.75	3.04	27887.61	3274.76	386.00	8.48
汕头	1547.93	2.64	12009.52	1758.76	554.18	3.17
珠海	1115.59	6.80	16369.35	1819.90	163.41	11.14

资料来源：根据2016年各特区统计年鉴数据进行调整修订和重新计算得出。

从2015年各经济特区DMI构成比较（见表7）来看，各经济特区的化石燃料、非金属矿物质所占比重较高，例如，汕头化石燃料占比近半，非金属矿物质占比也相对较高，结合地区实际情况，表明汕头特区正处于快速工业进程发展中，对物质资源消耗较大。海南特区因其自然资源存储较为丰富，农业发展得天独厚，因此化石燃料、非金属矿物质、生物质所占比重较高，金属矿藏消耗相对较少，从海南发展的实际情况来看，其本地物质消耗相对较少。

表7 2015年各经济特区DMI构成比较

指标	DMI（万吨）	化石燃料(%)	金属矿物质(%)	非金属矿物质(%)	生物质(%)	人均DMI（吨）
海南	5395.87	33.19	10.14	39.91	16.75	6.22
深圳	1620.16	40.26	20.13	17.77	21.85	1.42
厦门	1174.27	32.05	42.88	14.51	10.56	3.04
汕头	1464.47	49.36	15.74	17.97	16.93	2.64
珠海	1111.77	42.38	37.89	14.20	5.53	6.80

资料来源：根据简化的物质流分析框架计算整理所得。

（二）2016年五大经济特区资源利用效率比较

本报告按2000年可比价格对GDP数据进行处理，在此基础上，计算出各经济特区资源生产率。从计算结果可以看出，自1996年起，各经济特区资源利用效率均在不断提高。2016年的数据显示，深圳的资源生产率为9.36万元/吨、厦门为2.9万元/吨、珠海为1.77万元/吨、汕头为1.23万元/吨、海南为0.52万元/吨。

表8 1996年及2000~2016年各经济特区资源生产率指标

单位：元/吨

年份	海南	深圳	厦门	汕头	珠海
1996	2897.4	10639.9	13161.0	4519.5	8084.3
2000	2746.7	12757.0	14187.3	5084.1	7695.5
2005	2713.4	16617.5	13953.9	6196.2	7549.7
2006	2767.1	14882.4	15554.5	6756.1	7445.4
2007	2879.7	16322.0	16034.4	7432.0	7487.8
2008	3135.9	18026.1	17040.2	7854.9	7479.7
2009	3134.2	18543.0	17541.9	7837.3	7635.5
2010	3207.4	19294.7	18376.8	7981.3	8009.1
2011	3235.9	22785.4	19105.8	8056.8	8915.7
2012	3727.4	26738.9	17948.0	8422.2	9894.0

续表

年份	海南	深圳	厦门	汕头	珠海
2013	3709.2	28754.9	17668.3	9083.7	10664.9
2014	3927.3	32649.2	20830.3	10270.7	9251.1
2015	4110.4	37532.9	20807.8	11507.8	9136.4
2016	4049.1	43301.8	22426.0	11089.4	9538.8

资料来源：根据简化的物质流分析框架计算和整理所得。

四 五大经济特区资源效率与可持续发展分析

本报告用简化的资源生产率指标，依据资源生产率、人口增长率和人均GDP增速之间的相互关系，对各经济特区资源效率与可持续发展问题进行分析和解读。

（一）1996~2016年各经济特区资源生产率

在资源生产率方面，除深圳外其他经济特区大体处于水平稳定状态，1996~2016年的变化情况见图6。

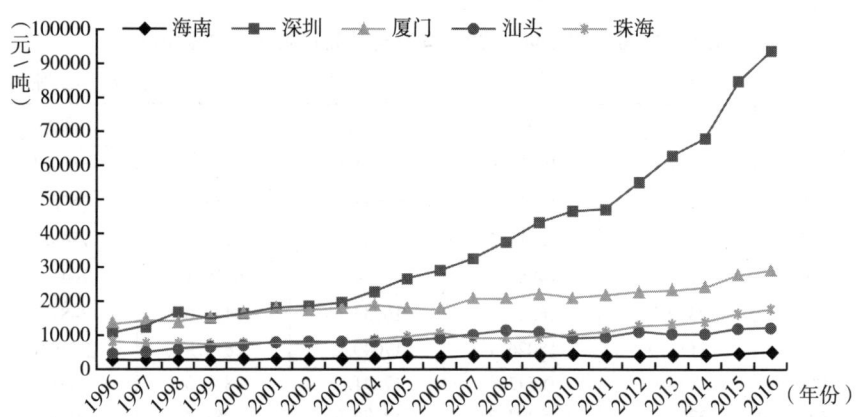

图6 1996~2016年各经济特区资源生产率比较

2016年，深圳的资源生产率为9.36万元/吨，厦门的资源生产率为2.9万元/吨，深圳21年间平均增速为10.9%，厦门年均增速为3.8%，深圳平均增速是厦门的三倍左右，从资源生产率增速变化可以看出深圳高效率的经济发展历程。

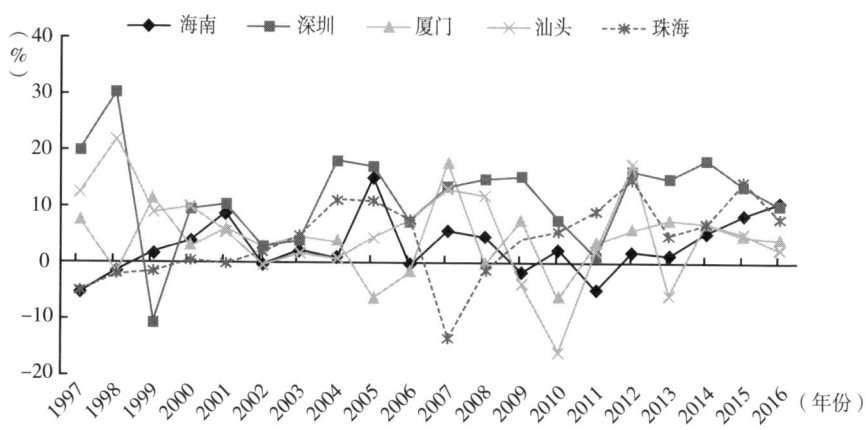

图7　1997~2016年各经济特区资源生产率增长速度比较

珠海、海南两地资源生产率增速相对较低，年均增速分别为3.2%、2.5%，仅为深圳年均增速的1/3左右，具体增速情况参见表9。

表9　1996年和2016年各经济特区资源生产率及其年均增速比较

资源生产率(元/吨)	海南	珠海	厦门	汕头	深圳
1996年	2897.4	8084.3	13161.0	4519.5	10639.9
2016年	5153.1	17770	29088.1	12316.4	93620.5
年均增速(%)	2.5	3.2	3.8	4.9	10.9

资料来源：根据简化的物质流分析框架计算整理得到。

（二）经济特区资源效率与可持续发展

通过对1996~2016年各经济特区主要指标增长率比较可以看出，五大经济特区资源消耗总量增速整体维持在较高水平，厦门、珠海和海南的增长速度较高，分别为8.7%、7.0%和6.7%，深圳、汕头增速相对较低，其中，深圳增速为1.6%，汕头增速为4.2%。从资源生产率指标可以看出，深圳年均增长10.9%，是各经济特区资源生产率增长水平中最高的（见表10）。

表10　1996~2016年各经济特区主要指标增长率比较

单位：%

指标	海南	深圳	厦门	汕头	珠海
DMI	6.7	1.6	8.7	4.2	7.0
GDP	9.7	12.7	12.9	9.3	11.1
常住人口	1.2	4.4	3.4	1.3	2.7
人均DMI	5.5	-2.7	5.1	2.9	4.2
资源生产率	2.8	10.9	3.8	4.9	3.8

用Pearce的增长恒等式可以对2016年各经济特区资源消耗、资源效率、人口增长与经济增长间的关系作出一个基本判断（见表11）。以Pearce（2001）的增长核算形式，围绕以下等式展开：

$$R_{DMI} = y P_{population} / P_{resource} \tag{2}$$

其中R_{DMI}为资源使用量，以直接物质投入量DMI指标来表征；y是人均产出，以$GDP_{real}/P_{population}$表示；$P_{population}$指人口，以年末常住人口表示；$P_{resource}$是资源生产率（Resource Productivity），以当年物质投入对应的实际产出表示。

取对数并对时间求全微分可得：

$$\dot{R}_{DMI} = \dot{y} + \dot{P}_{population} - \dot{P}_{resource} \tag{3}$$

其中$\dot{y} = \frac{1}{y}\frac{dy}{dt}$，其余依此类推。这种表达方式描述了资源消耗与人口、经济产出之间的一种基本关系。从上式可知，资源生产率的增长（$\dot{P}_{resource}$）必须大于人口与人均产出的增长之和才能避免资源使用量的绝对增长。①

---

① 参见Grant Allan and Nick Hanley（2006），*The Macro-economic Rebound Effect* and *the UK Economy*, Report for DEFRA, May 2006。

表11 2016年各经济特区资源、人口、产出增长关系的年度基本判断

单位：%

经济特区	DMI增长	人均GDP增长	人口增长	资源生产率增长	恒等关系核算
海南	-3	1.6	5.7	10.9	-3.5
厦门	3.4	6.2	1.5	4.3	3.4
深圳	-1.1	4.1	4.6	10.28	-1.47
汕头	5.69	7.6	0.67	2.5	5.79
珠海	0.34	5.8	2.5	8.1	0.2

资料来源：根据简化的物质流分析框架整理计算得到。

把表11中由上述公式推算的结果与2016年各特区资源消耗、人口增长和人均产出基本关系的计算结果作比较可以得出，人均GDP增长、人口增长和资源生产率增长三者的运算结果和DMI的增长率数值基本上一致。例如，2016年汕头DMI增长率为5.69%，这与其人均GDP增长率7.6%和常住人口增长率0.67%之和，再减去资源生产率增速2.5%所得到的5.79%的结果大体保持一致。

（三）提升经济特区资源效率与可持续发展的相关建议

1. 各经济特区要走集约化、绿色发展道路，既要"金山银山"也要"绿水青山"

中国经济在经历了30多年的高速增长之后，资源和环境问题日益凸显，作为中国经济先行先试的五大经济特区也面临着生态环境恶化、气候变暖、能源资源枯竭等一系列挑战，传统的"三高一低"经济增长方式难以为继，因此从中央到地方都把经济的"绿色化"作为经济转型的主要目标之一。

各经济特区2016年的各项指标显示，人均GDP增长保持在1.6%~7.6%，厦门和汕头的物质资源投入仍然处于较高水平，深圳和海南的人均物质资源投入趋于平稳，各个经济特区资源效率还有很大的改进空间。当然，各经济特区所处的发展阶段和具体情况是有差别的，还是要根据各自的情况不断提高资源效率。因此，各经济特区要走集约化绿色发展道路，在追求经济高速增长的同时更应该提高资源利用效率，保护好生态环境，追求长期可持续发展。

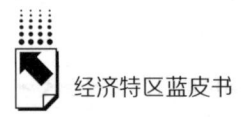

2. 加快构建绿色经济指标体系，把绿色 GDP 等绿色经济指标作为政府官员政绩考核的重要依据

基于物质流分析的 DMI 指标是衡量各经济特区资源利用效率的重要参考之一，但单一指标很难准确客观地度量区域资源利用效率的真实情况，因此建立一套系统的、可操作的综合指标体系，用来测度和评估经济的可持续发展，有着非常重要的意义，特别是对于当下发展阶段的中国，经济发展虽然取得了一定的成就，但环境生态问题持续恶化，雾霾天气和 PM2.5 爆表等已经严重影响到人们的生命健康和对高品质生活的追求，鉴于此，构建一套多维度的综合绿色经济指标体系已经刻不容缓。

物质流分析框架与环境经济综合核算体系是一致的，MFA 作为评价资源效率与可持续发展的有效方法，它依据质量守恒原理和热力学第一定律，对一定时期的输入和输出物质流进行核算。完善的物质流分析体系对我国可持续发展的研究和政策制定具有理论研究与实践指导作用。所以，我国要尽快构建绿色经济指标体系，使政府对自然资源利用和环境保护等行为的监督有据可循。

在构建完备的指标体系的基础上，要改变地方官员的政绩考核标准，把绿色指标与经济指标挂钩综合考量地方的经济发展水平，并不断增加绿色指标考核的权重，让绿色经济指标体系真正发挥作用。

3. 大力发展绿色金融，构建由政府引导、金融机构协同和全社会共同参与的绿色金融体系

推进生态文明建设，既要"金山银山"也要"绿水青山"，这是国家层面对提高资源效率和走可持续发展道路的最高指示。充足的资金支持是走绿色可持续发展道路的基本要件，所以各经济特区在现阶段要大力发展绿色金融，为"美丽中国"建设提供雄厚的资金支持。具体来讲，金融机构在进行投融资决策时，除了要重点考察风险成本和收益回报外，也要充分考虑其对生态环境保护和污染治理的作用。发展绿色金融不仅关系到金融企业自身的可持续发展，也可以在引导社会经济资源、促进产业升级和推动区域可持续发展方面发挥重要作用。

国家已经在五省区进行绿色金融改革创新试验区的建设，浙江、广东、新疆、江西和贵州也会根据其自身发展特点在绿色金融服务、绿色金融运行、发展现代化农业和清洁能源、污染治理和清洁生产等方面开展具体工作，为绿色金融在全国范围内的推广积累经验。在此大背景下，中国各经济特区要转变理念、构建绿色金融体系，建立相应配套制度，充分运用绿色债券等创新金融手段，解决企业融资难问题，引导资金流向环保和低碳领域。具体来讲，各经济特区可以通过以下途径和措施推进绿色金融的发展：培育发展绿色金融组织体系、创新发展绿色金融产品和服务、支持绿色产业发展拓宽融资渠道、稳妥有序探索建设环境权益交易市场、加快发展绿色保险、夯实绿色金融基础设施、加强绿色金融对外交流合作、构建绿色金融服务主导产业升级发展机制和建立绿色金融风险防范化解机制。

参考文献

［1］黄晓芬：《基于资源生产率的城市绿色竞争力研究》，同济大学博士学位论文，2006。

［2］苏东斌、钟若愚：《中国经济特区导论》，中国经济出版社，2010。

［3］钟若愚：《以效率和质量看待经济特区的未来发展》，《特区经济》2012年第2期。

［4］钟若愚：《中国资源生产率和全要素生产率研究》，《经济学动态》2010年第7期。

［5］钟若愚：《选择价值与城市未来》，《中国社会科学报》2012年10月29日。

［6］钟若愚、林滨：《中国经济特区资源效率与可持续发展报告（2013）》，载陶一桃主编《中国经济特区发展报告（2013）》，社会科学文献出版社，2014。

［7］钟若愚、彭新才：《中国经济特区资源效率与可持续发展报告（2014）》，载陶一桃主编《中国经济特区发展报告（2014）》，社会科学文献出版社，2015。

［8］钟若愚、彭新才、管志贵：《中国经济特区资源效率与可持续发展报告（2015）》，载陶一桃主编《中国经济特区发展报告（2015）》，社会科学文献出版社，2015。

［9］郭存芝、彭泽怡、丁继强：《可持续发展综合评价的DEA指标构建》，《中国人口·资源与环境》2016年第26卷第3期。

［10］徐晓新、张利华：《论可持续发展区域管理研究的基本框架》，《中国软科学》2015年第5期。

［11］费威、刘心、杨晨：《基于MFA和DEA的区域经济环境效率评价——以辽

宁省为例》,《生态学报》2015 年第 35（11）期。

［12］ European Communities (2001), Economy – Wide Material Flow Accounts and Derived Indicators, A Methodological Guide, Luxembourg: Office for Official Publications of the European Communities.

［13］ Gylfason, Thorvaldur, (2001). Natural Resources, Education, and Economic Development, European Economic Review, Elsevier, vol. 45 (4 – 6), pp. 847 – 859, May.

［14］ Krutilla, J. V. 1967. Conservation Reconsidered. American Economic Review 57 (4): 777 – 786.

［15］ OECD, 2001. Measuring Productivity: Measurement of Aggregate and Industry – Level Productivity Growth. Paris: OECD Publications.

［16］ Pearce, D. W. (2001), Measuring resource productivity. Paper to DTI/Green Alliance Conference, February 2001.

B.4
中国经济特区创新发展报告

林小玲 严成 张凯*

摘　要： 本文主要阐述了2016年五个经济特区利用自身地理位置优势、资源要素禀赋,推进产业升级、实施创新政策支持企业创新等。深圳与香港相邻,应深化粤港澳大湾区建设,完善创新政策体系,大力发展文化创意、新一代信息技术和节能环保等战略性新兴产业;珠海与澳门相邻,应大力发展横琴新区,推动高新技术产业、金融产业、旅游休闲产业等;厦门与台湾海峡相邻,新成立的福厦泉国家自主创新示范区,应重点发展集成电路产业、生物医药产业等;海南应重点发展绿色农业、海洋产业、"互联网+"产业、旅游产业等;汕头特区创新发展较为落后,近年来大力推进制造业转型升级、发展潮汕文化产业振兴粤东西北地区发展。

关键词： 粤港澳大湾区　自贸区　转型升级　高新技术

2016年,我国经济总体情况有所好转,保持平稳发展,全年经济增速保持6.7%,经济增长质量与经济结构调整取得新进展,服务业增幅达到7.7%。中国落实"一带一路"倡议与"一带一路"沿线国家顺利进行多项合作,落实一大批重大工程和国际产能合作项目,推动全球贸易发展以及拓展中国未来

---

* 林小玲,深圳大学经济学院博士研究生;严成,深圳大学经济学院硕士研究生;张凯,深圳大学经济学院教授、博士生导师。

投资新路径。当然，中国经济发展存在产业结构调整矛盾突出、地产经济仍处于调整期、存在潜在金融风险等问题。

一 2016年经济特区创新发展的总体概况

（一）深圳市创新发展年度概况

2016年，深圳高技术制造业、高新技术产业增加值分别为4762.87亿元、6560.02亿元，分别增长了9.8%、12.18%。深圳2016年的研发投入高达800亿元以上，占GDP总值的4.1%；而全市2016年的国内发明专利授权量达到1.7665万件。2016年，深圳新增国家级高新技术企业2518家，累计达8042家，通过财税政策鼓励企业提高技术研发能力。截至2016年，淘汰、转型低端传统产业超过17000家。

1. 落实"一带一路"倡议

随着国家落实"一带一路"倡议，深圳积极参与全球竞争，率先打造开放型经济。深圳在2016年初就提出坚持"依托香港、服务内地、面向世界"，要加快推进前海蛇口自贸片区建设，积极加强与深港合作。2016年，深圳吸引合同外资超千万美元的大项目1059个，吸引41亿元人民币的合同外资，组团到"一带一路"沿线30多个国家和地区开展经贸交流合作，签约金额超过76亿美元的项目。此外，深圳致力于开拓"一带一路"亚太地区重要的航空枢纽门户，定位全球性物流枢纽城市，打造国际一流水平交通运输体系，加快推进重大投资项目建设。2016年，深圳国际BT领袖峰会、国际森林城市大会、"一带一路"生态环保国际高层对话等28场次国际性活动在深圳拉开了序幕。作为"21世纪海上丝绸之路"的枢纽城市，深圳市积极引进国际组织，政府设立"一带一路"基金支持相关企业，建立海外创新中心，寻求科技合作、共享创新资源。

2. 深化粤港澳大湾区发展

广州、珠海、深圳等广东省九个城市和香港、澳门特别行政区两个城市组成粤港澳大湾区。粤港澳大湾区拥有香港和澳门2个自由港，深圳、珠海两个经济特区，南沙、横琴和前海蛇口3个自贸片区，形成自由港、自贸区、经济特区等多重经济体的叠加优势，成为继纽约湾区、旧金山湾区、东京湾区后第四大世界级湾区。深圳作为大陆排名前三位的自主创新型城市，在金融、科技、新兴产业等方面具有超强竞争力。2016年，粤港澳大湾区生产总值超过1.4万亿美元，占全国产值的12.5%，成为全球第十三大经济体。其中，广州和深圳服务业占比最高，其次是东莞、珠海，占比均超过50%。利用粤港澳大湾区加深和港澳地区合作，发挥内地城市和港澳的独特优势，建设成为先进制造业和现代服务业有机融合的创新示范区。

粤港澳大湾区重点要深化粤港澳深度合作，建设粤港澳专业服务集聚区。首先，打造全球创新高地和全球科技创新平台，构建开放型创新体系，使之逐步发展成为全球重要科技产业创新中心。其次，打造港澳科技成果产业化平台。最后，推进粤港澳大湾区内地城市与港澳在资讯科技、金融服务、科技研发等领域的合作。

3. 完善创新政策体系

2016年，深圳优化政府科技管理职能，出台《深圳市促进重大科研基础设施和大型科学仪器共享暂行管理办法》等，为自主创新提供政策保障。为了大力提升原始创新能力，政府加大财政投入支持基础技术、重点技术和核心技术，组建各种科研机构，大力引入科研人才。深圳积极培育重点实验室、各类技术研究中心、新型科研机构等各类创新载体1493家。政府把50%以上的财政投入到国家重大科技专项和关键核心技术攻关项目。深圳贯彻落实鼓励创新的税收优惠政策，并根据本市具体情况出台财税优惠政策激励创新。设立高新技术产业、创客、专利申请资助专项补助资金等，并出资建立深圳市软件大厦、国家集成电路设计深圳产业化基地及专业化生物孵化器等。深圳加大对基础研究、前沿技术研发和战略性新兴产业重大项目的财政投入，并且引导民间资本参与重大科技基础设施建设。另外，深圳设立新兴产业发展专项资金，对高新技术企业、重点软件企业的研发发放补助及创业投资补贴，大力发展创业投资基金，支持大众创业创新活动。围绕前沿技术、新兴产业和交叉领域，实施"登峰计划"，积极抢占科技制高点。2016年，新增重点实验室、工程研究中心等各类创新载体210家，培育了66家创客服务平台和237家创业孵化载体。

深圳建立以金融市场为主体的投融资体系，拓展创新型企业的多渠道融资，加快传统产业转型升级，重点培育文化创意产业、新一代信息技术产业、高新技术产业、未来产业等新兴产业。2016年，深圳上市公司累计募集资金额1101.92亿元，其中，在中小企业板筹资额355.83亿元，在创业板筹资额153.1亿元。深圳境内上市公司达233家，总市值43535.84亿元，共有"新三板"挂牌公司697家，其中创新层65家。

（二）厦门市创新发展年度概况

1. 促进产业升级

2016年，厦门市规模以上工业增加值达到1041.80亿元，规模以上高新技术产业增加值占比59.4%。全年工业经济效益综合指数225.03，工业利润总额增长48.2%。2016年，厦门市高新技术产业已经高达1000家，光电、生物、新医药、新材料、集成电路等高科技产业快速发展。厦门市服务业对经济增长的贡献率达到69.1%，其中，金融服务业和软件信息业竞争力增强。厦门市2016年有8617.24亿元金融机构本外币贷款余额，有5家公司在境内外上市，90家企业在"新三板"挂牌，有312家企业在两岸股权交易中心挂牌。

2. 创新是驱动厦门经济发展的核心引擎

厦门以创新驱动为引擎，从"制造"到"智造"进行积极探索，助力传统产业创新升级。2016年，厦门研发投入占GDP的比重高达3.11%，其中，规模以上工业研发经费支出96.30亿元；国内专利授权量12109件，其中发明专利授权量2028件，PCT国际专利申请量229件。2016年，厦门软件园实现营业收入701.2亿元人民币，同比增长20.3%。"互联网＋"带动了软件信息产业的发展，还吸引了一大批高水平人才，有力地推动了厦门产业与世界的创新互联。

在新产业、新业态的发展趋势下，厦门积极推动创新驱动发展，加强创新政策供给，加快发展壮大科技产业、服务业，降低企业综合运营成本，支持企业创新发展，支持产学研战略合作，实现规模效应，提升总体发展核心竞争力。2016年，厦门市高新技术企业达到1225家，占全省的48.3%。其中，国家火炬计划重点高新技术企业31家，国家和省市级重点实验室81个。厦门软件园在2016年科技成果显著，承担380项国家级科技项目，有281家新兴国家级高新技术企业。海沧工业园区通过创新引领产业升级，聚集有电子、机械、生物制药为主导产业的新型创新工业区,其生物医药产业产值占福建全省的25%以上。厦门获评"2016中国智慧城市领军城市","厦门市城市公共安全平台"获得2016年智慧城市优秀案例奖;厦门软件园获评"2016中国优秀软件园区""2016中国最具发展潜力园区"。

3. 推动自创区厦门片区发展

福厦泉国家高新区建设国家自主创新示范区于2016年6月经国务院批准成立。厦门的集成电路产业基地、生物医药港、稀土材料所得到重点发展,软件信息产业、生物医药产业得到巨大投资资金。同时,厦门片区重点培育多家科技领军企业,聚集形成国际贸易、创新创业、文化旅游、高端制造等七大功能性产业。为了给技术创新提供支持,厦门片区增强金融服务功能,推动两岸金融合作,做大融资租赁业务,加强金融创新和风险防控。此外,厦门还构建了中欧(厦门)班列国家物流新通道。

2016年,厦门火炬高新区规模以上工业总产值2145.69亿元,规模以上工业增加值461.42亿元;软件信息服务业营业收入701.2亿元,实际利用外资3.65亿美元。通过多形式多渠道招商,签约日本瑞穗银行等第三方招商中介机构,承办集成电路产业专场招商引资推介会,引进一批具有带动能力强的龙头项目等。园区投融资联动结合担保4亿元促进软件信息服务业发展,9家"新三板"企业定增融资3亿元;23家中小企业融资11亿元。另外,园区在人才引进、资金扶持、建设高新基地等方面都取得良好成绩,推动了厦门的创新发展。

(三)珠海市创新发展年度概况

2016年,珠海市着力推进供给侧结构性改革,驱动经济平稳增长,财政收入、服务业占比得到很大提升,推动新一轮经济创新发展。第三产业增长最快,第二产业次之,第一产业增长最慢,三次产业的比例为2.2∶47.6∶50.2。现代服务业增加值661.66亿元,占GDP的29.7%;金融业同比增长12.4%,房地产业同比增长16.4%。

2016年,珠海科学技术支出35.24亿元,同比增长23.1%。高技术制造业增加值同比增长1.0%,先进制造业增加值同比增长7.2%。全年有14个项目获广东省科学技术奖,专利授权量9287件,发明专利授权量1796件。技术合同成交额14.73亿元,新增高新技术企业390家。

1.加强中以创新合作

2016年,珠海和以色列开拓创新合作领域,搭建中以创新合作平台,稳步推进重大合作项目,加强诸如新型农业、生物医疗、绿色能源等相关领域的合作。珠海越亚封装中以合资企业,2016年产值突破5亿元,占全球手机射频芯片封装基板市场容量的1/4。2016年,珠海和以色列进出口贸易额为21.5亿美元,占中以同期贸易总额的20%。珠海和以色列深化科技贸易交流,华发集团与以色列英飞尼迪两大资本平台进行战略合作,不断为珠海带来更多创新要素。此外,珠海正在加快粤港澳大湾区创新高地建设,"一带一路"为中以科技创新合作提供了重要的平台,对进一步加强中以经贸合作具有重要的意义。

为打造中拉经贸合作平台,落实《建设中拉国家经贸合作重要平台(广东)工作方案》,珠海从投融资、平台保障服务等方面加大扶持力度,为两地贸易来往企业制定专项支持政策,设立相关投资基金或专项资金。横琴积极开展与拉美国家经贸交流合作,2016年5月在墨西哥举办"交流会",现场签约涉及金额4.6亿美元的18个项目。国际科技创新基地的中拉经贸合作园在横琴正式动工,项目总投资约为25亿元,全方位构建了中拉合作平台。

2.高新技术产业发展迅速

2016年,珠海14个科技创新项目登广东省科学技术榜单。珠海每万人发明专利授权量连续6年在广东省排名第二位,发明专利授权量增速排名第一位。规模以上企业设立研发机构比例为33%,其中五亿元以上企业占46%。2016年,珠海高新技术产品总产值占规模以上工业增加值高达56%。珠海积极发展科技金融,设立了四只总金额达22.4亿元的创业投资引导基金,统筹市、区两级财政资金5000万元对企业的研发费用进行补贴。

珠海国家自创区,制定并落实高企优惠政策,大力引进高科技人才和重大成果转化项目,建设全球互联网生态平台创新基地,新引进高科技企业近300家,新增高企114家。鼓励企业加大研发投入,对企业已投入的研发费用给予财政补贴,提升企业知识产权保护和运用能力。推动科技金融发展,发挥财政母资金的引导和放大作用,与省再担保公司共同出资1.1亿元成立国有融资担保公司,积极支持企业上市融资。推进高新区与辖区高校"两高融合"发展,推进粤港澳创新圈建设,积极引进香港高等院校优质创新资源,支持企业在港澳开展业务，支持珠港澳三地创新资源合作共享。

2016年，珠海加快发展现代服务业，规模以上服务业企业营业收入420.4亿元，实现利润总额120.5亿元。其中，交通运输仓储邮政业、信息传输软件和信息技术服务业、租赁和商务服务业是服务业三大主导行业，分别实现营业收入96.9亿元、118.2亿元和91.1亿元，拉动规模以上服务业营业收入增长17.1%，合计实现利润总额94.4亿元。规模以上高技术服务业企业158家，实现营业收入154.1亿元，已获国家认证的高新技术企业83家，实现营业收入101.2亿元。"互联网+"相关生产性服务业增速加快，营业收入316.4亿元，规模以上软件和信息技术服务业实现营业收入71.5亿元。

3. 横琴自贸片区建设

横琴自贸片区2016年在以下几方面得到发展：一是完善制度创新体系，出台《2016年广东自贸试验区珠海横琴片区改革创新发展总体方案》，加快构建良好营商环境，开展自贸试验区人才管理服务创新，建设知识产权运营公共服务平台等。二是深化粤港澳合作，开放港澳服务业，配合澳门建设"一中心一平台"。发挥横琴粤澳发展基金的产业引导扶持作用，优先支持澳门投资项目建设。启动粤澳合作产业园一批重大项目，落实国家"一带一路"倡议，抓紧构建对外开放新格局。联合澳门加快推进中拉国家经贸平台建设，推动与美国、日本、法国合作项目运营，争取在旅游休闲、生物医疗等领域与西班牙、德国合作。

横琴推动高端产业要素和项目集聚发展，加快人才、技术、资金等创新要素有效积聚，推动旅游休闲、生物医药、高新技术等高端重点产业快速发展，完善现代服务业生态圈。作为国家级人才管理改革示范区，实施《横琴新区特殊人才奖励办法》，加快完善国际人才管理服务环境。设立政府创业投资引导基金，支持创业企业在境内上市。加强高端服务业发展，扶持一批服务业成立，并引进多家世界500强企业和数十个重点项目，总投资超过3200亿元。横琴聚集众多私募股权投资企业，成立多家投资发展基金，众多知名金融机构在横琴大展拳脚，扶持推动高科技企业壮大。

（四）海南省创新发展年度概况

1. 供给侧结构性改革初显成效

海南省经济发展已经进入新常态，在供给侧结构性改革下，在全国率先开展省域"多规合一"改革,为创新驱动积蓄新的增长动能。2016年,海南省工业和服务业保持较快增速。全省规模以上工业企业利润总额同比增长4.7%,规模以上工业增加值比上年增长2.6%,主营业务收入利润率为6.3%。海南省全年12个重点产业增加值平均增长9.9%,对经济增长的贡献率超过90%,其中旅游产业增长10.9%,互联网业增长25.9%,房地产业增长13.2%,高新技术、教育、文化体育产业增长12.5%。重点培育发展新兴服务业,服务业占GDP的比重为53.7%,对整体经济贡献率达71.4%。2016年,海南省推动以12个重点产业为主导的供给侧结构性改革,把符合环保要求和国际旅游岛定位要求的12个重点产业作为主攻方向;12个重点产业增加值平均增长9.9%,对经济增长的贡献率超过90%。引进高技术人才,搭建科技创新服务平台,优化创新创业生态,建立海口国家高新区创业孵化中心,促进一批小微企业蜕变成高新企业。

2. 创新驱动高效农业发展

海南省以科技创新为引领,发展热带特色高效农业,其产值占全省农业总产值的七成以上。2016年,海南省进一步深化改革农业结构方式,推广农业发展新技术,优化天然橡胶产业发展,推动绿色生态循环农业建设,着力提升海南农产品的科技含量和竞争力。以新思路确定海南重点领域技术发展方向,大力发展具有海南特色的海洋科研热带特色高效农业、旅游产业、医疗健康产业、油气产业等新兴科技产业。2016年,海南省海洋经济生产总值1143亿元,同比增长11.9%。海南开拓绿色道路的基础是"互联网+能源创新",以分布式能源为主,建立能源供给系统支撑海南新工业化发展,形成节能、环保的能源系统。

以海南省特有的热带特色农产品、旅游新产品、生态产品为出发点,推动服务业转型升级。海南省开展农业结构调精调优行动,调减一批低质低效产业,打造"王牌产业";打造高标准核心胶园,打造特色高效热带水果产业,改进绿色加工技术,提高特有热作产业附加值。为了更好鼓励农业转型,海南省不断完善信贷、财税、用地、保险等支持政策,设立海南省热带农业产业发展基金和政策性农业信贷担保体系,支持发展新型农业经营主体。此外,还推进农业与旅游、文化、健康医疗等产业的融合,在发展农业时融入科技、人文等要素,发展田洋艺术景观、阳台农艺等创意农业,打造"互联网+农业"

"互联网+旅游"等互联网产业群。在旅游业方面,以做优做精旅游特色产品为目标,实施旅游消费刺激计划和旅游投资计划,集聚社会资本发展旅游市场。

海南"互联网+"创新创业节于2016年11月22日至12月9日举办,打造海南互联网创客盛会,掀起享誉省内外的知名品牌活动。本届创业节促进海南互联网产业与国际快速接轨,引进美国、新加坡等一批国际项目,使一批创业项目获得巨额资本支持。此次创业节发挥全省各大园区、孵化器、创业服务机构的积极性,策划举办了多场各具特色的活动,吸引了中国香港、中国台湾和新加坡、印度等海内外数十万人次的嘉宾参与。此外,在本年创新创业节上,复兴城互联网创新创业园加速区揭牌,吸引多家国际品牌加速器和知名企业入驻,创造了大量就业岗位和获得大量社会资本。

(五)汕头市创新发展年度概况

2016年,汕头市加快供给侧结构性改革,落实扶持企业政策措施,实现产业集群加快发展、现代服务业快步前进,高新技术产业培育成效显著。汕头市研发经费支出占生产总值的比重提升到1.2%,发明专利授权量同比增长12%。新增175家高新技术企业、10家省级工程技术研究中心、4家省级新型研发机构、24个创业孵化基地。

1. 创新驱动粤东西北地区振兴发展

2016年,汕头工业总产值4321.17亿元,规模以上工业增加值778.67亿元。先进制造业完成工业增加值110.06亿元,高技术制造业完成工业增加值44.03亿元。汕头虽然在科技创新方面远远落后于其他经济特区,但是近几年快马加鞭,大有后来居上之势。2016年,汕头市大力发展先进制造业,部分科技型行业呈现较强发展势头,计算机、通信和其他电子设备制造业同比增长28.8%,通用设备制造业增长12.8%,医药制造业增长13.8%。产业结构转型优化较好,第二、第三产业比重差距缩小,现代服务业快步前进,以电信业、房地产业和金融业为代表的现代服务业实现增加值403.59亿元,占服务业的比重达到43.8%。

为了更好地鼓励和支持高新技术企业进行创新,汕头市出台《汕头市促进科技创新发展若干措施》,以16条措施支持引导企业加快创新发展,用于支持汕头高新区成为粤东首个国家级高新区，为创新驱动发展带来更多的资源和机遇，为汕头成为创新型经济特区和粤东科技创新中心而努力。措施提出对于首次通过认定的高新技术产业，汕头市财政厅一次性奖励4万元，区（县）财政配套奖励不少于4万元。

2016年9月，宝能集团与汕头市签订战略合作框架，拟投资480亿元，建设科技园、文化中心等高端产业平台项目，其创新潜力和快速发展的文化领域吸引了很多创新企业。2016年，汕头市新增175家高新技术企业，高新技术企业达到325家，国家创新型企业3家，广东省创新型企业20家。

按照汕头市高新区"政区合一"的概念，围绕"以升促建"的目标，高新区成为汕头市高新企业发展的重要平台。汕头市的创新发展水平虽然落后于其他经济特区，但是如今正努力培育以高新技术发展为主的经济体系和发展模式。

2016年，汕头市完成工业投资847.45亿元，其中先进制造业投资增长9.1%，工业技改投资增长22.0%，高技术产业投资增长高达125.9%。此外，出台《小微企业创业创新三年行动计划》，设立中小微企业信贷风险补偿资金，积极推广运用PPP、基金等新型融资模式，增加政策性银行优惠贷款，扶持小微企业发展。

汕头规划建设金平现代产业集聚区、龙湖龙东产业园区、濠江中海信创新产业园等产业园，大力培育"互联网+"新业态新经济，推动旅游业、观光农业、生态农业迅速发展。建设国家级高新区，打造中以科技合作基地；着力布局发展大健康、装备制造、电子信息等高端产业，规划建设临港经济区。总体上看，2016年汕头在创新发展方面取得一定成绩，加快辐射带动周边区域，有力地推动了粤东城市群建设。但汕头经济发展综合效益有待提高，战略性新兴产业、高新技术产业发展落后，重点产业园区转型发展的引领作用有待进一步增强。

2. 金融+文化推动创新发展

2016年10月，汕头市7家金融机构与9家文化企业在金融与文化融合发展推进会上签订了授信协议，总金额高达12.17亿元，大力支持文化创意产业，实现金融和文化融合创新发展。

潮汕文化产业是汕头市支柱性产业和战略性新兴产业。汕头市充分运用独特的文化优势，实现金融创新与文化共建，以供给侧结构性改革推动文化新区建设，成为汕头市振兴发展的新势能和新动力。大力推进潮汕文化产业发展，通过建立文化金融合作会商机制，开发创新文化信贷产品，构建政府、银行、企业合作机制，加快推进文化艺术交易中心等特色金融服务平台建设，开创具有潮汕特色的文化金融创新模式，加快汕头市产业转型升级。

二 特区创新发展评价

（一）评价城市创新能力的意义

城市具有相对完整的经济体系，可以为创新活动提供各种条件，构成了创新活动的基础。只有对城市的创新能力有深刻认识，才能推动创新发展战略走向纵深。从城市决策者的角度看，创新能力评价能够帮助他们认识到城市创新体系中存在的问题，进而采取针对性的措施，完善城市创新体系建设。从国家层面来看，创新能力评价可以反映城市间的创新水平差异，发现不同城市在发展过程中所表现出来的优势和劣势，从而推广一些有利于创新的举措，改善不利于创新的政策法规。

基于以上考虑，本文选取深圳、珠海、海南、厦门和汕头五个经济特区作为研究对象，评价其创新发展水平。

（二）城市创新能力衡量指标构建

对于城市创新能力评价指标的构建，学界看法不一。基于不同的分析角度，国内外学者提出了诸多评价体系。

国外在20世纪50年代就出现了评价创新活动的科技指标，但是相关评价体系在20世纪末才形成，典型的研究成果有创新驱动力指数、创新活力指数、城市创新指数以及知识竞争力指数等。Florida给出了美国创新型城市的评价指标，即3T指标：技术（Technology）、人才（Talent）和宽容（Tolerance）。目前，创新联盟记分牌指标体系是欧盟通用的创新表现衡量指标体系。

21世纪初，国内开始了真正意义上的创新评价研究，在设计评价指标时通常考虑如下内容：创新的内涵、特征，创新全过程以及创新动态机制等。朱孔来等（2010）归纳得出了国内几种典型的测评指标体系，如：区域自主创新能力指数、城市创新力指标体系、创新型城市的数量化评判标准、中关村指数以及张江创新指数等。除此以外，以北京、深圳为代表的创新型城市也提出了各自的创新评价体系。

表1 城市创新评价指标体系

目标层	准则层	指标	单位
城市创新能力	创新支持能力	X_{11}：人均GDP	元
		X_{12}：第三产业比重	%
		X_{13}：第三产业增加值	亿元
		X_{14}：固定资产投资	亿元
		X_{15}：技术合同数	项
		X_{16}：技术交易额	亿元
	知识创新能力	X_{21}：公共图书馆藏书量	万册
		X_{22}：每万户互联网宽带接入用户数	户
		X_{23}：广播人口覆盖率	%
		X_{24}：电视人口覆盖率	%
		X_{25}：专利授权量	件
	技术创新能力	X_{31}：高新企业数	家
		X_{32}：R&D投入强度	亿元
		X_{33}：R&D人员数	人
		X_{34}：科学技术支出	亿元
		X_{35}：先进制造业增加值	亿元
		X_{36}：高技术制造业增加值	亿元

本报告在充分考虑指标的代表性、可操作性、综合性以及科学性的基础上，提出三级指标如下：一级指标为城市创新能力；二级指标为创新支持能力、知识创新能力和技术创新能力，具体如下。

创新支持能力指标包括：地区生产总值、人均GDP、第三产业比重、第三产业增加值、规模以上工业企业增加值、一般公共预算支出、固定资产投资、全年社会消费品零售总额、技术合同数、技术交易额、电子商务规模。

知识创新能力指标包括：公共图书馆藏书量、每万户互联网宽带接入用户数、广播人口覆盖率、电视人口覆盖率、互联网宽带接入用户数、专利申请量、专利授权量。

技术创新能力指标包括：高新企业数、R&D 投入强度、R&D 人员数、科学技术支出、先进制造业增加值、高技术制造业增加值。

一些数据在不同统计口径中存在较大差异，且一些指标间存在极强的相关性，故剔除创新支持能力衡量指标中的地区生产总值、一般公共预算支出、全年社会消费品零售总额、规模以上工业企业增加值、电子商务规模；剔除知识创新能力衡量指标中的专利申请量、互联网宽带接入用户数。最终建立的城市创新评价指标体系如表1所示。

（三）基于层次分析法确定指标权重

1. 数据来源说明

本报告数据来源包括：《中国城市统计年鉴2016》《中国科技统计年鉴2016》、各经济特区2016年统计年鉴以及国民经济和社会发展统计公报。数据均经过横向比对，确保了数据的可靠性，在出现些微偏差时以具体城市的统计年鉴为准，当出现较大偏差时，舍弃所选取指标。

2. 层次分析法简介

层次分析法（Analytic Hierarchy Process，AHP）最先由美国匹兹堡大学的 A. L. Saaty 于20世纪70年代提出，其将指标分解为目标层、准则层以及方案层，对相关指标进行评判，根据指标的重要性，给予定量的表示，在乘以相应权重后得出结论。该方法也需要专家团来给定最初权重，但会通过后续的检验调整改良，因而降低了评判过程的主观性因素，增加了评价的科学性。

本报告在专家评判的基础上利用层次分析法确定了各指标的权重，评价对象为城市创新能力，一级指标：$X = $（创新支持能力 X_1、知识创新能力 X_2、技术创新能力 X_3）；二级指标：$X_1 = (X_{11}、X_{12}、X_{13}、X_{14}、X_{15}、X_{16})$，$X_2 = (X_{21}、X_{22}、X_{23}、X_{24}、X_{25})$，$X_3 = (X_{31}、X_{32}、X_{33}、X_{34}、X_{35}、X_{36})$，如表2所示。最终权重在各指标间的分配 $W = (w_1、w_2、w_3、w_4、w_5、w_6、w_7、w_8、w_9、w_{10}、w_{11}、w_{12}、w_{13}、w_{14}、w_{15}、w_{16}、w_{17})$。从表2可以看出，技术创新能力在一级指标中所分得的权重最大，对城市创新的作用最为突出，而创新支持能力和知识创新能力在城市创新能力中处于相对次要的位置，占的权重也较低。

表2 城市创新能力评级指标体系权重分配

目标层	一级指标	权值	二级指标	权值
城市创新能力 X	创新支持能力 X_1	0.238	X_{11}：人均 GDP	0.0465
			X_{12}：第三产业比重	0.0465
			X_{13}：第三产业增加值	0.0256
			X_{14}：固定资产投资	0.0151
			X_{15}：技术合同数	0.0256
			X_{16}：技术交易额	0.0789
	知识创新能力 X_2	0.137	X_{21}：公共图书馆藏书量	0.0178
			X_{22}：每万户互联网宽带接入用户数	0.0178
			X_{23}：广播人口覆盖率	0.0095
			X_{24}：电视人口覆盖率	0.0095
			X_{25}：专利授权量	0.0824
	技术创新能力 X_3	0.625	X_{31}：高新企业数	0.0401
			X_{32}：R&D 投入强度	0.2379
			X_{33}：R&D 人员数	0.0266
			X_{34}：科学技术支出	0.0631
			X_{35}：先进制造业增加值	0.1001
			X_{36}：高技术制造业增加值	0.1572

（四）基于灰色理论、模糊数学理论评价创新

1. 评价方法

本报告参考郭凯（2014）的评价方法，首先，邀请10位创新城市评价领域的专家对上述选定的5个经济特区的17个二级指标进行打分，打分范围为1到10分，给出评价矩阵 A。

$$A = \begin{pmatrix} a_{11} & a_{12} & \cdots & a_{1,17} \\ a_{21} & a_{22} & \cdots & a_{2,17} \\ \cdots & \cdots & \cdots & \cdots \\ a_{10,1} & a_{10,2} & \cdots & a_{10,17} \end{pmatrix}$$

2. 灰色理论的灰数、白化权函数设定

本报告的灰类序数 $E = \{1, 2, 3, 4\}$，对应等级为 $S = \{S_1, S_2, S_3, S_4\} = \{9, 7, 5, 3\}$，分别对应"优秀""良好""中等""较差"四个等级。设 $f_E(a_{ij})$

表示 a_{ij}（$a_{ij} \in A$）属于第 $E = \{1, 2, 3, 4\}$ 评估标准的权重，参考相关文献的白化函数设定方法，本报告设置白化函数如下：

第一级别"优"，$E = 1$，灰数为 $\otimes \in [9, +\infty)$，其白化函数为：

$$f_{E=1}(a_{ij}) = \begin{cases} \dfrac{d_{ij}}{9}, d_{ij} \in [0,9) \\ 1, d_{ij} \in [9, +\infty) \\ 0, 其他 \end{cases} \tag{1}$$

第二级别"良"，$E = 2$，灰数为 $\otimes \in [2,7,12]$，其白化函数为：

$$f_{E=2}(a_{ij}) = \begin{cases} \dfrac{d_{ij}}{7}, d_{ij} \in [1,7) \\ \dfrac{12 - d_{ij}}{5}, d_{ij} \in [7,13] \\ 0, 其他 \end{cases} \tag{2}$$

第三级别"中"，$E = 3$，灰数为 $\otimes \in [1,5,9]$，其白化函数为：

$$f_{E=3}(a_{ij}) = \begin{cases} \dfrac{d_{ij}}{5}, d_{ij} \in [1,5) \\ \dfrac{9 - d_{ij}}{4}, d_{ij} \in [5,9] \\ 0, 其他 \end{cases} \tag{3}$$

第四级别"差"，$E = 4$，灰数为 $\otimes \in [0,3,6]$，其白化函数为：

$$f_{E=4}(a_{ij}) = \begin{cases} 1, d_{ij} \in [0,3) \\ \dfrac{6 - d_{ij}}{3}, d_{ij} \in [3,6] \\ 0, 其他 \end{cases} \tag{4}$$

从而白化权函数为：

$$v_{iE} = \sum_{m=1}^{10} f_E(a_{mi}) \tag{5}$$

灰色统计数为：

$$v_i = \sum_{E=1}^{4} v_{iE} \tag{6}$$

从而可得第 i 个评级指标的评价权值为：

$$r_{iE} = \frac{v_{iE}}{v_i} \tag{7}$$

在此基础上，再经过单位化处理，便可得到灰色模糊评价矩阵：

$$R = \begin{pmatrix} r_{11} & r_{12} & r_{13} & r_{14} \\ r_{21} & r_{22} & r_{23} & r_{24} \\ \ldots & \ldots & \ldots & \ldots \\ r_{17,1} & r_{17,2} & r_{17,3} & r_{17,4} \end{pmatrix}$$

公式2中结合层次分析法所得权重，可进一步推出综合评价矩阵：

$$L = WR = [w_1, w_2, \ldots, w_n] \times \begin{pmatrix} r_{11} & r_{12} & r_{13} & r_{14} \\ r_{21} & r_{22} & r_{23} & r_{24} \\ \ldots & \ldots & \ldots & \ldots \\ r_{17,1} & r_{17,2} & r_{17,3} & r_{17,4} \end{pmatrix}$$

最终得出的等级评价公式为 $P = L \times S$，最后，根据 $S = \{S_1, S_2, S_3, S_4\}$ 确定5个经济特区所处的创新等级，并得出创新能力差异，给出排名。

按照上述建立的模型，先得出17个二级指标的权重，根据收集到的相关数据，逐步计算出模糊评价矩阵 R 和综合评价矩阵 L，并计算出5个经济特区的创新等级值 P，根据 P 值的大小，将5个经济特区归类为"优""良""中""差"中的某几个创新等级，再根据各经济特区间 P 值的大小，得出它们创新能力的高低。以深圳为例，邀请10个创新评价领域的专家，给专家提供收集到的相关数据，请专家在参考实际数据的基础上分别给深圳的17个相关评价指标打分，得到样本评价矩阵 A_{SZ} 如下：

$$A_{SZ} = \begin{pmatrix} 9 & 8 & 10 & 9 & 9 & 10 & 9 & 8 & 10 & 9 & 9 & 10 & 9 & 9 & 9 & 9 & 9 \\ 8 & 7 & 9 & 8 & 10 & 9 & 8 & 7 & 9 & 10 & 10 & 9 & 10 & 10 & 8 & 10 & 10 \\ 10 & 7 & 9 & 9 & 7 & 8 & 10 & 9 & 9 & 10 & 9 & 9 & 10 & 9 & 9 & 9 & 9 \\ 8 & 8 & 10 & 8 & 9 & 10 & 9 & 7 & 9 & 9 & 9 & 8 & 8 & 9 & 8 & 9 & 9 \\ 9 & 7 & 8 & 9 & 9 & 9 & 9 & 8 & 9 & 10 & 10 & 9 & 9 & 8 & 8 & 8 & 10 \\ 8 & 8 & 9 & 9 & 7 & 9 & 9 & 9 & 10 & 9 & 9 & 10 & 9 & 8 & 9 & 9 & 9 \\ 9 & 8 & 9 & 8 & 10 & 9 & 9 & 9 & 10 & 9 & 10 & 9 & 9 & 9 & 9 & 9 & 9 \\ 8 & 7 & 10 & 8 & 9 & 10 & 8 & 7 & 10 & 9 & 9 & 9 & 9 & 8 & 10 & 9 & 8 \\ 8 & 7 & 9 & 9 & 9 & 9 & 8 & 9 & 9 & 10 & 9 & 8 & 9 & 8 & 8 & 9 & 10 \\ 9 & 8 & 9 & 7 & 9 & 9 & 9 & 8 & 9 & 9 & 10 & 9 & 9 & 10 & 9 & 9 & 9 \end{pmatrix}$$

再根据公式（1）~（7）便可计算出深圳的灰色模糊评价矩阵 R_{SZ} 如下：

$$R_{SZ} = \begin{pmatrix} 0.54 & 0.389 & 0.071 & 0 \\ 0.395 & 0.427 & 0.178 & 0 \\ 0.628 & 0.356 & 0.016 & 0 \\ 0.436 & 0.441 & 0.123 & 0 \\ 0.628 & 0.356 & 0.016 & 0 \\ 0.458 & 0.413 & 0.129 & 0 \\ 0.552 & 0.392 & 0.058 & 0 \\ 0.497 & 0.363 & 0.14 & 0 \\ 0.667 & 0.333 & 0 & 0 \\ 0.667 & 0.333 & 0 & 0 \\ 0.629 & 0.356 & 0.015 & 0 \\ 0.616 & 0.353 & 0.031 & 0 \\ 0.601 & 0.369 & 0.03 & 0 \\ 0.601 & 0.369 & 0.03 & 0 \\ 0.54 & 0.389 & 0.071 & 0 \\ 0.593 & 0.376 & 0.031 & 0 \\ 0.629 & 0.356 & 0.015 & 0 \end{pmatrix}$$

再根据 $L = WR = [w_1, w_2, \ldots, w_n] \times \begin{pmatrix} r_{11} & r_{12} & r_{13} & r_{14} \\ r_{21} & r_{22} & r_{23} & r_{24} \\ \cdots & \cdots & \cdots & \cdots \\ r_{17,1} & r_{17,2} & r_{17,3} & r_{17,4} \end{pmatrix}$，可得出综合模糊评价矩阵 $L = (0.578, 0.374, 0.048, 0)$，进一步利用 $P = L \times S$ 计算出深圳的创新等级值：$P = L \times S = (0.578, 0.374, 0.048, 0) \times (9, 7, 5, 3)^T = 8.06$。

按照同样的计算步骤，可逐次计算出其他4个经济特区的创新等级值，厦门的创新等级值为6.997，珠海的创新等级值为6.445，海南和汕头的创新等级值分别为5.482和5.064，最终结果见表3。

表3 五个经济特区创新评价结果

特区	得分(P)	等级	排名
深圳	8.06	优	1
厦门	6.997	良	2
珠海	6.445	良	3
海南	5.482	中	4
汕头	5.064	中	5

从表 3 可以看出，深圳的创新能力明显领先于其他 4 个经济特区，处于第一梯队，厦门和珠海的创新能力比较接近，同处于第二梯队，海南和汕头的创新能力差别也不大，同处于第三梯队。整体来看，特区间的创新能力存在较大差异，地区间发展不平衡现象较为严重。虽然同为特区，但表现出的创新能力却差别巨大。同之前几年的评价结果相比，排名比较稳定，只有厦门和珠海的排名顺序发生了变化。2014 年之前，珠海一直领先于厦门，排在 5 个经济特区中的第 2 位，仅次于深圳，厦门排在第 3 位；但从 2015 年起，厦门超越了珠海，跃升为第二位。

从评价结果来看，深圳应当继续发挥引领作用，扮演好领头羊的角色，厦门和珠海应该以深圳为榜样，向深圳学习，逐步缩小和深圳之间的差距。海南和汕头应当稳扎稳打，步步为营，先以厦门和珠海为目标，不断完善创新体系、提升创新能力，缩小和第二梯队的差距，争取早日迈入第二梯队。

三 经济特区创新发展特征

根据前面对五个经济特区的理论与实证分析，2016 年各经济特区的创新发展都取得了一定的成就，创新意识逐渐增强，创新企业不断在经济特区内聚集，过去的传统产业也在创新环境的影响下逐步转型升级。

1. 高新技术企业发展程度不同

经济特区是发展高新技术产业的重要试验基地和先行区。深圳市推动产业结构优化，促进经济增长方式转变，大力发展高新技术产业，是创新型城市的典范。珠海在横琴自贸区发展高科技产业，厦门在福厦泉国家自主创新示范区发挥重要带头作用。海南和汕头主要推动农业、制造业的转型升级，还利用自身地理优势、资源要素特点，发展旅游、文化等产业。

2. 政府制度政策是创新发展的关键

在创新发展的关键阶段，制度政策支持在企业创新的过程中仍然发挥着至关重要的作用。例如在中小企业创业服务方面，深圳市通过强化创新创业创投创客"四创联动"，积极构建"孵化服务+创业培训+天使投资+开放平台"四位一体的新型孵化体系，出台相关创客发展政策，融入全球创新网络，与硅谷、以色列搭建八条"创新创业直通车"，以战略性新兴产业园、硅谷动力电子商务港等专业化的孵化器群为支撑，在深圳全市形成了一个专业化、全链条的创新创业服务体系。深圳市在推动高新技术产业发展和新兴产业成长方面的制度政策支持远远超过其他城市，表现出了良好的带头作用。珠海通过"一带一路"倡议的带动，积极开展对外合作，政府在横琴自贸区也出台一系列关于引进人才、税收优惠、金融扶持企业创新政策，为珠海企业提供了广阔的发展平台。厦门政府在火炬高新区、福厦泉国家自主创新示范区厦门片区、研发投入环节给予政策保障、财税支持等，大大推动了厦门的创新发展。汕头和海南在政府支持力度方面还需要提升，需要创造更加优良的科技创新环境为当地企业创新发展提供动力。

3. 特区创新各具特色

五个经济特区地理位置、资源要素禀赋不同，导致其创新水平也存在差异。特区经济以"一带一路"促城市创新发展，深化粤港澳大湾区建设，完善创新政策体系，打造创新型经济体，以企业为主体，推进高新区建设，创新驱动经济增长。深圳市与香港相邻，大力发展新能源、新材料、文化创意、新一代信息技术和节能环保等战略性新兴产业，是全国创新指数排名前列的城市。珠海与澳门相邻，其创新水平次之，近年又大力发展横琴新区，在推动高新技术产业、金融产业、旅游休闲产业等方面取得很多成绩。厦门与台湾海峡相邻，2016年福厦泉国家自主创新示范区成立，重点发展集成电路产业、生物医药产业等，创新发展势头良好。海南利用地理环境、要素资源优势，重点发展绿色农业、海洋产业、"互联网+"产业、环保产业、旅游产业等，使海南创新发展颇具特色。汕头特区创新发展较为落后，但是近年大力推进制造业转型升级、潮汕文化产业等振兴粤东西北发展。

四 经济特区创新发展建议

1. 实施供给侧结构性改革，推进产业转型升级

在供给侧结构性改革的动力下，传统经济增长乏力，部分行业产能过剩，需要进行产业结构转型升级、发展新兴产业。开拓创新思路，培育创新发展新业态、新模式，借助并发展大数据、云计算、信息技术、人工智能、3D技术、机器人、新能源、新材料、互联网、医疗健康、文化娱乐等新兴产业，实现传统产业和新兴产业的协同发展。

2. 加强对外开放合作，推动高新技术产业发展

当前我国正处在21世纪"一带一路"建设发展的关键阶段，经济特区地处海上丝绸之路战略要地，与"一带一路"沿线国家交流合作关系紧密，各特区要根据自身的地理位置，结合各地区产业发展的优势，加强与相邻地区和国家的贸易合作，不断扩大自身发展独特优势，引进高新技术以辅助特区产业发展，加强学术和科技方面的创新交流合作，积极培育发展新材料新能源、绿色低碳、生物医药等战略性新兴产业，打造最具国际竞争力的新支柱性产业，政府在投融资、人才引进、财税政策等方面给予支持。

3. 完善创新体制，营造良好的创新创业氛围

健全创新发展新体制，在推进供给侧结构性改革、实施创新驱动发展战略和构建更高层次开放型经济体制等方面探索新思路和新方法，通过建立和制定合理的创新体制和政策，为入驻经济特区的企业提供更优质的投资、贸易便利以及安全的营商环境，降低企业的运营成本并提升企业效率。政府要不断完善金融、物流、信息、科技等平台建设，以科技创新为核心，带动制度创新、管理创新、商业模式创新、业态创新和文化创新，形成产业集聚效应，为企业营造良好的创新创业氛围。

参考文献

［1］吴林海：《创新型城市评价指标体系研究综述与展望》，《科技管理研究》2008年第28（1）期。

［2］Florida R. The Rise of the Creative Class. Washington Monthly，2002，35（5）：593-596.

［3］朱孔来、张莹、花迎霞等：《国内外对创新型城市评价研究现状综述》，《技术经济与管理研究》2010年第6期。

［4］郭凯：《基于灰色系统理论与模糊数学的洛阳创新型城市评价研究》，《科技管理研究》2014年第34（5）期。

［5］辜胜阻、杨嵋、庄芹芹：《创新驱动发展战略中建设创新型城市的战略思考——基于深圳创新发展模式的经验启示》，《中国科技论坛》2016年第9期。

［6］温雯：《创客运动与深圳创客之城建设路径》，《深圳大学学报》（人文社会科

学版）2016年第33（6）期。
［7］陶一桃主编《中国经济特区发展报告（2015）》，社会科学文献出版社，2015。
［8］张凯、林小玲、吴松彬：《企业所得税减免能否促进创新投入？——基于2011~2015年企业面板数据的实证分析》，《河北经贸大学学报》2017年第38（5）期。
［9］张凯：《中国经济特区创新发展报告》，载陶一桃主编《中国经济特区发展报告（2014）》，社会科学文献出版社，2014。

B.5
中国经济特区社会保障发展报告

高兴民 郭芹*

摘 要： 随着特区经济社会的迅速发展，户籍制度改革的加快推进，人口结构、产业结构、消费结构等发生深刻变化，对社会保障工作提出了新的更高要求。本报告重点梳理了2016年深圳、珠海、厦门、汕头、海南五大经济特区社会保险、社会救助、社会福利与优抚安置的发展情况，分别对各个经济特区社会保障发展取得的成就进行了总结，并分析了特区社会保障发展存在的问题及面临的挑战，最后对改革与完善经济特区社会保障制度提出了相应的对策措施。

关键词： 经济特区 社会保障 社会保险 社会救助 社会福利

"十三五"时期是我国进入建成全面小康社会的决胜阶段，也是经济社会各项事业全面深化改革的关键阶段。为实现"建立更加公平更加可持续的社会保障制度"目标，十八届五中全会明确了"实施全民参保计划，实现职工基础养老金全国统筹，划转部分国有资本充实社保基金，全民实施城乡居民大病保险制度"的具体任务，为未来更长时期社会保障制度的建立确立了方向。"十三五"时期我国社会保障制度发展的环境形势发生了许多变化，在转变经济增长方式，经济结构调整的背景下，国内经济发展进入新常态，经济增速开始放缓，产业结构亟须调整，人口老龄化不断加深，人口红利逐渐减少，社会保障的财政收支矛盾日益突出。同时，人口城镇化和户籍制度改革的不断推

---

* 高兴民，深圳大学中国经济特区研究中心，教授，博士生导师；郭芹，深圳大学中国经济特区研究中心人口、资源与环境经济学博士研究生。

进,也使社会保障的运行和管理面临新的课题。深圳、珠海、厦门、汕头、海南五大经济特区作为我国走在改革开放前沿、市场经济发达的经济区域,随着经济社会的迅速发展,户籍制度改革的加快推进,外来人口的大量流入,人口结构、产业结构、消费结构等发生深刻变化,其对社会保障工作提出了新的更高要求。

一 经济特区社会保障发展情况

(一)经济特区社会保险发展情况

2016年,经济特区社会保险覆盖面扩大,参保人数稳步增加,社会保险缴费标准下降,社会保险待遇水平逐步提高,社保基金运行平稳,社会保险事业加快发展。

1. 深圳

(1)社会保险参保情况

2016年,深圳社会保险总参保人次为5521.58万人,同比增长6.0%。五类保险参保情况如下:养老保险参保人数1029.63万人,同比增长7.9%。其中职工基本养老参保人数1028.89万人,在职1000.82万人,离退休28.07万人。基本医疗保险参保人数1291.80万人,同比增长6.5%。失业保险参保人数1026.13万人,同比增长5.3%。工伤保险参保人数1083.37万人,同比增长4.9%。生育保险参保人数1090.65万人,同比增长5.6%[①]。

(2)社会保险缴费标准和待遇标准

2016年深圳社会保障持续执行降费率政策。在失业保险方面:用人单位和个人缴费费率均下降50%,失业保险费率由3%下调至1.5%。根据企业及其职工上年度缴纳失业保险费总额的50%发放稳定岗位补贴。在工伤保险方面,工伤保险基准费率下调50%,工伤保险平均费率为0.2%。在生育保险方面,生育保险费率占工资总额的1%下调至0.5%,用人单位应缴费率下降

---

① 深圳市人力资源和社会保障局:《深圳市2016年12月份社会保险情况概述》,2017年1月18日。

50%。截至2016年底，城镇居民医疗保险补助标准调整至420元/人，平均基本养老金为3673元/月。

（3）社会保险基金收支状况

截至2016年底，深圳各项社保基金收入和支出分别为1107.96亿元、410.94亿元，同比分别增长5.50%、24.89%，各项社保基金当年结余697.02亿元，历年滚存结余4432.16亿元。其中，基本养老保险、基本医疗保险、工伤保险、失业保险、生育保险的基金收入分别为744.02亿元、249.56亿元、11.94亿元、33.02亿元、20.08亿元，基金支出分别为184.66亿元、135.29亿元、36.18亿元、12.55亿元、16.58亿元。

2. 珠海

（1）社会保险参保情况

2016年末，珠海参加社会保险达552.21万人次，同比增长3.2%。参加城镇职工基本养老保险114.99万人，比上年末增长2.7%。参加城乡（镇）基本医疗保险164.16万人，同比增长3.7%。参加工伤保险94.35万人，同比增长3.8%。参加失业保险92.19万人，同比增长2.9%。参加生育保险93.91万人，同比增长4.0%①。

（2）社会保险待遇标准和缴费标准

2016年珠海人均基本养老金2671元/月，失业金标准为1320元/月。自2016年7月起，城乡居民医疗保险财政补贴标准提高至每人每年480元，农民和被征地农民的个人缴费标准增加至360元，住院费用政策范围内报销比例提高到90%，报销限额提高到62万元，城乡居民和企业职工同等享受医疗保险门诊及住院报销待遇。工伤伤残津贴增加，特别调整标准由150元增加到277元。

从2016年3月起，失业保险费率暂由现行规定的2%降至1%，其中用人单位费率降至0.8%，个人费率降至0.2%。自8月起，行业工伤风险类别由目前的三类调整为八类，工伤保险基准费率分别为0.1%、0.15%、0.2%、0.3%、0.4%、0.5%、0.55%、0.6%。

---

① 珠海市社会保险基金管理中心：《关于2016年珠海市社会保险情况的通告》，2017年5月4日。

（3）社会保险基金收支情况

截至2016年底，珠海各类社会保险基金历年累计结余460.07亿元，社会保险基金收入和支出分别为154.61亿元、93.67亿元。其中，城镇职工养老保险、城乡居民养老保险、城镇职工医疗保险、城乡居民医疗保险、工伤保险、失业保险、生育保险的基金收入分别为103.89亿元、3.13亿元、35.88亿元、3.52亿元、1.70亿元、4.17亿元、1.99亿元，基金支出分别为49.86亿元、2.48亿元、29.33亿元、3.63亿元、1.81亿元、3.53亿元、3.19亿元。

3. 厦门

（1）社会保险参保情况

截至2016年末，厦门基本养老保险参保人数为245.88万人，同比增长3.7%；基本医疗保险参保人数为351.37万人，同比增长5.8%；工伤保险参保人数为192.30万人，同比增长4.6%；失业保险参保人数为192.46万人，同比增长5.5%；生育保险参保人数为181.88万人，同比增长5.9%[①]。

（2）社会保险缴费标准和待遇标准

自2016年6月起用人单位基本养老保险缴费费率由14%下调至12%，用人单位及其职工缴交基本养老保险基数的下限与本省城镇职工养老保险政策一致。基本医疗保险3月起用人单位缴费费率本市人员从8%降为7%。6月起城镇职工基本医疗保险费单位缴费费率按6%执行。工伤保险费率6月起减半征收。生育保险费率7月起由0.8%降至0.7%。企业退休职工月人均养老待遇3291元，自2016年7月1日起，全市城乡居民养老保险基础养老金月标准提高至260元。被征地人员月人均退养金1457元。

（3）社会保险基金状况

截至2016年末，厦门各类社会保险基金历年累计结余759.99亿元，社会保险基金收入和支出分别为279.41亿元、183.27亿元。其中，基本养老保险、基本医疗保险、工伤保险、失业保险、生育保险的基金收入分别为179.17亿元、80.39亿元、3.67亿元、10.79亿元、5.40亿元，基金支出分别为95.38亿元、67.98亿元、3.79亿元、9.54亿元、6.57亿元[②]。

---

① 《2016年厦门市国民经济和社会发展统计公报》。
② 《2016年厦门市社会保险信息披露情况》。

4. 汕头

（1）社会保险参保情况

2016年，汕头参加社会保险人数533.20万人，同比增长3.5%；基本养老保险参保人数339.21万人，同比增长12.2%；失业保险参保人数72.32万人，同比下降3.6%；工伤保险参保人数70.01万人，同比下降3.5%；生育保险参保人数49.88万人，同比增长0.9%[①]。

（2）社会保险缴费标准和待遇标准

汕头城乡居民社保缴费标准设为每年120元、240元、360元、480元、600元、960元、1200元、1800元、2400元、3600元十个档次。自2016年3月1日起，失业保险费率由现行的2%调整为1%，其中，用人单位费率调整为0.8%，个人费率调整为0.2%。2016年7月1日起，本市一类至八类行业的工伤保险基准费率分别为0.2%、0.4%、0.6%、0.8%、1.0%、1.2%、1.3%、1.4%。

城乡居民基本养老保险基础养老金标准、城乡居民医保人均补助标准、企业退休人员月人均养老金、1~4级工伤伤残职工的伤残津贴特别调整标准分别提高到每人每月110元、420元、1962元、277元。从2016年7月1日开始，各统筹地区供养亲属抚恤金最低发放额标准从300元/月调整至2016年本市城镇类的城乡低保标准。

（3）社会保险基金收支情况

2016年12月，汕头社会保险基金收入和支出分别为113.22亿元、103.47亿元。其中，基本养老保险、基本医疗保险、工伤保险、失业保险、生育保险的基金收入分别为68.14亿元、40.41亿元、0.81亿元、2.07亿元、1.78亿元，基金支出分别为65.02亿元、36.02亿元、1.45亿元、0.34亿元、0.64亿元[②]。

5. 海南

（1）社会保险参保情况

2016年，海南参加城镇基本养老保险人数224.8万人，其中参保的职工

---

① 《2016年汕头市国民经济和社会发展统计公报》。
② 汕头市人力资源和社会保障局：《关于2016年度社会保险基金收支情况的公告》，2017年3月22日。

和离退休人员分别为158.3万人、66.5万人。参加城镇基本医疗保险人数201万人，其中，参保的职工和离退休人员分别为143.9万人、57.1万人。参加工伤保险人数137.4万人，参加生育保险人数136.2万人。

（2）社会保险待遇情况

截至2016年底，城乡居民养老保险月人均养老金达到152元，居全国第五位。城乡居民基本医疗保险财政补助提高到每人每年420元。1~4级工伤人员伤残津贴分别比上年增长582.9元/月、553.5元/月、520.8元/月、488.25元/月，生活护理费人均比上年提高325元/月，因工死亡职工供养亲属的抚恤金人均比上年提高325元/月。因工死亡职工一次性工亡补助金提高到62.39万元。

（3）社会保险基金收支状况

2016年海南城镇职工养老、医疗、工伤、生育保险基金总收入261.86亿元、总支出224.57亿元，基金累计结余230.45亿元；各项基金收支保持了总体平衡，确保了各项待遇按时足额发放。其中，城乡居民养老保险基金总收入29.05亿元、总支出13.03亿元，截至2016年12月底累计结余50.96亿元。

（二）经济特区社会救助和社会福利发展情况

1. 深圳

2016年，深圳社会服务经费累计支出208113万元，其中，社会救助支出7142.3万元、城镇最低生活保障支出5462.1万元、医疗救助直接支出889.1万元、社会福利费支出15086.1万元。社区服务机构和设施8980个，为老年人和残疾人提供服务机构数21个，提供住宿社会服务机构床位数8334张，为老年人和残疾人提供服务床位数6275个。医疗救助民政部门资助参保人数1006人，民政部门直接救助人次数2247。集中供养孤儿1130人，社会散居孤儿25人。

2. 珠海

在社会救助方面，珠海进一步提高底线民生保障水平。2016年，全市城乡低保标准提高至630元/人/月。享受低保救济的困难群众7913人，发放低保金5998.65万元。医疗救助40362人次，支出医疗费用1532.9万元。组织实施临时救助，直接救助2722人次，发放临时救助补贴276.19万元。

在社会福利方面，截至2016年底，珠海各类提供住宿的社会福利机构床位0.31万张,各种社区服务设施7004个,综合性社区服务中心(站)318个。全市共有养老机构23家,各类养老床位4267张,平均每千名户籍老人拥有床位29张。重视高龄、失能老年人的社会保障问题,对特困人员、低保家庭和低收入家庭(低保标准1.5倍以内)中60周岁及以上轻度失能老年人按每人每月200元、中度失能老年人按每人每月300元、重度失能老年人按每人每月500元给予补贴。将全市孤儿基本生活标准提高到1408元/人/月,共发放残疾人生活津贴3410.10万元,残疾人护理补贴1499.57万元。全年福利彩票销售收入6.63亿元,筹集福彩公益金1.985亿元。

3. 厦门

2016年,厦门社会救助和社会养老工作稳步推进。城乡低保标准提高到每人每月610元,全年共发放低保金8575.12万元。农村五保供养标准为分散供养每人每年10320元,集中供养每人每年为14640元。全年五保资金支出23.5万元,人均补助955.3元。供养人数247人。全年共发放医疗救助资金5268.92万元,发放临时救助资金1370.20万元。全市共有公办养老机构6家、床位1828张;民办养老机构26家、床位6692张。2016年,全市已建成居家养老服务站366个,每千名老人的养老床位数达到32.8张。

厦门提高伤残津贴、生活护理费、供养亲属抚恤金待遇、革命"五老"人员及其遗孀生活补助标准。具体调整标准如下:1~6级伤残津贴保底金额调整后分别为2895元、2734元、2573元、2412元、2252元、1930元。生活护理费标准:生活部分不能自理的为90元;生活大部分不能自理的为120元;生活完全不能自理的为150元。供养亲属抚恤金标准:属配偶的,每人每月增发120元;属其他亲属的,每人每月增发90元。供养对象同时属孤寡老人或孤儿的,在其增加标准基础上再提高10%计发。革命"五老"人员每人每月的生活补助标准提高至1225元,革命"五老"人员遗孀每人每月补助提高到650元。

2016年,厦门福利彩票销售金额10.52亿元,连续三年增幅增量为全省第一。做好军民融和工作,2016年再次获得"全国双拥模范城"荣誉。

4. 汕头

2016年,汕头用于最低生活保障资金支出3.21亿元,同比增长4.2%;最低生活保障人数10.08万人,下降10.7%;救助站救助人数4499人,下降2.3%。截至2016年末,社会福利院11处,收寄养821人;城镇及村办敬老院44个,收寄养385人。从2016年2月起,调整市中心城区机关事业单位遗属生活困难补助标准,城镇户口689元/人/月,农村户口为611元/人/月。今后,市中心城区遗属生活困难补助标准,均按高于中心城区城乡居民最低生活保障标准的30%发放。

5. 海南

海南社会救助工作顺利展开。截至2016年底,城乡最低生活保障标准分别为463元、341元,累计支出城乡低保金7.9亿元;城镇居民最低生活保障人数、农村居民最低生活保障人数、农村五保户供养人数分别为7.59万人、18.40万人、2.86万人,同比下降10.5%、1.8%、1.8%。特困供养对象3.14万人,累计支出特困供养金1.4亿元。全年实施医疗救助19.14万人次,同比增长28.3%。其中,城市医疗救助人次分别为4.99万、14.15万,同比增长13.0%、34.0%。全年救助灾民106.61万人次,投入救灾救济资金2.19亿元。

海南社会福利事业加快发展。2016年,新增床位4714张,养老床位达到每千名老人33.3张。新建433个农村幸福院和28个日间照料中心。发放残疾人"两项"补贴资金1.9亿元,共3.46万名困难残疾人和8.02万名重度残疾人受益。共销售福利彩票16.72亿元,筹集社会福利彩票公益金4.03亿元。

二 经济特区社会保障发展取得的成就

(一)经济特区社会保险发展取得的成就

1. 深圳

(1)深化医保制度改革,推动省内异地就医平台建设。深入推进医保支付制度改革,会同卫生部门开展医保总额管理试点,形成具有全国性影响的"罗湖模式"。与平安集团合作实施重特大疾病补充医疗保险,对符合条件的大额医疗费给予二次报销,荣获年度"十大法治事件""南都街坊口碑榜"深圳十佳民生实事金奖。重视省内异地就医直接结算工作,将省平台异地医疗机构纳入本市市外定点医疗机构管理。截至2016年12月28日,广东省内异地就医直接结算平台深圳医疗机构40家,纳入深圳市市外定点医疗机构管理的医疗机构261家。

(2) 规范建筑施工企业参加工伤保险，行业用工安全保障优势凸显。《深圳市建筑施工企业参加工伤保险管理办法》规定，以建设项目为单位参保的，可在各项社会保险中优先办理参加工伤保险手续，涵盖建设项目使用的所有职工，缴费比例为项目工程合同总造价的0.08%。职工在未参加工伤保险的建设项目发生工伤事故，由职工所在用人单位支付工伤保险待遇，建设单位和施工总承包企业承担连带责任。

(3)"互联网+社保经办"模式初步建立，社保经办服务更加便民。全面启动全民参保登记计划，新增商事登记主体实现全覆盖，共计14000余网格开展个人参保信息采集，奠定全民参保大数据坚实基础。构建官网、微信、自助服务终端"三位一体"的互联网+社保经办模式。自助服务终端已实现个人窗口参保人自助社保参保及缴费、补扣费等33项自助服务功能，其应用功能整体移植到微信平台。

2. 珠海

(1) 十年来首次修改《珠海市社会保险反欺诈办法》。《办法》明确了相关部门的工作职责。社会保险费征收机构、社会保险经办机构、社会保险基金财政专户管理机构、社会保险服务机构应当建立健全内部监控制度，防范社会保险欺诈风险。市社会保险行政主管部门应当建立健全社会保险信用记录制度，将社会保险反欺诈工作中产生的信息及时纳入信用信息共享平台。

(2) 率先启动生育保险并入医疗保险试点改革。珠海作为试点城市，生育保险基金不再单列生育保险基金收入，而并入基本医疗保险基金统一征缴，在基本医疗保险统筹基金待遇支出中设置生育待遇支出项目。基本医疗保险与生育保险缴费基数和费率仍按现行规定执行。生育保险与医疗保险的合并实施能够促进社会保险基金互济能力和行政效能的提高。

(3) 调整补充医疗保险项目，实现补充医疗保险待遇均等化。在自付项目补偿上，职工和外来工个人以及未成年人和城乡居民全部统一为个人自付1万元以上部分，报销70%。在高额费用补偿上，全部统一设定为30万元以上，50万元以内的部分，报销70%。在自费项目补偿上，城乡居民和未成年人也将新增该项目，只要3万元以上，15万元以内的部分，统一享受70%的报销①。

---

① 《城乡居民住院统一支付九成》，《广州日报》2016年6月1日。

（4）实现城乡医疗保险一体化。形成《珠海市基本医疗保险办法》，将原城镇职工、异地务工人员、未成年人、城乡居民的医疗保险制度整合为统一的基本医疗保险制度，并根据筹资及待遇水平，分为统账结合（一档）和单建统筹（二档）两个档次，将全民住院报销比例提高到90%以上，年度最高支付限额提高至62万元。

3. 厦门

（1）修订出台《厦门市补充工伤保险实施办法》。一是加大了企业减负力度，向全额支付一次性伤残就业补助金的用人单位补助其支付总额的50%。二是建立了社商合作机制，更好地利用商业保险公司在保险事故查勘理赔、工伤事故预防、医疗费用审核结算、全国众多网点分布等方面的优势。三是建立了风险调节机制，盈利超过4%的部分，应当返还工伤保险基金；亏损超过4%的部分，由投保人从工伤保险基金中予以补偿。

（2）推行工伤伤情与病情关联性鉴定机制。根据《关于开展工伤伤情与病情关联性鉴定的通知》规定，"市、区工伤认定部门可为伤病因果关系存有疑虑的工伤认定案件提请市劳鉴经办机构协助鉴定"。该机制主要依靠劳动能力鉴定专家提出的专业意见，能够加强工伤认定决定的客观性和准确性，提高劳动能力鉴定与工伤认定两个环节的联动性。

（3）有效推进机关事业单位工作人员养老保险工作。积极实施"互联网+人社"行动计划，推进数据开放和跨部门信息共享，构建"机关保"大数据，同时独立拓展开发建设本市机关事业单位养老保险信息系统，形成"养老保险管理"模块，并与"五险合一"社保信息系统、地税征缴信息系统、人事管理信息系统、财政信息系统等多个系统实现联网一体化。

4. 汕头

（1）制定《职工生育保险医疗费用结算试行办法》。该办法坚持"结余奖励、超额分担"，在年度清算时协议医疗机构年度累计医疗费用总额未达到定额总额90%的，按实际发生的医疗费用结算；达到90%的按定额标准全额支付；实际发生的生育医疗费用超过定额总额15%以上的部分不予支付，15%以内的部分生育保险基金负担50%。

（2）制定《汕头市基本医疗保险医疗费用结算办法（试行）》。在总额一定的情况下，将参保人在协议机构住院的年可分配资金总额，根据病种或住院

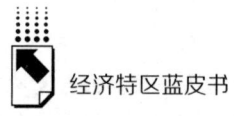

床日费用的分值,以及各协议医疗机构权重系数等进行分配结算。通过引入病种分值,将协议医疗机构等级、医疗费用差异等作为病种分值权重分配系数,能够更合理地分配基金。

(3) 出台《汕头市在职村(社区)"两委"干部参加企业职工基本养老保险实施意见》。全市在规定编制内并领取"两委"成员岗位补贴的在职村(社区)"两委"干部参加企业职工基本养老保险。在参保与缴费方面,以镇(街道)为参保缴费的申报主体,统一为符合条件的村(社区)"两委"干部办理参保缴费手续。

5. 海南

(1) 正式启动企业与机关事业单位基本养老保险"并轨"工作。2016年8月起,海南机关以及参公管理事业单位开始进行基本养老保险和职业年金的征缴,10月起,其他事业单位开始进行基本养老保险和职业年金的征缴,11月起,所有机关事业单位退休人员养老金的发放都转移至各级社保经办机构负责。

(2) 异地就医结算全面提速。海南省作为首批22个申请接入国家跨省异地就医结算系统的省份之一,截至2016年9月底,已经与全国30个省(自治区、直辖市)和新疆生产建设兵团等242个统筹区签订了跨省异地就医结算合作协议,率先实现异地就医结算省级统筹区全国覆盖(除港澳台地区外)。

(3) 出台《海南省医疗救助实施办法》。一是将医疗救助对象范围扩大至低收入家庭中的一级和二级重度残疾人、年满六十周岁的老年人、未满十八周岁的未成年人、农村建档立卡贫困人口及重病患者和因病致贫救助对象。二是将实际的支出医疗费用作为确定重特大疾病救助的依据,取消重特大疾病病种限制。三是将各类保障人群的年度医疗救助限额调高。

(二)经济特区社会救助和社会福利发展取得的成就

2016年,经济特区稳步推进社会救助和社会福利工作,提高优抚对象的福利待遇水平,完善优抚对象福利和救助制度,困难群众基本生活保障持续改善,社会养老服务加快发展,公益慈善事业创新发展,双拥优抚安置工作扎实推进。

1. 深圳

(1) 构建医养护一体化的健康养老服务模式。2016年深圳被列为国家级医养结合试点城市，罗湖区作为试点在罗湖医院集团改革的基础上，形成了社康中心—老年病专科医院—集团综合医院分级诊疗体系，建构了医养护一体化的模式。该模式将分散的养老和医疗资源结合起来，提供医疗、护理、康复、保健、营养、心理等一体化服务，使老人们在养老的同时能得到个性化医疗和规范的健康管理服务。

（2）建立困境儿童基本生活补贴制度。自2016年9月起，具有深圳户籍的事实上无人抚养儿童以及低保和低保边缘家庭中的重残重病儿童和父母一方重残重病的儿童将享受基本生活补贴，补贴标准与市经济社会发展水平和生活消费水平相适应，原则规定在福利机构集中供养的每人每月平均1900元，分散供养的每人每月920元。

（3）启动开展"银龄安康行动"。深圳市民政局、深圳市老龄办与中国人寿深圳市分公司共同启动深圳市"银龄安康行动"，三方联合在深圳市全面推行老年人意外伤害保险项目。该保险的投保范围广，投保人年龄不设上限，无户籍及居住地限制，整体上保费价格相对较低，投保范围包括意外医疗及意外住院津贴、意外残疾、意外身故等内容。

（4）启动慈善会救助信息平台，创新"精准慈善+健康服务实践"。深圳市慈善会研发了"深圳市慈善会救助信息平台"，申请人可自主进行网上申报，并对线上申请、初审及终审工作流程进行实时的监控跟踪。同时，深圳市慈善会率先构建"社区慈善+健康促进"资源共享模式，构建了深圳市首个"精准慈善+社区健康"的开放性影响力投资平台。

2. 珠海

（1）推进养老机构公建民营。公建民营养老机构的性质仍为公有，须履行公办机构保基本、兜底线的政府保障职责，优先满足低收入、失能、失独、高龄和特殊困难的老年人服务需求。同时，享受与民办养老机构同等的优惠扶持政策，包括税费减免、床位补贴、政府购买服务、人员培训等。收住政府供养对象的公建民营养老机构，由当地财政将供养对象的供养费转入接收机构。

（2）开展养老服务标准体系建设。市民政局发布了《机构养老服务等级评定》《社区养老服务等级评定》《居家养老服务等级评定》三项地方标准。这三项养老服务等级评定指标分别有322项、218项、131项，满分分别为2000分、1000分、500分。根据指标评分，养老服务质量等级由低到高为合格级、二星级、三星级、四星级和五星级五个等级。

3. 厦门

（1）出台新修订的《厦门市医疗救助办法》。其一，增加医疗救助对象。将救助对象调整为四类，救助对象主要是特困人员、重度残疾人、重点优抚对象、革命"五老"人员、硅肺病救济对象等，低收入家庭成员，因病支出型贫困家庭成员。其二，优化医疗救助服务。在定点医疗机构住院期间，实行"先救治，后收费"，院方适当减免住院押金。其三，提高医疗救助标准，一至四类对象的救助比例分别为100%、85%、80%、75%。

（2）颁布新修订的《厦门市临时救助办法》。其一，享受救助的条件调整为"在本市办理居住证（或办理暂住证且居住半年以上）、有固定住所且在本市缴纳社会保险费的"。其二，救助方式调整为"发放临时救助金、发放实物、提供转介服务三种，全面推行临时救助金社会化发放"。其三，审批程序调整为镇（街）、区民政部门两级审批，区民政部门可以委托镇（街）对新增救助金额较小的进行审批。

（3）制定《厦门市特困人员救助供养办法》。将救助供养对象限定为残疾人、老年人以及未成年人，并同时具备无生活来源、无劳动能力、无法定赡养抚养义务人或者其法定义务人无履行义务能力条件。照料护理标准分为全护理、半护理、全自理三档，分别参照当地最低工资标准不低于50%、30%、15%；基本生活标准按照不低于当地城乡低保标准的140%。医疗救助和疾病治疗比例为100%，医疗费用按规定支付后仍有不足的，由救助供养经费予以支持。

4. 汕头

（1）提高城乡低保标准和补差水平。从2016年1月1日起，分三类地区实施《2016年全市城乡低保标准和最低补差水平》，具体标准和适用地区见表1。

表1 2016年全市城乡低保标准和最低补差水平情况

单位：元/人/月

类别	城乡低保标准		城乡低保补差水平		适用地区
	城镇	农村	城镇	农村	
一类地区	530	470	448	233	金平区、龙湖区、濠江区
二类地区	515	455	433	218	澄海区、南澳县
三类地区	500	440	418	203	潮阳区、潮南区

（2）建立临时救助制度。出台《关于建立汕头市临时救助制度的实施意见》，规定了临时救助的对象范围、救助程序、救助方式和标准、资金保障等内容，兜住底线，进一步规范本市的临时救助工作，有效保障了困难群众基本生活。

（3）启动未成年人社会保护试点工作。出台《汕头市推进未成年人社会保护试点工作实施方案》，全面实现未成年人救助保护、教育保护、司法保护、就业保护、医疗保护、精神保护等六大保护目标，建立健全未成人社会保护工作领导协调机制、未成年人社会保护网络体系、困境未成年人监测预防机制、困境未成年人调查评估机制、困境未成年人分类保护机制、监护困境危机处置机制、困境未成年人保护社会参与机制等七大机制。

5. 海南

（1）防灾救灾能力进一步提升。修订《海南省民政厅救灾应急工作规程》，根据突发性自然灾害由低到高的危害程度，设定了4个应急响应等级Ⅳ级、Ⅲ级、Ⅱ级、Ⅰ级，还增加了省民政厅指导社会组织、志愿者等社会力量参与灾害救助工作的内容。2016年有效应对"银河""电母""莎莉嘉"台风等自然灾害。

（2）进一步加强保障农村留守儿童权益。出台《关于加强农村留守儿童关爱保护工作的实施意见》，提出把家庭困难的农村留守儿童纳入兜底保障范围，对符合条件的，要给予生活、医疗、教育救助；要把关爱保护工作纳入当地脱贫攻坚计划，实施精准扶贫、精准脱贫。全面落实外来务工人员子女在当地就近入学政策，支持符合条件的农民工子女在当地参加中考、高考。

（3）推进农村最低生活保障制度与扶贫开发政策的有效衔接。完善农村最低生活保障家庭贫困状况评估指标体系，结合家庭收入、财产、支出等情况综合认定农村贫困家庭的经济状况，将因残疾、重病、教育、灾祸导致刚性支出难以承受的支出型贫困家庭纳入农村最低生活保障范围。

三　经济特区社会保障发展存在的问题及面临的挑战

经济特区开放程度高，公民意识强，社会需求更加多层化，人们的心理预期更高、利益诉求更多，对社会保障工作提出了更高要求。随着经济特区改革的深化，社会领域的热点、难点问题更加复杂，增加了社会保障工作的难度。

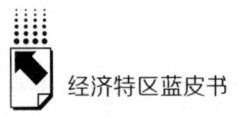

（一）养老服务体系有待进一步完善

"十三五"期间，经济特区呈现加速进入老龄化社会的趋势。老龄化导致养老机构数量严重不足。截至2016年12月，珠海20多家养老机构共有养老床位3600余张，每千名老人拥有26.6张，与规定存在一定的差距。近年来，特区加快推进养老服务业发展，完善养老服务体系，扩大养老服务产业规模，但养老服务业仍面临居家养老服务覆盖面不广、服务质量有待提高、市场潜力未充分释放、政府购买养老服务仍处于起步阶段等问题。伴随特区居民社会保险意识的提高以及人口老龄化的发展，老年人的养老服务需求呈现多样化发展趋势，对生活照料、医疗健康、康复护理等方面的需求越来越迫切，对扩大养老服务有效供给提出了更高要求。

（二）社保基金的财政压力持续增大

目前经济特区的社会保障制度实现了全覆盖，参保人员规模不断扩大。经济特区的养老保险形成了低费基、低费率、低缴费年限的"三低"模式，其养老保险的高结余主要是制度内人口红利的贡献，但近年来经济特区外来劳动力大量涌入带来的人口红利正在逐渐消失，统筹账户的筹资将面临缴费人口减少的压力。随着老龄化速度加快，目前缴费人口进入退休阶段后，统筹账户的筹资将面临领取人口剧增的压力。新常态下，经济特区发展面临外部经济形势严峻、经济转型升级等复杂形势，财政收入增势趋缓、财政支出压力增大，社会保障事业的财政压力越来越大。

（三）对农民工社会保障的法律有待完善

我国社会保障立法层次不高，法律效力比较低，目前农民工社会保障的立法主要是国务院和各部委发布的决定、通知、指导性条例等行政政策，缺乏权威性、规范性、可操作性。地方政府负责农民工社会保障法律的具体实施，存在各地法律规章制度不统一、不协调，执行混乱等问题[1]。经济特区属于沿海

---

[1] 何晖、芦艳子：《"十三五"时期中国社会保障制度可持续发展研究——"十三五"时期中国社会保障理论与实践研讨会综述》，《社会保障研究》2016年第3期。

经济发达地区，区域内流动人口多，农民工数量大，但是目前在面对农民工对异地养老、大病医疗、工伤等方面的社会保障需求时，仍然缺乏完善有效的立法，主要原因在于地方相关法律法规的制定偏于形式化，未能切实关注农民工社会保障面临的现实困境，未能满足农民工对社会保障的真正需要。

（四）社会保障信息化建设滞后

目前社会保障信息化建设的网络难以实现全面覆盖，实现地区之间、部门之间的社保信息联网仍然比较困难，难以轻松实现社保信息资源的整合与共享，影响了信息化社保制度的构建与发展。同时，经济特区社会保障信息化建设的流程仍然缺乏统一的标准规范，社保信息化各个操作环节的工作效率比较低，参保人难以享受自身合法的社保权利和待遇福利。另外，当前经济特区仍未构建起健全的社保资源数据库平台，数据库的数据处理和日常维护以及社保资源的整合与共享的可操作性较为困难，从而减缓了社保信息化建设的步伐[1]。

四 推进经济特区社会保障发展的政策建议

（一）实施居住证制度下的灵活保障

"十三五"时期我国将加强推进基本公共服务均等化建设，随着当前户籍制度改革的不断深入，经济特区的居住证制度正加速推进。经济特区人员流动性强，农民工数量大，居住证制度实施后，城乡间、城镇间人员的流动性将大幅增加，而农民工工作的不确定或频繁变动决定了其在一个城市难以长期稳定地缴纳社会保险费用和享受社会保障权益。因此，根据农民工灵活居住形势的变化，经济特区应在居住证制度的基础上对社会保障制度进行相应的调整，实施更加灵活有弹性的社会保障，将当地的保障福利全面覆盖到当地居住人员身上，使城镇化下转换的新市民和流动性居民能够和原居民享有同等的权利和义务，推动经济特区社会保障制度的持续稳定发展。

---

[1] 潘俊：《如何对社会保障信息化管理进行创新》，《现代经济信息》2013年第20期。

（二）加强对养老基金的投资与管理

随着覆盖城乡的养老保险制度框架的建立，经济特区的养老保险覆盖率和养老保险基金结余规模不断增长。但由于长期以来基金的投资范围受到严格限制，国内资本市场尚未成熟，养老保险基金收益率远低于市场平均水平，需要尽快健全完善养老保险基金投资运营制度，通过基金主要来源由财政性拨入转变为持续投资运营产生的收益，实现基金保值增值。随着我国养老金入市步伐的加快，经济特区应实施基金多元化的市场投资策略，除国债、银行存款外，将基金广泛投资于境内外上市流通的证券投资基金、股票等有价证券，以及直接股权投资项目、信托贷款项目和私募股权投资基金等。同时，积极借鉴国外经验，加快推动养老基金通过PPP模式参与基础设施建设，拓展以养老金为代表的长期资金投资基础设施的渠道①。

（三）完善社会保障政策法规，推进社会保障法治建设

"十三五"期间是全面实行依法治国，建设法治中国的重要阶段，依法改革仍将是特区社会保障工作的主线。经济特区民政部门要充分发挥特区立法权的优势，进一步推动特区社会保障领域的立法，出台规范性文件，提升社会保障事业的法治水平。同时，经济特区应开展相关法规规章的立法后评估，并根据评估结果适时启动法规规章立、改、废工作，增强立法的及时性、系统性、有效性，营造良好的社会保障法制环境。按照"谁制定谁清理，谁清理谁负责"的原则，强化规范性文件合法性审查，每年开展规范性文件清理。此外，健全法规、规章、规范性文件草案公开征求意见和公众意见采纳情况反馈机制，提升立法质量。

（四）加强社保信息化建设

经济特区应推进新一代信息技术与社会保障领域业务的融合，以互联网思维、互联网技术、互联网手段创新与完善社会保障经办服务和内部管理。深圳

---

① 张昊：《加快推动我国养老基金通过PPP模式投资基础设施项目》，《社会保障研究》2016年第6期。

市应加快推进移动互联网、大数据、云计算、人工智能为代表的先进技术与社会保障业务的融合，打造"云、网、端"服务流程，实现"掌上人社"。珠海市应加快启动建设集一卡通、全员人口信息系统、健康信息系统等四网合一的健康信息服务系统，建成市医疗卫生计生健康云，实现全方位的"智慧医疗"。厦门市应加快推动社保信息化基础设施建设，大胆尝试云技术、虚拟化在社保信息化建设中的应用，确保系统的高效与稳定。海南省将全面实施"互联网+"社保战略，继续积极推进"电子社保"建设，让社保服务更加便捷、高效。

（五）加强养老服务体系建设，推动养老服务业发展

为贯彻落实党的十八届五中全会决定"建设以居家为基础、社区为依托、机构为补充的多层次养老服务体系"，以及2016年政府工作报告中提出的"开展养老服务业综合改革试点"的要求，经济特区应加快"构建以居家养老为基础、社区养老为依托、机构养老为补充、医养相结合的社会养老服务体系"。通过整合相关医疗、养老、康复和护理资源，向社会提供各类养老服务，通过购买服务、运营补贴、补助投资等方式，全面放开养老服务市场，支持和引导民间资本和境外资本投资养老服务业，不断提高养老服务供给能力，满足老年人日益增长的多样化养老服务需求。

参考文献

[1]《2017年海南省政府工作报告》。
[2]《2016年深圳市国民经济和社会发展统计公报》。
[3]《2016年珠海市国民经济和社会发展统计公报》。
[4]《2016年厦门市国民经济和社会发展统计公报》。
[5]《2016年汕头市国民经济和社会发展统计公报》。
[6]《2016年海南省国民经济和社会发展统计公报》。
[7]《中国社会保险发展年度报告2015》。
[8]《深圳市人力资源和社会保障事业发展"十三五"规划》，2016年8月。
[9]《深圳市民政事业发展"十三五"规划》。

［10］陈淑君、李秉坤、陈建梅：《社会保障理论与政策研究》，中国财富出版社，2016。

［11］边恕、黎蔺娴、孙雅娜：《社会养老服务供需失衡问题分析与政策改进》，《社会保障研究》2016年第3期。

［12］郑兰先：《新型城镇化进程中的社会保障问题研究》，《学习与实践》2016年第9期。

［13］李春根、唐韵：《完善深圳市社区居家养老服务体系：调查与对策》，《社会保障研究》2015年第5期。

［14］乌日图：《新常态下社保改革取向》，《瞭望新闻周刊》2015年2月4日。

［15］《海南将推进"电子社保"建设 实现数据集中系统统一》，南海网，2016年3月17日。

［16］《厦门市医疗救助办法政策解读》，厦门市法制局，2016年12月21日。

［17］《罗湖：整合社会资源"医养融合"解决养老难题》，《深圳特区报》2016年9月28日。

［18］《珠海市出台加快发展养老服务业实施方案》，珠海市民政局，2016年11月21日。

［19］《深圳市开展医疗保险移动支付试点工作》，深圳市人力资源和社会保障局，2016年6月15日。

［20］《深入推进医保支付方式改革，我市出台总额控制下的按病种分值结算办法》，汕头市人力资源和社会保障局，2016年12月13日。

［21］《厦门修订出台补充工伤保险实施办法 简化办事环节》，厦门网，2016年6月15日。

B.6
中国经济特区医疗卫生服务体系建设报告

张克听 张植斌*

摘　要： 医疗卫生服务体系建设，关系到整个国民健康，是社会建设的重要环节。在全国医改大背景下，作为改革开放和现代化建设窗口的经济特区，近年来在医疗卫生服务体系建设和改革方面进行了积极探索，创新发展模式，取得了一些成功的经验和做法。本文主要围绕医疗基本法规的立法、公立医院改革、医疗卫生信息化建设、分级诊疗试点等问题，对各个经济特区近年来医疗卫生事业建设和改革的基本情况进行了介绍和分析。可以看到，不同经济特区在医疗卫生服务体系建设方面，虽然侧重点有所差异，但都积累了一定的经验。不过，医疗资源分布不均匀、优质医疗资源不足、公立医院改革难点未能有效突破、分级诊疗制度仍有待完善等问题，在经济特区依然存在。本文对如何提升经济特区医疗卫生服务体系整体水平提出了建议。

关键词： 经济特区　医疗卫生　体制改革　医疗卫生信息化

2012年，党的十八大报告指出，中国特色社会主义事业的总体布局是经济建设、政治建设、文化建设、社会建设、生态文明建设五位一体。在这个五

---

* 张克听，深圳大学经济学院副教授，硕士生导师；张植斌，深圳大学经济学院区域经济学专业硕士研究生。

位一体的有机系统中,社会建设是指社会主体根据社会需要,有目的、有计划、有组织进行的改善民生和推进社会进步的社会行为与过程,它是五位一体系统内的条件,也和经济结构相辅相成,互为表里。医疗卫生服务体系建设作为社会建设的一个重要方面,是社会建设必不可少的一环。2016年,习近平总书记在全国卫生与健康大会中指出,把人民健康放在优先发展战略地位,努力全方位全周期保障人民健康。2017年8月,习近平总书记在全国卫生计生系统表彰大会上指出,全国卫生计生系统认真贯彻党中央关于卫生和健康工作的决策部署,积极推进公共卫生和基本医疗服务各项工作,为保障人民健康做出了重要贡献。这也说明了在新的发展时期我国医疗卫生服务体系的重要性以及我国近些年来在医疗卫生服务上取得了显著的成绩。通过观察一个国家的整体医疗卫生服务水平,则可以了解到这个国家的经济发展成果和社会和谐程度,也可以说,医疗卫生事业的发展水平如何,直接关系到人民群众的福祉和社会建设的成败。

新中国成立以来,我国由只有少数的医疗机构逐渐发展成为由医院、基层医疗卫生机构和专业公共卫生机构等组成的医疗卫生服务体系,医疗卫生服务水平极大提高。2015年,国务院出台了《全国医疗卫生服务体系规划纲要(2015~2020年)》,纲要明确指出,优化医疗卫生资源配置,构建与国民经济和社会发展水平相适应、与居民健康需求相匹配、体系完整、分工明确、功能互补、密切协作的整合型医疗卫生服务体系,为实现2020年基本建立覆盖城乡居民的基本医疗卫生制度和人民健康水平持续提升奠定坚实的医疗卫生资源基础。① 各级卫生计生部门贯彻落实党中央、国务院决策部署,实施健康中国建设,深化医药卫生体制改革扎实推进,医疗卫生服务质量进一步提升,公共卫生、疾病防控、生育服务管理、中医药等工作得到加强,综合监督水平不断提升,各项工作取得了新成效。根据国家卫生计生委统计数据,截至2017年4月底,我国医疗卫生机构服务总数达到了98.7万个,相比21世纪初有了较大的增长。其中,医院数达到2.9万个、基层医疗卫生机构数达到93万个、

---

① 《国务院办公厅关于印发全国医疗卫生服务体系规划纲要(2015~2020年)的通知》,http://www.nhfpc.gov.cn/guihuaxxs/s3585u/201503/6f403fed54754e4f916bcceac28c197a.shtml。

专业公共卫生机构2.5万个以及其他机构0.3万个。①

作为中国改革开放和现代化建设的窗口，经济特区在相关医疗卫生政策的研究、医疗卫生服务体系建设、构建信息化平台和多元化办医等方面认真探索，积极寻找创新的发展改革模式，为其他地区进行医疗卫生服务体系建设和探索提供了丰富的经验。

一 经济特区医疗卫生服务体系建设基本情况

（一）深圳经济特区

作为中国经济特区的排头兵，深圳经济特区在医疗卫生服务体系建设方面取得了显著的成就。一方面，从整体来看，医疗卫生服务体系从无到有，逐渐得到了发展和完善，特区医疗卫生服务资源逐渐趋向于均等化。另一方面，基层医疗卫生服务体系建设从20世纪末的薄弱状态，逐渐形成"院办院管"的独特发展道路，整体医疗卫生资源总量和服务水平都得到了较大的提升。

近年来，深圳市医疗卫生服务体系建设主要体现在推进医疗基本法规的立法、深化医疗改革、大力提升医疗卫生资源总量及其均等化水平，以及整体医疗水平提升工程等方面。

一是大力推进医疗基本法律法规的立法工作，为医改提供保障。深圳市在医疗基本法规的立法工作方面取得了较大的成就，为深圳经济特区发展医疗卫生事业提供了充足的保障。其在立法方面一直走在全国经济特区的前列，对全国其他立法也具有一定的引领作用。2016年8月份，深圳市人大常委会审议通过了《深圳经济特区医疗条例》，这是我国首部地方性医疗法规。该法规主要对原先的法律法规进行了修改创新和完善，同时对深圳医改的重要举措也进行了固化，为深圳医改挺进"深水区"保驾护航。《深圳经济特区医疗条例》在基本医疗公益性、分级诊疗制度建设、取消筹

---

① 《2017年4月底全国医疗卫生机构数》，http://www.nhfpc.gov.cn/mohwsbwstjxxzx/s7967/201706/41573016be1b41719c8ca68dfa05e9d.shtml。

建审批、鼓励社会办医等方面均进行了明确的规定。同时，医疗机构病例公开化与互联网+医疗也在该医疗条例中有所体现。除此之外，近年来深圳市在医疗卫生方面也出台了一系列的实施规划和具体的指导意见，具体包括《深圳市医疗机构设置规划（2016~2020年）》《关于深化医药卫生体制改革建设卫生强市的实施意见》《深圳市中医药事业发展规划（2013~2020年）》等政策法规。这些政策法规紧密结合国家和广东省相关政策，并依据深圳市实际情况进行了内容和体制创新，为深圳经济特区发展医疗卫生事业提供了有力的支持。

二是深化医疗改革，具体包括公立医院改革、分级诊疗制度的建立和"院办院管"管理体制等方面。其中，在公立医院改革方面，深圳市成立了市医管中心，公立医院实行管办分开，市医管中心代表市政府履行相关职责；新建医院则实行所有权和经营权的分离，通过委托的方式由名校名院进行运营管理；改革了原先的药品加成制度，改为提高诊疗费；实行新建市属医院人事改革制度，建立以岗位管理为核心的全员聘用和工资分配制度等。在分级诊疗制度建立方面，深圳市采用一体化建设的做法，打破了传统行政区划建设辅料服务体系的做法，基于纵向一体化和横向联合把原先的四级医疗服务架构整合在一起，同步发展区域医疗中心和基层医疗服务网络，努力构建新型城市两级医疗服务体系。至此，深圳市分级诊疗制度初步建立，社区首诊制度也得到了完善。在"院办院管"方面，深圳市打破传统的按照行政区划建设医疗服务体系的做法，按照纵向一体化、横向联合的建设思路，整合市、区、街道、社区四级医疗服务架构，同步发展区域医疗中心和基层医疗服务网络，努力构建新型城市两级医疗服务体系。实施了医院专家进社区工作模式，同时优先分配医院专科号源给社康中心；采用远程诊疗方式，实施"基层检查+医院诊断"模式。

三是大力提升医疗卫生资源总量及其均等化水平。近些年来，深圳市不断加大对医疗卫生事业的资金投入，在"十二五"期间卫生总投入达到599.1亿元；全面开放医疗市场，取消了医疗机构选址的距离和数量限制，形成了多元化办医格局；优化卫生资源结构，积极推动社康中心基本设备标准化配置，原特区内外的卫生资源结构得到了优化。

截至2015年末，深圳市共有2948家医疗卫生机构，其中包括医院125

家，门诊部519家，私人诊所1953家，企事业内部医务室279家，等等。2015年全市医疗卫生机构基本情况及2002～2015年深圳市每千人口实有床位、卫生人员发展情况如图1、图2所示。从图1、图2可以看出，私人诊所数占比超过了医疗卫生机构总数的六成，实有床位及卫生工作和技术人员数量整体上呈现上升趋势。

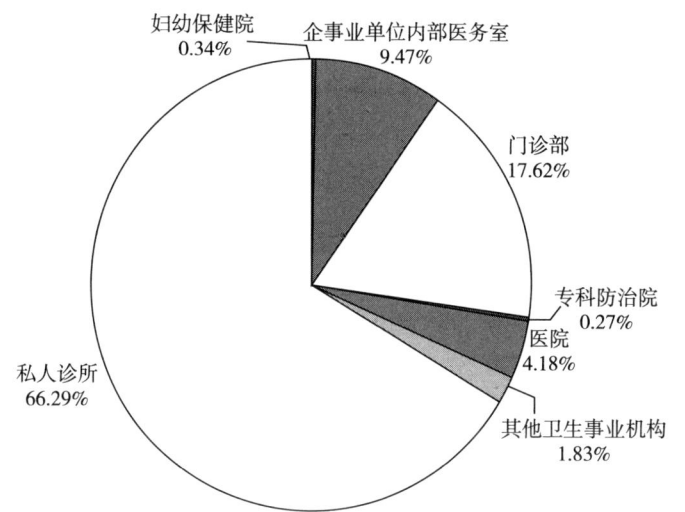

图1 2015年深圳市医疗卫生机构基本情况

资料来源：深圳市统计局，http：//www.szhfpc.gov.cn/xxgk/tjsj/zxtjxx/201608/t20160825_4322097.htm。

从图2可以看出，深圳市人均床位数和卫生人员数在十多年间整体呈现上升趋势。

四是大力实行医疗水平提升工程。其中，深圳市大力推进"医疗卫生三名工程"，在2014年底出台了《深圳市"医疗卫生三名工程"政策措施》，实施以引进和培育名医（名科）、名医院、名诊所为重点的"医疗卫生三名工程"，吸引一流医学人才和团队，支持高水平医院发展，营造集聚名医（名科）、名医院、名诊所的良好环境。在引进和培育名医（名科）上，深圳市在引进高层次医学团队（包括团队及团队成员）、科技创新支持、住院医师规范化培训、医疗卫生人才研修和举办医学学术会议五个方面做出了相关资助的规定和说明；在名医院方面，深圳市资助政策主要集中在引进国内外名校等优质

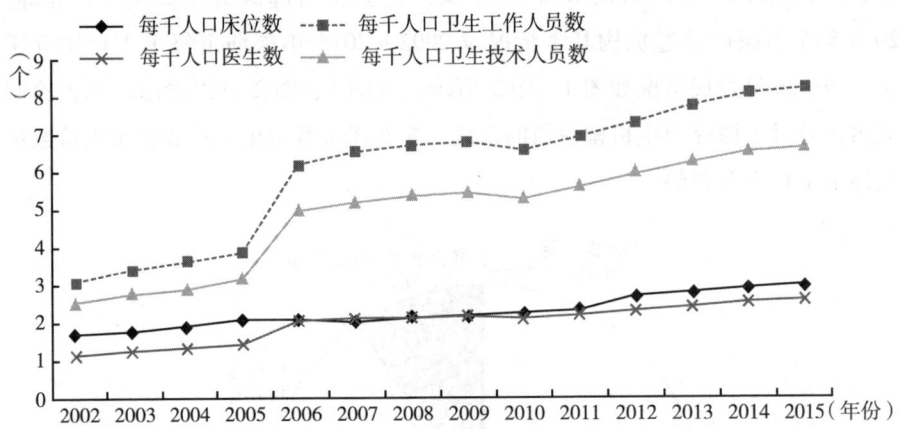

图 2　2002～2015 年深圳市每千人口实有床位、卫生人员发展基本趋势

资料来源：深圳市统计局，http：//www.szhfpc.gov.cn/xxgk/tjsj/zxtjxx/201608/t20160825_4322097.htm。

资源来深办院。另外，深圳市在集聚名诊所（门诊部）上也进行了相应的改革和资助，鼓励名医开办诊所和鼓励社会资本进入。[①] 同时，深圳市不断创新中医药服务模式，在全国率先构建中医药标准化服务体系，制定了中医坐堂医诊所、中医馆的设置准入等地方标准，中药编码规则及编码等3项国家标准，推进了6项国际中医药标准。

总体来看，深圳市医疗卫生事业在"十二五"期间建设成效显著。除了医疗资源总量呈现稳定上升趋势外，医疗服务体系和地区间发展不平衡的状态也得到了完善，整体上呈现良好的态势，但仍然存在医疗资源总量不足、医疗资源配置和利用不均衡、整合型分级诊疗服务体系仍需完善等问题。2016年3月，深圳市人民政府出台实施了《关于深化医药卫生体制改革建设卫生强市的实施意见》，其中明确了到2018年，显著提升基层能力，建立分级诊疗制度；到2020年，全面建成卫生强市和初步形成医疗卫生高地；到2025年，初步建成国际化医疗中心，健康深圳建设成效显著共三个主要目标。2017年，

---

① 《深圳市人民政府关于印发"医疗卫生三名工程"政策措施的通知》，http：//www.shenchuang.com/sznews/20150109/143147.shtml。

深圳市出台了《深圳市医疗机构设置规划（2016~2020年）》，提出基于公平可及、统筹整合、科学布局、协调发展和中西医并重的基本原则，深圳市计划在"十三五"期间，完成增加医疗资源供给、建立整合型医疗服务体系以及提升整体医疗技术水平的总体目标。

（二）珠海经济特区

近些年来，珠海经济特区在医疗卫生事业发展上取得了阶段性的成果，医疗卫生资源总量得到了较大的提升，医疗卫生信息化水平得到了质的提升。珠海经济特区在医疗卫生服务体系建设过程中，其前沿做法值得全国其他省份借鉴和学习。

一是推动区域医疗卫生信息化建设。珠海经济特区在2012年启动了区域医疗"一卡通"，利用将近六年的时间建成了医疗"一卡通"项目。此信息化建设项目覆盖面广，集合成度高，智能程度高，涵盖了人民群众就医需求、医务人员诊疗工作和卫生部门的管理工作，并能够与多个医疗卫生机构的日常业务数据同步，提升了其常驻居民就医及办理其他业务的便捷性，极大地降低了繁杂度，真正地实现了将珠海市常驻居民和医疗卫生资源串联在一起。随着"一卡通"项目的逐步成熟，珠海市居民能够在"珠海市民健康服务网"上了解到自己的基本信息和就医情况等。同时，此项目也颠覆了传统的看病方法，珠海市居民不再需要多张就诊卡，通过"一卡通"项目，居民的就诊信息能够实现在多家医院的互通共享。截至2016年底，珠海市全市居民电子健康档案超过100万份，社区签约居民就医基本实现信息化。"一卡通"项目也得到了包括国家卫计委和广东省卫生部门的一致认可。下一步，珠海市将启动建设集一卡通、全员人口信息系统、健康信息系统等四网合一的珠海市健康信息服务系统，建成珠海市医疗卫生计生健康云，实现全方位的"智慧医疗"。

二是在推动医疗卫生体制改革方面做了许多具有开创性的工作。作为全国第二批医改试点城市，珠海市在医疗改革方面勇于创新，并且取得了相应的成效。主要体现在公立医院、基层医疗卫生机构改革和办医体制改革等方面。2016年2月初珠海市医管中心正式挂牌，统筹协调管理珠海市公立医院的运行、改革和发展。医管中心有效地整合了医疗资源，避免了采购过程中的资源浪费，进而给市民提供了更高水平的服务和更低价格的药品和耗材。经过改革，珠海公立医院管理呈现五层四级的架构，如图3所示。

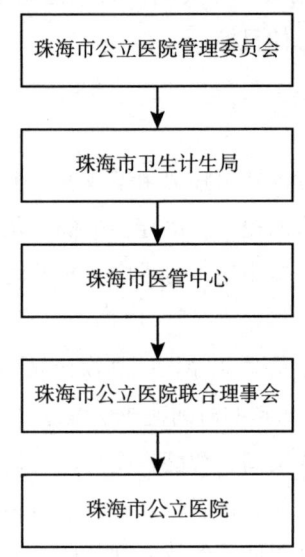

图3　珠海市公立医院管理架构

三是利用镇村一体定点助推社区医疗的发展。珠海市在实施门诊统筹时，起初打算采用定点到社区的方式，每个参保人选择一家社区定点医疗机构作为其门诊就医机构，但由于珠海市农村整体医疗水平比较低，因此在农村实施较为困难。同时，在具体实施定点工作过程中，国家医改规划也明确提出不能将村级卫生服务机构排除在外。受到以上两方面因素的制约，珠海市巧妙地利用原先的镇村医疗卫生服务体系一体化的优势，将定点到社区转变为在一体化范围内多点就医，参保人只要与一家镇卫生院签订门诊统筹定点协议，就可以自由选择在该卫生院及其下辖的任何一个农村卫生服务中心就医。通过此办法，一方面兼顾了农村卫生服务中心的发展；另一方面也满足了参保人的就医需求。

（三）汕头经济特区

自设立经济特区以来，汕头经济特区医疗卫生水平一直呈现良好的发展态势。相关统计数据表明，2016年末，汕头市综合医院总数达到23个，乡镇卫生院32个,社区卫生服务中心(站)47个。① 但总体而言,汕头市医疗卫生发展水平和社会经济发展水平不相协调,医疗卫生事业发展存在诸如医疗卫生分布不均衡、基层医疗机构水平不高等短板。不过,汕头经济特区在医疗卫生服务体系建设过程中也积累了一些成功的经验和做法。

一是搭建医疗卫生政策框架,提供发展保障。近年来,汕头市政府办公室及其他有关部门在分级诊疗及县级医院建设等方面出台了许多政策,如《汕头市分级诊疗实施方案》《汕头市全面提升区县级医院综合能力实施方案》等相关医改文件。2017年,汕头市政府先后颁布了《汕头市城市公立医院综合改革实施方案》《汕头市公立医疗机构医疗服务价格调整方案》。同时,《汕头市医疗卫生强基创优行动计划实施方案(2016~2018年)》和《汕头市构建医疗卫生高地行动计划实施方案(2016~2018年)》的出台,为提升汕头市基层医疗卫生水平和打造医疗卫生高地明确了具体目标和具体任务。以上相关政策的出台为汕头市今后的医疗卫生事业发展设定了硬性指标和明确了发展方向。

二是大力推动医疗价格改革和跨省异地住院费用结算。汕头市在公立医院改革方面取得了实质性的突破。改革主要集中在改变公立医院原有不合理状况,尽量不提高居民就医负担,同时也体现出医务人员的价值。同时,汕头市将门诊诊查费纳入普通门诊统筹基金支付范围。通过此次价格改革,更加注重了医院、患者、政府之间负担的平衡。② 另外,从2017年7月起,汕头市第二人民医院和市中心医院正式纳入医保跨省异地住院费用直接结算试点单位,并且在7月初便成功实施了首例跨省异地结算。在具体申报过程中汕头市医院、市社保部门与一病人职工医保缴费地天津多次协商,帮助病人在网上实现备案,减少了病人两地奔波。③

三是大力引进社会资金,发展社会办医事业。作为著名侨乡之一和较早放开民营医院准入的地市,汕头市近些年来结合华侨资本和潮商资本丰富的特点,鼓励社会资本开办各种类型和不同档次的专科和综合医疗机构,以及养老

---

① 汕头市卫生和计划生育局:《本市整体医疗资源情况》,http://www.stwsj.gov.cn/NewsInfo/Index? id=2329。
② 《解读""公立医院综合改革",你了解多少?》,http://www.360doc.com/content/17/0701/11/37044585_667933297.shtml。
③ 《跨省异地医保新政策汕头市两家医院试点》,http://gd.qq.com/a/20170710/011739.htm。

机构等特色医疗机构。同时也鼓励社会力量通过多种形式参与公立医疗机构的管理。另外，为了消除"公立"和"民办"的不同等待遇，汕头市对公立医院和民营医院在定点服务资格、大型医用设备配置和人员技术职称评定等方面采用统一标准，这也大大提高了民营医院的整体水平和竞争力。2016年，汕头市拥有民营医疗机构969个，其门诊量占全市门诊总量的四成以上。同时，汕头市正在筹备和扩建一批大型民营医院，争取到2018年其整体床位数和诊疗服务量占比提升到30%左右。

（四）厦门经济特区

近年来，厦门市一直坚持规划引领的医疗卫生工作思路，在医疗机构的建设和配置方面起着指导性的作用。厦门岛内外医疗资源发展建设一体化进程推进较明显，在新医改方面取得了一定的成效，特别是在分级诊疗、多元化办医等方面效果更为明显。另外，在卫生计生信息化方面，厦门市也积极探索，取得了不俗的成绩。

一是分级诊疗"厦门模式"的构建和发展。厦门市从2012年开始开展分级诊疗试点工作，不断推陈出新，逐渐构建了专科医生、全科医生和健康管理师"三师共管"慢病防治模式，形成了具有厦门特色的新型分级诊疗体系。"三师"分别指专科医生、全科医生和健康管理师。其中，专科医生主要负责诊断和治疗方案，同时兼顾指导基层全科医生的职责；全科医生则负责方案的具体执行和日常监测；健康管理师负责慢性病人的行为干预。新型分级诊疗制度实施以来，厦门市取得的成就主要体现在慢性病诊疗服务和管理水平的提升、诊断能力的整体增强和诊疗负担的减轻等方面。根据厦门市卫生和计划生育委员会的统计资料，通过六个月的强制干预，厦门市慢性病的相关指标和病人自我护理等相关能力得到了提升。中国人民大学医改研究中心主任王虎峰指出："首先说一下厦门的分级诊疗不是十全十美，但是目前全国最好的。"这也可以间接看出厦门市在分级诊疗上取得的成就。基于近四年的分级诊疗试点改革，厦门市于2016年出台了《厦门市进一步完善分级诊疗制度实施方案》，为接下来进一步的分级诊疗制度的发展和完善明确了目标和提供了具体的实施步骤。

二是探索公立医院参与社会资本办医创新合作模式。厦门市在"十二五"

规划期间将社会办医机构和公立医疗机构一并纳入了厦门市医疗卫生事业的发展规划，营造了多元化办医格局。近年来，厦门市鼓励社会慈善机构和各类企业办医，加快形成满足群众多层次需求的医疗服务体系。加强与国内外商业医疗保险集团合作，促进公立医院学习借鉴国内外先进医院的管理模式，形成了公立医院、非公立医院以及市校合作、市院合作的良性互动机制，营造了竞争有序、共同发展的良好局面，进而大大提升了厦门市医疗卫生机构的整体数量和质量。2014年7月，厦门市创新性地探索公立医院参与社会资本办医创新合作模式，将厦大附属第一医院的医院经营管理引入新开元医院五缘院区中。厦门市卫生局局长杨叔禹称，双方携手合作是一个新的尝试，既有利于发挥公立医院优势，推进解决社会医疗机构发展的人才和技术瓶颈，促进多元化办医，满足民众多层次医疗保健需求，同时可借助民营医院优秀管理经验，推动公立医院深化改革，加快提升该市整体医学技术和服务水平。[①]

三是推动卫生计生信息化建设。第一，厦门市在"十二五"期间，进一步完善了市民健康信息系统平台，该平台是基于居民健康档案的区域医疗卫生信息服务平台，基本实现了医疗卫生资源的联通和信息的共享。第二，为了给分级诊疗服务体系提供技术支撑，厦门市建立了慢性病全程照护网络和慢性病等级报告制度，实现了医院—社区一体化管理。第三，建立了胸痛远程监控与管理服务平台，同步急救车或其他医疗机构的胸痛患者身体指标到指定综合医院。另外，厦门健康医疗云计算平台、人口信息资源库和计生便民服务信息系统也为厦门市实现卫生计生信息化提供了大力的支持。

根据《厦门市"十三五"卫生计生事业发展专项规划》（以下简称《专项规划》），到2020年，厦门市将建立覆盖城乡居民的基本医疗卫生制度。一方面，基本医疗卫生服务体系将更加健全，居民享受更加平等化；另一方面，发展并基本形成多元化办医格局，且能够满足多层次和多样化的健康需求。同时，在居民健康水平、医疗卫生资源配置、医药卫生体制改革、医疗保障体系建设、基层医疗卫生服务方面，《专项规划》都有了进一步的目标和要求。

---

① 《厦门探索公立医院参与社会资本办医模式缓解就医难》，福建新闻网，http://www.fj.chinanews.com/news/2014/2014-07-22/284279.shtml。

（五）海南经济特区

近年来，海南经济特区在医疗卫生体制改革、基本医疗卫生服务体系建设方面取得了显著的成绩，医疗卫生服务水平得到了大力的提升。其在医疗卫生建设中取得的特色经验主要包括区域医疗中心打造、卫生计生信息化建设、医疗服务监管和行业监管等方面。

一是打造五大区域医疗中心。针对海南省大部分三甲医院过度集中于海口地区，而其他市县医疗设施相对落后，医疗水平不高，大病患者常常要到海口甚至外省看病的实际情况，海南经济特区于2008年规划在海口、三亚、琼海、儋州、五指山打造"东西南北中"五大区域医疗中心，在全岛构建起"1小时三级医疗圈"，患者在1小时车程内就能享受优质医疗服务。2011年海南省政府工作报告中明确提到要建成5个区域医疗中心，全面完成县级医院改造建设任务。5个区域医疗中心覆盖了海南省"东西南北中"五个区域，实现了医疗资源集中与分散的均衡，满足了居民的基本就医需求，提升了居民就医的便捷性。

二是加强卫生计生信息化建设。海南省在基层医疗卫生机构信息化建设上也取得了较大成就。目前，海南省通过统一的系统，实现了基本医疗资源的互通，同时也将系统用于绩效考核等方面；另外，海南省大力推进"居民健康卡"项目实施。"远程会诊"升级改造工程、流动人口监控信息共享也得到了具体实施。

三是强化医疗服务监管和行业监管。海南省创新医院评审评鉴机制，建立"专家评审前指导、第三方评审和行政复核"的"三步走"医院评审模式。同时，海南省也积极推进医疗机构国际认证体系的建设，医疗质量管理与控制体系也得到了不断的健全。

通过积极探索和建设医疗卫生服务体系，海南省卫生机构和其他医疗卫生资源总数实现了较大的增长。截至2015年底，海南省卫生机构总数共计5046个。各级各类医疗机构病床数和各类卫生人员较2010年均实现了较大幅度的增长，整体医疗卫生水平有了较大的提升。

根据《海南省卫生计生事业发展"十三五"规划》（以下简称《规划》），在"十三五"期间，海南省将坚持政府主导，统筹协调发展；坚持以人为本，突出发展重点；坚持科学发展，转变发展方式；坚持提升能力，强化服务质量；坚持深化改革，引领加快发展等基本原则，并明确了到2020年的总体目标和具体任务，总体目标主要体现在推动医疗改革和在原有医疗资源基础上，加强基层及部分区域如文昌等地区的基础医疗卫生事业建设等方面。具体任务方面，《规划》除了在基本医疗服务体系建设和医疗改革等方面提出了具体的部署外，信息化平台的建设和医疗卫生服务人才的引进培养也是其工作重点任务的一部分。

二 经济特区医疗卫生服务体系建设发展建议

综上所述，自《中共中央国务院关于深化医药卫生体制改革的意见》颁布以来，各个经济特区在医疗卫生服务体系建设方面取得了巨大的成就，特别是在医疗卫生信息化、分级诊疗制度和引入社会资本合作模式等方面有了新的思考和创新，也凸显了经济特区在经济社会发展过程中勇于创新和敢于突破的特征。各经济特区基本医疗卫生制度基本形成，在医疗卫生资源总量及内部区域均等化方面也有了较大的提升，五个经济特区在各自发展规划及相关政策文件中，均把医疗卫生事业作为重点工作并进行相应的工作部署，同时也明确了自身的发展方向。

不过，在国家医药卫生体制改革的大背景下，经济特区医疗卫生服务体系建设还存在一些不足，主要表现在医疗资源分布不均匀、优质医疗资源不足、公立医院改革难点未能完全解决、分级诊疗制度仍有待完善等方面。经济特区应该重点围绕这些方面的问题进行制度和模式改革探索，继续为全国医疗卫生体系改革和建设积累经验，做出示范。

一是增加医疗资源总量，优化医疗资源配置。一方面，总量不足的矛盾依然突出，虽然经济特区在医疗卫生机构、执业（助理）医师、每千常住人口床位数等量化指标上较全国平均水平高，但各经济特区优质医疗资源总量相对于社会需求来说仍然不足，群众看病难的问题在一些特区依然突出。另一方面，部分经济特区内部医疗资源分布不均衡，主要集中于中心城区，较偏僻区域医疗资源相对不足，经济特区内部城乡之间（或中心城区和边远城区之间）医疗资源配置呈现"倒三角"状态。如深圳市医疗资源在宝安区、龙岗区、光明新区等原特区区域非常不足，医疗资源配置非常不均衡。改变医疗资源配置不均衡的状况,既需要政府在规划部署中起主导性的作用,也需要市场在其中起调节作用。各经济特区应该根据特区内部医疗资源分布状况,合理利用大数据分析结果及自身实际情况,在医疗卫生发展规划中突出医疗资源优化配置,同时强化政府基本卫生医疗的保障责任和监管责任。同时,充分发挥市场在医疗卫生资源配置上的优势,鼓励和吸引社会力量和资源加大对医疗卫生事业的建设力度,增加医疗资源总量。

二是破解公立医院改革难点。《中共中央国务院关于深化医药卫生体制改革的意见》,将公立医院改革作为五项重点改革之一。经过近8年的改革探索,国家在顶层政策设计方面出台了许多政策,如《中共中央国务院关于深化医药卫生体制改革的意见》《关于公立医院改革试点的指导意见》等。经济特区在公立医院改革方面也取得了相应成就,如深圳市探讨三种不同的法人治理模式,并通过委托管理的模式进行治理;汕头市改革主要集中在公立医院原有不合理的状况方面,尽量不提高居民就医负担,同时也体现出医务人员的价值。从公立医院的本质来看,公立医院是不以营利为目的的,政府承担无限清偿责任。因此,破除其逐利机制是公立医院改革的关键和难点所在。广义的逐利机制包括相互联系的三个环节:创收压力机制、成本放大机制和收入挂钩机制(狭义的逐利机制)。经济特区在进行公立医院改革时,应当直击公立医院改革的根源。一是改革创收压力机制。要明确公立医院功能定位,切忌供需不平衡,过分购置大型设备,同时,合理提高财政补贴,减小创收压力。二是改革成本放大机制。科学合理定价,取消药品加成制度,同时调整医疗服务收费标准,更加合理地体现医务人员的价值。三是改革收入创收机制。尽可能避免一切医药收入与个人之间产生利益关系,同时改革科室和医院收支结余分配制度,各科室不再作为利润中心。

三是健全分级诊疗体系。理想的分级诊疗模式要能够按照疾病的轻急缓重和治疗的难易程度进行分级诊疗,不同级别的医疗机构担当相应的职责,发挥各自的优势,如基层医疗机构承担一般性门诊、病患康复和护理等工作。但从整体上看,经济特区内基层医疗卫生机构配置水平仍有待提高,人力资源配置尚显不足。如厦门市存在部分卫生服务中心基础设施不足、服务范围过大、服务人口过多等问题,这也对分级诊疗体系的建立起着制约性的作用。另外,患者的就医意识(大病小病都去大医院)、各级医疗机构对分级诊疗的认知问题、医疗机构之间的信息对接问题、医疗机构间的转诊协调问题、医疗保险制度的约束等也是健全分级诊疗制度的阻力所在。因此，加强区域规划、破除医疗机构间信息流通阻碍和加大分级诊疗的宣传力度对健全分级诊疗制度有着重要的意义。各经济特区应在各自的医疗卫生发展规划中，根据经济特区内部人口结构及人口分布状况等因素，合理分配医疗卫生资源，优化资源配置，加大对基层医疗机构的资金投入力度，提升其整体技术水平。再者，构建区域医联体，整合各级医疗机构的医疗资源，破除医疗机构间信息流通阻碍，在经济特区信息化平台建设的基础上，搭建信息流通平台和转诊渠道。

四是，加强分级诊疗的宣传教育。病患在就医时，即使是一般常见病也会选择前往大医院，对基层医疗机构信任度不足；各级医院也不愿意将自身患者转至其他医院。因此，利用当前新媒体的信息传播优势，加大对分级诊疗优势的宣传力度；开展各级医疗机构间的专题研讨会，改变各级医院对分级诊疗的原有认知也是完善分级诊疗体系的有效渠道。

参考文献

［1］胡锦涛：《坚定不移沿着中国特色社会主义道路前进　为全面建成小康社会而奋斗——在中国共产党第十八次全国代表大会上的报告》，《前进》2012年第12期。

［2］陈穗芳、张丽纯：《民间资本"介入"汕头医疗服务民营医院落户缓解东区"看病难"》，《潮商》2015年第1期。

［3］陈小嫦：《基层医疗卫生服务体系卫生资源配置的若干思考》，《中国卫生事业管理》2012年第29（06）期。

［4］《国务院办公厅印发全国医疗卫生服务体系规划纲要（2015～2020年）》，《中国医院建筑与装备》2015年第4期。

［5］海南省卫生和计划生育委员会：《海南省卫生计生事业发展"十三五"规划》，http://xxgk.hainan.gov.cn/hi/HI0110/201701/t20170104_2203413.htm。

［6］梁鸿、贺小林：《我国基层医疗卫生服务体系建设的目标、成效与改进路径》，《中国医疗保险》2011年第12期。

［7］郭赞：《我国城乡卫生资源优化配置问题研究》，东北师范大学硕士学位论文，2011。

［8］韦何静：《深圳医疗卫生"短板"之痛》，《中国质量报》2015年2月27日。

［9］任玙、杨晓胜：《完善城乡医疗救助制度之探索——以广东省汕头市为例》，《医学与哲学（A）》2015年第36（01）期。

［10］珠海市卫生和计划生育局：《珠海市人民政府关于印发珠海市卫生与健康"十三五"规划的通知》，http：//www.zhh.gov.cn/zwgk/tzgg/201707/t20170727_23716421.html。

［11］深圳市卫生和计划生育委员会：《市卫生计生委关于印发深圳市医疗机构设置规划（2016~2020年）的通知》，http：//www.szhfpc.gov.cn/wjtz/201706/t20170612_6992292.htm。

［12］江捍平、罗乐宣、张英姬、李创：《深圳市基层医疗服务体系建设经验》，《中华医院管理杂志》2012年第10期。

［13］《汕头市医疗卫生强基创优行动计划实施方案（2016~2018年）》。

［14］《汕头市构建医疗卫生高地行动计划实施方案（2016~2018年）》。

［15］唐国宝、林民强、李卫华：《分级诊疗"厦门模式"的探索与评价》，《中国全科医学》2016年第19（22）期。

［16］张慧林、成昌慧、马效恩：《分级诊疗制度的现状分析及对策思考》，《中国医院管理》2015年第35（11）期。

［17］钟东波：《破除逐利机制是公立医院改革的关键》，《中国卫生政策研究》2015年第8（9）期。

［18］珠海市人力资源社会保障局：《珠海市通过镇村一体定点助推社区医疗》，《中国医疗保险》2011年第5期。

B.7
中国经济特区金融产业发展报告

郭茂佳*

摘 要： 2016年中国经济特区金融产业的发展虽然经历了较为复杂和严峻的考验，但发展仍然是主旋律，不仅资产规模依旧在扩张的道路上前行，而且呈现行业集中度进一步提升、支柱产业地位继续提高和转型效果初显等积极性的变化；不过，也要看到，经营状态不佳、发展失衡、影响力下滑、风险继续聚集和逆新常态配置资产等原有问题，并未出现实质性改观。2017年，特区金融业发展既面临因经济增速放缓、"脱虚向实"、金融"脱媒"、不良资产核销、房地产市场调控和合规性监管等原因而带来的新挑战，也面临因"稳增长"、"兴实业"、"控风险"、"强渗透"、"理财富"、"深改革"和"开国门"等改革举措落地而产生的诸多新机遇；基于对2016年特区金融业发展的新动向和新问题和2017年面临的新机遇和新挑战的梳理，主张2017年特区金融业发展要牢牢抓住"回归、兼顾、配置和创新"四根主线。

关键词： 新金融 脱虚向实 "MPA"体系

一 2016年中国经济特区金融业发展的新动向

（一）资产规模继续扩张

2016年，经济特区金融业的总资产规模突破了40万亿元，较上年增长

---

* 郭茂佳，深圳大学中国经济特区研究中心教授。

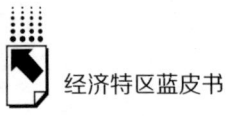

10%以上,其中,表现最为突出的有以下几方面。

1. 大金融企业的资产规模扩张明显(见表1)

表1 2016年进入全国金融50强的11家特区金融企业资产规模扩张情况统计

单位:亿元,%

在特区11强中的排名	在全国500强中的排名	名称	类型	地区	2016年总资产	总资产增长率
1	6	交通银行	银行	上海浦东	84031.66	17.44
2	9	招商银行	银行	深圳	59423.11	8.54
3	12	浦发银行	银行	上海浦东	58572.63	16.12
4	16	平安银行	银行	深圳	29534.34	17.80
5	21	中国平安人寿	保险	深圳	18586.18	13.87
6	22	上海银行	银行	上海浦东	17553.71	21.13
7	28	恒生银行(中国)	银行	上海浦东	11843.83	6.01
8	34	太平洋人寿	保险	上海浦东	8516.07	11.72
9	41	上海农商行	银行	上海浦东	7108.81	21.10
10	47	中信证券	证券	深圳	5974.39	-3.03
11	48	厦门国际银行	银行	厦门	5635.27	22.72
合计					306780.0	
平均						13.95

资料来源:根据网易财经发布的《2016年中国金融500强排行榜》的相关资料整理而成。

表1显示,特区进入中国金融50强的金融企业总资产规模达30.68万亿元,平均增幅达13.95%,说明特区大型金融业的个头仍在不断长大。

2. 银行业资产规模扩张明显(见表2)

表2 2015~2016年特区金融机构本外币存贷款余额增速情况统计

单位:亿元,%

特区名称	2015年				2016年			
	存款余额	存款增速	贷款余额	贷款增速	存款余额	存款增速	贷款余额	贷款增速
深圳	57778.9	15.6	32449.0	15.4	64407.8	11.5	40526.9	24.9
珠海	5383.7	10.0	2969.7	22.4	6124.2	13.8	4098.1	38.0
汕头	2857.2	7.1	1199.0	11.8	3125.2	9.4	1303.9	8.7
厦门	8876.3	16.0	7567.0	13.9	9788.3	10.3	8617.2	13.9
海南	7637.3	15.5	6650.7	23.4	9120.2	19.4	7687.7	15.6

续表

特区名称	2015年				2016年			
	存款余额	存款增速	贷款余额	贷款增速	存款余额	存款增速	贷款余额	贷款增速
上海浦东	52495.3	12.8	26565.0	9.1	55697.5	6.1	30231.0	11.0
天津滨海	5292.0	11.9	8506.3	11.8	5559.4	5.1	9680.7	13.8
合计	140320.7		85906.7		153822.6		102145.5	
平均		12.7		15.4		10.8		18.0

资料来源：根据2015年和2016年各经济特区《国民经济和社会发展统计公报》的相关资料整理而成；上海浦东的数据是根据浦东金融增加值占上海全市50.4%的比例推算而得。

表2显示，2016年特区金融机构本外币贷款余额首次突破10万亿元大关，达10.21万亿元，平均增速达18.0%，增速明显高于2015年，且大大高于同期特区经济的平均增速。

3. 保险业资产规模扩张明显（见表3）

表3　2016年特区保险业保险收入和理赔情况统计

单位：亿元，%

特区	保费收入	增长率	财产险保费收入	增长率	人身险保费收入	增长率	赔付支出金额	增长率
深圳	834.45	28.9	237.40	10.7	597.05	37.9	218.55	23.7
珠海	85.20	8.4	26.18	3.8	59.02	10.6	30.05	20.2
汕头	88.66	20.3	21.42	6.9	67.24	25.3	32.51	20.2
厦门	162.60	11.1	63.18	3.0	99.42	17.0	74.72	41.7
海南	133.21	16.6	47.60	7.5	85.61	22.4	49.24	26.7
合计	1304.12		395.78		908.34		405.07	
平均		17.06		6.38		22.64		26.5

资料来源：根据2016年各经济特区《国民经济和社会发展统计公报》的相关资料整理而成。其中，上海浦东和天津滨海因缺少独立的保险业统计数据，故表中未作体现。

表3显示，2016年5个传统经济特区保险公司的保费收入首次突破了1300亿元大关，达1304.12亿元，比2015年增长了17.06%，尤其是人身保险收入平均增速高达22.64%。赔付支出金额首次突破400亿元大关，达405.07亿元，较2015年增长了26.5%。

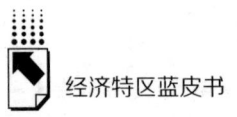

4. 金融租赁型企业资产规模扩张明显（见表4）

表4 2016年进入全国金融500强的特区金融租赁企业资产规模情况

单位：亿元，%

在特区85强中的排名	在全国500强中的排名	名称	类型	地区	2016年总资产	总资产增长率
19	77	工银金融租赁	金融租赁	天津滨海	3006.00	0.64
31	125	交银金融租赁	金融租赁	上海浦东	1719.02	19.06
32	128	国银金融租赁	金融租赁	深圳	1665.12	6.95
34	133	民生金融租赁	金融租赁	天津滨海	1525.95	9.77
36	140	招银金融租赁	金融租赁	上海浦东	1370.19	31.79
53	164	兴业金融租赁	金融租赁	天津滨海	1177.20	6.59
54	214	上汽通用汽车金融租赁	金融租赁	上海浦东	777.65	26.22
83	491	邦银金融租赁	金融租赁	天津滨海	151.80	116.89
合计					11392.93	

资料来源：根据网易财经发布的《2016年中国金融500强排行榜》的相关资料整理而成。

表4显示，进入全国500强的金融租赁企业不仅实现了零的突破，而且数量达到了8家，资产规模超过了1.13万亿元。

5. 消费金融型企业资产规模扩张明显（见表5）

表5 2016年特区进入金融500强消费金融公司资产规模情况统计

单位：亿元，%

在特区85强中的排名	在全国500强中的排名	名称	类型	地区	2016年总资产	总资产增长率
73	389	中银消费金融	消费金融	上海浦东	270.34	105.57
79	457	招联消费金融	消费金融	深圳	187.02	788.46
合计					457.36	

资料来源：根据网易财经发布的《2016年中国金融500强排行榜》的相关资料整理而成。

表5显示，有2家消费金融型企业进入中国金融500强的行列，合计资产规模达到了457.36亿元，增速分别达105.57%和788.46%。

6. 民营银行资产规模扩张明显（见表6）

表6 截至2016年底已开业民营银行情况统计

单位：亿元

序号	银行	注册地	获批时间	开业时间	注册资本
1	深圳前海微众银行	深圳	2014.7.25	2014.12.12	30
2	上海华瑞银行	上海浦东	2014.9.26	2015.1.27	30
3	天津金城银行	天津滨海	2014.7.25	2015.3.20	20
合计					80

资料来源：中国银监会官网。

截至2016年底，全国有14家民营银行获准设立，其中，有3家系特区的银行，占比达21.4%；有6家开业，其中，有3家是特区银行，占比达50%，并且，在3家银行中，深圳前海微众银行和上海华瑞银行已基本实现了盈亏平衡。

（二）行业集中度不断提升

1. 传统金融集中度进一步提升（见表7）

表7 2015~2016年进入全国金融500强特区金融企业集中度情况统计

单位：家，%，万亿元

特区名称	2015年				2016年			
	数量	占全国的比例	资产规模	占全国的比例	数量	占全国的比例	资产规模	占全国的比例
深圳	33	6.6	12.05	5.2	26	5.2	13.53	5.34
珠海、汕头	3	0.6	0.22	0.10	3	0.6	0.31	0.12
厦门	5	1.0	0.72	0.31	3	0.6	0.87	0.34
海南	4	0.8	0.25	0.11	3	0.6	0.32	0.13
上海浦东	42	8.4	18.99	8.24	40	8.0	23.32	9.21
天津滨海	5	1.0	0.45	0.19	10	2.0	1.54	0.59
合计	92	18.4	32.68	14.15	85	17.0	39.89	15.73

资料来源：根据网易财经发布的2015年和2016年中国金融500强排行榜的相关资料整理而成。

表7显示，进入中国金融500强的金融企业虽然从2015年的92家，减少到了2016年的85家，但入围500强金融企业的总资产规模反而净增长了7.21

万亿元,说明特区金融业从总体上呈现集中化的趋势。同时,如果把各个特区拆开来分析,2016年,除天津滨海呈现入围家数与规模同向增长外,其他特区均呈现入围家数与规模反向变动的特征,说明各特区金融机构同样表现出大者更大的发展特征。

2. 新金融集中度进一步提升(见表8)

表8 2016年累计交易规模前十的网贷平台情况统计

单位:亿元

排名	网贷企业	上线时间	累计成交	注册地点
1	陆金所	2012.3	2121.9	上海浦东
2	红岭创投	2009.3	2013.1	深圳
3	网信理财	2013.8	1453.7	北京
4	PPmoney	2012.12	756.9	广州
5	鑫合汇	2013.12	733.4	杭州
6	微贷网	2011.8	715.5	杭州
7	小牛在线	2016.6	535.4	深圳
8	翼龙贷	2011.10	511.9	北京
9	团贷网	2012.7	468.7	东莞
10	宜贷网	2014.1	429.1	上海浦东
合计			9739.6	

资料来源:零壹财经。

表8显示,全国排名靠前的10家网贷平台累计成交额为9739.6亿元,而特区排名靠前的4家平台累计成交金额就达5099.5亿元,其成交金额占到52.4%,其中,仅陆金所一家网贷平台的交易规模就超过了2000亿元,占21.8%,说明人才、资本、业务等重要资源已开始向大企业集中,网贷平台走向规模化、垄断化趋势已经形成。

(三)区域聚集效应不断增强

1. 金融企业扎堆特区的现象继续强化。仅深圳一地新引进的法人和新增的分行级以上持牌机构就分别达13家和25家,累计的法人和持牌金融机构分别达173家和403家。同时,特区金融业的扎堆现象在新金融上同样也有所体现,如入围2016年胡润中国50强的新金融企业中,有18家是来自深圳和上海浦东两个特区,占比达36%。

2. 金融资产扎堆特区的现象继续强化。2016年,特区金融业新增资产超过6万亿元,其中,银行业新增资产3.5万亿元,证券业新增资产1万亿元,信托业、保险业、基金业、期货业和租赁业等行业新增资产1.5万亿元。

3. 金融市场交易向特区集中的现象继续强化。仅深圳银行间货币市场交易量就接近95万亿元,较上年增长近49%;银行间债券市场交易量超过23万亿元,较上年增长近70%;黄金夜市成交量超过63万吨,较上年增长近25%。

(四)金融业的支柱产业地位继续上升(见表9)

表9 2015年和2016年特区金融业在特区经济中的地位统计

单位:亿元,%

特区名称	2015年		2016年	
	金融业增加值	金融业增加值/GDP	金融业增加值	金融业增加值/GDP
深　圳	2542.82	14.5	2877.00	14.8
珠　海	138.00	6.8	155.12	7.0
汕　头	48.71	2.7	50.95	2.5
厦　门	353.39	10.2	405.34	10.7
海　南	247.01	6.7	280.07	6.9
上海浦东	1952.06	16.2	2399.09	27.5
天津滨海	514.01	9.6	601.4	6
特区合计	5796.00		6768.97	
特区平均		9.5		9.9

资料来源:根据2016年全国和各经济特区《国民经济和社会发展统计公报》的相关资料整理而成。

表9显示,特区金融业增加值的规模继续扩大,由2015年的5796亿元,扩大到2016年的6768.97亿元;金融业增加值占GDP的比率继续提升,2016年比2015年提高了0.4个百分点,这表明特区金融业对特区经济增长的贡献度继续上升。其中,深圳和上海浦东金融业对实体经济的贡献度尤其突出。

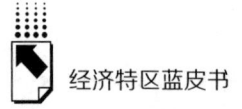

（五）金融业转型效果初显

1. 智能化服务水平明显提升。在 A 股上市的 5 家特区银行，均在 2016 年年报中不约而同地分别提及了其在智能网点、智慧柜员机、手机 APP、高科技防窥屏、影像识别、电子签名等金融科技应用方面的新进展，普遍提高了体验和营销的能力。

2. 轻型化水平明显提升。一是从负债和资产两端发力，提高证券化的水平；二是从线下和线上两端发力，大力发展私人银行和网上银行、网上证券、网上保险和网上基金等业务，减少资本消耗，让资产变轻。

3. 金融创新水平明显提升。一方面，建设创新型金融机构体系、设立专门为高新技术企业提供金融服务的业务中心、建立科技融资风险分担和风险补偿机制；另一方面，突破传统金融对初创期科技企业授信有严苛盈利要求的限制，进行信贷机制的创新，开辟科技信贷绿色通道，推出了"投融通""投贷联"等金融产品，从而用特区金融创新驱动特区经济创新。

（六）新金融从癫狂向常态回归

由于新金融企业很难提供颠覆性的金融产品和工具，使其想象空间有限；出于审慎的考虑，管理层对于新金融的监管更愿意采用对待传统金融的监管思路和体系；监管政策趋严，新金融的营业收入和净利润增长出现不断下滑的势头等原因，投资者对新金融的追逐热情锐减，业务规模迅速降温，使其回归到应有的常态。

（七）防范风险的堤坝有所加固

1. 存款保险制度稳步实施。管理层完成了对特区法人投保机构的风险评级，并实施基于风险的差别保险费率制度。同时，建立起了完善的特区存款保险风险监测机制和存款保险现场核查制度。

2. 对金融机构的审慎评估体系初步落地。央行将差别准备率动态调整制度改造为"MPA"体系，各特区银行按宏观审慎评估体系的各项要求，已修正了自己的粗放式经营理念，建立起了稳健经营和自我约束的经营管理机制。

3. 互联网监管的新政出台。中宣部、中央维稳办、央行、工商总局、工信部、银监会、公安部、证监会、保监会、教育部及国家互联网信息办公室等十多个部委先后分别或联合出台了有关 P2P 网络借贷、互联网开展资产管理及跨界从事金融业务、股权众筹、非银行支付、校园网络借贷、网络借贷资金存管、网络借贷信息、互联网金融广告等相关业务的监管政策。同时，中国互联网金融协会向其会员单位下发了互联网金融协会章程、会员自律公约、行业健康发展倡议书、会员管理办法和自律惩戒管理办法、P2P 网贷信息披露标准、信息披露自律管理规范等自律性文件。

4. 坏账银行破茧而出。上海浦东分别设立了上海国资经营公司和上海睿银盛嘉资产管理有限公司两家地方性 AMC，深圳特区成立了招商平安资产管理有限责任公司，注册资本达 30 亿元。

二 2016 年中国经济特区金融业发展暴露出的新问题

（一）经营状态不佳的趋势仍在延续

1. 银行业经营状态不佳的趋势仍在延续（见表 10）

表 10 2014~2016 年特区 5 家 A 股上市银行净利润增速变动情况统计

单位：亿元，%

银行名称	2014 年		2015 年		2016 年	
	净利润	增长率	净利润	增长率	净利润	增长率
交通银行	658.5	5.7	665.28	1.03	672.1	1.03
浦发银行	470.3	14.9	506.04	7.61	530.99	4.93
招商银行	559.1	8.1	580.18	3.51	620.81	7.60
平安银行	198.0	30.0	218.65	10.42	225.99	3.36
上海银行	113.76	21.77	130.02	14.29	143.08	10.08
总　　计	1999.66		2100.17		2192.97	
平　　均		16.07		7.37		5.40

资料来源：根据特区上市银行 2014~2016 年年度报告相关数据整理而成。

表 10 显示，2016 年特区 5 家 A 股上市银行净利润虽然没有出现整体性负增长，且比全国平均 4% 的增长水平高出 1.4 个百分点，但增长率仍然在下降

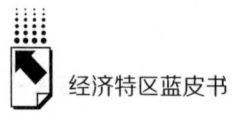

的通道中运行,2017年逼近负增长的可能性很大。

2. 证券业经营状态不佳的现象陡然出现(见表11)

表11 2014~2016年特区上市证券公司营业收入变动情况统计

单位:亿元,%

上市券商	2014年		2015年		2016年	
	营业收入	增长率	营业收入	增长率	营业收入	增长率
中信证券	291.97	81.18	560.13	91.84	380.02	-32.16
招商证券	110.02	80.69	252.92	129.87	116.95	-53.76
国信证券	117.92	74.14	291.39	147.1	127.49	-56.25
国泰君安	178.81	98.49	375.97	110.25	140.69	-31.47
东方证券	54.99	69.53	154.35	180.65	68.77	-55.44
第一创业	18.59	80.18	30.10	61.93	20.27	-32.64
规模	772.3		1664.86		854.19	
平均		80.70		120.27		-43.62

资料来源:根据2014~2016年特区上市证券公司年报数据整理而成。

表11显示,2016年特区券商营业收入增速出现了高达43.62%的负增长,与2014年和2015年分别高达80.7%和120.27%的高速增长相比,有天壤之别。

3. 保险业经营状态不佳的趋势仍在延续(见表12)

表12 2014~2016年特区上市保险公司营业收入变动情况统计

单位:亿元,%

上市保险公司名称	2014年		2015年		2016年	
	营业收入	增长率	营业收入	增长率	营业收入	增长率
中国平安	4629	27.6	6199.90	33.92	7124.53	14.91
中国太保	2197.8	13.8	2472.02	12.48	2670.14	8.1
平均		22.8		23.2		11.50

资料来源:根据2014~2016年特区上市保险公司年报数据整理而成。

表12显示,与前两年22.8%、23.2%的营业收入增速相比,2016年,特区上市的保险公司营业收入增速明显放慢,营业收入的平均增速仅为11.50%。

4. 信托业经营状态不佳的趋势仍在延续

2016年,全国信托业管理的资产规模平均增速达24.01%,而平安信托、华润深国投信托等特区重量级的信托公司分别仅为-21.29%和-1.57%。

（二）发展失衡的问题仍在加剧

1. 地区间发展失衡的问题仍在继续（见表13）

表13　2015~2016年各特区进入中国500强金融企业统计

单位：家，亿元，%

特区名称	2015年				2016年			
	数量	占比	总资产	占比	数量	占比	总资产	占比
深圳	33	35.88	120497.1	36.86	25	29.4	134860.2	33.80
珠海	2	2.17	1196.31	0.37	2	2.35	1883.42	0.47
汕头	1	1.07	1060.32	0.32	1	1.17	1228.68	0.31
厦门	5	5.43	7215.49	2.2	3	3.53	8656.45	2.17
海南	4	4.35	2518.0	0.77	3	4.70	3194.45	0.80
上海浦东	42	45.65	189868.8	58.08	40	48.4	233208.1	58.46
天津滨海	5	5.43	4528.65	1.39	10	11.76	15465.7	3.88
合计	92	100	326884.7	100	85	100	398913.2	100

资料来源：根据网易财经发布的2015年和2016年中国金融500强排行榜的相关资料整理而成。

表13显示，2016年入围金融500强的特区金融机构资产仍然集中分布在深圳、上海浦东和天津滨海三地，共计达75家，占比高达88.24%，资产规模的分布则更不平衡，深圳、上海浦东和天津滨海三地资产占比高达96.14%，而其他经济特区只有10家入围，家数占比仅为11.76%，资产占比仅为3.86%。

2. 行业间发展失衡的问题仍在继续（见表14）

表14　2015年和2016年特区各类进入中国500强金融企业资产规模统计

单位：家，亿元，%

行业名称	2015年				2016年			
	数量	占比	总资产	占比	数量	占比	总资产	占比
银行业	29	31.52	259003.7	79.23	33	38.82	306690.1	77.47
证券业	25	27.17	18984.26	5.81	17	20.00	21892.81	5.53
保险业	33	35.87	47260.32	14.46	22	25.88	56649.01	14.31
其他	5	5.45	2022.41	0.62	13	15.29	10675.28	2.70
合计	92	100	326884.7	100	85	100	395907.2	100

资料来源：根据网易财经发布的2015年和2016年中国金融500强排行榜的相关资料整理而成。

表14显示,2016年特区银行业一业独大的倾向虽比2015年有所改观,但占比仍然偏高,达77.47%,而非银行业的资产占比仅为22.53%。

(三)风险继续聚集的势头未见扭转

1. 银行业经营风险聚集仍在继续

(1)不良贷款规模的增速仍处高位(见表15)

表15 2014~2016年特区5家A股上市银行不良贷款规模变动情况统计

单位:亿元,%

银行名称	2014年		2015年		2016年	
	不良贷款规模	不良贷款增长率	不良贷款规模	不良贷款增长率	不良贷款规模	不良贷款增长率
交通银行	430.2	25.4	562.1	30.7	623.65	10.95
浦发银行	215.9	65.3	350.5	62.3	521.78	48.87
招商银行	279.0	52.0	474.1	69.9	611.21	28.9
平安银行	105.0	39.3	176.4	68.0	256.78	45.57
上海银行	44.31	30.40	63.84	44.07	64.82	1.53
总计	1074.41		1626.94		2078.24	
平均		42.48		55.99		27.16

资料来源:根据特区上市银行2014~2016年年度报告相关数据整理而成。

表15显示,2016年特区5家A股上市银行不良贷款平均增幅虽比2014年和2015年有明显的回落,但仍保持在27.16%的高位。

(2)不良贷款比率仍处高位(见表16)

表16 2014~2016年特区5家A股上市银行不良贷款比率变动情况统计

单位:%

银行名称	2014年		2015年		2016年	
	不良贷款比率	不良贷款比率净上升比率	不良贷款比率	不良贷款比率净上升比率	不良贷款比率	不良贷款比率净上升比率
交通银行	1.25	0.20	1.51	0.26	1.52	0.01
浦发银行	1.06	0.32	1.56	0.50	1.89	0.34
招商银行	1.11	0.28	1.68	0.57	1.87	0.19
平安银行	1.02	0.13	1.45	0.43	1.74	0.29
上海银行	1.25	0.27	1.19	-0.06	1.17	-0.02
平均	1.14	0.24	1.48	0.34	1.64	0.16

资料来源:根据特区上市银行2014~2016年年度报告相关数据整理而成。

表16显示，2016年，除上海银行以外，其他4家特区银行不良贷款比率仍在继续攀升，不良贷款的平均比率达1.64%；净上升比率虽不及2014年的0.24%和2015年的0.34%，但仍达0.16%，表明特区银行不良贷款比率上升的势头虽有减缓，但仍难言安全着陆。

2. 非银行金融业经营风险的聚集仍在继续

（1）证券业经营风险剧增（见表17）

表17 2014~2016年特区券商资产扩张趋势统计

单位：亿元，%

特区名称	2014年		2015年		2016年	
	资产规模	增长率	资产规模	增长率	资产规模	增长率
深圳	9859.2	93.6	14447.7	46.5	12500.0	-13.48
上海浦东	5441.5	102.0	8112.8	63.0	7301.52	-10.00
天津滨海	229.9	63.0	452.0	96.6	515.24	13.99
海南	17.6	107.0	218.7	1142.6	160.61	-26.8
厦门	39.1	191.8	56.3	43.9	67.60	53.98
合计	15587.3		23287.5		20544.97	
增速		96.3		49.4		-11.77

资料来源：根据中国证券业协会官网公布的《2014~2016年证券公司会员经营业绩排名情况》统计资料整理而成。

表17显示，与前两年分别高达96.3%和49.4%的高速增长截然相反的是，2016年，特区券商资产规模增长出现了逆转，负增长比率高达11.77%。

（2）互联网金融经营风险继续聚集

特区内P2P借贷平台虽多达2500余家，但其中能够正常运营的只有36%左右；众筹平台虽多达300余家，但改行或出现问题的平台占比高达40%；第三方支付平台虽有80余家，但能够实现盈利的只有30%左右。

（四）逆新常态配置资产的问题十分严重

1. 超配，即特区金融资产规模的增长速度大大超过特区经济增长速度（见表18）

表18显示，5个传统特区2016年的GDP增速虽较之2015年出现了下降，

表18 2015～2016年5个传统特区贷款与GDP增速情况统计

单位：%

特区名称	2015年			2016年		
	贷款增速	GDP增速	超贷	贷款增速	GDP增速	超贷
深 圳	15.4	8.9	6.5	24.9	9.0	15.9
珠 海	22.4	10.0	12.4	38.0	8.5	22.3
汕 头	11.8	8.4	3.4	8.7	8.7	0
厦 门	13.9	7.2	6.7	13.9	7.9	6
海 南	23.4	7.8	15.6	15.6	7.5	8.1
平 均	17.85	8.46	9.39	20.22	8.32	11.9

资料来源：根据各特区《2015～2016年国民经济和社会发展统计公报》相关资料整理而成。

但贷款增速却较之2015年出现了明显的上升，说明特区银行业存在严重的资产超配问题。

2. 错配

即通过委托贷款、银信合作、发行理财产品、银证合作、银保合作等方式，将表内资产搬到表外，致使2016年特区银行业表内资产仅为17万亿元，而表外业务余额却达18万亿元，表外资产的规模一举超过了表内资产的规模。同时，有些银行为规避信贷调控，将信贷资产配置到投资类资产之中，导致投资类资产规模出现爆发式增长，占比超过30%。

3. 虚配

即以金融创新为名，推出种类繁多的交叉性金融产品，形成层层嵌套，让资金在金融体系内空转套利。

三 2017年特区金融业面临的新机遇与新挑战

（一）2017年特区金融业面临的新机遇

1. "稳增长"有可能带来的新机遇

稳增长势必会进一步提升特区第三产业增加值占GDP比重，从而为金融业自身，也为金融业的服务对象带来新的金融需求；势必会加大特区在西部开发和东北振兴中对传统产业支持的力度，从而产生新的金融需求；势必会加快自由贸易区、"一带一路"、粤港澳大湾区、雄安新区等战略推进力度，从而让特区金融业找到自己新的发展空间；势必会提高特区消费的贡献率，从而带来消费金融需求的增加。

2. "兴实业"有可能带来的新机遇

随着简政放权、简化审批、产权保护、鼓励创业、遏制炒作、减税、减费等措施的落实，从事实体经济的企业成本会不断降低，利润状况会明显改善，信心会不断提高，融资需求将会回暖；随着特区经济环境的好转，新兴产业发展势头有可能加快，从而会产生新材料、新能源、云计算、智能制造和循环经济等众多新产业的金融需求。

3. "控风险"有可能带来的新机遇

一是进一步降低非金融企业的制度性交易成本和税费财务成本，会相应提高其偿债能力；二是让股票IPO发行常态化，会让非金融企业股权融资的比重明显上升，负债率明显下降；三是加大对"僵尸企业""关、停、并、转"的力度，会让非金融企业的整体杠杆比率有所下降；四是硬化国有企业和地方政府融资平台类企业预算约束，会让其过度负债的冲动有所抑制，并从过高的债务风险中摆脱出来。

4. "强渗透"有可能带来的新机遇

传统金融在人才、网络、客户信息和风险控制等方面优势明显，而新金融则在大数据、云计算以及客户体验等方面更占优势。正是由于各有自身的长处和短板，从对抗走向合作将会是发挥协同效应的最佳选择，为移动银行、移动证券、移动保险业务的拓展提供了新机会。这既可以大幅减少中介化、垄断化、信息不对称的问题，也可以大幅降低企业成本和增强企业用户的体验。

（二）2017年特区金融业面临的新挑战

1. 经济增速持续放缓有可能带来的新挑战（见表19）

表19显示，特区GDP的平均增速连续多年在下降通道中运行，2016年的平均增速仅为8.66%，分别比2012年、2013年、2014年和2015年下降了2.65个、2.41个、1.38个和0.38个百分点。经济增速下行给特区金融业带来的挑战至少有三个：一是让特区金融持续扩张的难度不断加大；二是让

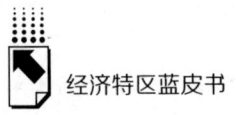

特区金融企业的资产配置难度不断加大;三是让特区金融企业控制风险的难度不断加大。

表19 2012～2016年特区经济增长率变动情况统计

单位:%

特区名称	2012年GDP增长率	2013年GDP增长率	2014年GDP增长率	2015年GDP增长率	2016年GDP增长率
深圳	10.0	10.5	8.8	8.9	9.0
珠海	7.0	10.5	10.3	10.0	8.5
汕头	9.5	10.0	9.0	8.4	8.7
厦门	12.1	9.4	9.2	7.2	7.9
海南	9.1	9.9	8.5	7.8	7.5
上海浦东	10.1	9.7	9.0	8.0	8.2
天津滨海	20.1	17.5	15.5	13.0	10.8
平均	11.31	11.07	10.04	9.04	8.66

资料来源:根据各特区《2012～2016年国民经济和社会发展统计公报》相关资料整理而成。

2. "脱虚向实"有可能带来的新挑战(见表20)

表20 2015～2016年虚拟经济与实体经济对应变动情况统计

单位:%

特区名称	2015年				2016年			
	贷款增速	GDP增速	金融业增加值增速	金融业增加值占GDP的比率	贷款增速	GDP增速	金融业增加值增速	金融业增加值占GDP的比率
深圳	15.4	8.9	15.9	14.5	24.9	9.0	14.6	14.8
珠海	22.4	10.0	14.8	6.8	38.0	8.5	12.4	7.0
汕头	11.8	8.4	13.8	2.7	8.7	8.7	4.6	2.5
厦门	13.9	7.2	14.7	10.2	13.9	7.9	14.7	10.7
海南	23.4	7.8	19.6	6.7	15.6	7.5	15.7	6.9
上海浦东	9.1	8.0	22.9	16.2	11.0	8.2	22.9	27.5
天津滨海	11.8	13.0	11.7	9.6	13.8	10.8	11.7	6
特区平均	15.4	9.0	16.2	9.5	18.0	8.66	13.8	9.9
全国平均				7.3			5.7	8.5

资料来源:根据各特区《2015～2016年国民经济和社会发展统计公报》相关资料整理而成。

社长致辞

蓦然回首,皮书的专业化历程已经走过了二十年。20年来从一个出版社的学术产品名称到媒体热词再到智库成果研创及传播平台,皮书以专业化为主线,进行了系列化、市场化、品牌化、数字化、国际化、平台化的运作,实现了跨越式的发展。特别是在党的十八大以后,以习近平总书记为核心的党中央高度重视新型智库建设,皮书也迎来了长足的发展,总品种达到600余种,经过专业评审机制、淘汰机制遴选,目前,每年稳定出版近400个品种。"皮书"已经成为中国新型智库建设的抓手,成为国际国内社会各界快速、便捷地了解真实中国的最佳窗口。

20年孜孜以求,"皮书"始终将自己的研究视野与经济社会发展中的前沿热点问题紧密相连。600个研究领域,3万多位分布于800余个研究机构的专家学者参与了研创写作。皮书数据库中共收录了15万篇专业报告,50余万张数据图表,合计30亿字,每年报告下载量近80万次。皮书为中国学术与社会发展实践的结合提供了一个激荡智力、传播思想的入口,皮书作者们用学术的话语、客观翔实的数据谱写出了中国故事壮丽的篇章。

20年跨步千里,"皮书"始终将自己的发展与时代赋予的使命与责任紧紧相连。每年百余场新闻发布会,10万余次中外媒体报道,中、英、俄、日、韩等12个语种共同出版。皮书所具有的凝聚力正在形成一种无形的力量,吸引着社会各界关注中国的发展,参与中国的发展,它是我们向世界传递中国声音、总结中国经验、争取中国国际话语权最主要的平台。

皮书这一系列成就的取得,得益于中国改革开放的伟大时代,离不开来自中国社会科学院、新闻出版广电总局、全国哲学社会科学规划办公室等主管部门的大力支持和帮助,也离不开皮书研创者和出版者的共同努力。他们与皮书的故事创造了皮书的历史,他们对皮书的拳拳之心将继续谱写皮书的未来!

现在,"皮书"品牌已经进入了快速成长的青壮年时期。全方位进行规范化管理,树立中国的学术出版标准;不断提升皮书的内容质量和影响力,搭建起中国智库产品和智库建设的交流服务平台和国际传播平台;发布各类皮书指数,并使之成为中国指数,让中国智库的声音响彻世界舞台,为人类的发展做出中国的贡献——这是皮书未来发展的图景。作为"皮书"这个概念的提出者,"皮书"从一般图书到系列图书和品牌图书,最终成为智库研究和社会科学应用对策研究的知识服务和成果推广平台这整个过程的操盘者,我相信,这也是每一位皮书人执着追求的目标。

"当代中国正经历着我国历史上最为广泛而深刻的社会变革,也正在进行着人类历史上最为宏大而独特的实践创新。这种前无古人的伟大实践,必将给理论创造、学术繁荣提供强大动力和广阔空间。"

在这个需要思想而且一定能够产生思想的时代,皮书的研创出版一定能创造出新的更大的辉煌!

社会科学文献出版社社长
中国社会学会秘书长

2017年11月

社会科学文献出版社简介

社会科学文献出版社（以下简称"社科文献出版社"）成立于1985年，是直属于中国社会科学院的人文社会科学学术出版机构。成立至今，社科文献出版社始终依托中国社会科学院和国内外人文社会科学界丰厚的学术出版和专家学者资源，坚持"创社科经典，出传世文献"的出版理念、"权威、前沿、原创"的产品定位以及学术成果和智库成果出版的专业化、数字化、国际化、市场化的经营道路。

社科文献出版社是中国新闻出版业转型与文化体制改革的先行者。积极探索文化体制改革的先进方向和现代企业经营决策机制，社科文献出版社先后荣获"全国文化体制改革工作先进单位"、中国出版政府奖·先进出版单位奖，中国社会科学院先进集体、全国科普工作先进集体等荣誉称号。多人次荣获"第十届韬奋出版奖""全国新闻出版行业领军人才""数字出版先进人物""北京市新闻出版广电行业领军人才"等称号。

社科文献出版社是中国人文社会科学学术出版的大社名社，也是以皮书为代表的智库成果出版的专业强社。年出版图书2000余种，其中皮书400余种，出版新书字数5.5亿字，承印与发行中国社科院院属期刊72种，先后创立了皮书系列、列国志、中国史话、社科文献学术译库、社科文献学术文库、甲骨文书系等一大批既有学术影响又有市场价值的品牌，确立了在社会学、近代史、苏东问题研究等专业学科及领域出版的领先地位。图书多次荣获中国出版政府奖、"三个一百"原创图书出版工程、"五个'一'工程奖"、"大众喜爱的50种图书"等奖项，在中央国家机关"强素质·做表率"读书活动中，入选图书品种数位居各大出版社之首。

社科文献出版社是中国学术出版规范与标准的倡议者与制定者，代表全国50多家出版社发起实施学术著作出版规范的倡议，承担学术著作规范国家标准的起草工作，率先编撰完成《皮书手册》对皮书品牌进行规范化管理，并在此基础上推出中国版芝加哥手册——《社科文献出版社学术出版手册》。

社科文献出版社是中国数字出版的引领者，拥有皮书数据库、列国志数据库、"一带一路"数据库、减贫数据库、集刊数据库等4大产品线11个数据库产品，机构用户达1300余家，海外用户百余家，荣获"数字出版转型示范单位""新闻出版标准化先进单位""专业数字内容资源知识服务模式试点企业标准化示范单位"等称号。

社科文献出版社是中国学术出版走出去的践行者。社科文献出版社海外图书出版与学术合作业务遍及全球40余个国家和地区，并于2016年成立俄罗斯分社，累计输出图书500余种，涉及近20个语种，累计获得国家社科基金中华学术外译项目资助76种、"丝路书香工程"项目资助60种、中国图书对外推广计划项目资助71种以及经典中国国际出版工程资助28种，被五部委联合认定为"2015-2016年度国家文化出口重点企业"。

如今，社科文献出版社完全靠自身积累拥有固定资产3.6亿元，年收入3亿元，设置了七大出版分社、六大专业部门，成立了皮书研究院和博士后科研工作站，培养了一支近400人的高素质与高效率的编辑、出版、营销和国际推广队伍，为未来成为学术出版的大社、名社、强社，成为文化体制改革与文化企业转型发展的排头兵奠定了坚实的基础。

 宏观经济类 | 皮书系列 重点推荐

宏 观 经 济 类

经济蓝皮书
2018年中国经济形势分析与预测

李平/主编　2017年12月出版　定价：89.00元

◆ 本书为总理基金项目，由著名经济学家李扬领衔，联合中国社会科学院等数十家科研机构、国家部委和高等院校的专家共同撰写，系统分析了2017年的中国经济形势并预测2018年中国经济运行情况。

城市蓝皮书
中国城市发展报告 No.11

潘家华　单菁菁/主编　2018年9月出版　估价：99.00元

◆ 本书是由中国社会科学院城市发展与环境研究中心编著的，多角度、全方位地立体展示了中国城市的发展状况，并对中国城市的未来发展提出了许多建议。该书有强烈的时代感，对中国城市发展实践有重要的参考价值。

人口与劳动绿皮书
中国人口与劳动问题报告 No.19

张车伟/主编　2018年10月出版　估价：99.00元

◆ 本书为中国社会科学院人口与劳动经济研究所主编的年度报告，对当前中国人口与劳动形势做了比较全面和系统的深入讨论，为研究中国人口与劳动问题提供了一个专业性的视角。

宏观经济类 · 区域经济类

中国省域竞争力蓝皮书
中国省域经济综合竞争力发展报告（2017～2018）

李建平 / 李闽榕 高燕京 / 主编　2018年5月出版　估价：198.00元

◆ 本书融多学科的理论为一体，深入追踪研究了省域经济发展与中国国家竞争力的内在关系，为提升中国省域经济综合竞争力提供有价值的决策依据。

金融蓝皮书
中国金融发展报告（2018）

王国刚 / 主编　2018年2月出版　估价：99.00元

◆ 本书由中国社会科学院金融研究所组织编写，概括和分析了2017年中国金融发展和运行中的各方面情况，研讨和评论了2017年发生的主要金融事件，有利于读者了解掌握2017年中国的金融状况，把握2018年中国金融的走势。

区域经济类

京津冀蓝皮书
京津冀发展报告（2018）

祝合良　叶堂林　张贵祥 / 等著　2018年6月出版　估价：99.00元

◆ 本书遵循问题导向与目标导向相结合、统计数据分析与大数据分析相结合、纵向分析和长期监测与结构分析和综合监测相结合等原则，对京津冀协同发展新形势与新进展进行测度与评价。

社会政法类

社会蓝皮书
2018年中国社会形势分析与预测

李培林　陈光金　张翼/主编　2017年12月出版　定价：89.00元

◆ 本书由中国社会科学院社会学研究所组织研究机构专家、高校学者和政府研究人员撰写，聚焦当下社会热点，对2017年中国社会发展的各个方面内容进行了权威解读，同时对2018年社会形势发展趋势进行了预测。

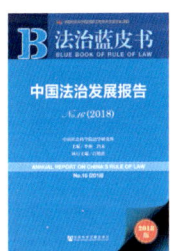

法治蓝皮书
中国法治发展报告No.16（2018）

李林　田禾/主编　2018年3月出版　估价：118.00元

◆ 本年度法治蓝皮书回顾总结了2017年度中国法治发展取得的成就和存在的不足，对中国政府、司法、检务透明度进行了跟踪调研，并对2018年中国法治发展形势进行了预测和展望。

教育蓝皮书
中国教育发展报告（2018）

杨东平/主编　2018年4月出版　估价：99.00元

◆ 本书重点关注了2017年教育领域的热点，资料翔实，分析有据，既有专题研究，又有实践案例，从多角度对2017年教育改革和实践进行了分析和研究。

社会政法类

社会体制蓝皮书
中国社会体制改革报告No.6（2018）

龚维斌/主编　2018年3月出版　估价：99.00元

◆ 本书由国家行政学院社会治理研究中心和北京师范大学中国社会管理研究院共同组织编写，主要对2017年社会体制改革情况进行回顾和总结，对2018年的改革走向进行分析，提出相关政策建议。

社会心态蓝皮书
中国社会心态研究报告（2018）

王俊秀　杨宜音/主编　2018年12月出版　估价：99.00元

◆ 本书是中国社会科学院社会学研究所社会心理研究中心"社会心态蓝皮书课题组"的年度研究成果，运用社会心理学、社会学、经济学、传播学等多种学科的方法进行了调查和研究，对于目前中国社会心态状况有较广泛和深入的揭示。

华侨华人蓝皮书
华侨华人研究报告（2018）

贾益民/主编　2018年1月出版　估价：139.00元

◆ 本书关注华侨华人生产与生活的方方面面。华侨华人是中国建设21世纪海上丝绸之路的重要中介者、推动者和参与者。本书旨在全面调研华侨华人，提供最新涉侨动态、理论研究成果和政策建议。

民族发展蓝皮书
中国民族发展报告（2018）

王延中/主编　2018年10月出版　估价：188.00元

◆ 本书从民族学人类学视角，研究近年来少数民族和民族地区的发展情况，展示民族地区经济、政治、文化、社会和生态文明"五位一体"建设取得的辉煌成就和面临的困难挑战，为深刻理解中央民族工作会议精神、加快民族地区全面建成小康社会进程提供了实证材料。

 产业经济类·行业及其他类

产业经济类

房地产蓝皮书
中国房地产发展报告 No.15（2018）

李春华　王业强 / 主编　2018 年 5 月出版　估价：99.00 元

◆ 2018 年《房地产蓝皮书》持续追踪中国房地产市场最新动态，深度剖析市场热点，展望 2018 年发展趋势，积极谋划应对策略。对 2017 年房地产市场的发展态势进行全面、综合的分析。

新能源汽车蓝皮书
中国新能源汽车产业发展报告（2018）

中国汽车技术研究中心　日产（中国）投资有限公司
东风汽车有限公司 / 编著　2018 年 8 月出版　估价：99.00 元

◆ 本书对中国 2017 年新能源汽车产业发展进行了全面系统的分析，并介绍了国外的发展经验。有助于相关机构、行业和社会公众等了解中国新能源汽车产业发展的最新动态，为政府部门出台新能源汽车产业相关政策法规、企业制定相关战略规划，提供必要的借鉴和参考。

行业及其他类

旅游绿皮书
2017~2018 年中国旅游发展分析与预测

中国社会科学院旅游研究中心 / 编　2018 年 2 月出版　估价：99.00 元

◆ 本书从政策、产业、市场、社会等多个角度勾画出 2017 年中国旅游发展全貌，剖析了其中的热点和核心问题，并就未来发展作出预测。

民营医院蓝皮书

中国民营医院发展报告（2018）

薛晓林 / 主编　2018年1月出版　估价：99.00元

◆ 本书在梳理国家对社会办医的各种利好政策的前提下，对我国民营医疗发展现状、我国民营医院竞争力进行了分析，并结合我国医疗体制改革对民营医院的发展趋势、发展策略、战略规划等方面进行了预估。

会展蓝皮书

中外会展业动态评估研究报告（2018）

张敏 / 主编　2018年12月出版　估价：99.00元

◆ 本书回顾了2017年的会展业发展动态，结合"供给侧改革"、"互联网+"、"绿色经济"的新形势分析了我国展会的行业现状，并介绍了国外的发展经验，有助于行业和社会了解最新的展会业动态。

中国上市公司蓝皮书

中国上市公司发展报告（2018）

张平　王宏淼 / 主编　2018年9月出版　估价：99.00元

◆ 本书由中国社会科学院上市公司研究中心组织编写的，着力于全面、真实、客观反映当前中国上市公司财务状况和价值评估的综合性年度报告。本书详尽分析了2017年中国上市公司情况，特别是现实中暴露出的制度性、基础性问题，并对资本市场改革进行了探讨。

工业和信息化蓝皮书

人工智能发展报告（2017～2018）

尹丽波 / 主编　2018年6月出版　估价：99.00元

◆ 本书国家工业信息安全发展研究中心在对2017年全球人工智能技术和产业进行全面跟踪研究基础上形成的研究报告。该报告内容翔实、视角独特，具有较强的产业发展前瞻性和预测性，可为相关主管部门、行业协会、企业等全面了解人工智能发展形势以及进行科学决策提供参考。

国际问题与全球治理类

世界经济黄皮书
2018年世界经济形势分析与预测

张宇燕 / 主编　2018年1月出版　估价：99.00元

◆ 本书由中国社会科学院世界经济与政治研究所的研究团队撰写，分总论、国别与地区、专题、热点、世界经济统计与预测等五个部分，对2018年世界经济形势进行了分析。

国际城市蓝皮书
国际城市发展报告（2018）

屠启宇 / 主编　2018年2月出版　估价：99.00元

◆ 本书作者以上海社会科学院从事国际城市研究的学者团队为核心，汇集同济大学、华东师范大学、复旦大学、上海交通大学、南京大学、浙江大学相关城市研究专业学者。立足动态跟踪介绍国际城市发展时间中，最新出现的重大战略、重大理念、重大项目、重大报告和最佳案例。

非洲黄皮书
非洲发展报告No.20（2017～2018）

张宏明 / 主编　2018年7月出版　估价：99.00元

◆ 本书是由中国社会科学院西亚非洲研究所组织编撰的非洲形势年度报告，比较全面、系统地分析了2017年非洲政治形势和热点问题，探讨了非洲经济形势和市场走向，剖析了大国对非洲关系的新动向；此外，还介绍了国内非洲研究的新成果。

国别类

美国蓝皮书
美国研究报告（2018）

郑秉文 黄平 / 主编　2018 年 5 月出版　估价：99.00 元

◆ 本书是由中国社会科学院美国研究所主持完成的研究成果，它回顾了美国 2017 年的经济、政治形势与外交战略，对美国内政外交发生的重大事件及重要政策进行了较为全面的回顾和梳理。

德国蓝皮书
德国发展报告（2018）

郑春荣 / 主编　2018 年 6 月出版　估价：99.00 元

◆ 本报告由同济大学德国研究所组织编撰，由该领域的专家学者对德国的政治、经济、社会文化、外交等方面的形势发展情况，进行全面的阐述与分析。

俄罗斯黄皮书
俄罗斯发展报告（2018）

李永全 / 编著　2018 年 6 月出版　估价：99.00 元

◆ 本书系统介绍了 2017 年俄罗斯经济政治情况，并对 2016 年该地区发生的焦点、热点问题进行了分析与回顾；在此基础上，对该地区 2018 年的发展前景进行了预测。

 文化传媒类

文化传媒类

新媒体蓝皮书
中国新媒体发展报告 No.9（2018）

唐绪军 / 主编　2018 年 6 月出版　估价：99.00 元

◆ 本书是由中国社会科学院新闻与传播研究所组织编写的关于新媒体发展的最新年度报告，旨在全面分析中国新媒体的发展现状，解读新媒体的发展趋势，探析新媒体的深刻影响。

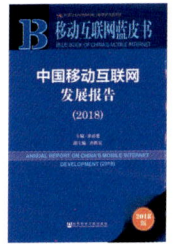

移动互联网蓝皮书
中国移动互联网发展报告（2018）

余清楚 / 主编　2018 年 6 月出版　估价：99.00 元

◆ 本书着眼于对 2017 年度中国移动互联网的发展情况做深入解析，对未来发展趋势进行预测，力求从不同视角、不同层面全面剖析中国移动互联网发展的现状、年度突破及热点趋势等。

文化蓝皮书
中国文化消费需求景气评价报告（2018）

王亚南 / 主编　2018 年 2 月出版　估价：99.00 元

◆ 本书首创全国文化发展量化检测评价体系，也是至今全国唯一的文化民生量化检测评价体系，对于检验全国及各地"以人民为中心"的文化发展具有首创意义。

地方发展类

北京蓝皮书
北京经济发展报告（2017～2018）

杨松 / 主编　2018年6月出版　估价：99.00元

◆ 本书对2017年北京市经济发展的整体形势进行了系统性的分析与回顾，并对2018年经济形势走势进行了预测与研判，聚焦北京市经济社会发展中的全局性、战略性和关键领域的重点问题，运用定量和定性分析相结合的方法，对北京市经济社会发展的现状、问题、成因进行了深入分析，提出了可操作性的对策建议。

温州蓝皮书
2018年温州经济社会形势分析与预测

蒋儒标　王春光　金浩 / 主编　2018年4月出版　估价：99.00元

◆ 本书是中共温州市委党校和中国社会科学院社会学研究所合作推出的第十一本温州蓝皮书，由来自党校、政府部门、科研机构、高校的专家、学者共同撰写的2017年温州区域发展形势的最新研究成果。

黑龙江蓝皮书
黑龙江社会发展报告（2018）

王爱丽 / 主编　2018年6月出版　估价：99.00元

◆ 本书以千份随机抽样问卷调查和专题研究为依据，运用社会学理论框架和分析方法，从专家和学者的独特视角，对2017年黑龙江省关系民生的问题进行广泛的调研与分析，并对2017年黑龙江省诸多社会热点和焦点问题进行了有益的探索。这些研究不仅可以为政府部门更加全面深入了解省情、科学制定决策提供智力支持，同时也可以为广大读者认识、了解、关注黑龙江社会发展提供理性思考。

宏观经济类

城市蓝皮书
中国城市发展报告（No.11）
著(编)者：潘家华 单菁菁
2018年9月出版 / 估价：99.00元
PSN B-2007-091-1/1

城乡一体化蓝皮书
中国城乡一体化发展报告（2018）
著(编)者：付崇兰
2018年9月出版 / 估价：99.00元
PSN B-2011-226-1/2

城镇化蓝皮书
中国新型城镇化健康发展报告（2018）
著(编)者：张占斌
2018年8月出版 / 估价：99.00元
PSN B-2014-396-1/1

创新蓝皮书
创新型国家建设报告（2018~2019）
著(编)者：詹正茂
2018年12月出版 / 估价：99.00元
PSN B-2009-140-1/1

低碳发展蓝皮书
中国低碳发展报告（2018）
著(编)者：张希良 齐晔
2018年6月出版 / 估价：99.00元
PSN B-2011-223-1/1

低碳经济蓝皮书
中国低碳经济发展报告（2018）
著(编)者：薛进军 赵忠秀
2018年11月出版 / 估价：99.00元
PSN B-2011-194-1/1

发展和改革蓝皮书
中国经济发展和体制改革报告No.9
著(编)者：邹东涛 王再文
2018年1月出版 / 估价：99.00元
PSN B-2008-122-1/1

国家创新蓝皮书
中国创新发展报告（2017）
著(编)者：陈劲 2018年3月出版 / 估价：99.00元
PSN B-2014-370-1/1

金融蓝皮书
中国金融发展报告（2018）
著(编)者：王国刚
2018年2月出版 / 估价：99.00元
PSN B-2004-031-1/7

经济蓝皮书
2018年中国经济形势分析与预测
著(编)者：李平 2017年12月出版 / 定价：89.00元
PSN B-1996-001-1/1

经济蓝皮书春季号
2018年中国经济前景分析
著(编)者：李扬 2018年5月出版 / 估价：99.00元
PSN B-1999-008-1/1

经济蓝皮书夏季号
中国经济增长报告（2017~2018）
著(编)者：李扬 2018年9月出版 / 估价：99.00元
PSN B-2010-176-1/1

经济信息绿皮书
中国与世界经济发展报告（2018）
著(编)者：杜平
2017年12月出版 / 估价：99.00元
PSN B-2003-023-1/1

农村绿皮书
中国农村经济形势分析与预测（2017~2018）
著(编)者：魏后凯 黄秉信
2018年4月出版 / 估价：99.00元
PSN G-1998-003-1/1

人口与劳动绿皮书
中国人口与劳动问题报告No.19
著(编)者：张车伟 2018年11月出版 / 估价：99.00元
PSN G-2000-012-1/1

新型城镇化蓝皮书
新型城镇化发展报告（2017）
著(编)者：李伟 宋敏 沈体雁
2018年3月出版 / 估价：99.00元
PSN B-2005-038-1/1

中国省域竞争力蓝皮书
中国省域经济综合竞争力发展报告（2016~2017）
著(编)者：李建平 李闽榕 高燕京
2018年2月出版 / 估价：198.00元
PSN B-2007-088-1/1

中小城市绿皮书
中国中小城市发展报告（2018）
著(编)者：中国城市经济学会中小城市经济发展委员会
中国城镇化促进会中小城市发展委员会
《中国中小城市发展报告》编纂委员会
中小城市发展战略研究院
2018年11月出版 / 估价：128.00元
PSN G-2010-161-1/1

区域经济类

东北蓝皮书
中国东北地区发展报告（2018）
著（编）者：姜晓秋　2018年11月出版 / 估价：99.00元
PSN B-2006-067-1/1

金融蓝皮书
中国金融中心发展报告（2017~2018）
著（编）者：王力　黄育华　2018年11月出版 / 估价：99.00元
PSN B-2011-186-6/7

京津冀蓝皮书
京津冀发展报告（2018）
著（编）者：祝合良　叶堂林　张贵祥
2018年6月出版 / 估价：99.00元
PSN B-2012-262-1/1

西北蓝皮书
中国西北发展报告（2018）
著（编）者：任宗哲　白宽犁　王建康
2018年4月出版 / 估价：99.00元
PSN B-2012-261-1/1

西部蓝皮书
中国西部发展报告（2018）
著（编）者：璋勇　任保平　2018年8月出版 / 估价：99.00元
PSN B-2005-039-1/1

长江经济带产业蓝皮书
长江经济带产业发展报告（2018）
著（编）者：吴传清　2018年11月出版 / 估价：128.00元
PSN B-2017-666-1/1

长江经济带蓝皮书
长江经济带发展报告（2017~2018）
著（编）者：王振　2018年11月出版 / 估价：99.00元
PSN B-2016-575-1/1

长江中游城市群蓝皮书
长江中游城市群新型城镇化与产业协同发展报告（2018）
著（编）者：杨刚强　2018年11月出版 / 估价：99.00元
PSN B-2016-578-1/1

长三角蓝皮书
2017年创新融合发展的长三角
著（编）者：刘飞跃　2018年3月出版 / 估价：99.00元
PSN B-2005-038-1/1

长株潭城市群蓝皮书
长株潭城市群发展报告（2017）
著（编）者：张萍　朱有志　2018年1月出版 / 估价：99.00元
PSN B-2008-109-1/1

中部竞争力蓝皮书
中国中部经济社会竞争力报告（2018）
著（编）者：教育部人文社会科学重点研究基地南昌大学中国中部经济社会发展研究中心
2018年12月出版 / 估价：99.00元
PSN B-2012-276-1/1

中部蓝皮书
中国中部地区发展报告（2018）
著（编）者：宋亚平　2018年12月出版 / 估价：99.00元
PSN B-2007-089-1/1

区域蓝皮书
中国区域经济发展报告（2017~2018）
著（编）者：赵弘　2018年5月出版 / 估价：99.00元
PSN B-2004-034-1/1

中三角蓝皮书
长江中游城市群发展报告（2018）
著（编）者：秦尊文　2018年9月出版 / 估价：99.00元
PSN B-2014-417-1/1

中原蓝皮书
中原经济区发展报告（2018）
著（编）者：李英杰　2018年6月出版 / 估价：99.00元
PSN B-2011-192-1/1

珠三角流通蓝皮书
珠三角商圈发展研究报告（2018）
著（编）者：王先庆　林至颖　2018年7月出版 / 估价：99.00元
PSN B-2012-292-1/1

社会政法类

北京蓝皮书
中国社区发展报告（2017~2018）
著（编）者：于燕燕　2018年9月出版 / 估价：99.00元
PSN B-2007-083-5/8

殡葬绿皮书
中国殡葬事业发展报告（2017~2018）
著（编）者：李伯森　2018年4月出版 / 估价：158.00元
PSN G-2010-180-1/1

城市管理蓝皮书
中国城市管理报告（2017-2018）
著（编）者：刘林　刘承水　2018年5月出版 / 估价：158.00元
PSN B-2013-336-1/1

城市生活质量蓝皮书
中国城市生活质量报告（2017）
著（编）者：张连城　张平　杨春学　郎丽华
2018年2月出版 / 估价：99.00元
PSN B-2013-326-1/1

城市政府能力蓝皮书
中国城市政府公共服务能力评估报告（2018）
著(编)者：何艳玲　2018年4月出版 / 估价：99.00元
PSN B-2013-338-1/1

创业蓝皮书
中国创业发展研究报告（2017~2018）
著(编)者：黄群慧　赵卫星　钟宏武
2018年11月出版 / 估价：99.00元
PSN B-2016-577-1/1

慈善蓝皮书
中国慈善发展报告（2018）
著(编)者：杨团　2018年6月出版 / 估价：99.00元
PSN B-2009-142-1/1

党建蓝皮书
党的建设研究报告No.2（2018）
著(编)者：崔建民　陈东平　2018年1月出版 / 估价：99.00元
PSN B-2016-523-1/1

地方法治蓝皮书
中国地方法治发展报告No.3（2018）
著(编)者：李林　田禾　2018年3月出版 / 估价：118.00元
PSN B-2015-442-1/1

电子政务蓝皮书
中国电子政务发展报告（2018）
著(编)者：李季　2018年8月出版 / 估价：99.00元
PSN B-2003-022-1/1

法治蓝皮书
中国法治发展报告No.16（2018）
著(编)者：吕艳滨　2018年3月出版 / 估价：118.00元
PSN B-2004-027-1/3

法治蓝皮书
中国法院信息化发展报告 No.2（2018）
著(编)者：李林　田禾　2018年2月出版 / 估价：108.00元
PSN B-2017-604-3/3

法治政府蓝皮书
中国法治政府发展报告（2018）
著(编)者：中国政法大学法治政府研究院
2018年4月出版 / 估价：99.00元
PSN B-2015-502-1/2

法治政府蓝皮书
中国法治政府评估报告（2018）
著(编)者：中国政法大学法治政府研究院
2018年9月出版 / 估价：168.00元
PSN B-2016-576-2/2

反腐倡廉蓝皮书
中国反腐倡廉建设报告 No.8
著(编)者：张英伟　2018年12月出版 / 估价：99.00元
PSN B-2012-259-1/1

扶贫蓝皮书
中国扶贫开发报告（2018）
著(编)者：李培林　魏后凯　2018年12月出版 / 估价：128.00元
PSN B-2016-599-1/1

妇女发展蓝皮书
中国妇女发展报告 No.6
著(编)者：王金玲　2018年9月出版 / 估价：158.00元
PSN B-2006-069-1/1

妇女教育蓝皮书
中国妇女教育发展报告 No.3
著(编)者：张李玺　2018年10月出版 / 估价：99.00元
PSN B-2008-121-1/1

妇女绿皮书
2018年：中国性别平等与妇女发展报告
著(编)者：谭琳　2018年12月出版 / 估价：99.00元
PSN G-2006-073-1/1

公共安全蓝皮书
中国城市公共安全发展报告（2017~2018）
著(编)者：黄育华　杨文明　赵建辉
2018年6月出版 / 估价：99.00元
PSN B-2017-628-1/1

公共服务蓝皮书
中国城市基本公共服务力评价（2018）
著(编)者：钟君　刘志昌　吴正杲
2018年12月出版 / 估价：99.00元
PSN B-2011-214-1/1

公民科学素质蓝皮书
中国公民科学素质报告（2017~2018）
著(编)者：李群　陈雄　马宗文
2018年1月出版 / 估价：99.00元
PSN B-2014-379-1/1

公益蓝皮书
中国公益慈善发展报告（2016）
著(编)者：朱健刚　胡小军　2018年2月出版 / 估价：99.00元
PSN B-2012-283-1/1

国际人才蓝皮书
中国国际移民报告（2018）
著(编)者：王辉耀　2018年2月出版 / 估价：99.00元
PSN B-2012-304-3/4

国际人才蓝皮书
中国留学发展报告（2018）No.7
著(编)者：王辉耀　苗绿　2018年12月出版 / 估价：99.00元
PSN B-2012-244-2/4

海洋社会蓝皮书
中国海洋社会发展报告（2017）
著(编)者：崔凤　宋宁而　2018年3月出版 / 估价：99.00元
PSN B-2015-478-1/1

行政改革蓝皮书
中国行政体制改革报告No.7（2018）
著(编)者：魏礼群　2018年6月出版 / 估价：99.00元
PSN B-2011-231-1/1

华侨华人蓝皮书
华侨华人研究报告（2017）
著(编)者：贾益民　2018年1月出版 / 估价：139.00元
PSN B-2011-204-1/1

皮书系列 2018全品种 — 社会政法类

环境竞争力绿皮书
中国省域环境竞争力发展报告(2018)
著(编)者:李建平 李闽榕 王金南
2018年11月出版 / 估价:198.00元
PSN G-2010-165-1/1

环境绿皮书
中国环境发展报告(2017~2018)
著(编)者:李波 2018年4月出版 / 估价:99.00元
PSN G-2006-048-1/1

家庭蓝皮书
中国"创建幸福家庭活动"评估报告(2018)
著(编)者:国务院发展研究中心"创建幸福家庭活动评估"课题组
2018年12月出版 / 估价:99.00元
PSN B-2015-508-1/1

健康城市蓝皮书
中国健康城市建设研究报告(2018)
著(编)者:王鸿春 盛继洪 2018年12月出版 / 估价:99.00元
PSN B-2016-564-2/2

健康中国蓝皮书
社区首诊与健康中国分析报告(2018)
著(编)者:高和荣 杨叔禹 姜杰
2018年4月出版 / 估价:99.00元
PSN B-2017-611-1/1

教师蓝皮书
中国中小学教师发展报告(2017)
著(编)者:曾晓东 鱼霞 2018年6月出版 / 估价:99.00元
PSN B-2012-289-1/1

教育扶贫蓝皮书
中国教育扶贫报告(2018)
著(编)者:司树杰 王文静 李兴洲
2018年12月出版 / 估价:99.00元
PSN B-2016-590-1/1

教育蓝皮书
中国教育发展报告(2018)
著(编)者:杨东平 2018年4月出版 / 估价:99.00元
PSN B-2006-047-1/1

金融法治建设蓝皮书
中国金融法治建设年度报告(2015~2016)
著(编)者:朱小黄 2018年6月出版 / 估价:99.00元
PSN B-2017-633-1/1

京津冀教育蓝皮书
京津冀教育发展研究报告(2017~2018)
著(编)者:方中雄 2018年4月出版 / 估价:99.00元
PSN B-2017-608-1/1

就业蓝皮书
2018年中国本科生就业报告
著(编)者:麦可思研究院 2018年6月出版 / 估价:99.00元
PSN B-2009-146-1/2

就业蓝皮书
2018年中国高职高专生就业报告
著(编)者:麦可思研究院 2018年6月出版 / 估价:99.00元
PSN B-2015-472-2/2

科学教育蓝皮书
中国科学教育发展报告(2018)
著(编)者:王康友 2018年10月出版 / 估价:99.00元
PSN B-2015-487-1/1

劳动保障蓝皮书
中国劳动保障发展报告(2018)
著(编)者:刘燕斌 2018年9月出版 / 估价:158.00元
PSN B-2014-415-1/1

老龄蓝皮书
中国老年宜居环境发展报告(2017)
著(编)者:党俊武 周燕珉 2018年1月出版 / 估价:99.00元
PSN B-2013-320-1/1

连片特困区蓝皮书
中国连片特困区发展报告(2017~2018)
著(编)者:游俊 冷志明 丁建军
2018年4月出版 / 估价:99.00元
PSN B-2013-321-1/1

流动儿童蓝皮书
中国流动儿童教育发展报告(2017)
著(编)者:杨东平 2018年1月出版 / 估价:99.00元
PSN B-2017-600-1/1

民调蓝皮书
中国民调查报告(2018)
著(编)者:谢耘耕 2018年12月出版 / 估价:99.00元
PSN B-2014-398-1/1

民族发展蓝皮书
中国民族发展报告(2018)
著(编)者:王延中 2018年10月出版 / 估价:188.00元
PSN B-2006-070-1/1

女性生活蓝皮书
中国女性生活状况报告No.12(2018)
著(编)者:韩湘景 2018年7月出版 / 估价:99.00元
PSN B-2006-071-1/1

汽车社会蓝皮书
中国汽车社会发展报告(2017~2018)
著(编)者:王俊秀 2018年1月出版 / 估价:99.00元
PSN B-2011-224-1/1

青年蓝皮书
中国青年发展报告(2018)No.3
著(编)者:廉思 2018年4月出版 / 估价:99.00元
PSN B-2013-333-1/1

青少年蓝皮书
中国未成年人互联网运用报告(2017~2018)
著(编)者:李为民 李文革 沈杰
2018年11月出版 / 估价:99.00元
PSN B-2010-156-1/1

皮书系列 2018全品种 社会政法类

人权蓝皮书
中国人权事业发展报告No.8（2018）
著(编)者：李君如　2018年9月出版 / 估价：99.00元
PSN B-2011-215-1/1

社会保障绿皮书
中国社会保障发展报告No.9（2018）
著(编)者：王延中　2018年1月出版 / 估价：99.00元
PSN G-2001-014-1/1

社会风险评估蓝皮书
风险评估与危机预警报告（2017~2018）
著(编)者：唐钧　2018年8月出版 / 估价：99.00元
PSN B-2012-293-1/1

社会工作蓝皮书
中国社会工作发展报告（2016~2017）
著(编)者：民政部社会工作研究中心
2018年8月出版 / 估价：99.00元
PSN B-2009-141-1/1

社会管理蓝皮书
中国社会管理创新报告No.6
著(编)者：连玉明　2018年11月出版 / 估价：99.00元
PSN B-2012-300-1/1

社会蓝皮书
2018年中国社会形势分析与预测
著(编)者：李培林　陈光金　张翼
2017年12月出版 / 定价：89.00元
PSN B-1998-002-1/1

社会体制蓝皮书
中国社会体制改革报告No.6（2018）
著(编)者：龚维斌　2018年3月出版 / 估价：99.00元
PSN B-2013-330-1/1

社会心态蓝皮书
中国社会心态研究报告（2018）
著(编)者：王俊秀　2018年12月出版 / 估价：99.00元
PSN B-2011-199-1/1

社会组织蓝皮书
中国社会组织报告（2017-2018）
著(编)者：黄晓勇　2018年1月出版 / 估价：99.00元
PSN B-2008-118-1/2

社会组织蓝皮书
中国社会组织评估发展报告（2018）
著(编)者：徐家良　2018年12月出版 / 估价：99.00元
PSN B-2013-366-2/2

生态城市绿皮书
中国生态城市建设发展报告（2018）
著(编)者：刘举科　孙伟平　胡文臻
2018年9月出版 / 估价：158.00元
PSN G-2012-269-1/1

生态文明绿皮书
中国省域生态文明建设评价报告（ECI 2018）
著(编)者：严耕　2018年12月出版 / 估价：99.00元
PSN G-2010-170-1/1

退休生活蓝皮书
中国城市居民退休生活质量指数报告（2017）
著(编)者：杨一帆　2018年5月出版 / 估价：99.00元
PSN B-2017-618-1/1

危机管理蓝皮书
中国危机管理报告（2018）
著(编)者：文学国　范正青
2018年8月出版 / 估价：99.00元
PSN B-2010-171-1/1

学会蓝皮书
2018年中国学会发展报告
著(编)者：麦可思研究院
2018年12月出版 / 估价：99.00元
PSN B-2016-597-1/1

医改蓝皮书
中国医药卫生体制改革报告（2017~2018）
著(编)者：文学国　房志武
2018年11月出版 / 估价：99.00元
PSN B-2014-432-1/1

应急管理蓝皮书
中国应急管理报告（2018）
著(编)者：宋英华　2018年9月出版 / 估价：99.00元
PSN B-2016-562-1/1

政府绩效评估蓝皮书
中国地方政府绩效评估报告 No.2
著(编)者：贠杰　2018年12月出版 / 估价：99.00元
PSN B-2017-672-1/1

政治参与蓝皮书
中国政治参与报告（2018）
著(编)者：房宁　2018年8月出版 / 估价：128.00元
PSN B-2011-200-1/1

政治文化蓝皮书
中国政治文化报告（2018）
著(编)者：邢976敏　魏大鹏　龚克
2018年8月出版 / 估价：128.00元
PSN B-2017-615-1/1

中国传统村落蓝皮书
中国传统村落保护现状报告（2018）
著(编)者：胡彬彬　李向军　王晓波
2018年12月出版 / 估价：99.00元
PSN B-2017-663-1/1

中国农村妇女发展蓝皮书
农村流动女性城市生活发展报告（2018）
著(编)者：谢丽华　2018年12月出版 / 估价：99.00元
PSN B-2014-434-1/1

宗教蓝皮书
中国宗教报告（2017）
著(编)者：邱永辉　2018年8月出版 / 估价：99.00元
PSN B-2008-117-1/1

产业经济类

保健蓝皮书
中国保健服务产业发展报告 No.2
著(编)者：中国保健协会　中共中央党校
2018年7月出版 / 估价：198.00元
PSN B-2012-272-3/3

保健蓝皮书
中国保健食品产业发展报告 No.2
著(编)者：中国保健协会
　　　　中国社会科学院食品药品产业发展与监管研究中心
2018年8月出版 / 估价：198.00元
PSN B-2012-271-2/3

保健蓝皮书
中国保健用品产业发展报告 No.2
著(编)者：中国保健协会
　　　　国务院国有资产监督管理委员会研究中心
2018年3月出版 / 估价：198.00元
PSN B-2012-270-1/3

保险蓝皮书
中国保险业竞争力报告（2018）
著(编)者：保监会　2018年12月出版 / 估价：99.00元
PSN B-2013-311-1/1

冰雪蓝皮书
中国冰上运动产业发展报告（2018）
著(编)者：孙承华　杨占武　刘戈　张鸿俊
2018年9月出版 / 估价：99.00元
PSN B-2017-648-3/3

冰雪蓝皮书
中国滑雪产业发展报告（2018）
著(编)者：孙承华　伍斌　魏庆华　张鸿俊
2018年9月出版 / 估价：99.00元
PSN B-2016-559-1/3

餐饮产业蓝皮书
中国餐饮产业发展报告（2018）
著(编)者：邢颖
2018年6月出版 / 估价：99.00元
PSN B-2009-151-1/1

茶业蓝皮书
中国茶产业发展报告（2018）
著(编)者：杨江帆　李闽榕
2018年10月出版 / 估价：99.00元
PSN B-2010-164-1/1

产业安全蓝皮书
中国文化产业安全报告（2018）
著(编)者：北京印刷学院文化产业安全研究院
2018年12月出版 / 估价：99.00元
PSN B-2014-378-12/14

产业安全蓝皮书
中国新媒体产业安全报告（2016~2017）
著(编)者：肖丽　2018年6月出版 / 估价：99.00元
PSN B-2015-500-14/14

产业安全蓝皮书
中国出版传媒产业安全报告（2017~2018）
著(编)者：北京印刷学院文化产业安全研究院
2018年3月出版 / 估价：99.00元
PSN B-2014-384-13/14

产业蓝皮书
中国产业竞争力报告（2018）No.8
著(编)者：张其仔　2018年12月出版 / 估价：168.00元
PSN B-2010-175-1/1

动力电池蓝皮书
中国新能源汽车动力电池产业发展报告（2018）
著(编)者：中国汽车技术研究中心
2018年8月出版 / 估价：99.00元
PSN B-2017-639-1/1

杜仲产业绿皮书
中国杜仲橡胶资源与产业发展报告（2017~2018）
著(编)者：杜红岩　胡文臻　俞锐
2018年1月出版 / 估价：99.00元
PSN G-2013-350-1/1

房地产蓝皮书
中国房地产发展报告No.15（2018）
著(编)者：李春华　王业强
2018年5月出版 / 估价：99.00元
PSN B-2004-028-1/1

服务外包蓝皮书
中国服务外包产业发展报告（2017~2018）
著(编)者：王晓红　刘德军
2018年6月出版 / 估价：99.00元
PSN B-2013-331-2/2

服务外包蓝皮书
中国服务外包竞争力报告（2017~2018）
著(编)者：刘春生　王力　黄育华
2018年12月出版 / 估价：99.00元
PSN B-2011-216-1/2

工业和信息化蓝皮书
世界信息技术产业发展报告（2017~2018）
著(编)者：尹丽波　2018年6月出版 / 估价：99.00元
PSN B-2015-449-2/6

工业和信息化蓝皮书
战略性新兴产业发展报告（2017~2018）
著(编)者：尹丽波　2018年6月出版 / 估价：99.00元
PSN B-2015-450-3/6

产业经济类

客车蓝皮书
中国客车产业发展报告（2017~2018）
著(编)者：姚蔚　2018年10月出版 / 估价：99.00元
PSN B-2013-361-1/1

流通蓝皮书
中国商业发展报告（2018~2019）
著(编)者：王雪峰　林诗慧
2018年7月出版 / 估价：99.00元
PSN B-2009-152-1/2

能源蓝皮书
中国能源发展报告（2018）
著(编)者：崔民选　王军生　陈义和
2018年12月出版 / 估价：99.00元
PSN B-2006-049-1/1

农产品流通蓝皮书
中国农产品流通产业发展报告（2017）
著(编)者：贾敬敦　张东科　张玉玺　张鹏毅　周伟
2018年1月出版 / 估价：99.00元
PSN B-2012-288-1/1

汽车工业蓝皮书
中国汽车工业发展年度报告（2018）
著(编)者：中国汽车工业协会
　　　　　中国汽车技术研究中心
　　　　　丰田汽车公司
2018年5月出版 / 估价：168.00元
PSN B-2015-463-1/2

汽车工业蓝皮书
中国汽车零部件产业发展报告（2017~2018）
著(编)者：中国汽车工业协会
　　　　　中国汽车工程研究院深圳市沃特玛电池有限公司
2018年9月出版 / 估价：99.00元
PSN B-2016-515-2/2

汽车蓝皮书
中国汽车产业发展报告（2018）
著(编)者：中国汽车工程学会
　　　　　大众汽车集团（中国）
2018年11月出版 / 估价：99.00元
PSN B-2008-124-1/1

世界茶业蓝皮书
世界茶业发展报告（2018）
著(编)者：李闽榕　冯廷佺
2018年5月出版 / 估价：168.00元
PSN B-2017-619-1/1

世界能源蓝皮书
世界能源发展报告（2018）
著(编)者：黄晓勇　2018年6月出版 / 估价：168.00元
PSN B-2013-349-1/1

体育蓝皮书
国家体育产业基地发展报告（2016~2017）
著(编)者：李颖川　2018年4月出版 / 估价：168.00元
PSN B-2017-609-5/5

体育蓝皮书
中国体育产业发展报告（2018）
著(编)者：阮伟　钟秉枢
2018年12月出版 / 估价：99.00元
PSN B-2010-179-1/5

文化金融蓝皮书
中国文化金融发展报告（2018）
著(编)者：杨涛　金巍
2018年5月出版 / 估价：99.00元
PSN B-2017-610-1/1

新能源汽车蓝皮书
中国新能源汽车产业发展报告（2018）
著(编)者：中国汽车技术研究中心
　　　　　日产（中国）投资有限公司
　　　　　东风汽车有限公司
2018年8月出版 / 估价：99.00元
PSN B-2013-347-1/1

薏仁米产业蓝皮书
中国薏仁米产业发展报告No.2（2018）
著(编)者：李发耀　石明　秦礼康
2018年8月出版 / 估价：99.00元
PSN B-2017-645-1/1

邮轮绿皮书
中国邮轮产业发展报告（2018）
著(编)者：汪泓　2018年10月出版 / 估价：99.00元
PSN G-2014-419-1/1

智能养老蓝皮书
中国智能养老产业发展报告（2018）
著(编)者：朱勇　2018年10月出版 / 估价：99.00元
PSN B-2015-488-1/1

中国节能汽车蓝皮书
中国节能汽车发展报告（2017~2018）
著(编)者：中国汽车工程研究院股份有限公司
2018年9月出版 / 估价：99.00元
PSN B-2016-565-1/1

中国陶瓷产业蓝皮书
中国陶瓷产业发展报告（2018）
著(编)者：左和平　黄速建
2018年10月出版 / 估价：99.00元
PSN B-2016-573-1/1

装备制造业蓝皮书
中国装备制造业发展报告（2018）
著(编)者：徐东华　2018年12月出版 / 估价：118.00元
PSN B-2015-505-1/1

行业及其他类

"三农"互联网金融蓝皮书
中国"三农"互联网金融发展报告（2018）
著(编)者：李勇坚 王弢
2018年8月出版 / 估价：99.00元
PSN B-2016-560-1/1

SUV蓝皮书
中国SUV市场发展报告（2017～2018）
著(编)者：靳军　2018年9月出版 / 估价：99.00元
PSN B-2016-571-1/1

冰雪蓝皮书
中国冬季奥运会发展报告（2018）
著(编)者：孙承华 伍斌 魏庆华 张鸿俊
2018年9月出版 / 估价：99.00元
PSN B-2017-647-2/3

彩票蓝皮书
中国彩票发展报告（2018）
著(编)者：益彩基金　2018年4月出版 / 估价：99.00元
PSN B-2015-462-1/1

测绘地理信息蓝皮书
测绘地理信息供给侧结构性改革研究报告（2018）
著(编)者：库热西·买合苏提
2018年12月出版 / 估价：168.00元
PSN B-2009-145-1/1

产权市场蓝皮书
中国产权市场发展报告（2017）
著(编)者：曹和平　2018年5月出版 / 估价：99.00元
PSN B-2009-147-1/1

城投蓝皮书
中国城投行业发展报告（2018）
著(编)者：华景斌
2018年11月出版 / 估价：300.00元
PSN B-2016-514-1/1

大数据蓝皮书
中国大数据发展报告（No.2）
著(编)者：连玉明　2018年5月出版 / 估价：99.00元
PSN B-2017-620-1/1

大数据应用蓝皮书
中国大数据应用发展报告No.2（2018）
著(编)者：陈军君　2018年8月出版 / 估价：99.00元
PSN B-2017-644-1/1

对外投资与风险蓝皮书
中国对外直接投资与国家风险报告（2018）
著(编)者：中债资信评估有限责任公司
　　　　　中国社会科学院世界经济与政治研究所
2018年4月出版 / 估价：189.00元
PSN B-2017-606-1/1

工业和信息化蓝皮书
人工智能发展报告（2017～2018）
著(编)者：尹丽波　2018年6月出版 / 估价：99.00元
PSN B-2015-448-1/6

工业和信息化蓝皮书
世界智慧城市发展报告（2017～2018）
著(编)者：尹丽波　2018年6月出版 / 估价：99.00元
PSN B-2017-624-6/6

工业和信息化蓝皮书
世界网络安全发展报告（2017～2018）
著(编)者：尹丽波　2018年6月出版 / 估价：99.00元
PSN B-2015-452-5/6

工业和信息化蓝皮书
世界信息化发展报告（2017～2018）
著(编)者：尹丽波　2018年6月出版 / 估价：99.00元
PSN B-2015-451-4/6

工业设计蓝皮书
中国工业设计发展报告（2018）
著(编)者：王晓红 于炜 张立群　2018年9月出版 / 估价：168.00元
PSN B-2014-420-1/1

公共关系蓝皮书
中国公共关系发展报告（2018）
著(编)者：柳斌杰　2018年11月出版 / 估价：99.00元
PSN B-2016-579-1/1

管理蓝皮书
中国管理发展报告（2018）
著(编)者：张晓东　2018年10月出版 / 估价：99.00元
PSN B-2014-416-1/1

海关发展蓝皮书
中国海关发展前沿报告（2018）
著(编)者：干春晖　2018年6月出版 / 估价：99.00元
PSN B-2017-616-1/1

互联网医疗蓝皮书
中国互联网健康医疗发展报告（2018）
著(编)者：芮晓武　2018年6月出版 / 估价：99.00元
PSN B-2016-567-1/1

黄金市场蓝皮书
中国商业银行黄金业务发展报告（2017～2018）
著(编)者：平安银行　2018年3月出版 / 估价：99.00元
PSN B-2016-524-1/1

会展蓝皮书
中外会展业动态评估研究报告（2018）
著(编)者：张敏 任中峰 聂鑫焱 牛盼强
2018年12月出版 / 估价：99.00元
PSN B-2013-327-1/1

基金会蓝皮书
中国基金会发展报告（2017~2018）
著(编)者：中国基金会发展报告课题组
2018年4月出版 / 估价：99.00元
PSN B-2013-368-1/1

基金会绿皮书
中国基金会发展独立研究报告（2018）
著(编)者：基金会中心网　中央民族大学基金会研究中心
2018年6月出版 / 估价：99.00元
PSN G-2011-213-1/1

基金会透明度蓝皮书
中国基金会透明度发展研究报告（2018）
著(编)者：基金会中心网
　　　　　清华大学廉政与治理研究中心
2018年9月出版 / 估价：99.00元
PSN B-2013-339-1/1

建筑装饰蓝皮书
中国建筑装饰行业发展报告（2018）
著(编)者：葛道顺 刘晓一
2018年10月出版 / 估价：198.00元
PSN B-2016-553-1/1

金融监管蓝皮书
中国金融监管报告（2018）
著(编)者：胡滨　　2018年5月出版 / 估价：99.00元
PSN B-2012-281-1/1

金融蓝皮书
中国互联网金融行业分析与评估（2018~2019）
著(编)者：黄国平 伍旭川　　2018年12月出版 / 估价：99.00元
PSN B-2016-585-7/7

金融科技蓝皮书
中国金融科技发展报告（2018）
著(编)者：李扬 孙国峰　　2018年10月出版 / 估价：99.00元
PSN B-2014-374-1/1

金融信息服务蓝皮书
中国金融信息服务发展报告（2018）
著(编)者：李平　　2018年5月出版 / 估价：99.00元
PSN B-2017-621-1/1

京津冀金融蓝皮书
京津冀金融发展报告（2018）
著(编)者：王爱俭 王璟怡　　2018年10月出版 / 估价：99.00元
PSN B-2016-527-1/1

科普蓝皮书
国家科普能力发展报告（2018）
著(编)者：王康友　　2018年5月出版 / 估价：138.00元
PSN B-2017-632-4/4

科普蓝皮书
中国基层科普发展报告（2017~2018）
著(编)者：赵立新 陈玲　　2018年9月出版 / 估价：99.00元
PSN B-2016-568-3/4

科普蓝皮书
中国科普基础设施发展报告（2017~2018）
著(编)者：任福君　　2018年6月出版 / 估价：99.00元
PSN B-2010-174-1/2

科普蓝皮书
中国科普人才发展报告（2017~2018）
著(编)者：郑念 任嵘嵘　　2018年7月出版 / 估价：99.00元
PSN B-2016-512-2/4

科普能力蓝皮书
中国科普能力评价报告（2018~2019）
著(编)者：李富强 李群　　2018年8月出版 / 估价：99.00元
PSN B-2016-555-1/1

临空经济蓝皮书
中国临空经济发展报告（2018）
著(编)者：连玉明　　2018年9月出版 / 估价：99.00元
PSN B-2014-421-1/1

旅游安全蓝皮书
中国旅游安全报告（2018）
著(编)者：郑向敏 谢朝武　　2018年5月出版 / 估价：158.00元
PSN B-2012-280-1/1

旅游绿皮书
2017~2018年中国旅游发展分析与预测
著(编)者：宋瑞　　2018年2月出版 / 估价：99.00元
PSN G-2002-018-1/1

煤炭蓝皮书
中国煤炭工业发展报告（2018）
著(编)者：岳福斌　　2018年12月出版 / 估价：99.00元
PSN B-2008-123-1/1

民营企业社会责任蓝皮书
中国民营企业社会责任报告（2018）
著(编)者：中华全国工商业联合会
2018年12月出版 / 估价：99.00元
PSN B-2015-510-1/1

民营医院蓝皮书
中国民营医院发展报告（2017）
著(编)者：薛晓林　　2018年1月出版 / 估价：99.00元
PSN B-2012-299-1/1

闽商蓝皮书
闽商发展报告（2018）
著(编)者：李闽榕 王日根 林琛
2018年12月出版 / 估价：99.00元
PSN B-2012-298-1/1

农业应对气候变化蓝皮书
中国农业气象灾害及其灾损评估报告（No.3）
著(编)者：矫梅燕　　2018年1月出版 / 估价：118.00元
PSN B-2014-413-1/1

品牌蓝皮书
中国品牌战略发展报告（2018）
著(编)者：汪同三　　2018年10月出版 / 估价：99.00元
PSN B-2016-580-1/1

企业扶贫蓝皮书
中国企业扶贫研究报告（2018）
著(编)者：钟宏武　　2018年12月出版 / 估价：99.00元
PSN B-2016-593-1/1

企业公益蓝皮书
中国企业公益研究报告（2018）
著(编)者：钟宏武 汪杰 黄晓娟
2018年12月出版 / 估价：99.00元
PSN B-2015-501-1/1

企业国际化蓝皮书
中国企业全球化报告（2018）
著(编)者：王辉耀 苗绿　　2018年11月出版 / 估价：99.00元
PSN B-2014-427-1/1

皮书系列 2018全品种 — 行业及其他类

企业蓝皮书
中国企业绿色发展报告No.2（2018）
著(编)者：李红玉 朱光辉
2018年8月出版 / 估价：99.00元
PSN B-2015-481-2/2

企业社会责任蓝皮书
中资企业海外社会责任研究报告（2017～2018）
著(编)者：钟宏武 叶柳红 张蒽
2018年1月出版 / 估价：99.00元
PSN B-2017-603-2/2

企业社会责任蓝皮书
中国企业社会责任研究报告（2018）
著(编)者：黄群慧 钟宏武 张蒽 汪杰
2018年11月出版 / 估价：99.00元
PSN B-2009-149-1/2

汽车安全蓝皮书
中国汽车安全发展报告（2018）
著(编)者：中国汽车技术研究中心
2018年8月出版 / 估价：99.00元
PSN B-2014-385-1/1

汽车电子商务蓝皮书
中国汽车电子商务发展报告（2018）
著(编)者：中华全国工商业联合会汽车经销商商会
　　　　　北方工业大学
　　　　　北京易观智库网络科技有限公司
2018年10月出版 / 估价：158.00元
PSN B-2015-485-1/1

汽车知识产权蓝皮书
中国汽车产业知识产权发展报告（2018）
著(编)者：中国汽车工程研究院股份有限公司
　　　　　中国汽车工程学会
　　　　　重庆长安汽车股份有限公司
2018年12月出版 / 估价：99.00元
PSN B-2016-594-1/1

青少年体育蓝皮书
中国青少年体育发展报告（2017）
著(编)者：刘扶民 杨桦　2018年1月出版 / 估价：99.00元
PSN B-2015-482-1/1

区块链蓝皮书
中国区块链发展报告（2018）
著(编)者：李伟　2018年9月出版 / 估价：99.00元
PSN B-2017-649-1/1

群众体育蓝皮书
中国群众体育发展报告（2017）
著(编)者：刘国永 戴健　2018年5月出版 / 估价：99.00元
PSN B-2014-411-1/3

群众体育蓝皮书
中国社会体育指导员发展报告（2018）
著(编)者：刘国永 王欢　2018年4月出版 / 估价：99.00元
PSN B-2016-520-3/3

人力资源蓝皮书
中国人力资源发展报告（2018）
著(编)者：余兴安　2018年11月出版 / 估价：99.00元
PSN B-2012-287-1/1

融资租赁蓝皮书
中国融资租赁业发展报告（2017～2018）
著(编)者：李光荣 王力　2018年8月出版 / 估价：99.00元
PSN B-2015-443-1/1

商会蓝皮书
中国商会发展报告No.5（2017）
著(编)者：王钦敏　2018年7月出版 / 估价：99.00元
PSN B-2008-125-1/1

商务中心区蓝皮书
中国商务中心区发展报告No.4（2017～2018）
著(编)者：李国红 单菁菁　2018年9月出版 / 估价：99.00元
PSN B-2015-444-1/1

设计产业蓝皮书
中国创新设计发展报告（2018）
著(编)者：王晓红 张立群 于炜
2018年11月出版 / 估价：99.00元
PSN B-2016-581-2/2

社会责任管理蓝皮书
中国上市公司社会责任能力成熟度报告No.4（2018）
著(编)者：肖红军 王晓光 李伟阳
2018年12月出版 / 估价：99.00元
PSN B-2015-507-2/2

社会责任管理蓝皮书
中国企业公众透明度报告No.4（2017～2018）
著(编)者：黄速建 熊梦 王晓光 肖红军
2018年4月出版 / 估价：99.00元
PSN B-2015-440-1/2

食品药品蓝皮书
食品药品安全与监管政策研究报告（2016～2017）
著(编)者：唐民皓　2018年6月出版 / 估价：99.00元
PSN B-2009-129-1/1

输血服务蓝皮书
中国输血行业发展报告（2018）
著(编)者：孙俊　2018年12月出版 / 估价：99.00元
PSN B-2016-582-1/1

水利风景区蓝皮书
中国水利风景区发展报告（2018）
著(编)者：董建文 兰思仁
2018年10月出版 / 估价：99.00元
PSN B-2015-480-1/1

私募市场蓝皮书
中国私募股权市场发展报告（2017～2018）
著(编)者：曹和平　2018年12月出版 / 估价：99.00元
PSN B-2010-162-1/1

碳排放权交易蓝皮书
中国碳排放权交易报告（2018）
著(编)者：孙永平　2018年11月出版 / 估价：99.00元
PSN B-2017-652-1/1

碳市场蓝皮书
中国碳市场报告（2018）
著(编)者：定金彪　2018年11月出版 / 估价：99.00元
PSN B-2014-430-1/1

皮书系列 2018全品种

行业及其他类

体育蓝皮书
中国公共体育服务发展报告（2018）
著(编)者：戴健　2018年12月出版／估价：99.00元
PSN B-2013-367-2/5

土地市场蓝皮书
中国农村土地市场发展报告（2017~2018）
著(编)者：李光荣　2018年3月出版／估价：99.00元
PSN B-2016-526-1/1

土地整治蓝皮书
中国土地整治发展研究报告（No.5）
著(编)者：国土资源部土地整治中心
2018年7月出版／估价：99.00元
PSN B-2014-401-1/1

土地政策蓝皮书
中国土地政策研究报告（2018）
著(编)者：高延利　李宪文　2017年12月出版／估价：99.00元
PSN B-2015-506-1/1

网络空间安全蓝皮书
中国网络空间安全发展报告（2018）
著(编)者：惠志斌　覃庆玲
2018年11月出版／估价：99.00元
PSN B-2015-466-1/1

文化志愿服务蓝皮书
中国文化志愿服务发展报告（2018）
著(编)者：张永新　良警宇　2018年11月出版／估价：128.00元
PSN B-2016-596-1/1

西部金融蓝皮书
中国西部金融发展报告（2017~2018）
著(编)者：李忠民　2018年8月出版／估价：99.00元
PSN B-2010-160-1/1

协会商会蓝皮书
中国行业协会商会发展报告（2017）
著(编)者：景朝阳　李勇　2018年4月出版／估价：99.00元
PSN B-2015-461-1/1

新三板蓝皮书
中国新三板市场发展报告（2018）
著(编)者：王力　2018年8月出版／估价：99.00元
PSN B-2016-533-1/1

信托市场蓝皮书
中国信托业市场报告（2017~2018）
著(编)者：用益金融信托研究院
2018年1月出版／估价：198.00元
PSN B-2014-371-1/1

信息化蓝皮书
中国信息化形势分析与预测（2017~2018）
著(编)者：周宏仁　2018年8月出版／估价：99.00元
PSN B-2010-168-1/1

信用蓝皮书
中国信用发展报告（2017~2018）
著(编)者：章政　田侃　2018年4月出版／估价：99.00元
PSN B-2013-328-1/1

休闲绿皮书
2017~2018年中国休闲发展报告
著(编)者：宋瑞　2018年7月出版／估价：99.00元
PSN G-2010-158-1/1

休闲体育蓝皮书
中国休闲体育发展报告（2017~2018）
著(编)者：李相如　钟秉枢
2018年10月出版／估价：99.00元
PSN B-2016-516-1/1

养老金融蓝皮书
中国养老金融发展报告（2018）
著(编)者：董克用　姚余栋
2018年9月出版／估价：99.00元
PSN B-2016-583-1/1

遥感监测绿皮书
中国可持续发展遥感监测报告（2017）
著(编)者：顾行发　汪克强　潘教峰　李闽榕　徐东华　王琦安
2018年6月出版／估价：298.00元
PSN B-2017-629-1/1

药品流通蓝皮书
中国药品流通行业发展报告（2018）
著(编)者：佘鲁林　温再兴
2018年7月出版／估价：198.00元
PSN B-2014-429-1/1

医疗器械蓝皮书
中国医疗器械行业发展报告（2018）
著(编)者：王宝亭　耿鸿武
2018年10月出版／估价：99.00元
PSN B-2017-661-1/1

医院蓝皮书
中国医院竞争力报告（2018）
著(编)者：庄一强　曾益新　2018年3月出版／估价：118.00元
PSN B-2016-528-1/1

瑜伽蓝皮书
中国瑜伽业发展报告（2017~2018）
著(编)者：张永建　徐华锋　朱泰余
2018年6月出版／估价：198.00元
PSN B-2017-625-1/1

债券市场蓝皮书
中国债券市场发展报告（2017~2018）
著(编)者：杨农　2018年10月出版／估价：99.00元
PSN B-2016-572-1/1

志愿服务蓝皮书
中国志愿服务发展报告（2018）
著(编)者：中国志愿服务联合会
2018年11月出版／估价：99.00元
PSN B-2017-664-1/1

中国上市公司蓝皮书
中国上市公司发展报告（2018）
著(编)者：张鹏　张平　黄胤英
2018年9月出版／估价：99.00元
PSN B-2014-414-1/1

皮书系列 2018全品种
行业及其他类・国际问题与全球治理类

中国新三板蓝皮书
中国新三板创新与发展报告（2018）
著（编）者：刘平安 闻召林
2018年8月出版 / 估价：158.00元
PSN B-2017-638-1/1

中医文化蓝皮书
北京中医药文化传播发展报告（2018）
著（编）者：毛嘉陵　2018年5月出版 / 估价：99.00元
PSN B-2015-468-1/2

中医文化蓝皮书
中国中医药文化传播发展报告（2018）
著（编）者：毛嘉陵　2018年7月出版 / 估价：99.00元
PSN B-2016-584-2/2

中医药蓝皮书
北京中医药知识产权发展报告No.2
著（编）者：汪洪 屠志涛　2018年4月出版 / 估价：168.00元
PSN B-2017-602-1/1

资本市场蓝皮书
中国场外交易市场发展报告（2016~2017）
著（编）者：高峦　2018年3月出版 / 估价：99.00元
PSN B-2009-153-1/1

资产管理蓝皮书
中国资产管理行业发展报告（2018）
著（编）者：郑智　2018年7月出版 / 估价：99.00元
PSN B-2014-407-2/2

资产证券化蓝皮书
中国资产证券化发展报告（2018）
著（编）者：纪志宏　2018年11月出版 / 估价：99.00元
PSN B-2017-660-1/1

自贸区蓝皮书
中国自贸区发展报告（2018）
著（编）者：王力 黄育华　2018年6月出版 / 估价：99.00元
PSN B-2016-558-1/1

国际问题与全球治理类

"一带一路"跨境通道蓝皮书
"一带一路"跨境通道建设研究报告（2018）
著（编）者：郭业洲　2018年8月出版 / 估价：99.00元
PSN B-2016-557-1/1

"一带一路"蓝皮书
"一带一路"建设发展报告（2018）
著（编）者：王晓泉　2018年6月出版 / 估价：99.00元
PSN B-2016-552-1/1

"一带一路"投资安全蓝皮书
中国"一带一路"投资与安全研究报告（2017~2018）
著（编）者：邹统钎 梁昊光　2018年4月出版 / 估价：99.00元
PSN B-2017-612-1/1

"一带一路"文化交流蓝皮书
中阿文化交流发展报告（2017）
著（编）者：王辉　2018年9月出版 / 估价：99.00元
PSN B-2017-655-1/1

G20国家创新竞争力黄皮书
二十国集团（G20）国家创新竞争力发展报告（2017~2018）
著（编）者：李建平 李闽榕 赵新力 周天勇
2018年7月出版 / 估价：168.00元
PSN Y-2011-229-1/1

阿拉伯黄皮书
阿拉伯发展报告（2016~2017）
著（编）者：罗林　2018年3月出版 / 估价：99.00元
PSN Y-2014-381-1/1

北部湾蓝皮书
泛北部湾合作发展报告（2017~2018）
著（编）者：吕余生　2018年12月出版 / 估价：99.00元
PSN B-2008-114-1/1

北极蓝皮书
北极地区发展报告（2017）
著（编）者：刘惠荣　2018年7月出版 / 估价：99.00元
PSN B-2017-634-1/1

大洋洲蓝皮书
大洋洲发展报告（2017~2018）
著（编）者：喻常森　2018年10月出版 / 估价：99.00元
PSN B-2013-341-1/1

东北亚区域合作蓝皮书
2017年"一带一路"倡议与东北亚区域合作
著（编）者：刘亚政 金美花
2018年5月出版 / 估价：99.00元
PSN B-2017-631-1/1

东盟黄皮书
东盟发展报告（2017）
著（编）者：杨晓强 庄国土
2018年3月出版 / 估价：99.00元
PSN Y-2012-303-1/1

东南亚蓝皮书
东南亚地区发展报告（2017~2018）
著（编）者：王勤　2018年12月出版 / 估价：99.00元
PSN B-2012-240-1/1

非洲黄皮书
非洲发展报告No.20（2017~2018）
著（编）者：张宏明　2018年7月出版 / 估价：99.00元
PSN Y-2012-239-1/1

非传统安全蓝皮书
中国非传统安全研究报告（2017~2018）
著（编）者：潇枫 罗中枢　2018年8月出版 / 估价：99.00元
PSN B-2012-273-1/1

国际问题与全球治理类

国际安全蓝皮书
中国国际安全研究报告（2018）
著(编)者：刘慧　2018年7月出版／估价：99.00元
PSN B-2016-521-1/1

国际城市蓝皮书
国际城市发展报告（2018）
著(编)者：屠启宇　2018年2月出版／估价：99.00元
PSN B-2012-260-1/1

国际形势黄皮书
全球政治与安全报告（2018）
著(编)者：张宇燕　2018年1月出版／估价：99.00元
PSN Y-2001-016-1/1

公共外交蓝皮书
中国公共外交发展报告（2018）
著(编)者：赵启正 雷蔚真　2018年4月出版／估价：99.00元
PSN B-2015-457-1/1

金砖国家黄皮书
金砖国家综合创新竞争力发展报告（2018）
著(编)者：赵新力 李闽榕 黄茂兴
2018年8月出版／估价：128.00元
PSN Y-2017-643-1/1

拉美黄皮书
拉丁美洲和加勒比发展报告（2017~2018）
著(编)者：袁东振　2018年6月出版／估价：99.00元
PSN Y-1999-007-1/1

澜湄合作蓝皮书
澜沧江-湄公河合作发展报告（2018）
著(编)者：刘稚　2018年9月出版／估价：99.00元
PSN B-2011-196-1/1

欧洲蓝皮书
欧洲发展报告（2017~2018）
著(编)者：黄平 周弘 程卫东
2018年6月出版／估价：99.00元
PSN B-1999-009-1/1

葡语国家蓝皮书
葡语国家发展报告（2016~2017）
著(编)者：王成安 张敏 刘金兰
2018年4月出版／估价：99.00元
PSN B-2015-503-1/2

葡语国家蓝皮书
中国与葡语国家关系发展报告·巴西（2016）
著(编)者：张曙光　2018年8月出版／估价：99.00元
PSN B-2016-563-2/2

气候变化绿皮书
应对气候变化报告（2018）
著(编)者：王伟光 郑国光　2018年11月出版／估价：99.00元
PSN G-2009-144-1/1

全球环境竞争力绿皮书
全球环境竞争力报告（2018）
著(编)者：李建平 李闽榕 王金南
2018年12月出版／估价：198.00元
PSN G-2013-363-1/1

全球信息社会蓝皮书
全球信息社会发展报告（2018）
著(编)者：丁波涛 唐涛　2018年10月出版／估价：99.00元
PSN B-2017-665-1/1

日本经济蓝皮书
日本经济与中日经贸关系研究报告（2018）
著(编)者：张季风　2018年6月出版／估价：99.00元
PSN B-2008-102-1/1

上海合作组织黄皮书
上海合作组织发展报告（2018）
著(编)者：李进峰　2018年6月出版／估价：99.00元
PSN Y-2009-130-1/1

世界创新竞争力黄皮书
世界创新竞争力发展报告（2017）
著(编)者：李建平 李闽榕 赵新力
2018年1月出版／估价：168.00元
PSN Y-2013-318-1/1

世界经济黄皮书
2018年世界经济形势分析与预测
著(编)者：张宇燕　2018年1月出版／估价：99.00元
PSN Y-1999-006-1/1

丝绸之路蓝皮书
丝绸之路经济带发展报告（2018）
著(编)者：任宗哲 白宽犁 谷孟宾
2018年1月出版／估价：99.00元
PSN B-2014-410-1/1

新兴经济体蓝皮书
金砖国家发展报告（2018）
著(编)者：林跃勤 周文　2018年8月出版／估价：99.00元
PSN B-2011-195-1/1

亚太蓝皮书
亚太地区发展报告（2018）
著(编)者：李向阳　2018年5月出版／估价：99.00元
PSN B-2001-015-1/1

印度洋地区蓝皮书
印度洋地区发展报告（2018）
著(编)者：汪戎　2018年6月出版／估价：99.00元
PSN B-2013-334-1/1

渝新欧蓝皮书
渝新欧沿线国家发展报告（2018）
著(编)者：杨柏 黄森　2018年6月出版／估价：99.00元
PSN B-2017-626-1/1

中阿蓝皮书
中国-阿拉伯国家经贸发展报告（2018）
著(编)者：张廉 段庆林 王林聪 杨巧红
2018年12月出版／估价：99.00元
PSN B-2016-598-1/1

中东黄皮书
中东发展报告No.20（2017~2018）
著(编)者：杨光　2018年10月出版／估价：99.00元
PSN Y-1998-004-1/1

中亚黄皮书
中亚国家发展报告（2018）
著(编)者：孙力　2018年6月出版／估价：99.00元
PSN Y-2012-238-1/1

国别类

澳大利亚蓝皮书
澳大利亚发展报告（2017-2018）
著（编）者：孙有中 韩锋　2018年12月出版 / 估价：99.00元
PSN B-2016-587-1/1

巴西黄皮书
巴西发展报告（2017）
著（编）者：刘国枝　2018年5月出版 / 估价：99.00元
PSN Y-2017-614-1/1

德国蓝皮书
德国发展报告（2018）
著（编）者：郑春荣　2018年6月出版 / 估价：99.00元
PSN B-2012-278-1/1

俄罗斯黄皮书
俄罗斯发展报告（2018）
著（编）者：李永全　2018年6月出版 / 估价：99.00元
PSN Y-2006-061-1/1

韩国蓝皮书
韩国发展报告（2017）
著（编）者：牛林杰 刘宝全　2018年5月出版 / 估价：99.00元
PSN B-2010-155-1/1

加拿大蓝皮书
加拿大发展报告（2018）
著（编）者：唐小松　2018年9月出版 / 估价：99.00元
PSN B-2014-389-1/1

美国蓝皮书
美国研究报告（2018）
著（编）者：郑秉文 黄平　2018年5月出版 / 估价：99.00元
PSN B-2011-210-1/1

缅甸蓝皮书
缅甸国情报告（2017）
著（编）者：孔鹏 杨祥章　2018年1月出版 / 估价：99.00元
PSN B-2013-343-1/1

日本蓝皮书
日本研究报告（2018）
著（编）者：杨伯江　2018年6月出版 / 估价：99.00元
PSN B-2002-020-1/1

土耳其蓝皮书
土耳其发展报告（2018）
著（编）者：郭长刚 刘义　2018年9月出版 / 估价：99.00元
PSN B-2014-412-1/1

伊朗蓝皮书
伊朗发展报告（2017~2018）
著（编）者：冀开运　2018年10月 / 估价：99.00元
PSN B-2016-574-1/1

以色列蓝皮书
以色列发展报告（2018）
著（编）者：张倩红　2018年8月出版 / 估价：99.00元
PSN B-2015-483-1/1

印度蓝皮书
印度国情报告（2017）
著（编）者：吕昭义　2018年4月出版 / 估价：99.00元
PSN B-2012-241-1/1

英国蓝皮书
英国发展报告（2017~2018）
著（编）者：王展鹏　2018年12月出版 / 估价：99.00元
PSN B-2015-486-1/1

越南蓝皮书
越南国情报告（2018）
著（编）者：谢林城　2018年1月出版 / 估价：99.00元
PSN B-2006-056-1/1

泰国蓝皮书
泰国研究报告（2018）
著（编）者：庄国土 张禹东 刘文正
2018年10月出版 / 估价：99.00元
PSN B-2016-556-1/1

文化传媒类

"三农"舆情蓝皮书
中国"三农"网络舆情报告（2017~2018）
著（编）者：农业部信息中心
2018年6月出版 / 估价：99.00元
PSN B-2017-640-1/1

传媒竞争力蓝皮书
中国传媒国际竞争力研究报告（2018）
著（编）者：李本乾 刘强 王大可
2018年8月出版 / 估价：99.00元
PSN B-2013-356-1/1

传媒蓝皮书
中国传媒产业发展报告（2018）
著（编）者：崔保国　2018年5月出版 / 估价：99.00元
PSN B-2005-035-1/1

传媒投资蓝皮书
中国传媒投资发展报告（2018）
著（编）者：张向东 谭云明
2018年6月出版 / 估价：148.00元
PSN B-2015-474-1/1

皮书系列 2018全品种 — 文化传媒类

非物质文化遗产蓝皮书
中国非物质文化遗产发展报告（2018）
著(编)者：陈平　2018年5月出版／估价：128.00元
PSN B-2015-469-1/2

非物质文化遗产蓝皮书
中国非物质文化遗产保护发展报告（2018）
著(编)者：宋俊华　2018年10月出版／估价：128.00元
PSN B-2016-586-2/2

广电蓝皮书
中国广播电影电视发展报告（2018）
著(编)者：国家新闻出版广电总局发展研究中心
2018年7月出版／估价：99.00元
PSN B-2006-072-1/1

广告主蓝皮书
中国广告主营销传播趋势报告No.9
著(编)者：黄升民　杜国清　邵华冬　等
2018年10月出版／估价：158.00元
PSN B-2005-041-1/1

国际传播蓝皮书
中国国际传播发展报告（2018）
著(编)者：胡正荣　李继东　姬德强
2018年12月出版／估价：99.00元
PSN B-2014-408-1/1

国家形象蓝皮书
中国国家形象传播报告（2017）
著(编)者：张昆　2018年3月出版／估价：128.00元
PSN B-2017-605-1/1

互联网治理蓝皮书
中国网络社会治理研究报告（2018）
著(编)者：罗昕　支庭荣
2018年9月出版／估价：118.00元
PSN B-2017-653-1/1

纪录片蓝皮书
中国纪录片发展报告（2018）
著(编)者：何苏六　2018年10月出版／估价：99.00元
PSN B-2011-222-1/1

科学传播蓝皮书
中国科学传播报告（2016~2017）
著(编)者：詹正茂　2018年6月出版／估价：99.00元
PSN B-2008-120-1/1

两岸创意经济蓝皮书
两岸创意经济研究报告（2018）
著(编)者：罗昌智　董泽平
2018年10月出版／估价：99.00元
PSN B-2014-437-1/1

媒介与女性蓝皮书
中国媒介与女性发展报告（2017~2018）
著(编)者：刘利群　2018年5月出版／估价：99.00元
PSN B-2013-345-1/1

媒体融合蓝皮书
中国媒体融合发展报告（2017）
著(编)者：梅宁华　支庭荣　2018年1月出版／估价：99.00元
PSN B-2015-479-1/1

全球传媒蓝皮书
全球传媒发展报告（2017~2018）
著(编)者：胡正荣　李继东　2018年6月出版／估价：99.00元
PSN B-2012-237-1/1

少数民族非遗蓝皮书
中国少数民族非物质文化遗产发展报告（2018）
著(编)者：肖远平（彝）　柴立（满）
2018年10月出版／估价：118.00元
PSN B-2015-467-1/1

视听新媒体蓝皮书
中国视听新媒体发展报告（2018）
著(编)者：国家新闻出版广电总局发展研究中心
2018年7月出版／估价：118.00元
PSN B-2011-184-1/1

数字娱乐产业蓝皮书
中国动画产业发展报告（2018）
著(编)者：孙立军　孙平　牛兴侦
2018年10月出版／估价：99.00元
PSN B-2011-198-1/2

数字娱乐产业蓝皮书
中国游戏产业发展报告（2018）
著(编)者：孙立军　刘跃军
2018年10月出版／估价：99.00元
PSN B-2017-662-2/2

文化创新蓝皮书
中国文化创新报告（2017·No.8）
著(编)者：傅才武　2018年4月出版／估价：99.00元
PSN B-2009-143-1/1

文化建设蓝皮书
中国文化发展报告（2018）
著(编)者：江畅　孙伟平　戴茂堂
2018年5月出版／估价：99.00元
PSN B-2014-392-1/1

文化科技蓝皮书
文化科技创新发展报告（2018）
著(编)者：于平　李凤亮　2018年10月出版／估价：99.00元
PSN B-2013-342-1/1

文化蓝皮书
中国公共文化服务发展报告（2017~2018）
著(编)者：刘新成　张永新　张旭
2018年12月出版／估价：99.00元
PSN B-2007-093-2/10

文化蓝皮书
中国少数民族文化发展报告（2017~2018）
著(编)者：武翠英　张晓明　任乌晶
2018年9月出版／估价：99.00元
PSN B-2013-369-9/10

文化蓝皮书
中国文化产业供需协调检测报告（2018）
著(编)者：王亚南　2018年2月出版／估价：99.00元
PSN B-2013-323-8/10

皮书系列 2018全品种　文化传媒类・地方发展类-经济

文化蓝皮书
中国文化消费需求景气评价报告（2018）
著(编)者：王亚南　2018年2月出版 / 估价：99.00元
PSN B-2011-236-4/10

文化蓝皮书
中国公共文化投入增长测评报告（2018）
著(编)者：王亚南　2018年2月出版 / 估价：99.00元
PSN B-2014-435-10/10

文化品牌蓝皮书
中国文化品牌发展报告（2018）
著(编)者：欧阳友权　2018年5月出版 / 估价：99.00元
PSN B-2012-277-1/1

文化遗产蓝皮书
中国文化遗产事业发展报告（2017~2018）
著(编)者：苏杨　张颖岚　卓杰　白海峰　陈晨　陈叙图
2018年8月出版 / 估价：99.00元
PSN B-2008-119-1/1

文学蓝皮书
中国文情报告（2017~2018）
著(编)者：白烨　2018年5月出版 / 估价：99.00元
PSN B-2011-221-1/1

新媒体蓝皮书
中国新媒体发展报告No.9（2018）
著(编)者：唐绪军　2018年7月出版 / 估价：99.00元
PSN B-2010-169-1/1

新媒体社会责任蓝皮书
中国新媒体社会责任研究报告（2018）
著(编)者：钟瑛　2018年12月出版 / 估价：99.00元
PSN B-2014-423-1/1

移动互联网蓝皮书
中国移动互联网发展报告（2018）
著(编)者：余清楚　2018年6月出版 / 估价：99.00元
PSN B-2012-282-1/1

影视蓝皮书
中国影视产业发展报告（2018）
著(编)者：司若　陈鹏　陈锐　2018年4月出版 / 估价：99.00元
PSN B-2016-529-1/1

舆情蓝皮书
中国社会舆情与危机管理报告（2018）
著(编)者：谢耘耕　2018年9月出版 / 估价：138.00元
PSN B-2011-235-1/1

地方发展类-经济

澳门蓝皮书
澳门经济社会发展报告（2017~2018）
著(编)者：吴志良　郝雨凡　2018年7月出版 / 估价：99.00元
PSN B-2009-138-1/1

澳门绿皮书
澳门旅游休闲发展报告（2017~2018）
著(编)者：郝雨凡　林广志　2018年5月出版 / 估价：99.00元
PSN G-2017-617-1/1

北京蓝皮书
北京经济发展报告（2017~2018）
著(编)者：杨松　2018年6月出版 / 估价：99.00元
PSN B-2006-054-2/8

北京旅游绿皮书
北京旅游发展报告（2018）
著(编)者：北京旅游学会
2018年7月出版 / 估价：99.00元
PSN G-2012-301-1/1

北京体育蓝皮书
北京体育产业发展报告（2017~2018）
著(编)者：钟秉枢　陈杰　杨铁黎
2018年9月出版 / 估价：99.00元
PSN B-2015-475-1/1

滨海金融蓝皮书
滨海新区金融发展报告（2017）
著(编)者：王爱俭　李尚前　2018年4月出版 / 估价：99.00元
PSN B-2014-424-1/1

城乡一体化蓝皮书
北京城乡一体化发展报告（2017~2018）
著(编)者：吴宝新　张宝秀　黄序
2018年5月出版 / 估价：99.00元
PSN B-2012-258-2/2

非公有制企业社会责任蓝皮书
北京非公有制企业社会责任报告（2018）
著(编)者：宋贵伦　冯培　2018年6月出版 / 估价：99.00元
PSN B-2017-613-1/1

福建旅游蓝皮书
福建省旅游产业发展现状研究（2017~2018）
著(编)者：陈敏华　黄远水
2018年12月出版 / 估价：128.00元
PSN B-2016-591-1/1

福建自贸区蓝皮书
中国(福建)自由贸易试验区发展报告(2017~2018)
著(编)者：黄茂兴　2018年4月出版 / 估价：118.00元
PSN B-2016-531-1/1

甘肃蓝皮书
甘肃经济发展分析与预测（2018）
著(编)者：安文华　罗哲　2018年1月出版 / 估价：99.00元
PSN B-2013-312-1/6

甘肃蓝皮书
甘肃商贸流通发展报告（2018）
著(编)者：张应华　王福生　王晓芳
2018年1月出版 / 估价：99.00元
PSN B-2016-522-6/6

地方发展类-经济 | 皮书系列 2018全品种

甘肃蓝皮书
甘肃县域和农村发展报告（2018）
著(编)者：朱智文　包东红　王建兵
2018年1月出版／估价：99.00元
PSN B-2013-316-5/6

甘肃农业科技绿皮书
甘肃农业科技发展研究报告（2018）
著(编)者：魏胜文　乔德华　张东伟
2018年12月出版／估价：198.00元
PSN B-2016-592-1/1

巩义蓝皮书
巩义经济社会发展报告（2018）
著(编)者：丁同民　朱军　2018年4月出版／估价：99.00元
PSN B-2016-532-1/1

广东外经贸蓝皮书
广东对外经济贸易发展研究报告（2017~2018）
著(编)者：陈万灵　2018年6月出版／估价：99.00元
PSN B-2012-286-1/1

广西北部湾经济区蓝皮书
广西北部湾经济区开放开发报告（2017~2018）
著(编)者：广西壮族自治区北部湾经济区和东盟开放合作办公室
　　　　　广西社会科学院
　　　　　广西北部湾发展研究院
2018年2月出版／估价：99.00元
PSN B-2010-181-1/1

广州蓝皮书
广州城市国际化发展报告（2018）
著(编)者：张跃国　2018年8月出版／估价：99.00元
PSN B-2012-246-11/14

广州蓝皮书
中国广州城市建设与管理发展报告（2018）
著(编)者：张其学　陈小钢　王宏伟　2018年8月出版／估价：99.00元
PSN B-2007-087-4/14

广州蓝皮书
广州创新型城市发展报告（2018）
著(编)者：尹涛　2018年6月出版／估价：99.00元
PSN B-2012-247-12/14

广州蓝皮书
广州经济发展报告（2018）
著(编)者：张跃国　尹涛　2018年7月出版／估价：99.00元
PSN B-2005-040-1/14

广州蓝皮书
2018年中国广州经济形势分析与预测
著(编)者：魏明海　谢博能　李华
2018年6月出版／估价：99.00元
PSN B-2011-185-9/14

广州蓝皮书
中国广州科技创新发展报告（2018）
著(编)者：于欣伟　陈爽　邓佑满　2018年8月出版／估价：99.00元
PSN B-2006-065-2/14

广州蓝皮书
广州农村发展报告（2018）
著(编)者：朱名宏　2018年7月出版／估价：99.00元
PSN B-2010-167-8/14

广州蓝皮书
广州汽车产业发展报告（2018）
著(编)者：杨再高　冯兴亚　2018年7月出版／估价：99.00元
PSN B-2006-066-3/14

广州蓝皮书
广州商贸业发展报告（2018）
著(编)者：张跃国　陈杰　荀振英
2018年7月出版／估价：99.00元
PSN B-2012-245-10/14

贵阳蓝皮书
贵阳城市创新发展报告No.3（白云篇）
著(编)者：连玉明　2018年5月出版／估价：99.00元
PSN B-2015-491-3/10

贵阳蓝皮书
贵阳城市创新发展报告No.3（观山湖篇）
著(编)者：连玉明　2018年5月出版／估价：99.00元
PSN B-2015-497-9/10

贵阳蓝皮书
贵阳城市创新发展报告No.3（花溪篇）
著(编)者：连玉明　2018年5月出版／估价：99.00元
PSN B-2015-490-2/10

贵阳蓝皮书
贵阳城市创新发展报告No.3（开阳篇）
著(编)者：连玉明　2018年5月出版／估价：99.00元
PSN B-2015-492-4/10

贵阳蓝皮书
贵阳城市创新发展报告No.3（南明篇）
著(编)者：连玉明　2018年5月出版／估价：99.00元
PSN B-2015-496-8/10

贵阳蓝皮书
贵阳城市创新发展报告No.3（清镇篇）
著(编)者：连玉明　2018年5月出版／估价：99.00元
PSN B-2015-489-1/10

贵阳蓝皮书
贵阳城市创新发展报告No.3（乌当篇）
著(编)者：连玉明　2018年5月出版／估价：99.00元
PSN B-2015-495-7/10

贵阳蓝皮书
贵阳城市创新发展报告No.3（息烽篇）
著(编)者：连玉明　2018年5月出版／估价：99.00元
PSN B-2015-493-5/10

贵阳蓝皮书
贵阳城市创新发展报告No.3（修文篇）
著(编)者：连玉明　2018年5月出版／估价：99.00元
PSN B-2015-494-6/10

贵阳蓝皮书
贵阳城市创新发展报告No.3（云岩篇）
著(编)者：连玉明　2018年5月出版／估价：99.00元
PSN B-2015-498-10/10

贵州房地产蓝皮书
贵州房地产发展报告No.5（2018）
著(编)者：武廷方　2018年7月出版／估价：99.00元
PSN B-2014-426-1/1

贵州蓝皮书
贵州册亨经济社会发展报告（2018）
著（编）者：黄德林　2018年3月出版 / 估价：99.00元
PSN B-2016-525-8/9

贵州蓝皮书
贵州地理标志产业发展报告（2018）
著（编）者：李发耀　黄其松　2018年8月出版 / 估价：99.00元
PSN B-2017-646-10/10

贵州蓝皮书
贵安新区发展报告（2017~2018）
著（编）者：马长青　吴大华　2018年6月出版 / 估价：99.00元
PSN B-2015-459-4/10

贵州蓝皮书
贵州国家级开放创新平台发展报告（2017~2018）
著（编）者：申晓庆　吴大华　李泓
2018年11月出版 / 估价：99.00元
PSN B-2016-518-7/10

贵州蓝皮书
贵州国有企业社会责任发展报告（2017~2018）
著（编）者：郭丽　2018年12月出版 / 估价：99.00元
PSN B-2015-511-6/10

贵州蓝皮书
贵州民航业发展报告（2017）
著（编）者：申振东　吴大华　2018年1月出版 / 估价：99.00元
PSN B-2015-471-5/10

贵州蓝皮书
贵州民营经济发展报告（2017）
著（编）者：杨静　吴大华　2018年3月出版 / 估价：99.00元
PSN B-2016-530-9/9

杭州都市圈蓝皮书
杭州都市圈发展报告（2018）
著（编）者：沈翔　戚建国　2018年5月出版 / 估价：128.00元
PSN B-2012-302-1/1

河北经济蓝皮书
河北省经济发展报告（2018）
著（编）者：马树强　金浩　张贵　2018年4月出版 / 估价：99.00元
PSN B-2014-380-1/1

河北蓝皮书
河北经济社会发展报告（2018）
著（编）者：康振海　2018年1月出版 / 估价：99.00元
PSN B-2014-372-1/3

河北蓝皮书
京津冀协同发展报告（2018）
著（编）者：陈璐　2018年1月出版 / 估价：99.00元
PSN B-2017-601-2/3

河南经济蓝皮书
2018年河南经济形势分析与预测
著（编）者：王世炎　2018年3月出版 / 估价：99.00元
PSN B-2007-086-1/1

河南蓝皮书
河南城市发展报告（2018）
著（编）者：张占仓　王建国　2018年5月出版 / 估价：99.00元
PSN B-2009-131-3/9

河南蓝皮书
河南工业发展报告（2018）
著（编）者：张占仓　2018年5月出版 / 估价：99.00元
PSN B-2013-317-5/9

河南蓝皮书
河南金融发展报告（2018）
著（编）者：喻新安　谷建全
2018年6月出版 / 估价：99.00元
PSN B-2014-390-7/9

河南蓝皮书
河南经济发展报告（2018）
著（编）者：张占仓　完世伟
2018年4月出版 / 估价：99.00元
PSN B-2010-157-4/9

河南蓝皮书
河南能源发展报告（2018）
著（编）者：国网河南省电力公司经济技术研究院
　　　　　河南省社会科学院
2018年3月出版 / 估价：99.00元
PSN B-2017-607-9/9

河南商务蓝皮书
河南商务发展报告（2018）
著（编）者：焦锦淼　穆荣国　2018年5月出版 / 估价：99.00元
PSN B-2014-399-1/1

河南双创蓝皮书
河南创新创业发展报告（2018）
著（编）者：喻新安　杨雪梅　2018年8月出版 / 估价：99.00元
PSN B-2017-641-1/1

黑龙江蓝皮书
黑龙江经济发展报告（2018）
著（编）者：朱宇　2018年1月出版 / 估价：99.00元
PSN B-2011-190-2/2

湖南城市蓝皮书
区域城市群整合
著（编）者：童中贤　韩未名　2018年12月出版 / 估价：99.00元
PSN B-2006-064-1/1

湖南蓝皮书
湖南城乡一体化发展报告（2018）
著（编）者：陈文胜　王文强　陆福兴
2018年8月出版 / 估价：99.00元
PSN B-2015-477-8/8

湖南蓝皮书
2018年湖南电子政务发展报告
著（编）者：梁志峰　2018年5月出版 / 估价：128.00元
PSN B-2014-394-6/8

湖南蓝皮书
2018年湖南经济发展报告
著（编）者：卞鹰　2018年5月出版 / 估价：128.00元
PSN B-2011-207-2/8

湖南蓝皮书
2016年湖南经济展望
著（编）者：梁志峰　2018年5月出版 / 估价：128.00元
PSN B-2011-206-1/8

皮书系列 2018全品种
地方发展类-经济

湖南蓝皮书
2018年湖南县域经济社会发展报告
著(编)者：梁志峰　2018年5月出版 / 估价：128.00元
PSN B-2014-395-7/8

湖南县域绿皮书
湖南县域发展报告（No.5）
著(编)者：袁准　周小毛　黎仁寅
2018年3月出版 / 估价：99.00元
PSN G-2012-274-1/1

沪港蓝皮书
沪港发展报告（2018）
著(编)者：尤安山　2018年9月出版 / 估价：99.00元
PSN B-2013-362-1/1

吉林蓝皮书
2018年吉林经济社会形势分析与预测
著(编)者：邵汉明　2017年12月出版 / 估价：99.00元
PSN B-2013-319-1/1

吉林省城市竞争力蓝皮书
吉林省城市竞争力报告（2018~2019）
著(编)者：崔岳春　张磊　2018年12月出版 / 估价：99.00元
PSN B-2016-513-1/1

济源蓝皮书
济源经济社会发展报告（2018）
著(编)者：喻新安　2018年4月出版 / 估价：99.00元
PSN B-2014-387-1/1

江苏蓝皮书
2018年江苏经济发展分析与展望
著(编)者：王庆五　吴先满　2018年7月出版 / 估价：128.00元
PSN B-2017-635-1/3

江西蓝皮书
江西经济社会发展报告（2018）
著(编)者：陈石俊　龚建文　2018年10月出版 / 估价：128.00元
PSN B-2015-484-1/2

江西蓝皮书
江西设区市发展报告（2018）
著(编)者：姜玮　梁勇　2018年10月出版 / 估价：99.00元
PSN B-2016-517-2/2

经济特区蓝皮书
中国经济特区发展报告（2017）
著(编)者：陶一桃　2018年1月出版 / 估价：99.00元
PSN B-2009-139-1/1

辽宁蓝皮书
2018年辽宁经济社会形势分析与预测
著(编)者：梁启东　魏红江　2018年6月出版 / 估价：99.00元
PSN B-2006-053-1/1

民族经济蓝皮书
中国民族地区经济发展报告（2018）
著(编)者：李曦辉　2018年7月出版 / 估价：99.00元
PSN B-2017-630-1/1

南宁蓝皮书
南宁经济发展报告（2018）
著(编)者：胡建华　2018年9月出版 / 估价：99.00元
PSN B-2016-569-2/3

浦东新区蓝皮书
上海浦东经济发展报告（2018）
著(编)者：沈开艳　周奇　2018年2月出版 / 估价：99.00元
PSN B-2011-225-1/1

青海蓝皮书
2018年青海经济社会形势分析与预测
著(编)者：陈玮　2017年12月出版 / 估价：99.00元
PSN B-2012-275-1/2

山东蓝皮书
山东经济形势分析与预测（2018）
著(编)者：李广杰　2018年7月出版 / 估价：99.00元
PSN B-2014-404-1/5

山东蓝皮书
山东省普惠金融发展报告（2018）
著(编)者：齐鲁财富网
2018年9月出版 / 估价：99.00元
PSN B2017-676-5/5

山西蓝皮书
山西资源型经济转型发展报告（2018）
著(编)者：李志强　2018年7月出版 / 估价：99.00元
PSN B-2011-197-1/1

陕西蓝皮书
陕西经济发展报告（2018）
著(编)者：任宗哲　白宽犁　裴成荣
2018年1月出版 / 估价：99.00元
PSN B-2009-135-1/6

陕西蓝皮书
陕西精准脱贫研究报告（2018）
著(编)者：任宗哲　白宽犁　王建康
2018年6月出版 / 估价：99.00元
PSN B-2017-623-6/6

上海蓝皮书
上海经济发展报告（2018）
著(编)者：沈开艳　2018年2月出版 / 估价：99.00元
PSN B-2006-057-1/7

上海蓝皮书
上海资源环境发展报告（2018）
著(编)者：周冯琦　汤庆合
2018年2月出版 / 估价：99.00元
PSN B-2006-060-4/7

上饶蓝皮书
上饶发展报告（2016~2017）
著(编)者：廖其志　2018年3月出版 / 估价：128.00元
PSN B-2014-377-1/1

深圳蓝皮书
深圳经济发展报告（2018）
著(编)者：张骁儒　2018年6月出版 / 估价：99.00元
PSN B-2008-112-3/7

四川蓝皮书
四川城镇化发展报告（2018）
著(编)者：侯水平　陈炜
2018年4月出版 / 估价：99.00元
PSN B-2015-456-7/7

四川蓝皮书
2018年四川经济形势分析与预测
著(编)者：杨钢　2018年1月出版／估价：99.00元
PSN B-2007-098-2/7

四川蓝皮书
四川企业社会责任研究报告（2017～2018）
著(编)者：侯水平　盛毅　2018年5月出版／估价：99.00元
PSN B-2014-386-4/7

四川蓝皮书
四川生态建设报告（2018）
著(编)者：李晟之　2018年5月出版／估价：99.00元
PSN B-2015-455-6/7

体育蓝皮书
上海体育产业发展报告（2017~2018）
著(编)者：张林　黄海燕　2018年10月出版／估价：99.00元
PSN B-2015-454-4/5

体育蓝皮书
长三角地区体育产业发展报告（2017～2018）
著(编)者：张林　2018年4月出版／估价：99.00元
PSN B-2015-453-3/5

天津金融蓝皮书
天津金融发展报告（2018）
著(编)者：王爱俭　孔德昌　2018年3月出版／估价：99.00元
PSN B-2014-418-1/1

图们江区域合作蓝皮书
图们江区域合作发展报告（2018）
著(编)者：李铁　2018年6月出版／估价：99.00元
PSN B-2015-464-1/1

温州蓝皮书
2018年温州经济社会形势分析与预测
著(编)者：蒋儒标　王春光　金浩
2018年4月出版／估价：99.00元
PSN B-2008-105-1/1

西咸新区蓝皮书
西咸新区发展报告（2018）
著(编)者：李扬　王军
2018年6月出版／估价：99.00元
PSN B-2016-534-1/1

修武蓝皮书
修武经济社会发展报告（2018）
著(编)者：张占仓　袁凯声
2018年10月出版／估价：99.00元
PSN B-2017-651-1/1

偃师蓝皮书
偃师经济社会发展报告（2018）
著(编)者：张占仓　袁凯声　何武周
2018年7月出版／估价：99.00元
PSN B-2017-627-1/1

扬州蓝皮书
扬州经济社会发展报告（2018）
著(编)者：陈扬
2018年12月出版／估价：108.00元
PSN B-2011-191-1/1

长垣蓝皮书
长垣经济社会发展报告（2018）
著(编)者：张占仓　袁凯声　秦保建
2018年10月出版／估价：99.00元
PSN B-2017-654-1/1

遵义蓝皮书
遵义发展报告（2018）
著(编)者：邓彦　曾征　龚永育
2018年9月出版／估价：99.00元
PSN B-2014-433-1/1

地方发展类-社会

安徽蓝皮书
安徽社会发展报告（2018）
著(编)者：程桦　2018年4月出版／估价：99.00元
PSN B-2013-325-1/1

安徽社会建设蓝皮书
安徽社会建设分析报告（2017～2018）
著(编)者：黄家海　蔡宪
2018年11月出版／估价：99.00元
PSN B-2013-322-1/1

北京蓝皮书
北京公共服务发展报告（2017～2018）
著(编)者：施昌奎　2018年3月出版／估价：99.00元
PSN B-2008-103-7/8

北京蓝皮书
北京社会发展报告（2017～2018）
著(编)者：李伟东
2018年7月出版／估价：99.00元
PSN B-2006-055-3/8

北京蓝皮书
北京社会治理发展报告（2017～2018）
著(编)者：殷星辰　2018年7月出版／估价：99.00元
PSN B-2014-391-8/8

北京律师蓝皮书
北京律师发展报告No.3（2018）
著(编)者：王隽　2018年12月出版／估价：99.00元
PSN B-2011-217-1/1

地方发展类-社会 | 皮书系列 2018全品种

北京人才蓝皮书
北京人才发展报告（2018）
著(编)者：敏华　　2018年12月出版 / 估价：128.00元
PSN B-2011-201-1/1

北京社会心态蓝皮书
北京社会心态分析报告（2017~2018）
著(编)者：北京市社会心理服务促进中心
2018年10月出版 / 估价：99.00元
PSN B-2014-422-1/1

北京社会组织管理蓝皮书
北京社会组织发展与管理（2018）
著(编)者：黄江松
2018年4月出版 / 估价：99.00元
PSN B-2015-446-1/1

北京养老产业蓝皮书
北京居家养老发展报告（2018）
著(编)者：陆杰华　周明明
2018年8月出版 / 估价：99.00元
PSN B-2015-465-1/1

法治蓝皮书
四川依法治省年度报告No.4（2018）
著(编)者：李林　杨天宗　田禾
2018年3月出版 / 估价：118.00元
PSN B-2015-447-2/3

福建妇女发展蓝皮书
福建省妇女发展报告（2018）
著(编)者：刘群英　　2018年11月出版 / 估价：99.00元
PSN B-2011-220-1/1

甘肃蓝皮书
甘肃社会发展分析与预测（2018）
著(编)者：安文华　包晓霞　谢增虎
2018年1月出版 / 估价：99.00元
PSN B-2013-313-2/6

广东蓝皮书
广东全面深化改革研究报告（2018）
著(编)者：周林生　涂成林
2018年12月出版 / 估价：99.00元
PSN B-2015-504-3/3

广东蓝皮书
广东社会工作发展报告（2018）
著(编)者：罗观翠　　2018年6月出版 / 估价：99.00元
PSN B-2014-402-2/3

广州蓝皮书
广州青年发展报告（2018）
著(编)者：徐柳　张强
2018年8月出版 / 估价：99.00元
PSN B-2013-352-13/14

广州蓝皮书
广州社会保障发展报告（2018）
著(编)者：张跃国　　2018年8月出版 / 估价：99.00元
PSN B-2014-425-14/14

广州蓝皮书
2018年中国广州社会形势分析与预测
著(编)者：张强　郭志勇　何镜清
2018年6月出版 / 估价：99.00元
PSN B-2008-110-5/14

贵州蓝皮书
贵州法治发展报告（2018）
著(编)者：吴大华　　2018年5月出版 / 估价：99.00元
PSN B-2012-254-2/10

贵州蓝皮书
贵州人才发展报告（2017）
著(编)者：于杰　吴大华
2018年9月出版 / 估价：99.00元
PSN B-2014-382-3/10

贵州蓝皮书
贵州社会发展报告（2018）
著(编)者：王兴骥　　2018年4月出版 / 估价：99.00元
PSN B-2010-166-1/10

杭州蓝皮书
杭州妇女发展报告（2018）
著(编)者：魏颖　　2018年10月出版 / 估价：99.00元
PSN B-2014-403-1/1

河北蓝皮书
河北法治发展报告（2018）
著(编)者：康振海　　2018年6月出版 / 估价：99.00元
PSN B-2017-622-3/3

河北食品药品安全蓝皮书
河北食品药品安全研究报告（2018）
著(编)者：丁锦霞　　2018年10月出版 / 估价：99.00元
PSN B-2015-473-1/1

河南蓝皮书
河南法治发展报告（2018）
著(编)者：张林海　　2018年7月出版 / 估价：99.00元
PSN B-2014-376-6/9

河南蓝皮书
2018年河南社会形势分析与预测
著(编)者：牛苏林　　2018年5月出版 / 估价：99.00元
PSN B-2005-043-1/9

河南民办教育蓝皮书
河南民办教育发展报告（2018）
著(编)者：胡大白　　2018年9月出版 / 估价：99.00元
PSN B-2017-642-1/1

黑龙江蓝皮书
黑龙江社会发展报告（2018）
著(编)者：谢宝禄　　2018年1月出版 / 估价：99.00元
PSN B-2011-189-1/2

湖南蓝皮书
2018年湖南两型社会与生态文明建设报告
著(编)者：卞鹰　　2018年5月出版 / 估价：128.00元
PSN B-2011-208-3/8

湖南蓝皮书
2018年湖南社会发展报告
著(编)者：卞鹰　　2018年5月出版 / 估价：128.00元
PSN B-2014-393-5/8

健康城市蓝皮书
北京健康城市建设研究报告（2018）
著(编)者：王鸿春　盛继洪　　2018年9月出版 / 估价：99.00元
PSN B-2015-460-1/2

皮书系列 2018全品种

地方发展类-社会 · 地方发展类-文化

江苏法治蓝皮书
江苏法治发展报告No.6（2017）
著(编)者：蔡道通 龚廷泰　2018年8月出版／估价：99.00元
PSN B-2012-290-1/1

江苏蓝皮书
2018年江苏社会发展分析与展望
著(编)者：王庆五 刘旺洪　2018年8月出版／估价：128.00元
PSN B-2017-636-2/3

南宁蓝皮书
南宁法治发展报告（2018）
著(编)者：杨维超　2018年12月出版／估价：99.00元
PSN B-2015-509-1/3

南宁蓝皮书
南宁社会发展报告（2018）
著(编)者：胡建华　2018年10月出版／估价：99.00元
PSN B-2016-570-3/3

内蒙古蓝皮书
内蒙古反腐倡廉建设报告 No.2
著(编)者：张志华　2018年6月出版／估价：99.00元
PSN B-2013-365-1/1

青海蓝皮书
2018年青海人才发展报告
著(编)者：王宇燕　2018年9月出版／估价：99.00元
PSN B-2017-650-2/2

青海生态文明建设蓝皮书
青海生态文明建设报告（2018）
著(编)者：张西明 高华　2018年12月出版／估价：99.00元
PSN B-2016-595-1/1

人口与健康蓝皮书
深圳人口与健康发展报告（2018）
著(编)者：陆杰华 傅崇辉　2018年11月出版／估价：99.00元
PSN B-2011-228-1/1

山东蓝皮书
山东社会形势分析与预测（2018）
著(编)者：李善峰　2018年6月出版／估价：99.00元
PSN B-2014-405-2/5

陕西蓝皮书
陕西社会发展报告（2018）
著(编)者：任宗哲 白宽犁 牛昉　2018年1月出版／估价：99.00元
PSN B-2009-136-2/6

上海蓝皮书
上海法治发展报告（2018）
著(编)者：叶必丰　2018年9月出版／估价：99.00元
PSN B-2012-296-6/7

上海蓝皮书
上海社会发展报告（2018）
著(编)者：杨雄 周海旺　2018年2月出版／估价：99.00元
PSN B-2006-058-2/7

社会建设蓝皮书
2018年北京社会建设分析报告
著(编)者：宋贵伦 冯虹　2018年9月出版／估价：99.00元
PSN B-2010-173-1/1

深圳蓝皮书
深圳法治发展报告（2018）
著(编)者：张骁儒　2018年6月出版／估价：99.00元
PSN B-2015-470-6/7

深圳蓝皮书
深圳劳动关系发展报告（2018）
著(编)者：汤庭芬　2018年8月出版／估价：99.00元
PSN B-2007-097-2/7

深圳蓝皮书
深圳社会治理与发展报告（2018）
著(编)者：张骁儒　2018年6月出版／估价：99.00元
PSN B-2008-113-4/7

生态安全绿皮书
甘肃国家生态安全屏障建设发展报告（2018）
著(编)者：刘举科 喜文华　2018年10月出版／估价：99.00元
PSN G-2017-659-1/1

顺义社会建设蓝皮书
北京市顺义区社会建设发展报告（2018）
著(编)者：王学武　2018年9月出版／估价：99.00元
PSN B-2017-658-1/1

四川蓝皮书
四川法治发展报告（2018）
著(编)者：郑泰安　2018年1月出版／估价：99.00元
PSN B-2015-441-5/7

四川蓝皮书
四川社会发展报告（2018）
著(编)者：李羚　2018年6月出版／估价：99.00元
PSN B-2008-127-3/7

云南社会治理蓝皮书
云南社会治理年度报告（2017）
著(编)者：晏雄 韩全芳　2018年5月出版／估价：99.00元
PSN B-2017-667-1/1

地方发展类-文化

北京传媒蓝皮书
北京新闻出版广电发展报告（2017~2018）
著(编)者：王志　2018年11月出版／估价：99.00元
PSN B-2016-588-1/1

北京蓝皮书
北京文化发展报告（2017~2018）
著(编)者：李建盛　2018年5月出版／估价：99.00元
PSN B-2007-082-4/8

地方发展类-文化

皮书系列 2018全品种

创意城市蓝皮书
北京文化创意产业发展报告（2018）
著(编)者：郭万超 张京成　2018年12月出版 / 估价：99.00元
PSN B-2012-263-1/7

创意城市蓝皮书
天津文化创意产业发展报告（2017~2018）
著(编)者：谢思全　2018年6月出版 / 估价：99.00元
PSN B-2016-536-7/7

创意城市蓝皮书
武汉文化创意产业发展报告（2018）
著(编)者：黄永林 陈汉桥　2018年12月出版 / 估价：99.00元
PSN B-2013-354-4/7

创意上海蓝皮书
上海文化创意产业发展报告（2017~2018）
著(编)者：王慧敏 王兴全　2018年8月出版 / 估价：99.00元
PSN B-2016-561-1/1

非物质文化遗产蓝皮书
广州市非物质文化遗产保护发展报告（2018）
著(编)者：宋俊华　2018年12月出版 / 估价：99.00元
PSN B-2016-589-1/1

甘肃蓝皮书
甘肃文化发展分析与预测（2018）
著(编)者：王俊莲 周小华　2018年1月出版 / 估价：99.00元
PSN B-2013-314-3/6

甘肃蓝皮书
甘肃舆情分析与预测（2018）
著(编)者：陈双梅 张谦元　2018年1月出版 / 估价：99.00元
PSN B-2013-315-4/6

广州蓝皮书
中国广州文化发展报告（2018）
著(编)者：屈哨兵 陆志强　2018年6月出版 / 估价：99.00元
PSN B-2009-134-7/14

广州蓝皮书
广州文化创意产业发展报告（2018）
著(编)者：徐咏虹　2018年7月出版 / 估价：99.00元
PSN B-2008-111-6/14

海淀蓝皮书
海淀区文化和科技融合发展报告（2018）
著(编)者：陈名杰 孟景伟　2018年5月出版 / 估价：99.00元
PSN B-2013-329-1/1

河南蓝皮书
河南文化发展报告（2018）
著(编)者：卫绍生　2018年7月出版 / 估价：99.00元
PSN B-2008-106-2/9

湖北文化产业蓝皮书
湖北省文化产业发展报告（2018）
著(编)者：黄晓华　2018年9月出版 / 估价：99.00元
PSN B-2017-656-1/1

湖北文化蓝皮书
湖北文化发展报告（2017~2018）
著(编)者：湖北大学高等人文研究院 中华文化发展湖北省协同创新中心
2018年10月出版 / 估价：99.00元
PSN B-2016-566-1/1

江苏蓝皮书
2018年江苏文化发展分析与展望
著(编)者：王庆五 樊和平　2018年9月出版 / 估价：128.00元
PSN B-2017-637-3/3

江西文化蓝皮书
江西非物质文化遗产发展报告（2018）
著(编)者：张圣才 傅安平　2018年12月出版 / 估价：128.00元
PSN B-2015-499-1/1

洛阳蓝皮书
洛阳文化发展报告（2018）
著(编)者：刘福兴 陈启明　2018年7月出版 / 估价：99.00元
PSN B-2015-476-1/1

南京蓝皮书
南京文化发展报告（2018）
著(编)者：中共南京市委宣传部
2018年12月出版 / 估价：99.00元
PSN B-2014-439-1/1

宁波文化蓝皮书
宁波"一人一艺"全民艺术普及发展报告（2017）
著(编)者：张爱琴　2018年11月出版 / 估价：128.00元
PSN B-2017-668-1/1

山东蓝皮书
山东文化发展报告（2018）
著(编)者：涂可国　2018年5月出版 / 估价：99.00元
PSN B-2014-406-3/5

陕西蓝皮书
陕西文化发展报告（2018）
著(编)者：任宗哲 白宽犁 王长寿
2018年1月出版 / 估价：99.00元
PSN B-2009-137-3/6

上海蓝皮书
上海传媒发展报告（2018）
著(编)者：强荧 焦雨虹　2018年2月出版 / 估价：99.00元
PSN B-2012-295-5/7

上海蓝皮书
上海文学发展报告（2018）
著(编)者：陈圣来　2018年6月出版 / 估价：99.00元
PSN B-2012-297-7/7

上海蓝皮书
上海文化发展报告（2018）
著(编)者：荣跃明　2018年2月出版 / 估价：99.00元
PSN B-2006-059-3/7

深圳蓝皮书
深圳文化发展报告（2018）
著(编)者：张骁儒　2018年7月出版 / 估价：99.00元
PSN B-2016-554-7/7

四川蓝皮书
四川文化产业发展报告（2018）
著(编)者：向宝云 张立伟　2018年4月出版 / 估价：99.00元
PSN B-2006-074-1/7

郑州蓝皮书
2018年郑州文化发展报告
著(编)者：王哲　2018年9月出版 / 估价：99.00元
PSN B-2008-107-1/1

社会科学文献出版社　　　　　　　　**皮书系列**

✤ 皮书起源 ✤

"皮书"起源于十七、十八世纪的英国,主要指官方或社会组织正式发表的重要文件或报告,多以"白皮书"命名。在中国,"皮书"这一概念被社会广泛接受,并被成功运作、发展成为一种全新的出版形态,则源于中国社会科学院社会科学文献出版社。

✤ 皮书定义 ✤

皮书是对中国与世界发展状况和热点问题进行年度监测,以专业的角度、专家的视野和实证研究方法,针对某一领域或区域现状与发展态势展开分析和预测,具备原创性、实证性、专业性、连续性、前沿性、时效性等特点的公开出版物,由一系列权威研究报告组成。

✤ 皮书作者 ✤

皮书系列的作者以中国社会科学院、著名高校、地方社会科学院的研究人员为主,多为国内一流研究机构的权威专家学者,他们的看法和观点代表了学界对中国与世界的现实和未来最高水平的解读与分析。

✤ 皮书荣誉 ✤

皮书系列已成为社会科学文献出版社的著名图书品牌和中国社会科学院的知名学术品牌。2016年,皮书系列正式列入"十三五"国家重点出版规划项目;2013~2018年,重点皮书列入中国社会科学院承担的国家哲学社会科学创新工程项目;2018年,59种院外皮书使用"中国社会科学院创新工程学术出版项目"标识。

中国皮书网

（网址：www.pishu.cn）

发布皮书研创资讯，传播皮书精彩内容
引领皮书出版潮流，打造皮书服务平台

栏目设置

关于皮书：何谓皮书、皮书分类、皮书大事记、皮书荣誉、
皮书出版第一人、皮书编辑部

最新资讯：通知公告、新闻动态、媒体聚焦、网站专题、视频直播、下载专区

皮书研创：皮书规范、皮书选题、皮书出版、皮书研究、研创团队

皮书评奖评价：指标体系、皮书评价、皮书评奖

互动专区：皮书说、社科数托邦、皮书微博、留言板

所获荣誉

2008年、2011年，中国皮书网均在全国新闻出版业网站荣誉评选中获得"最具商业价值网站"称号；

2012年，获得"出版业网站百强"称号。

网库合一

2014年，中国皮书网与皮书数据库端口合一，实现资源共享。

权威报告·一手数据·特色资源

皮书数据库
ANNUAL REPORT(YEARBOOK) DATABASE

当代中国经济与社会发展高端智库平台

所获荣誉

- 2016年,入选"'十三五'国家重点电子出版物出版规划骨干工程"
- 2015年,荣获"搜索中国正能量 点赞2015""创新中国科技创新奖"
- 2013年,荣获"中国出版政府奖·网络出版物奖"提名奖
- 连续多年荣获中国数字出版博览会"数字出版·优秀品牌"奖

成为会员

通过网址www.pishu.com.cn或使用手机扫描二维码进入皮书数据库网站,进行手机号码验证或邮箱验证即可成为皮书数据库会员(建议通过手机号码快速验证注册)。

会员福利

- 使用手机号码首次注册的会员,账号自动充值100元体验金,可直接购买和查看数据库内容(仅限使用手机号码快速注册)。
- 已注册用户购书后可免费获赠100元皮书数据库充值卡。刮开充值卡涂层获取充值密码,登录并进入"会员中心"—"在线充值"—"充值卡充值",充值成功后即可购买和查看数据库内容。

数据库服务热线:400-008-6695 图书销售热线:010-59367070/7028
数据库服务QQ:2475522410   图书服务QQ:1265056568
数据库服务邮箱:database@ssap.cn 图书服务邮箱:duzhe@ssap.cn

表20显示，2015~2016年特区金融业存在较严重的"脱实向虚"倾向。一是贷款增速和金融业增加值增速大大超过GDP的增速。如2015~2016年GDP的增速分别仅为9%和8.66%，而贷款和金融业增加值增速分别却达15.4%、16.2%和18%、13.8%，说明特区金融资产增速严重超过实物资产的增速。二是金融业增加值占GDP的比率过高。如2015~2016年金融业增加值占GDP的比率分别高达9.5%和9.9%，既明显高于全国同期7.3%和8.5%的水平，也明显高于同期英美等金融业发达国家的水平。因此，合力加大"脱虚向实"去杠杆的力度将会是2017年特区金融工作的重点。这给特区金融业带来的挑战至少有两个：一是"脱虚"必然会带来资产、营业收入和净利润增长放缓的阵痛。二是"向实"必然会带来资产结构调整的阵痛。

3. 金融"脱媒"加剧有可能带来的新挑战

一是利率市场化继续深化，让利率弹性相对较小的银行业组织存款的难度普遍加大，那些受品牌、网点和服务的限制拓展存款困难或单一依赖存贷利差盈利生存的小型银行，将面临更大的挑战。二是新金融携科技金融的威力，促使金融脱媒的进程大大加快，让传统金融业，尤其是银行业揽客的难度加大，使其资金中介职能被大大弱化。三是多层次资本市场的发展和壮大，会让企业，尤其是优质企业，更热衷于从国内外资本市场获取资金支持，这不仅会让银行的间接融资占比下降，而且会让银行的优质客户资源不断流失。

4. 加大不良资产核销力度有可能带来的新挑战

考虑2017年仍处在去产能、去库存、去杠杆和对"僵尸企业"进行清理的关键时期和攻坚阶段，将会让相关企业的产能过剩债务风险问题进一步暴露，特区银行业不良贷款规模和不良贷款率仍存在进一步上行的可能性。

5. 加大房地产市场调控力度有可能带来的新挑战

一是特区房地产市场调控将保持从严调控的总基调，"限购、限贷和限人"的"三限"措施，会让房地产市场的交易额大幅萎缩；二是金融市场利率会呈现稳中有升的趋势，会促使住房按揭贷款的资金成本不断上升，从而会抑制一部分居民的按揭贷款需求。

6. 合规性监管力度提升有可能带来的新挑战

一是表内业务合规性监管力度提升有可能带来新的挑战。2017年一季度开始实行的宏观审慎评估体系（MPA）给特区银行业带来的压力是：在经营同等资产规模的条件下，商业银行将会有更大的资本消耗，有更迫切的补充资本的要求；不断强化的信贷风控管理体系，会让特区银行业惜贷现象抬头，表内资产规模扩张受限；运用债券投资、股权及其他投资、买入返售资产等腾挪资产、规避信贷调控的做法难以为继。二是表外业务合规性监管力度提升有可能带来新的挑战。对辖内金融业的表外业务、影子银行业务、资金池业务、非标业务和通道业务进行穿透式监管，其结果将会是：以预期收益型产品为主的理财业务增速将大幅放缓；为逃避信贷监管而把表内放到表外的套利性中间业务收入将会大幅减少；信贷业务之外的非信贷业务扩张难度加大。三是跨境资本流动合规性监管力度提升有可能带来新的挑战。在外汇储备减少和人民币贬值预期的相互作用下，2017年，监管当局将会出台差别性跨境资本流动管理措施，那些既与"一带一路"建设金融配套无关，又无助于缓解国内过剩产能的房地产、酒店、影视、娱乐和体育等方面的金融业务，将面临更多的限制，甚至存在逐步退出的压力。

四 2017年特区金融业发展的新举措

（一）要回归金融本源

1. 特区金融业要回归服务于实体经济的本源

一是要根据实体经济的周期和发展动力的要求重新调整自己的服务规模和服务力度。二是要根据实体经济的普惠性要求重新调整自己的服务方向。三是要根据实体经济对金融服务的高效率要求重新调整自己的服务效率。

2. 特区金融业要回归服务中介和经营风险的本源

回归中介服务的本源，对于银行来说，就是要回归信用中介的本源，严控将表内业务挪到表外业务、将贷款业务挪到投资业务、将同业业务用来套利的非理性行为；对于证券公司来说，就是要回归真投行的本源，为企业利用证券市场融资、为特区经济和产业结构调整服务；对于保险来说，就是要回归保险姓保的本源，不仅要控制好自身的存量和增量风险，而且要从疏通保险资金进入实体经济的渠道入手，提升保险服务于农业、巨灾、大病、健康和养老等领域的水平；对于信托投资公司来说，就是要回归财富管理的本源，将高净值人群的储蓄转化为支持特区实体经济的投资；对于整个金融业来说，就是要回归资产管理的本源。回归经营风险的本源，就是要把有效识别、计量、分析、评估和缓释风险的能力作为核心竞争力；要把防范和处置风险，尤其是要把防范和处置重点领域，如过剩产能企业融资风险、房地产领域融资风险和地方平台融资风险等放在至关重要的地位。

（二）兼顾好各类关系

1. 要兼顾好"大"与"小"之间的关系

特区经济发展既需要有众多世界500强或中国500强的大企业来稳定产出和税收等大局，也需要有众多的草根企业来增加就业，增强竞争力和活力。因此，金融业在服务于经济发达地区、大城市、大企业、大项目和高净值人群的同时，也要加强对欠发达地区、三农、小微企业、小项目和普通民众等草根的金融服务。

2. 要兼顾好"传统"与"新兴"之间的关系

虽然传统产业与宏观经济周期的联动性很强，但并不是每一个传统行业都是周期性的行业，如消费。因此，特区金融业在积极支持符合新常态要求的战略性新兴产业的同时，也要成为推动传统产业结构改造升级的推手和助力者，特别是对传统产业中逆风飞扬的企业更应该提供更多的支持。

3. 要兼顾好"发展"与"稳定"之间的关系

它包含两层含义：一是要兼顾好促进经济发展与保持金融稳定之间的关系。特区金融业理所当然地要为特区经济稳定增长给予更多的金融支持，但特区金融业也应清楚地看到，在经济下行的趋势并没有明显扭转的趋势下，如果过于激进，将不是帮忙，而是添乱。因此，特区金融业在提供金融服务时要平衡好在促进特区经济发展与保持特区金融稳定之间的关系。二是要兼顾好促进金融发展与保持金融稳定之间的关系。特区金融是特区的支柱产业，对特区的GDP、税收和就业贡献巨大，但在利率市场化和竞争白热化的背景下，特区金融业"脱实向虚"的现象已经十分严重，如果继续盲目扩张，将会进一步增加特区金融体系的脆弱性。因此，特区金融业在提供金融服务时要平衡好自身发展与自身稳定之间的关系。

4. 要兼顾好"表内"与"表外"之间的关系

随着监管新政的出台,特区银行业必须收缩表外业务,特别是对同业业务和理财产品要进行严格限制,让表外的业务回归到表内。但这并不意味着表外业务会走向彻底枯萎。理由是:首先,以往追求资产负债表扩张、依托表内业务高耗资本发展的思路难以为继,需要特区银行业拓展低资本消耗乃至零资本消耗的表外业务。其次,从国外成熟市场的经验分析,特区银行业的表外大资管业务发展潜力和空间巨大。

5. 要顾好"信贷"与"非信贷"之间的关系

随着宏观审慎评估体系的实施,表内非信贷业务将会回归到信贷项下,导致应收款项投资收缩,买入返售等同业业务增速放缓。但从长期来看,信贷资产占比下降、非信贷资产占比上升将会是一个大趋势。理由是:第一,随着融资结构的改变,银行信贷这种间接融资的比重会不断下降,而证券这种直接融资的比重会不断上升。第二,监管层政策的松动为特区银行拓展投资类业务打开了空间。如银监会、科技部、中国人民银行联合印发的《关于支持银行业金融机构加大创新力度开展科创企业投贷联动试点的指导意见》明确指出,信贷业务与投资业务可以投贷联动。第三,经济结构转型升级,需要特区银行扮演大投行的角色,服务其并购重组。

6. 要兼顾好"继承"与"创新"之间的关系

不可否认,传统金融有其天然的局限性,如授信需要可靠的抵押物、征信缺乏大数据、服务成本居高不下等,而新金融的优势恰恰就在于可以弥补传统金融的劣势,如授信依靠大数据而不是抵押物、生物特征识别和区块链技术可以解决身份人工识别问题,从而可以大大节约服务成本。因此,应当把新金融作为新的增长点。但这并不意味着特区银行可以完全抛开传统金融而另起炉灶。如零售业务是一项传统业务,随着消费在经济增长中地位的上升,零售金融、消费金融这类传统的金融业务不但不会萎缩,反而会焕发出新的活力。即使是创新,也往往是建立在继承传统的基础之上。如债务融资资本化和社会融资股权化这样的创新,不是全面地消灭信贷这种传统的融资方式,而是在信贷的基础上形成信贷加非信贷、股权加债权、商行加投行等方式,以满足企业多元的金融服务需求。

7. 要兼顾好"境内"与"境外"之间的关系

一是不能本末倒置，要把战略发展的重心放在国内，而不是境外。二是要与国家的去产能、去库存总体战略相吻合，服务于境内优势产能、优质装备、适用技术输出，限制将金融资产配置在房地产、酒店、影城、娱乐业、体育俱乐部等境内已属于过剩的领域，以保证金融资产在海外配置行稳致远。三是既要遵循国际标准，也要尊重相关国家的政治体系、宗教、合规要求。四是密切关注市场的风险，尤其是要重点关注汇率和利率波动风险。

（三）树立会配为王的理念

一方面随着特区金融业负债工具的日益多元化，负债的主动性已大大提高，使得负债的重要性大大降低；另一方面随着资本和资产规模扩张难度的加大，资产配置对于金融机构的重要性大大提高，决定特区金融业生死存亡的将会是资产配置的合理性。特区金融业要根据新常态的客观要求，一是要做到适配，即使资产规模的增长与实体经济的增速相适应，既不超量，也不缺量。二是要做到慎配和惜配，将有限的资金运用到刀刃上。

（四）要把创新作为发展的不竭动力

在资本约束增强、资产规模增速有限、资产结构转型的时期，如果依然仅靠传统的经营模式、经营理念、融资体系、融资工具和业务产品种类进行展业，将无法在市场立足，更无法实现自我超越，只有根据市场需求的不断变化，不断在经营模式、经营理念、融资体系、融资工具和业务产品种类等诸多领域推陈出新的金融机构才能从残酷的市场竞争中脱颖而出。因此，特区金融业要让金融科技成为推动特区传统金融业商业模式、经营理念、融资体系、融资工具以及业务品种转型升级的第一推动力。当务之急，一是要科学地界定金融创新的边界。把金融创新定义为用科技改进金融体系、金融工具、金融业务和金融产品的服务效率，其内核是科技，即要把大数据、云计算、区块链、移动支付、人工智能、移动互联、生物识别等互联网科学技术运用到商业模式、经营理念、融资体系、融资工具以及业务品种的设计中，使其既成为提高资金筹措、资金配置和盈利能力的重要抓手，也成为降低融资成本和把控融资风险的重要工具。二是要由过去的重视硬件投入，转变为重视对金融科技的持续投入，特别是要把重点放在搭建金融科技组织体系，提高金融科技人员的占比，着力培养和引进符合未来金融创新需要的复合人才上。同时，要大力推进网点的智能化改造，把更多的智能技术引入厅堂管理和柜面服务；要利用大数据、人工智能等技术让贷与不贷、贷多贷少和贷长贷短的决策实现智能化；要将一些重复性的办公程序和工作，由人工操作转变为自动操作。三是要完善基础性条件。既要完善各自的网络体系，成立专门的网络金融业务部或网络运营业务部，也要联手构建数据共享的平台，深度发掘和统计被忽略的海量数据，依据其进行风险控制并提供精细、精准和个性化服务。

参考文献

［1］2013～2016年各特区国民经济和社会发展统计公报。
［2］2013～2016年各特区上市金融企业年度报告。
［3］2013～2016年中国证券业协会官网公布的《证券公司会员经营业绩排名情况》。
［4］陶一桃主编《中国经济特区发展报告（2013）》，社会科学文献出版社，2014。
［5］陶一桃主编《中国经济特区发展报告（2014）》，社会科学文献出版社，2015。
［6］陶一桃主编《中国经济特区发展报告（2015）》，社会科学文献出版社，2016。
［7］陶一桃主编《中国经济特区发展报告（2016）》，社会科学文献出版社，2017。
［8］《网易财经》发布的《2016年中国金融500强排行榜》。
［9］郑伟：《2016年中国保险业回眸与思考》，《中国保险报》2017年1月27日。
［10］宋艳伟：《银行格局变化与盈利模式转型策略》，《银行家》2017年第8期。

B.8
中国经济特区文化产业发展报告

钟雅琴 钟洁敏 *

摘　要： 经济特区文化产业保持了较好发展态势，实现了"十三五"的良好开局。文化产业已然成为各经济特区发展的重要引擎，其中数字创意产业的发展尤为突出。数字创意产业在推动文化与科技的深度融合中发挥了巨大作用，文化新业态不断涌现。通过对深圳、珠海、厦门、汕头以及海南五个经济特区2016年文化产业发展现状分析，本报告提出目前经济特区文化产业发展呈现的四个特征，即数字创意推动文化产业的升级、文化资本的涌入带来双重影响、内容付费成为新的经济增长点以及网络直播与虚拟现实掀起热潮。就经济特区文化产业未来发展，报告提出促进数字创意产业发展、坚持知识产权全面保护、大力培育文化创意人才、鼓励大众创业万众创新等政策建议。

关键词： 经济特区　文化产业　数字创意

2016年，各地文化产业生机焕发，保持高速发展势头，成为拉动消费结构升级和经济增长的新亮点，其中数字创意产业的重要作用越发凸显。国家"十三五"规划首次将"数字创意产业"纳入重点发展的战略性新兴产业之一，数字创意产业将不断突破创新，进一步促进文化创意与创新设计等产业的

---

* 钟雅琴，深圳大学文化产业研究院博士，讲师，硕士生导师。钟洁敏，深圳大学文化产业研究院硕士研究生。本文为广东省哲学社会科学"十二五"规划项目（项目编号：GD15XYS25）和广东高校省级重大科研项目特色创新类项目（项目编号：2016WTSCX103）阶段性研究成果。

快速发展，实现文化与科技深度融合和相关产业的联结互通，为引领社会风尚提供有效供给，数字文化消费将成为新常态。

2016年，国家出台了一系列扶持政策和法规性文件，包括《文化企业无形资产评估指导意见》《关于开展引导城乡居民扩大文化消费试点工作的通知》《关于移动游戏出版服务管理的通知》《出版物市场管理规定》《关于大力推动广播电视节目自主创新工作的通知》《关于支持实体书店发展的指导意见》《关于推动文化文物单位文化创意产品开发的若干意见》《中华人民共和国电影产业促进法》《国家创新驱动发展战略纲要》《关于进一步加强和改进中华文化走出去工作的指导意见》《"十三五"国家战略性新兴产业发展规划》等。在国家大力扶持下，中国文化产业实现逆势增长，以"互联网+"为主要形式的相关产业展现了积极向上的活力和前景，并在更广领域形成跨界融合的新增长点。一些经济特区已形成以战略性新兴产业和未来产业为主的全新的产业结构，同时探索出"文化+旅游""文化+金融"等新的发展模式，在规模化、集约化、专业化的发展路径下推动文化产业的集聚发展，不断提升特区的综合竞争力，努力为全国当好文化产业排头兵做出新的更大贡献，实现了"十三五"的良好开局。

一 经济特区文化产业进展

（一）深圳经济特区

2016年1月，《深圳文化创新发展2020（实施方案）》对深圳文化发展战略做出顶层设计，描绘了未来5年文化深圳的美好蓝图与行动指南，将持续推动深圳文化产业实现质量型增长、内涵式发展，实现现代化国际化创新型城市的美好愿景，成为与国际科技、产业创新中心相匹配的文化强市。

根据深圳市文体旅游局统计数据，2016年市文体旅游局系统部门预算收入158856万元，比2015年增加86600万元，增长120%。其中：财政预算拨款155376万元、事业收入1262万元、上年结转2218万元；人员支出27886万元、公用支出8911万元、对个人和家庭的补助支出7220万元、项目支出114839万元。2016年，深圳旅游产业仍保持高速增长，围绕建成现代化国际化创新型城市的目标定位，将独特旅游资源转变为经济发展优势，着力打造国际高端旅游业。"中国邮轮旅游发展实验区"获国家旅游局批准在深圳蛇口设立，以粤港澳为辐射中心的珠三角邮轮旅游是目前由国家旅游局牵头编制的《全国邮轮旅游发展总体规划》中初步提出的"五群一带"的重要构成，邮轮旅游将成为深圳旅游发展的新亮点，同时，内地与港澳邮轮旅游合作发展大会提出，深圳邮轮经济为促进内地与港澳紧密合作、拓展邮轮旅游发展新的空间提供了新的机遇，并将成为引领全国邮轮旅游发展的先行区。

作为世界闻名的设计之都，深圳坚持"设计是产业核心竞争力"的理念，拥有各类设计企业6000多家，专业设计师4万余人。2016年，深圳积极组织本地设计力量参与国际活动，"深圳设计"的国际化已形成新格局。深圳作为中国代表受邀参加了首届伦敦设计双年展，以"深圳新高度——可见的乌托邦"作品亮相此次"设计乌托邦"主题的双年展，该作品代表了深圳设计的高度，向世界展示了中国设计的独特创意。2016年，深圳、香港两地设计界已凝聚更大的合作力量。为充分利用深港两地各自在设计产业中的优势，深圳市设计之都推广办公室与香港商务及经济发展局于2016年签署了《深港关于促进创意产业合作的协议》。[1] 此外，以"互动双城"为主题的"第二届深港设计双年展"成功举办，超过300名设计师参与多达80项展览或工作坊，此活动促进了深港设计从业人员深入地创意交流合作，进一步融入了全球设计产业平台。

第十二届中国（深圳）国际文化产业博览交易会在深圳成功举办。作为"十三五"开局之年举办的展会，第十二届文博会具有承上启下的重要意义。本届文博会共设9个馆，其中重点围绕国家"一带一路"倡议和"大众创业、万众创新"战略的"一带一路"馆和文化创客馆成为新亮点。本届文博会面向"一带一路"沿线国家和地区出口总额为137.377亿元，占文博会出口总额的77.63%，比上届增长34.89%。[2] 此外，一批跨界融合的文化新业态百花齐放，不仅具有展示交易的价值，更重要的是鼓励更多文化创意的迸发。展会期

---

[1] 杜翔翔：《深港合力打造"设计双城"》，《深圳商报》2017年7月2日。
[2] 深圳市文体旅游局：《第十二届文博会闭幕》，深圳政府在线，http://www.sz.gov.cn/wtlyjnew/xxgk/qt/gzdt/201605/t20160521_3641631.htm，2016年5月17日。

间总参观人数达587.085万人次，共吸引来自国内外的专业观众达106.968万人次，实质性成交2032.014亿元（已剔除超过1000亿元的意向成交额），比上届增长23.42%。① 除文博会以外，深圳努力打造国际化品牌，对外文化交流仍在不断深化。2016年11月，深圳成功举办联合国教科文组织组织的首次国际博物馆高级别论坛，这是联合国教科文组织首次在中国举办的同类型重大活动。美国大都会艺术博物馆、法国罗浮宫等全球40多家顶级博物馆的馆长们和全球博物馆业界的专家学者200多人出席，中国国家主席习近平为论坛签发贺信，国务院副总理刘延东出席并发表主旨演讲。私营的民间博物馆在深圳发展迅猛，成为深圳市博物馆事业的一支重要力量，是此次高级别论坛选址深圳的主要原因之一。

在现有政策基础上，深圳不断构建覆盖不同创新主体与创新创业全过程的政策体系，出台《关于促进科技创新的若干措施》、《关于支持企业提升竞争力的若干措施》和《关于促进人才优先发展的若干措施》等文件，多举措完善综合创业环境，吸引契合深圳产业发展方向领域的顶尖人才。根据深圳市企业注册局发布的《深圳市2016年商事主体登记统计分析报告》，深圳商事主体总量稳居全国大中城市首位，创业密度最高。2016年10月，全国大众创业万众创新活动周成功举办。双创周以"发展新经济、培育新动能"为主题，设深圳主会场、北京会场，吸引了国内外众多观众参与，深圳建设国际创客中心的步伐铿锵有力。

（二）珠海经济特区

近年来，珠海以"文旅之城"为战略目标，高度重视文化旅游产业发展，2016年《珠海市"十三五"文化创意产业发展规划》的发布为珠海未来文化产业发展描绘了更为清晰的发展蓝图。根据珠海市统计局数据，2016年全市实现地区生产总值（GDP）2226.37亿元，同比增长8.5%；全年接待入境旅游人数492.06万人次，增长4.4%，其中，外国人63.7万人次，增长6.2%；实现旅游总收入317.08亿元，增长14.6%；全年居民消费价格总

---

① 杜翔翔：《第十二届文博会成交2032亿元》，《深圳商报》2016年5月17日。

水平上涨1.9%。① 这些数据表明，2016年珠海顺利完成年度主要经济目标任务，实现了"十三五"的良好开局。2016年珠海规模以上高技术服务业企业158家，比上年增加12家，逐步形成以龙头企业为核心的产业集群，创新发展和壮大实体经济呈现新亮点。在建设"大湾区创新高地"的时代背景下，珠海将在"十三五"时期发挥自身本土文化优势，重点发展文化旅游、文化休闲、影视、数字内容、创意设计和文化制造产业，成为珠三角重要文化创意产业中心。

文化创意产业园区是每年深圳文博会珠海展团的中坚力量。2016年12月，以影视休闲为主题的"珠海文化创意产业园"在乐士文化区举行揭牌仪式，成为珠海市文化创意产业园区新军。包括"珠海文化创意产业园"在内，珠海共有四个市级文化创意产业园区，其余三家分别是V12文化创意产业园、金地动力港文化产业园以及金嘉创意谷文化产业园。此外，珠海市文化创意产业特色基地北山大院艺术文化区、左右文化创意园、吉莲19，以及北山中西结合文化创意产业基地等均已挂牌。珠海良好的文化创意氛围带动了文化创意企业雨后春笋般地增长。同时，立足于珠海优越的生态环境、悠久的文化历史、具有横琴新区和自贸区以及完善的文化创意产业政策等独特优势，珠海的文化创意产业核心竞争力正日益凸显。

2016年12月，《珠海市公共文化设施规划》进行批前公示。该规划提出，建立完善的"以市级设施为标志、以区级设施为带动、以镇街级设施为纽带、以社区（村）级设施为基底"的四级公共文化设施网络，建成覆盖城乡、分布合理、网络健全、服务优质、管理有效的现代公共文化服务体系。② 目前，珠海市首个市民艺术中心"狮山市民艺术中心"已落地启用，设有文体室、舞蹈室、表演厅等公共服务功能室。市民艺术中心的建设和管理遵循"百姓点单，社会组织接单，政府埋单"的"三单模式"原则，从市民需求出发加大了对市民精神文化生活建设的多元供给。同时，2016年市民艺术节的成功举办推动了文化惠民项目与群众需求的有效对接，构建了具有珠海特色的文化公共服务体系。

---

① 珠海市统计局：《2016年珠海市国民经济和社会发展统计公报》，珠海统计信息网，http://www.stats-zh.gov.cn/tjzl/tjgb/201703/t20170328_359811.htm，2017年3月28日。
② 王轲：《2020年珠海将有标志性文化设施群》，《南方日报》2016年12月9日。

（三）厦门经济特区

2016年，厦门市经济和社会保持稳定发展态势。根据厦门市统计局发布的《厦门市2016年国民经济和社会发展统计公报》，2016年，全市实现地区生产总值3784.25亿元，比上年增长7.9%；服务业成为经济增长的主引擎，2016年，服务业对经济增长的贡献率达到69.1%，在创造税收与吸纳就业方面作用突出，服务业各行业的发展步伐进一步加快；2016年1~11月，全市规模以上信息传输、软件和信息技术服务业实现营业收入250.37亿元，增长25.3%。① 数据表明，厦门主要经济指标实现了速度、质量、效益同步增长，并逐步进入以服务业为主的时代，城市区域服务功能进一步增强。

2016年6月，厦门市人民政府发布了《厦门市"十三五"科技创新发展规划》，指出"十三五"是厦门产业转型的关键时期，科技创新将成为经济航程的主要驱动力，并对未来五年发展描绘了蓝图。此外，厦门市出台《厦门市"十三五"战略性新兴产业发展规划》《科技创新二十五条》等文件，推出一系列支持战略性新兴产业发展的创新举措。

文化产业园区作为重要的产业经济集群化载体，为厦门创新、创意平台的发展发挥了重要的引领作用。曾获"中国创意产业最佳园区奖"殊荣的龙山文化创意产业园不仅入选国家级闽台文化产业试验基地文化创意产业园区，同时在国家工信部公布的《全国纺织服装创意设计试点园区（平台）》上榜。此外，湖里文创园、沙坡尾艺术西区等园区均已逐渐成为创意人才的聚集区，为厦门文化创意的孵化提供了支撑平台。

在创新驱动发展战略的推动下，厦门创新型企业发展态势强劲。创新，成为厦门经济社会发展的突出亮点。厦门软件园是当地创新发展的一个缩影，2016年实现营业收入701.2亿元，同比增长20.3%，带动各类人才就业超过9.2万人。② 目前，软件园里已有美图、吉比特等8家主板上市公司，42家"新三板"挂牌公司。

---

① 厦门市统计局：《2016年厦门市经济运行情况简析》，厦门市统计局，http://www.stats-xm.gov.cn/tjzl/tjfx/201702/t20170206_29379.htm，2017年2月6日。

② 《福建厦门创新发展取得重大突破》，中国经济网，http://www.ce.cn/xwzx/gnsz/gdxw/201708/22/t20170822_25182258.shtml，2017年8月22日。

2016年第九届海峡两岸文博会在厦门成功举办，本届文博会以"一脉传承，创意未来"为主题，包括工艺艺术品、创意设计、数字内容、文创旅游四大板块。据组委会统计，本届文博会产业投资签约项目共103个，总签约额303.9亿元。同时，在厦门举办的第十二届海峡两岸图书交易会、2016海峡两岸民间艺术节等文化品牌活动充分调动了创新主体的活力和动力，使厦门进一步发展成为在两岸有广泛影响力的文化中心。

厦门是著名的海滨旅游城市，其城市名片——鼓浪屿，将历史、人文和自然景观完美地融为一体，吸引了众多游客。2016年，厦门获评国家旅游休闲示范城市和最具创新力国际会展城市，全年共接待境内外游客6770.16万人次，同比增长12.2%；旅游总收入968.26亿元，同比增长16.3%。①

（四）汕头经济特区

2016年，汕头经济运行总体稳健，全力推进"创新驱动"与"促进粤东西北振兴发展"两大战略，全年实现地区生产总值2080.54亿元，同比增长8.7%，增速在全省21个市中排第2位。② 作为有着深厚文化底蕴的海滨城市，汕头充分挖掘自身地域特色，日益完善现代文化产业体系，传统产业与文化创意产业的创新发展跃进到一个新的阶段，逐步形成涵盖新闻出版业、文化旅游业、文化创意服务业等在内的多元发展格局。在2016年度粤东西北地区振兴发展评估考核中，汕头荣获优秀等次。

在《国务院关于积极推进"互联网+"行动的指导意见》和《广东省"互联网+"行动计划（2015~2020年）》的指导下，汕头市于2016年4月公布《汕头市"互联网+"行动计划（2016~2020年）》。计划提出"到2020年，全市经济社会互联网应用成效显著，成为全省互联网经济发展重要基地、网络民生应用服务示范区、网络创业创新集聚中心"的发展目标，并实施"互联网+创业创新""互联网+工业制造""互联网+商务贸易""互联网+农业农村""互联网+新兴产业""互联网+金融创新""互联网+公共服务"

---

① 厦门市统计局：《2016年厦门市经济运行情况简析》，厦门市统计局，http：//www.stats-xm.gov.cn/tjzl/tjfx/201702/t20170206_29379.htm，2017年2月6日。
② 汕头市统计局：《2016年汕头经济运行分析》，汕头统计信息网，http：//sttj.shantou.gov.cn/tjfx/201704/t20170406_360248.html，2017年3月20日。

"互联网+绿色生态"八大重点行动。① 力争使文化产业成为汕头重要支柱产业，将汕头打造成具有核心竞争力的粤东文化中心。

此外，优秀的汕头文化企业不断涌现，并已逐渐形成围绕文化产业链的规模经济。目前汕头拥有6家上市文化企业，在汕头文化产业发展进程中具有行业示范作用。一方面，奥飞娱乐、小白龙动漫、星辉互动娱乐等企业着力与网游、手游、影视产业进行跨界融合，大大提升了汕头玩具产业集群的整体竞争力。另一方面，一些珠宝首饰、服装等产业也积极通过与文化创意产业相结合，深度挖掘产品附加值，增加品牌影响力。2016年，汕头市高新技术企业总数达到325家，比上年净增175家，同比增长117%，超额完成全年高新技术企业培育目标。② 同时，汕头在文化衍生类制造业方面具有扎实的基础，是著名的文具生产基地、内衣生产基地等，并形成了多个特色产业集聚基地。

（五）海南经济特区

2016年，文化产业作为海南省十二个重点产业之一，在一系列创新改革措施下取得了新的进展。《2016年海南文化产业发展状况分析》报告显示，目前海南文化产业稳步增长，总体呈现崭新的面貌和良好的态势。全省文化及相关产业法人单位3460个，比上年增长10.6%；期末从业人员73791人，比上年增长9.2%；文化企业实现营业收入255.93亿元，比上年增长8.1%；资产总计1012.38亿元，比上年增长9.4%；全省规模以上文化企业法人单位120个，比上年增长11.1%；港澳台商投资企业实现营业收入21.01亿元，比上年增长34.6%。③ 在十大文化产业相关行业中，文化用品的生产占比最大，文化服务业逐渐成为文化产业发展的核心产业。报告同时指出，目前海南文化产业仍存在产业集中度不高、发展结构不够合理、进出口水平较低等问题。

海南具备发展会奖旅游的较大优势，目前发展态势良好。2016年，海南

---

① 汕头市人民政府办公室：《关于印发汕头市"互联网+"行动计划（2016~2020年）的通知》，汕头市人民政府，http：//www.shantou.gov.cn/00000/020303/201604/759797f2abc94f72bf63219f2f0805cb.shtml，2016年4月7日。
② 《汕头高新技术企业数量已达325家增长117%》，南方网，http：//st.southcn.com/content/2016-12/13/content_161590466.htm，2016年12月13日。
③ 《2016年海南文化产业发展状况分析》，海南省统计局，http：//www.stats.hainan.gov.cn/tjsj/tjfx/jdfx/201707/t20170722_2376316.html，2017年7月22日。

省共举行百人以上会议1.5万场，全年会议接待人数达290万人，创造年总产值145亿元，占旅游业总收入的30%，① 正逐渐成为海南省旅游产业的重要组成部分。以"生态互联、海创未来"为主题的2016年海南"互联网+"创新创业节、以"世界互联，创新互享"为主题的2016中国"互联网+"创新大会、2016年中国"互联网+旅游"峰会以及2016年度中国游戏产业年会等文化产业相关会议在海南成功举办，为海南文化产业发展创造了良好的氛围，可持续提供创意、人才等一手资源。2016年，海南省会议及奖励旅游行业协会在海口成立，这是首个专门针对会奖旅游市场的行业协会。

在海南省一系列创新改革措施下，旅游业与"互联网+"不断融合合作模式，通过线上线下相关产业融合等方式对旅游服务体验升级改造。此外，海南省还建立了2016年重点旅游项目数据库和"十三五"重点旅游项目储备库，进一步推进旅游产业发展。2016年初，国家旅游局将海南作为全国首个"全域旅游创建示范省"。数据显示，2016年，海南接待游客6023.6万人次，同比增长12.9%；实现旅游总收入672.1亿元，同比增长17.4%。② 同时，海南省旅游发展委员会获评"2016年度互联网+旅游省级示范单位"，海口市旅游发展委员会也获评"2016年度互联网+旅游市级示范单位"。

二 经济特区文化产业发展分析

与2015年的发展情况相比，2016年各经济特区文化产业的发展均有所突破，呈现以下几方面特征。

（一）数字创意推动文化产业的升级

2016年《"十三五"国家战略性新兴产业发展规划》由国务院正式印发，

---

① 《会奖行业成我省旅游发展重要引擎 2016年创造年总产值145亿元》，海南省人民政府，http：//www.hainan.gov.cn/hn/yw/zwdt/tj/201708/t20170830_2409217.html，2017年8月30日。
② 《海南省旅游委获评"2016年互联网+旅游省级示范单位"》，南海网新闻，http：//www.hinews.cn/news/system/2017/04/22/031076124.shtml？wscckey = 6efd30af8a55c5eb_1494381789，2017年4月22日。

提出"以数字技术和先进理念推动文化创意与创新设计等产业加快发展,促进文化科技深度融合、相关产业相互渗透"。① 中国信息中心将数字文化产业定义为"以文化创意内容为核心,依托数字技术进行创作、生产、传播和服务的新兴产业,具备传输便捷、绿色低碳、需求旺盛、互动融合等特点",属于当下引领新供给、新消费,规模高速成长的数字创意产业的重要组成部分。② 随着当下互联网信息技术的迭代升级,数字文化产业呈现快速发展的良好态势。

数字文化创意产业是战略性新兴产业中直接面向群众生活需求的产业门类。目前,以数字呈现的动漫、音乐、游戏等数字文化产业已成为人们生活中文化精神消费的主要对象,是当下创新创业的沃土。《中国数字音乐产业发展报告》显示,2016年我国数字音乐产值达143.26亿元,同比增长39.36%,被认为是全球音乐产业进步最迅猛的国家之一,其中主流媒体音乐产值同比增长30.6%。③ 此外,百度、阿里巴巴、腾讯三家公司等数字创意领域的领军企业在2016年表现的亮眼成绩也充分体现了数字文化创意产业的良好发展态势。

(二)文化资本的涌入带来双重影响

文化产业具有经济回报高、资源消耗低等特点,同时国家推出了一系列为文化产业创造良好市场环境的利好政策,种种因素均使各路资本竞相涌入文化产业领域。根据国家统计局公布的2016年全国规模以上文化及相关产业统计数据,5万家企业实现营业收入80314亿元,比上年增长7.5%(名义增长未扣除价格因素)。此外,2016年我国文化产业资金流入3951.08亿元,较2015年同期增长21.19%,增长规模(690.93亿元)快速扩大,资金流入量破历史纪录。④ 2016年,多家文化公司相继上市,资本为文化产业的发展提供了做大

---

① 《国务院关于印发"十三五"国家战略性新兴产业发展规划的通知》,中华人民共和国中央人民政府,http://www.gov.cn/zhengce/content/2016-12/19/content_5150090.htm,2016年12月19日。
② 《数字文化产业发展情况》,国家信息中心,http://www.sic.gov.cn/News/459/8143.htm,2017年6月23日。
③ 张漫子:《中国数字音乐产值达143亿元》,《经济参考报》2017年9月7日。
④ 《文化产业资金流入量持续增长逼近4000亿元》,中国经济网,http://www.ce.cn/culture/gd/201704/17/t20170417_22013395.shtml,2017年4月17日。

做强的机遇，在实现资源优势整合的同时提高了企业的文化竞争力，进一步扩大了产业规模。

但资本的热情有时也会给文化产业带来负面影响。追求过高过快的盈利目标成为趋势，可能使市场出现虚假繁荣，将进一步损害产业生态，不利于文化产业的持续发展。比如一些遭热议的电影通过票房造假进行资本炒作，以及虚拟技术过于热门导致该领域部分项目价格虚高等现象频频上演。

（三）内容付费成为新的经济增长点

随着国家对网络版权法律体系的不断完善，人们对网络版权的重视程度正在逐步加深。《关于加强网络文学作品版权管理的通知》《移动互联网应用程序信息服务管理规定》《规范软件应用市场版权秩序的通知》《涉及网络知识产权案件审理指南》等文件的发布，进一步使互联网的版权保护环境得到改善。同时，个性化、精准化的优质内容区别于以往标准化内容，大大增强了用户付费使用的吸引力，用户付费获得的良好消费体验与愿意内容付费形成一个良性循环。目前，微博问答、知乎 Live、果壳、喜马拉雅 FM 等内容付费产品已形成一定规模，游戏、直播、视频、音乐等数字内容付费行为正在快速成长，成为新的经济增长点。随着环境愈加成熟，内容付费将成为互联网企业重要的经济增量之一。

（四）网络直播与虚拟现实掀起热潮

随着网络游戏产业的迅速发展，衍生出了网络直播平台。目前，网络直播作为新型的娱乐方式不仅涉及游戏产业，还涵盖音乐、旅游、综艺等领域。根据中国互联网络信息中心发布的《中国互联网络发展状况统计报告》，截至 2016 年 12 月，我国网民规模达 7.31 亿，相当于欧洲人口总量；网络直播用户规模达到 3.44 亿，占网民总体的 47.1%，较 2016 年 6 月增长 1932 万。[1]《互联网直播服务管理规定》《文化部关于加强网络表演管理工作的通知》《关于加强网络视听节目直播服务管理有关问题的通知》等文件的出台大大加强了

---

[1] 《中国网民超 7 亿网络直播规模达 3.44 亿元》，南方网，http://tech.southcn.com/t/2017-01/24/content_164318314.htm，2017 年 1 月 24 日。

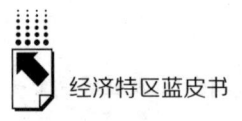

网络直播行业的监管力度，逐渐营造了促进该行业可持续发展的良好氛围。

虚拟现实在2015年出现时即成为科技行业的新热点，2016年大量资本的注入使虚拟现实技术在影视、游戏、教育等行业得到广泛运用。工信部发布的《2016全球虚拟现实产业研究报告》从产业发展现状、应用市场、产业发展存在的问题和产业发展趋势等七个方面全面梳理了全球VR技术及产业发展情况，分析了我国VR产业发展特点。目前虚拟现实产业链布局逐渐完善，虚拟现实技术将体验经济推向一个新的高度，虚拟现实产业初显市场潜力。

三 经济特区文化产业发展建议

在我国经济发展进入新常态的大背景下，经济特区的文化产业发展将同时面对机遇与挑战，经济特区可从以下几个方面着手推动文化产业进一步发展提升。

（一）促进数字创意产业发展

在国家对战略性新兴产业的大力支持下，数字创意产业迅猛发展，一批具有较强竞争力与影响力的文化企业在动漫、游戏、影视、音乐等领域不断探索创新产业模式。目前数字创意产业发展仍面临一些问题，比如优秀产品不足、恶意竞争、人才紧缺等。各经济特区应依托现有的政策与经济优势，致力于数字创意产业的创新实践与研究探索，鼓励数字创意产业与多种行业跨界融合，培育具有广泛影响力的网络原创内容企业，不断完善创意人才培训体系，紧跟世界步伐，将数字创意产业发展成具有国际市场价值的有机生态系统。

（二）坚持知识产权全面保护

由于文化产业所特有的独创性，营造一个健康的知识产权保护生态圈显得格外重要，知识产权是文化产业的核心资源。新技术快速的迭代更新使文化产业产生新的机遇，同时知识产权保护变得更加复杂化，面临新的挑战。坚持知识产权的全面保护是现阶段国内文化产业发展中不容懈怠的工作，包括完善知识产权保护综合信息共享平台，加快建立大数据时代下的知识产权保护新秩序，帮助著作权人实现作品版权价值，进一步增强人们的知识产权司法保护意识等系列措施。

（三）大力培育文化创意人才

在文化产业呈现爆发式增长的当下，文化创意人才的供应产生了缺口。为了适应产业改革、推动创新战略，亟须大力培育文化创意人才。通过不断创新人才机制、设立文化产业人才建设专项基金、健全薪酬激励机制、积极尝试校企联合培养模式与加强文化产业学术研究等举措，构筑文化产业繁荣发展的人才高地，留住高水平文化创意人才。

（四）鼓励大众创业万众创新

近年来，国家高度重视"大众创业，万众创新"，创新创业氛围活跃在各个城市，随着政策体系的不断完善，创业环境也在逐步优化。不断激发社会的创造活力，持续培养学生的创新创业能力，帮助学生构建创业型的知识结构，并在财税、融资和平台建设等方面给予扶持，对于催生社会经济发展新动力、促进文化产业的转型升级有着重要意义。

特区发展分述报告

Reports on the Special Economic Zones

B.9
深圳经济特区发展报告

伍凤兰 马忠新*

摘　要： 2016年深圳经济特区发展成就显著：经济增速领跑全省，产业结构不断优化，新旧动能转换提速，发展质量优势凸显，经济质量和生态质量"双提升"，对外贸易降幅趋稳，国内贸易增速加快，经济发展水平提升，人均收入不断增加，专利数量领跑全国，创新能力加速提升。基于主成分分析模型的各区竞争力对比分析结果表明，综合竞争力最强的是南山区，南山区在经济规模、经济发展水平和创新能力三个方面领先其他各区，在经济发展速度和人口规模方面也位居前列；龙岗区综合竞争力以微弱的优势超过福田区，两区分居第二位和第三位，又在不同指标上各有所长。综合竞争力与创新能力的排名高度吻合，创新的经济引领作用越来越明显。同时，深圳特区发展也面临着企业经营成本上升过快、土地空间不足问题凸显、公共服务存在短板等问题和挑战。据此，提出

---

* 伍凤兰，博士，教授，深圳大学经济学院。马忠新，深圳大学理论经济学博士研究生。

了进一步促进深圳特区经济发展的政策性建议。

关键词： 深圳经济特区　发展　创新能力　综合竞争力

2016年是"十三五"规划的开局之年，国际经济形势复杂多变，经济下行压力持续加大，深圳市委和市政府深入贯彻落实习近平总书记"四个全面""五大发展理念"的治国理政新思想，增强"四个自信"，大力推进供给侧结构性改革，不断引领经济发展的新常态，以"四个坚持、三个支撑、两个走在前列"统领工作全局，着力打造深圳质量、深圳标准，加快建设国际科技、产业创新中心和社会主义现代化先行区。全年主要经济指标增长稳定，新经济动能不断增强，改革开放持续推进，创新能量加速聚合，呈现创新强、结构优、速度稳、质量高的新发展特征。

一　2016年深圳经济特区发展概况

（一）经济增速领跑全省，经济规模持续扩大

近十年来，深圳经济一直保持稳定增长的态势（见图1）。2016年，深圳经济发展稳中有进、稳中向好，初步核算，2016年本市生产总值19492.6亿元，稳居内地大中城市第四位，比上年净增1989.61亿元，创历年新高，同比增长9%，增速分别高出全国、全省2.3个、1.5个百分点，位居全省各地市第一（见图2）。全年固定资产投资完成4078.16亿元，同比增长23.6%；其中，第二产业投资增长17.7%，第三产业投资增长25.0%，创22年新高；经济增速逐季攀升，逆势上扬，一季度、上半年、前三季度、全年的增速分别为8.4%、8.6%、8.7%和9.0%。全市人口总量保持平稳增长，2016年末常住人口数量为1190.84万人，比2015年末增加52.97万人，增速达4.7%。

（二）产业结构不断优化，新旧动能转换提速

2016年，深圳第三产业产值占GDP的比重持续增加，产业结构更加优化

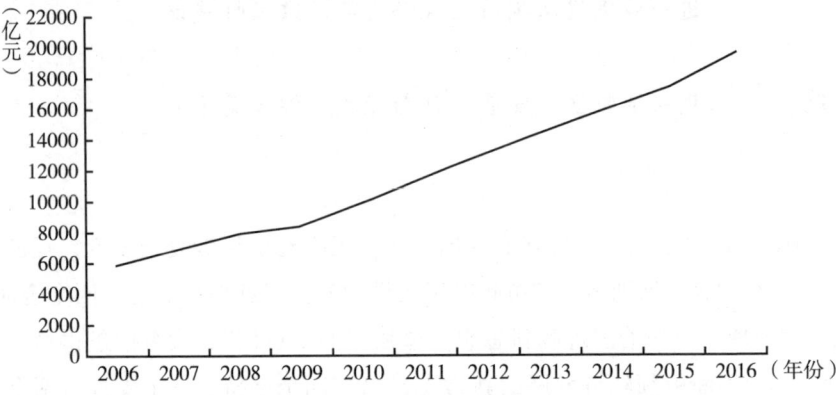

图 1 深圳 2006~2016 年 GDP 增长趋势

资料来源：深圳统计网，http://www.sztj.gov.cn。

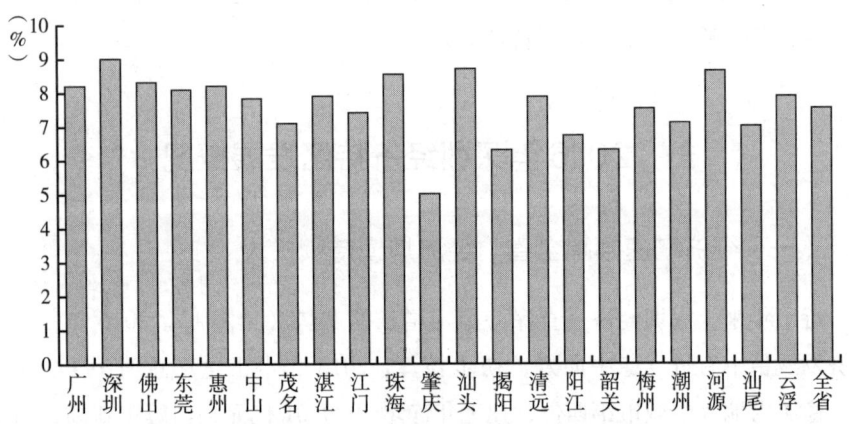

图 2 深圳与广东省内其他城市 GDP 增速比较

资料来源：广东省统计信息网，http://www.gdstats.gov.cn/。

（见图3）。其中，第一产业增加值为6.29亿元，同比下降3.7%，占全市生产总值的比重约为0.03%；第二产业增加值为7700.43亿元，同比增长7.0%，占全市生产总值的比重为39.5%；第三产业增加值为11785.88亿元，同比增长10.4%，占全市生产总值的比重达60.5%。

支柱产业强劲增长，新兴产业和未来产业发展迅猛，新旧动能转换提速。金融、物流、文化、高新技术四大支柱产业增加值分别为2876.89亿元、

1984.50亿元、1100.91亿元和6560.02亿元,比2015年分别增长14.6%、9.4%、15.4%和12.2%,显著高于平均增长率,对整体经济贡献更加突出(见图4)。新兴产业增加7847.72亿元,同比增长10.6%,占地区生产总值的40.3%。四大未来产业增加值已达1026.28亿元,占GDP的比重超过5%。

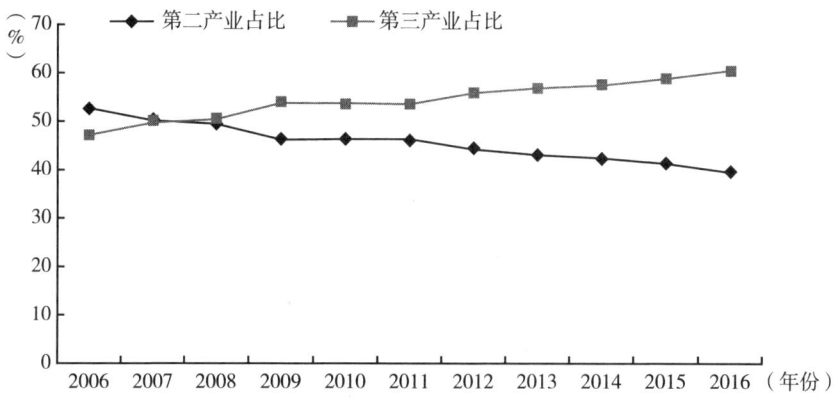

图3 深圳2006~2016年产业结构变化趋势

资料来源:深圳统计网。

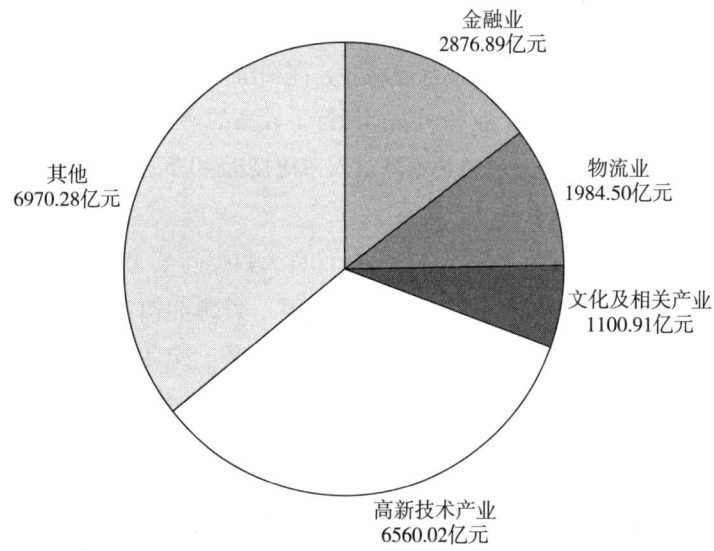

图4 2016年深圳四大支柱产业增加值

资料来源:深圳统计网。

（三）发展质量优势凸显，经济质量和生态质量"双提升"

深圳经济发展始终依靠质量优势赢得发展优势，有效地应对了复杂多变的国际经济形势和国内经济下行压力，实现了经济质量和生态质量的"双提升"（见图5）。

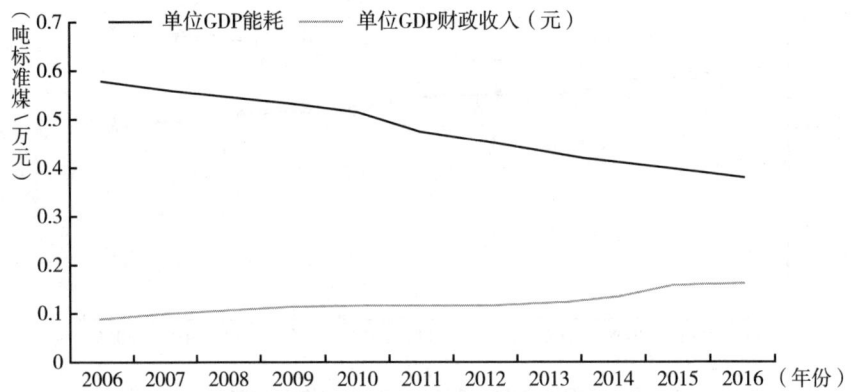

图5　2006～2016年单位GDP能耗和单位GDP财政收入变化趋势

资料来源：深圳统计网。

在本市生产总值保持快速增长的同时，深圳市固定资产投资、社会消费品零售总额、规模以上工业企业利润也都保持了较高的增速。辖区公共财政收入达7901亿元；其中地方一般公共预算收入占比接近40%；财政收入占GDP的比例增长稳定，已超过16%。

绿色发展取得新成绩。深圳空气质量优良天数提高至354天，宜居宜业的环境优势不断彰显，"深圳蓝"成为靓丽名片。资源能源消耗"低中再降"，万元GDP能耗低于0.38吨标准煤，同比下降4.1%；全年PM2.5平均浓度为27微克/立方米，同比下降10%；全市建成区绿化覆盖率达45.1%，全市生活垃圾无害化处理率为100%，生态环境居全国大中城市前列。

（四）对外贸易降幅趋稳，国内贸易增速加快

2016年，深圳着力优化外贸结构，新出台出口退税、周转金贴息等19条措施；外贸形势呈现逐季回稳、结构优化态势，外贸进出口总额全年实现

26307.01亿元，外贸进出口总额的降幅呈现趋稳态势（见图6）。其中出口总额占全国出口总额的11.3%，达15680.40亿元，取得出口总额二十四连冠。外贸综合服务企业、跨境电商增长迅速，分别增长15%和17%；六大传统劳动密集型产业的出口开始回暖，增长8.7%。进口总额10626.61亿元，其中消费品进口增速达8.9%。新签外商直接投资合同项目同比增长23.0%；合同外资和实际使用外商直接投资分别达521.93亿美元和67.32亿美元。

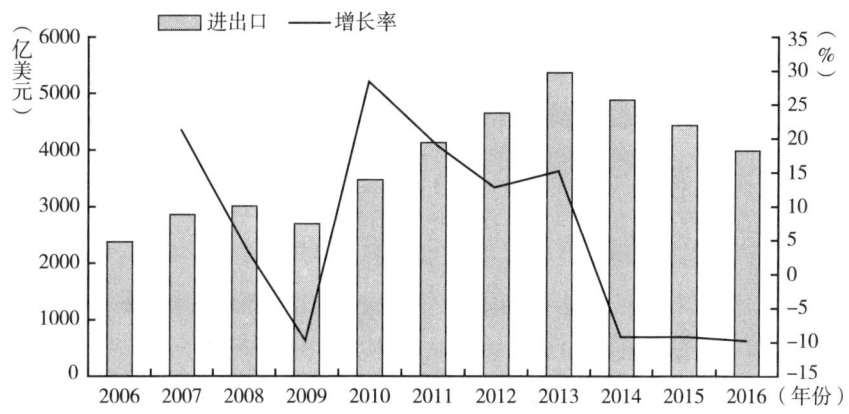

图6　2006~2016年全市进出口总额及增长率变化趋势

资料来源：深圳统计网。

深圳市社会消费品零售总额情况集中体现了该区域的贸易现状。2016年，全市社消费品零售总额同比增长8.1%，达5512.76亿元。其中，批发和零售业同比增长8.2%，在批发和零售业中，增长较快的有食品饮料烟酒类、书报杂志类、日用品类、通信器材类和汽车类，其增幅分别为17.5%、22.5%、15.1%、4.9%和12.7%。从近些年的变化趋势来看，社会消费品零售总额稳步增长，增幅开始企稳回升（见图7）。

（五）经济发展水平提升，人均收入不断增加

近年来，深圳市经济发展水平稳步提升，人均GDP和居民人均可支配收入增长态势稳定（见图8）。2016年，人均GDP达167411元（约2.52万美元），已连续4年超越台湾并与台湾2.2万美元的人均GDP水平逐渐拉开距

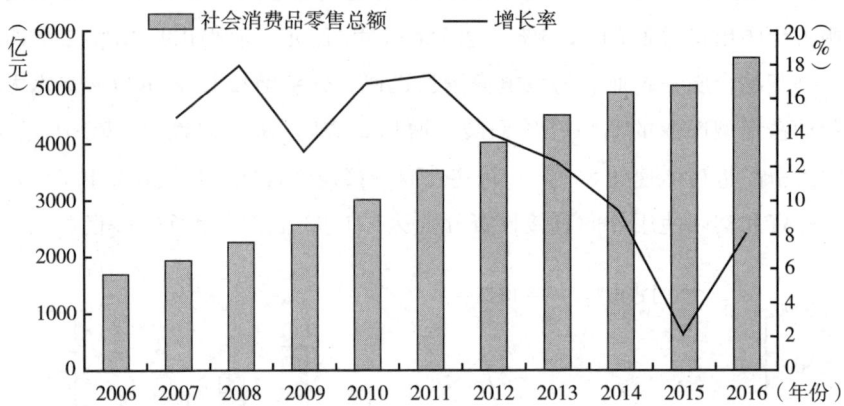

图 7　2006~2016年全市社会消费品零售总额及增长率变化趋势

资料来源：深圳统计网。

离。去除物价因素，深圳居民人均可支配收入同比实际增长6.5%；居民人均消费支出同比实际增长10.1%，恩格尔系数为0.305。

在保持人均GDP和居民人均可支配收入稳步增长的同时，深圳市不断提高公共服务的供给数量和质量。民生支出不断加大，教育、医疗分别同比增长32.3%、33.7%；社会保障、住房保障、文体等事业也都取得了新突破。

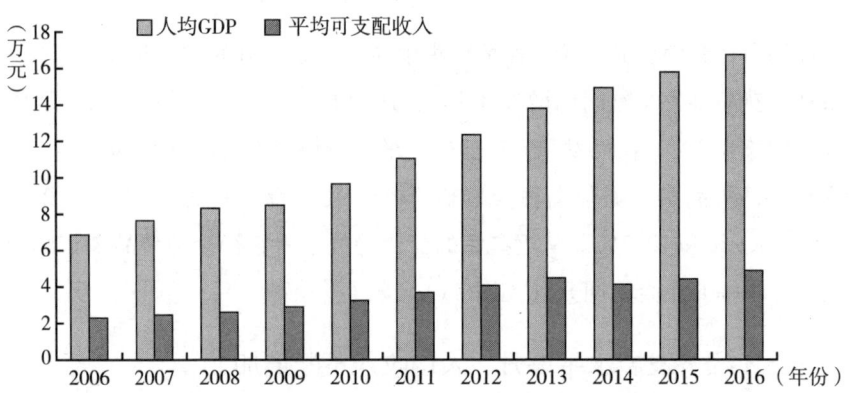

图 8　2006~2016年全市人均GDP和居民人均可支配收入变化趋势

资料来源：深圳统计网。

（六）专利数量领跑全国，创新能力加速提升

2016年，深圳创新能力加速提升，在多个领域的科技创新由跟跑、并跑向领跑转变。全社会研发投入占GDP比重的4.1%，达到发达国家的比例水平，2016年，新引入国家级和省市级创新载体210家。新引进全职院士6名、高层次创新团队23个，全市各类专业技术人员144.14万人，比上年增长6.5%，新增海归人才和高技能人才13.65万人。国家级高新技术企业增加2513家，累计达8037家。

近些年，国内专利申请量、授权量及国际PCT申请量增加迅速（见图9）。2016年国内专利申请量达145294件，比上年增长37.7%。其中，发明专利申请56336件，申请量居全国副省级城市第一名，同比增长40.74%；国内专利授权量达75043件，比上年增长4.1%。其中，发明专利授权量居全国副省级城市第一名；PCT国际专利申请量达19648件，占全国申请总量的46.59%，居全国各城市之首。截至2016年底，深圳累计发明专利申请337122件，国内有效发明专利量总量居全国各大城市第二名，仅次于北京；每万人国内有效发明专利80.09件，居全国各大城市第一名。

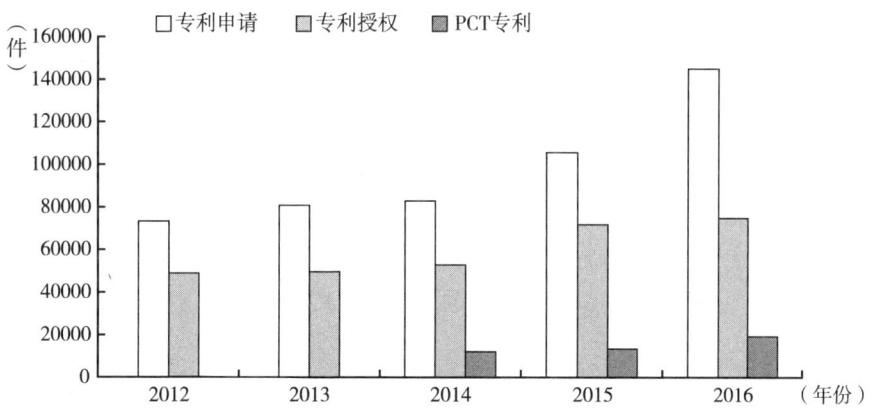

图9 2012~2016年专利授权情况

资料来源：深圳国家知识产权局国际代办处网。

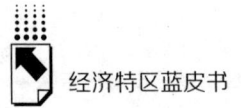

二 深圳市各区2016年综合竞争力比较

(一)建立主成分分析模型

主成分分析法是一种建立在相关分析基础上的统计分析方法;以数理统计理论为基础,运用降维方法综合评估较多变量所包含的信息。假定 n 个研究对象和 p 个指标,所有指标组合的指标矩阵集为:

$$X = \begin{bmatrix} x_{11} & x_{12} & \cdots & x_{1p} \\ x_{21} & x_{22} & \cdots & x_{2p} \\ \vdots & \vdots & \vdots & \vdots \\ x_{n1} & x_{n2} & \cdots & x_{np} \end{bmatrix}$$

其中,x_1,x_2,$\cdots$,x_p 为各研究单元的 P 个指标,假定 m 个主成分指标为 Q_1,Q_2,$\cdots$,Q_m($m \leq p$)。Q_i 与 Q_j($i \neq j$;i,$j = 1$,2,$\cdots$,m)互为无关向量;Q_m 是与 Q_1,Q_2,$\cdots$,Q_{m-1} 都不相关,且是方差最大的 x_1,x_2,$\cdots$,x_p 的线性组合。则 Q_1,Q_2,$\cdots$,Q_m 分别称为原变量 x_1,x_2,$\cdots$,x_p 的第一、第二、第三、$\cdots$、第 m 个主成分。并假定 r_{ij}(i,$j = 1$,2,$\cdots$,p)为原变量的相关系数,λ_p 为特征方程 $|\lambda I - R| = 0$ 的特征值,λ_i 对应的特征向量为 W_i,($i = 1$,2,$\cdots$,p);主成分的贡献率和累计贡献率分别为 u、U,方程式可表示如下:

$$\begin{cases} z_1 = l_{11}x_1 + l_{12}x_2 + \cdots + l_{1p}x_p \\ z_2 = l_{21}x_1 + l_{22}x_2 + \cdots + l_{2p}x_p \\ \qquad\qquad\qquad \vdots \\ z_m = l_{m1}x_1 + l_{m2}x_2 + \cdots + l_{mp}x_p \end{cases}$$

$$l_{ij} = p(z_i, x_j) = \sqrt{\lambda_i} W_{ij} (i, j = 1, 2, \cdots, p)$$

$$u = \frac{\lambda_i}{\sum_{k=1}^{p} \lambda_k} (i = 1, 2, \ldots, p) \quad U = \frac{\sum_{k=1}^{i} \lambda_k}{\sum_{k=1}^{p} \lambda_k} (i = 1, 2, \ldots, p)$$

综合主成分值可表示为:

$$Q_q = Q_1 \times \lambda_1 / \sum_{s=1}^{p} \lambda_s + Q_2 \times \lambda_2 / \sum_{s=1}^{p} \lambda_s + \ldots + Q_p \times \lambda_p / \sum_{s=1}^{p} \lambda_s$$

（$q = 1,2,\ldots,n$）综合主成分一般取特征值大于1的主成分。

（二）各区综合竞争力的测算

根据2016年各区的经济发展相关数据，选取经济规模（GDP）、经济增速（GDP增速）、人口规模（常住人口）、商业氛围（社会消费品零售总额）、经济发展水平（人均GDP）、创新能力（国际专利PCT申请数）、产业结构（第三产业占比）七个指标，基于主成分分析模型测算各区的综合竞争力；过程摘要如表1、表2、表3所示。

表1　各指标之间的相关系数

相关系数	经济规模	经济增速	人口规模	商业氛围	经济发展水平	创新能力	产业结构
经济规模	1.00	-0.05	0.78	0.78	0.22	0.69	0.22
经济增速	-0.05	1.00	-0.04	-0.10	-0.25	0.11	-0.25
人口规模	0.78	-0.04	1.00	0.49	-0.06	0.30	-0.06
商业氛围	0.78	-0.10	0.49	1.00	0.65	0.26	0.65
经济发展水平	0.22	-0.25	-0.06	0.65	1.00	0.48	0.55
创新能力	0.69	0.11	0.30	0.26	0.48	1.00	-0.11
产业结构	0.22	-0.25	-0.06	0.65	0.55	-0.11	1.00

表2　解释总方差

成分	初始特征值			提取平方和载入		
	合计	方差的百分比	累积百分比	合计	方差的百分比	累积百分比
1	2.92	41.75	41.75	2.92	41.75	41.75
2	1.83	26.10	67.85	1.83	26.10	67.85
3	1.20	17.19	85.04	1.20	17.19	85.04
4	0.87	12.47	97.52			
5	0.13	1.89	99.40			
6	0.03	0.49	99.89			
7	0.01	0.11	100.00			

表3 成分矩阵

变量	成分1	成分2	成分3
经济规模	0.94	0.33	0.04
经济增速	-0.18	0.45	0.35
人口规模	0.60	0.68	-0.34
商业氛围	0.88	-0.09	-0.30
经济发展水平	0.47	-0.73	0.47
创新能力	0.63	0.21	0.73
产业结构	0.51	-0.69	-0.35

提取第1、第2和第3个主成分，特征值 $\lambda_1 = 2.92$，$\lambda_2 = 1.83$，$\lambda_3 = 1.20$，总解释方差（累计贡献率）达85.04%，因此可以使用新变量 Q_1、Q_2、Q_3 代替原指标变量。

综合主成分值：$Q = Q_1 \times 2.92/5.95 + Q_2 \times 1.83/5.95 + Q_3 \times 1.2/5.95$。综合竞争力计算结果及各指标数值如图10和表4所示。

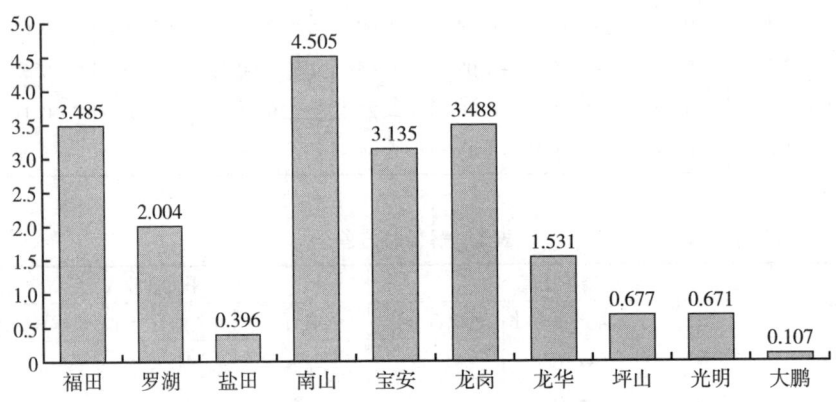

图10 各区综合竞争力指数比较

资料来源：使用SPSS23软件工具测算。

（三）各区综合竞争力的比较分析

测算结果表明，综合竞争力最强的是南山区，南山区在经济规模、经济发展水平和创新能力三个方面领先其他各区,在经济发展速度和人口规模方面也位居前列;龙岗区以微弱的优势综合竞争力超过福田区,两区分居第二位和第三位,又在不同指标上各有所长。

表4 各区竞争力指标的对比

各区	GDP（亿元）	GDP增速（％）	常住人口（万人）	社会消费品零售总额（亿元）	人均GDP（万元）	国际专利申请（件）	第三产业占比（％）
福田	3561.44	8.60	150.17	1665.12	23.72	1761.00	93.71
罗湖	1974.07	9.00	100.40	1152.47	19.66	313.00	96.17
盐田	537.68	8.80	22.65	71.09	23.74	158.00	84.74
南山	3842.37	9.30	135.63	737.11	28.33	10389.00	54.04
宝安	3003.44	8.80	301.71	715.45	9.95	1147.00	50.19
龙岗	3177.06	9.90	214.38	670.52	14.82	4534.00	35.56
龙华	1856.67	8.00	154.94	263.66	11.98	377.00	44.05
坪山	506.05	12.60	40.79	70.90	12.41	216.00	33.44
光明	726.39	9.10	56.08	110.40	12.95	752.00	36.76
大鹏	307.42	7.00	14.09	56.04	21.82	1.00	41.13

资料来源:深圳统计网。

龙岗区与宝安区相比,其不仅在经济规模、经济发展速度、经济发展水平方面已全面超过宝安区,更在创新能力方面大幅度领先宝安区（龙岗区国际专利申请量是宝安区的四倍）。这一方面体现了行政区划调整后宝安区的实力大减;另一方面也反映了龙岗区创新引领发展后劲更足。

综合竞争力排名靠后的五个区主要是东部地区和新成立的行政区或功能区,东部的盐田区和大鹏区排在最后;新成立的坪山行政区和光明行政区综合实力相当,分别排在第7位和第8位,罗湖区的综合竞争力已下降到第二梯队,与功能新区龙华区分别列在第5位和第6位。

总的来看,综合竞争力与创新能力的排名高度吻合,这表明创新的经济引领作用越来越明显;传统的罗湖区、福田中心区在土地等资源的约束下,综合竞争力面临严峻挑战,而创新能力强的南山区和龙岗区表现出领先优势且后劲十足,将成为新的发展中心;坪山区和光明区两个新的行政区也开始表现出强劲的增长势头,后发优势突出。

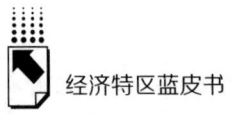

三 深圳经济发展的新动能和新模式

（一）前海蛇口自贸区改革加速，深港合作持续深化

前海蛇口自贸区经济发展迅速，2016年实现增加值1410亿元，比2015年提高了38%；实现税收收入270亿元，同比增长55%。2016年新注册企业53088家，累计注册企业已达124560家；前海蛇口自贸区共有商事主体123292户，增长约78%；其中前海片区有港资背景的企业5454户，占外资企业的93.52%。港交所、汇丰集团等1894家香港企业或香港企业的分支机构落户前海合作区，深港青年梦工场引入了70多个香港创业团队；全社会固定资产投资达370亿元，近五年年均增速约80%，实际利用外资38亿美元，增长了70%，超额完成计划目标。

前海蛇口自贸区面临自贸改革试验、深港合作、产城融合、体制机制改革"四期叠加"的独特机遇，是对外开放、"一带一路"倡议实施的重要平台。加快建设前海蛇口自贸区是深入贯彻落实习近平总书记重要批示和重要讲话精神的伟大实践，是市委市政府的"一号工程"和头等大事。前海蛇口自贸区承担着深港深度融合、促进香港长期繁荣稳定、形成更多可复制前海模式的光荣任务；从而逐渐形成国际化制度创新的"前海表达"、金融创新的"前海方案"和法治人才创新的"前海模式"。

除了国家战略机遇外，税收优惠和制度创新也是促进前海蛇口自贸区经济持续高速发展的重要推动力。前海自贸区为企业和个人提供税收优惠，物流业、信息服务业、科技服务业、文化产业四类行业企业征税税率为15%，较普通企业税率低10%；个人所得税中，个人已纳税额度超过薪资15%的部分，会在下一年返还给个人，包括外籍、港澳台、侨胞及留学人员等前海境外高端人才和紧缺人才；对已认定的250名境外高端人才和紧缺人才，个税补贴金额达到8441万元；其中，港籍人才127名，占50.8%。制度创新方面硕果累累，在已落地实施的102项制度创新的基础上，2016年再形成制度创新举措106项，部分举措在全国、全省复制推广。

（二）科技创新引领经济发展，创新之都加快形成

大众创业、万众创新是新常态下深圳经济结构转型升级的主引擎，也是加快建设现代化国际化创新型城市和国际科技、产业创新中心的重要抓手。深圳不断推进创新、创业、创投、创客"四创"联动，打出落实"双创"的资金、政策、人才等"组合拳"，已成为全国双创的先行模范。2016年新增创客空间81家、创客服务平台32家、孵化器12家；并成功举办了第二届深圳国际创客周，吸引35个国家和地区的50万人次参加；深圳湾创业广场成为全国创新创业的新名片。

科技创新成果不断涌现，高交会经过十八年的发展，现已成为中国规模最大、规格最高、最富实效、最具影响力的国家级国际性科技盛会。2016年以"创新驱动、质量引领"为主题的第十八届高交会在深圳隆重举行，向全世界展示了国内外前沿领域重大突破和创新创业的最新成就，吸引了97个国家和地区的58.9万观众参会。

创新要素加速集聚，深圳已成为人才、资金、技术等创新要素的高度集聚区。深圳2016年社会研发投入占全市GDP的比重达4.05%，与以色列和韩国相当；金融业高度发达，成为内地继上海、北京之后的第三大金融中心；从1999年引进第一位院士开始，到2016年已经引进了16位全职两院院士。华为等一大批行业领军企业不仅掌握了行业的最先进技术，还开始投入巨资向基础研究领域进发；华大基因等科技新秀已成为《科学》《自然》等国际顶级期刊上发表论文的常客，这些高科技企业的创新产品不断擦亮了深圳"创新之都"的金字招牌。

"知识产权统计数据库"的大数据分析结果表明①，深圳—香港集群在全球"创新集群"中排名第二，仅次于东京—横滨集群，超过排名第三的圣荷西—旧金山地区（硅谷地区），创新之都正在加快形成。深圳已经成为名副其实的"中国硅谷"，正在奔向下一个目标：世界级"创新之都"。

---

① 数据来源于世界知识产权组织发布的《全球创新指数报告》（2017）。

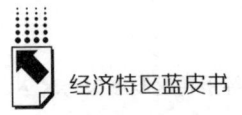

(三)粤港澳大湾区纳入规划,湾区经济引领开放

湾区经济具有开放、创新、宜居和包容等重要特征,从世界经济版图上来看,湾区经济是全球经济发展的重要引擎。粤港澳大湾区与东京湾区、旧金山湾区处于同一纬度,拥有香港和澳门两个自由港城市,深圳、珠海、汕头三个经济特区,南沙、横琴和前海蛇口三个自贸区;具有自由港、自贸区、特区等多重经济模式的叠加效应,总占地面积为56594.32平方公里,2016年总人口达6798.42万人,GDP达92303.76亿元,人均GDP达13.58万元;第三产业占比65.06%,进出口总额125931.94亿元,与GDP的比值达到136%;经济总量、经济发展水平、对外开放水平已接近世界一流湾区。

2016年3月,国务院发布了《关于深化泛珠三角区域合作的指导意见》,意见明确指出:泛珠三角区域要携手港澳共同打造粤港澳大湾区。随后,国家"十三五"规划纲要提出推动粤港澳大湾区建设。自此,粤港澳大湾区的规划和建设开始上升为国家顶层设计。

深圳是国内湾区经济最初倡议者,也是湾区经济发展的实践者和推动者,湾区已经成为深圳的重要城市属性。深圳始终对标世界一流湾区谋划对外开放布局,积极参与粤港澳大湾区建设,以实现更高水平的内外联动和更高层次的对外开放。

四 深圳经济发展面临的新问题和新挑战

(一)企业经营成本上升过快,推进产业转型升级迈向中高端已成为必然选择

近年来,伴随着经济快速发展,土地成本大幅上升、"地王"频现、房价大幅上涨,随之攀升的企业员工住房成本导致人工成本上升,写字楼、厂房等租金也出现一定幅度的上涨。在国际宏观经济环境复杂多变和国内经济面临下行压力的背景下,经营成本的上升给深圳企业的发展带来了巨大的压力。大量中低端企业选择外迁到周边城市或内地城市,这为深圳经济的可持续增长带来

了严峻的挑战。大力促进产业转型升级，加快推动产业向高端、高科技、高附加值转型升级，已成为深圳经济发展模式的必然选择。

（二）土地空间不足问题凸显，对科学规划和高效利用城市空间资源提出了更高的要求

深圳全市面积约 1998 平方公里，相当于北京的 1/8，不到上海、广州的 1/3。2005 年，深圳市即将全市陆地总面积的 50%（约 974.5 平方公里）的土地划入基本生态控制线。目前深圳建成区面积已经达到 900 平方公里，这也意味着深圳可供开发的土地空间已经基本饱和，产业和城市发展受到土地空间的严重制约。

深圳要进一步拓展空间，一方面可以"深莞惠河汕"经济圈的区域合作形式，实现"你中我有、我中有你"的协同发展。另一方面，必须充分挖掘土地资源潜力，通过创新产业用地分类、鼓励土地混合使用、提高产业用地容积率上限、集约布置配套设施、规范土地的弹性引导与量化控制等措施，科学规划和高效利用城市空间资源；实现空间资源的再配置、再优化，以创新思维来破解空间不足的难题，为产业和城市发展提供可靠、可持续的空间保障。

（三）公共服务存在不少短板，加快完善与城市发展水平相适应的教育、医疗、交通等配套设施已成为迫切需要

教育、医疗、交通等公共服务跟不上深圳经济快速发展和人口增长的发展要求，公共服务质量水平与深圳城市发展水平也不相适应。高等教育质量不高，没有入选"双一流"的大学和学科，与"双一流"大学和学科聚集的北京、上海、广州相比仍存在较大差距。基础教育学位缺口较大，2017 年公办小学一年级学位缺口为 4.63 万个，2018 年的缺口将达 6.1 万个；据估计，至少有 200 万名在深务工人员子女受公办学位申请条件和民办学校的高学费影响而不得不在老家"留守"。医疗资源也严重不足，看病难、看病贵问题突出。2016 年，全市三甲医院不足 10 家，而北京、上海、广州分别为 48 家、34 家、29 家；全市医疗卫生人才缺口为 3.5 万人。交通拥堵也时常发生，尤其是东部地区交通基础设施比较薄弱。

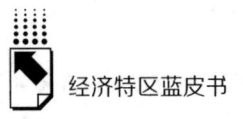

五 进一步促进深圳特区经济发展的政策建议

(一) 积极对接国家"一带一路"对外开放战略

"一带一路"对外开放战略是中国首倡、高层推动的国家战略,是新时期推动更高层次开放的重大战略机遇。一方面,深圳特区要积极落实国家"一带一路"建设的总体布局,全力打造海上丝绸之路桥头堡,加快建成"一带一路"的枢纽城市。另一方面,要大力支持企业赴"一带一路"沿线国家开展贸易投资活动,结合国家有关扶持政策,充分利用项目对接、出访考察、展览会议等途径协助企业获得更多出口商机;建立"一带一路"公共服务平台,提供"走出去"所需要的法规政策、质量标准、风俗文化、市场环境等信息,充分发挥企业的主体作用,从而更好地服务国家战略。

(二) 积极融入粤港澳大湾区的规划和建设

建设粤港澳大湾区是推进粤港澳三地深层次合作的国家战略,目前规划已经进入规划编制的冲刺阶段。深圳特区作为粤港澳大湾区的推动者和倡导者,应积极探索大湾区都市圈"利益共同体"的体制机制,充分发挥自身的科技优势、金融优势和毗邻香港的地理优势,在粤港澳大湾区建设中发挥核心引擎作用。以前海和落马洲河套地区为平台,在粤港澳大湾区的背景下推进深港更深层次的合作;在科技创新方面,联手香港和广州共同打造湾区跨境科创走廊;在基础设施方面,应从东西两轴规划沿湾区的高速铁路,加快东部机场规划和建设,推动东部湾区和西部湾区两翼齐飞。

(三) 坚定不移地实施"东进"战略

长期以来,深圳经济发展存在"东西不均衡"问题,龙岗、坪山、盐田、大鹏等东部地区经济发展水平相对落后,但具有后发优势。在西部土地空间约束趋紧、成本高企的形势下,深圳要想保持高速增长,必须大力发展东部地区,坚定不移地实施"东进"战略;着力打造深圳东部中心和加快建设深汕特别合作区,带动深圳东部地区乃至整个粤东北地区的发展。重点加快地铁、高铁、高速公路等基础设施的规划和建设，提升医疗、教育、文体、公园等公共服务水平，并通过产业政策倾斜引导企业向东部地区转移。

参考文献

［1］深圳市统计局：《深圳统计年鉴2016》，2016。
［2］深圳市统计局：《深圳市2016年国民经济和社会发展统计公报》，2016。

B.10
珠海经济特区发展报告

陈红泉*

摘　要： 2016年，珠海经济特区面对经济下行压力，克服了外贸连续第二年较大幅度下滑等各种困难，总体经济保持较高速度增长，工业经济筑底趋稳，民营经济投资持续活跃，第三产业占比首次突破50%，产业结构不断优化，横琴新区兴起开发投资热潮，实现了"十三五"的良好开局。面对新的国际国内形势，本报告建议，珠海经济特区需进一步优化产业结构，着力重点发展现代服务业，顺应全球新一轮科技产业规模战略上布局新兴产业和未来产业，加大制度创新进一步释放横琴新区发展活力，提升银行信贷支持珠海实体经济的力度。

关键词： 珠海经济特区　横琴新区　经济运行　产业结构优化

2016年，珠海经济特区面对经济下行压力，克服了外贸连续第二年较大幅度下滑等各种困难，总体经济保持较高速度增长，工业经济筑底趋稳，民营经济投资持续活跃，第三产业占比首次突破50%，产业结构不断优化，横琴新区兴起开发投资热潮，实现了"十三五"的良好开局。面对新的国际国内形势，本报告建议，珠海经济特区需进一步优化产业结构，着力重点发展现代服务业，顺应全球新一轮科技产业规模战略上布局新兴产业和未来产业，加大制度创新进一步释放横琴新区发展活力，提升银行信贷支持珠海实体经济的力度。

---

* 陈红泉，深圳大学中国经济特区研究中心讲师。

一 珠海2016年经济社会发展情况

（一）经济运行保持较高速度增长，财政状况良好

2016年，珠海经济特区实现地区生产总值（GDP）2226.37亿元，同比增长8.5%，比全省GDP增速高出1个百分点，GDP增速连续2年排在珠三角地区第一位之后居第二位。

2016年，珠海经济特区人均GDP同比增长7.8%，达13.45万元，按平均汇率折算为2.02万美元，是广东省人均GDP的1.85倍，继续排在广东省第三位，仅略低于广州市和深圳市（见图2）。

2016年，珠海经济特区一般公共预算收入292.37亿元，比上年增长12.4%，增速比上年回落4.8个百分点，但比广东省和全国增速分别高出2.1个和7.9个百分点。一般公共预算支出417.16亿元，增长7.2%，增速比上年大幅回落32个百分点。收支相抵，财政支出大于财政收入124.79亿元，比上年多5.98亿元。

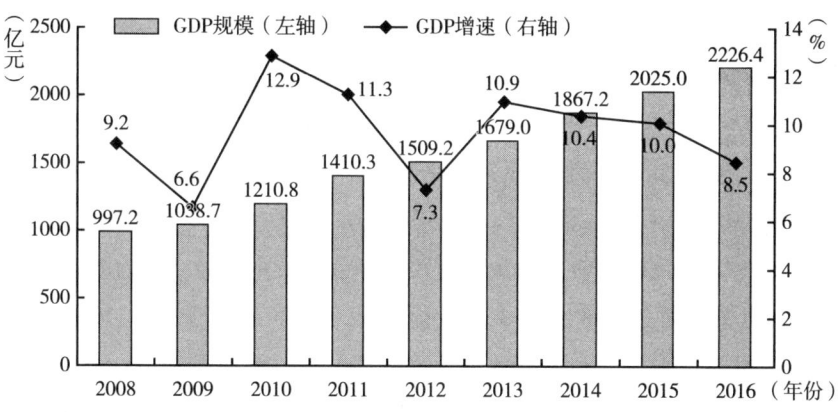

图1　2008～2016年珠海经济特区地区生产总值（GDP）规模及增速

注：本图及本报告其他图表的地区生产总值、各产业增加值等指标的绝对数按现价计算，增长速度则按可比价计算。

资料来源：《2016年珠海市国民经济和社会发展统计公报》和《珠海统计年鉴2016》。

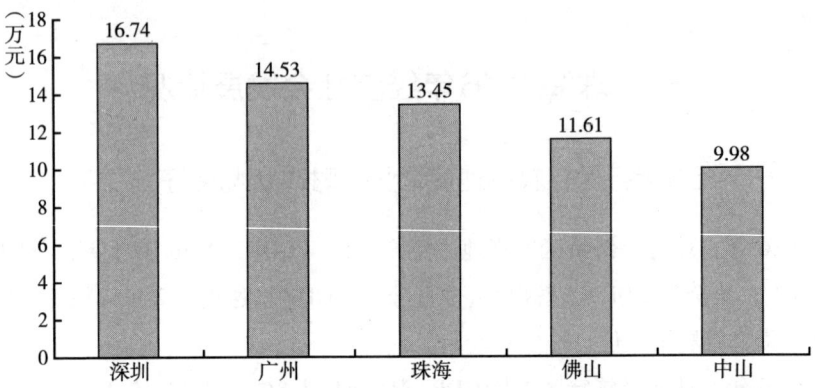

图 2　广东省人均 GDP 前五位城市对比

资料来源：2016 年广东省各市国民经济和社会发展统计公报。

（二）产业结构不断优化，第三产业占比首次突破50%

2016年，珠海经济特区产业结构不断优化，主要表现在以下几个方面。

第一，珠海经济特区三次产业结构进一步调整优化，第三产业实现快速增长，对经济增长的贡献最大。2016年，珠海经济特区第一、第二、第三产业当年增加值分别为48.21亿元、1059.77亿元、1118.39亿元，分别同比增长1.4%、5.8%、11.7%。三次产业对经济增长的贡献率分别为0.4%、33.6%、66.0%。第三产业比重首次突破50%，三次产业的比例为2.2∶47.6∶50.2。

第二，珠海经济特区服务业尤其是现代服务业快速发展，对经济的拉动作用日趋明显。2016年珠海市现代服务业增加值661.66亿元，同比增长12.6%，占GDP的29.7%。信息传输软件和信息技术服务业、交通运输仓储邮政业、租赁和商务服务业三大主导服务业分别实现营业收入118.2亿元、96.9亿元和91.1亿元，分别同比增长29.9%、15.4%和28.8%。服务业企业效益良好，全年规模以上服务业企业实现利润总额120.5亿元，增长9.5%。

第三，珠海经济特区工业结构进一步优化。主要表现为：（1）虽然全市规模以上工业增加值增长5.9%，但民营企业工业增加值增速较快，同比增长18.8%，远超国有及国有控股企业的2.2%增速和港澳台及外商投资企业的2.7%增速。（2）轻重工业结构延续高端化和适度重型化趋势，2016年规模以上重工业增加值增长8.2%,轻工业增加值增长2.1%,重工业和轻工业比重提升到63.7∶36.3。(3)支柱产业和先进制造业增速较快,分别同比增长8.1%和7.2%,而传统产业增速明显放缓,其中第一大支柱产业家电电气业工业增加值同比增长11.9%,先进制造业的装备制造业增加值同比增长11.6%,属于传统产业的纺织服装业增加值同比增长-8.9%。

(三)出台稳增长政策见效,工业经济筑底趋稳

2016年,在经济发展新常态背景下,珠海经济特区工业经济面对较大的下行压力,珠海经济特区政府采取了一系列"稳增长"措施。一是抓好市区联动稳增长工作,加强对各区督察指导和服务,分析各区工业稳增长情况,制定有针对性的稳增长措施。二是出台了《加快民营经济发展的若干措施》和《珠海市高新技术企业培育专项资金管理办法》等促进工业投资和创新经济发展的政策措施。三是提升园区产业载体建设水平,促进产业集聚集约发展。四是加快重点工业项目建设,落实龙头企业和重点工业项目跟踪工作制度。五是大力支持企业技术改造,挖掘重点技改项目和高成长技改项目,落实技改奖励预算资金。这些政策措施取得了良好效果,如工业技改投资147.44亿元,同比增长64.6%,占珠海全市工业投资比重的51.3%,这一方面直接推动珠海工业投资实现了11.4%的增速;另一方面也为珠海工业经济未来发展增添了新活力和新基础。总体上,2016年珠海规模以上工业增加值增速从2月最低的-4.4%逐月回升,5月实现转负为正,全年呈阶段性筑底趋稳态势,全年同比增长5.9%。

从主要行业来看,六大支柱产业继续保持成为珠海经济特区工业增长的主要推动力。2016年珠海经济特区六大支柱产业实现增加值合计700.38亿元,同比增长8.1%(见表1),对全市规模以上工业增加值贡献率达67.1%。其中,家电电气业作为珠海第一大支柱产业实现增加值240.47亿元,同比大幅增长11.9%。精密机械制造业超越生物医药业成为第五大支柱产业,2016年完成工业增加值60.15亿元,同比增长22.5%。电力能源业和石油化工业也实现了较快增速,分别同比增长9.1%和16.6%,分别完成工业增加值94.89亿元和69.08亿元,电子信息业作为珠海第二大支柱产业则表现不佳,完成工业增加值183.60亿元,同比增长-1.6%。

表1 2010～2016年珠海经济特区六大支柱产业工业增加值同比增速

单位：%

年份	平均增幅	家电电气	电子信息	电力能源	石油化工	精密机械制造	生物医药
2010	18.6	16.0	29.8	10.6	20.0	13.2	23.0
2011	11.5	20.3	-4.0	10.6	11.4	14.2	25.0
2012	7.8	15.6	1.1	-7.6	10.0	14.7	18.5
2013	9.2	7.4	14.8	0.8	11.2	8.6	11.0
2014	5.0	5.6	6.5	7.2	-2.3	4.2	16.2
2015	9.6	0.7	20.5	12.9	2.8	14.9	15.7
2016	8.1	11.9	-1.6	9.1	16.6	22.5	2.9

资料来源：2010～2016年《珠海市国民经济和社会发展统计公报》。

（四）固定资产投资增速明显降低，民营经济投资持续活跃

在港珠澳大桥、横琴新区开发等基础设施重点项目以及房地产投资的带动下，珠海经济特区固定资产投资增速2011～2014年连续四年位居珠三角地区第一，整个"十二五"期间固定资产投资平均增速高达21.3%，总量实现翻番。然而，进入"十三五"时期随着不少重量级基础设施建成或进入尾声之后，珠海经济特区固定投资总额增速明显下降。2016年珠海经济特区完成固定资产投资1389.75亿元，同比增长6.5%（见图3），增速比上年下滑8.5个百分点。

分投资主体看，非国有经济尤其是民营经济的固定资产投资保持了高速增长，仍是珠海固定资产投资的主力军，国有经济企业投资增速出现较大幅度的下降是导致珠海固定资产投资增速大幅下滑的主要原因。2016年，珠海经济特区非国有经济投资占比75.32%，达1046.79亿元，同比增长23.9%；其中，民营经济继续保持高速增长，同比增长32.7%，投资总额达638.8亿元；港澳台、外商经济投资金额为228.84亿元，同比增长23.3%。相比之下，珠海经济特区国有经济投资出现较大幅度的下滑仅为342.96亿元，同比增长-25.5%。

分产业看，珠海经济特区第二产业投资恢复增长，第三产业则继续保持固定资产投资的主要方向，但交通运输业等基础设施产业投资出现较大幅度

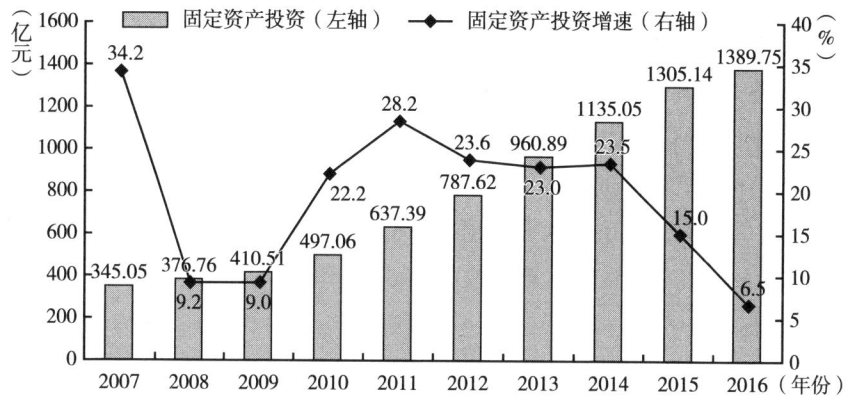

图3 2007~2016年珠海经济特区固定资产投资及其增速

资料来源：2016年《珠海市国民经济和社会发展统计公报》。

的下降，成为导致珠海固定资产投资增速大幅下滑的重要因素。2016年，珠海第二产业投资增速由上年的下降6.3%转为增长11.4%，投资金额为287.47亿元，工业投资中的制造业投资增速同样由负转正，增长10.2%，投资金额为241.28亿元。而珠海第三产业投资2016年增速明显下降，同比增长5.2%，增速比上年下降16.7个百分点，但投资金额仍高达1099.25亿元，占总投资的比重也仍高达79.09%。第三产业中，房地产开发投资641.03亿元，同比增长22.3%；交通运输、仓储和邮政业投资123.21亿元，比上年减少40.1亿元；水利、环境和公共设施管理业投资112.29亿元，比上年减少33.2亿元。

（五）受国际国内多种因素影响，外贸连续第二年较大幅度下滑

2016年，珠海经济特区完成进出口总额2753.05亿元（按平均汇率折算为413.5亿美元[①]），同比下降7.0%，连续两年出现较大幅度的下滑（见图4）。其中，出口1802.26亿元，同比微幅增长0.5%；进口950.8亿元，同比

[①] 为适应新形势下改革开放、对外经济以及人民币国际化发展的需要，进出口统计数据从2014年开始以人民币和美元计价发布，经过几年过渡，2016年对外经济数据基本均用人民币计价发布，不再用美元计价发布。由于汇率波动等因素，两种货币计价经折算后的数据同比增长统计上会出现不同（如图4等）。

大幅下降18.6%，连续第二年出现两位数的降幅。

近几年，国际经济周期性持续低迷和全球贸易保护主义抬头，中国外贸结构调整并逐渐依靠内需驱动型增长模式，受这些因素影响，庞大的中国对外贸易基数已难以持续高增长甚至陷入低迷，在未来较长时间这都将是一种"新常态"。2016年广东省进出口总额、出口额和进口额同比增速分别为-0.8%、-1.3%和0.01%，同期全国该三项指标的同比增幅分别为-0.9%、-1.9%和0.6%。作为经济特区和改革开放前沿城市，珠海低迷的外贸形势基本反映了这一态势。

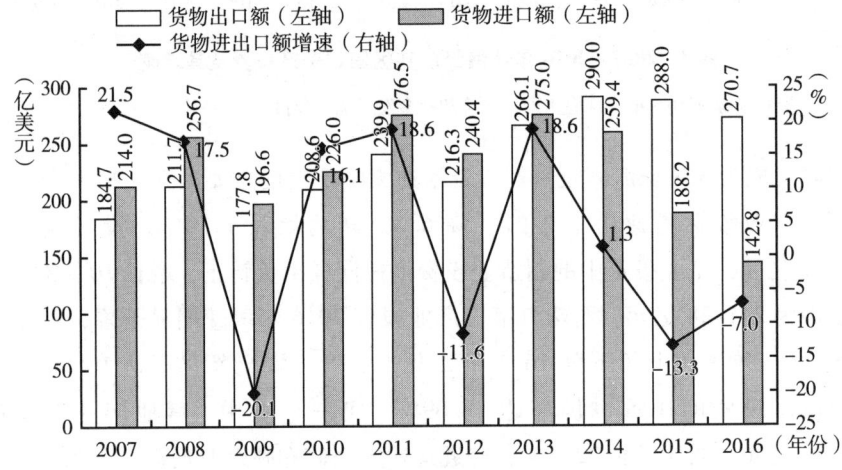

图4　2007~2016年珠海货物进出口额及其增速

资料来源：2016年《珠海市国民经济和社会发展统计公报》。

2016年，珠海经济特区外贸结构也出现几点新变化：(1)从贸易方式看，一般贸易已经完全取代加工贸易成为主要出口方式，2016年珠海一般贸易出口1015.32亿元，同比增长11.9%，而加工贸易出口为737.24亿元，仅相当于前者的72.61%（见表2）。(2)从出口市场看，珠海对"一带一路"国家出口大幅增长41%，达到461.1亿元，成为珠海外贸的一大亮点。其中，对东盟国家出口194.55亿元，同比增长37.8%；对印度出口74.22亿元，同比增幅高达150.8%（见表3）。可见，珠海经济特区是"一带一路"的重要战略支点，在积极参与"一带一路"建设过程中初见成果。

表2　2016年珠海经济特区进出口额及其增长速度

指标	绝对数（亿元）	比上年增长（%）
进出口总额	2753.05	-7.0
出口额	1802.26	0.5
其中：一般贸易	1015.32	11.9
加工贸易	737.24	-11.6
其中：机电产品	1278.40	-0.2
高新技术产品	488.49	19.0
进口额	950.80	-18.6
其中：一般贸易	426.80	-24.1
加工贸易	255.61	-17.9
其中：机电产品	496.36	-14.8
高新技术产品	346.10	-18.3

资料来源：2016年《珠海市国民经济和社会发展统计公报》。

表3　2016年珠海经济特区对主要国家和地区进出口额及其增速

国家和地区	出口额（亿元）	比上年增长（%）	进口额（亿元）	比上年增长（%）
美国	366.68	-26.8	77.14	6.5
中国香港地区[①]	328.97	2.2	NA	NA
欧盟	282.18	-12.2	70.68	3.1
东盟	194.55	37.8	149.29	-7.9
日本	80.36	3.5	74.96	-13.1
印度[②]	74.22	150.8	NA	NA
"一带一路"	461.10	41.0	378.58	-25.7

注：①珠海从香港进口的数据金额较小，2016年未公布，2014年和2015年珠海从香港进口额仅为1.81亿美元和7.65亿元。
②珠海从印度进口的数据2016年未公布。
资料来源：2016年《珠海市国民经济和社会发展统计公报》。

对外投资方面，2016年珠海经济特区新设外商投资企业数量为803个，同比增长23.4%；合同外资金额90.51亿美元，同比大幅增长150.4%；实际吸收外资金额22.95亿美元，同比增长5.4%。外资投资主要集中在珠海经济特区的制造业、建筑业、房地产业、租赁和商务服务业、科学研究技术服务和地质勘查业和金融业六类行业，这六类行业实际吸收外资金额占总额的97.4%，其中后四类现代服务业实际吸收外资占比48.9%，略超第二产业。

（六）"大交通"建设初具规模，"一带一路"枢纽地位加强

经过过去多年尤其是"十二五"期间实施"大交通"发展战略，珠海经济特区的港口、机场、高速公路、铁路等立体化的交通基础设施逐步完善，广珠铁路、广珠城轨等结束了珠海经济特区不通铁路的历史，机场高速、高栏港高速通车极大促进了珠海机场、港口的发展。2016年9月27日，港珠澳大桥主体桥梁正式贯通，"大桥梦"即将实现，将进一步促进珠港澳合作，也将进一步提升珠海经济特区的珠江口西岸交通枢纽地位。

2016年，珠海机场全年旅客吞吐量为613.04万人次，同比增长30.2%，货邮吞吐量3.15万吨，同比增长22.01%，运输飞行起降4.97万架次，同比增长25.5%，这三项航空指标增长率均居华南地区机场第一位。铁路全年客运量为1357.4万人次，同比增长6.3%；铁路货物周转量9.5亿吨公里，同比增长69.8%。公路全年客运量为3018.9万人次，同比微幅增长0.1%，公路货物周转量50.8亿吨公里，同比增长3.9%。全年规模以上港口完成货物吞吐量11778.7万吨，同比增长5.1%，港口共完成集装箱吞吐量165.4万标准箱，同比增长23.6%。

上述珠海经济特区交通运输客货运量等多项指标的大幅度增长，说明珠海经济特区对外吸引力和辐射力不断增强，珠海经济特区与国内外经济贸易的联系更为紧密，在泛珠三角甚至"一带一路"中的地位不断提高。

（七）民生保障水平持续提升，居民收入及消费支出较快增长

2016年珠海经济特区进一步加大对民生和社会建设的投入力度。公共财政预算用于教育、科学技术、社会保障和就业、医疗卫生、节能环保、农林水事务、住房保障等九项民生支出全年合计共284.1亿元，同比增长26.2%，占全市公共财政预算支出的68.1%，比上年提升10.2个百分点。

2016年，珠海经济特区就业形势继续保持稳定。2016年，珠海城镇登记失业率2.28%，比上年微幅上升0.02个百分点。城镇新增就业人数46968人，比上年少增加617人。城镇失业人员实现再就业13106人，比上年增加297人。就业困难人员实现就业2273人，比上年减少303人。农村劳动力转移就业2203人，比上年增加19人。

2016年，珠海经济特区全体居民人均可支配收入为40154.1元，同比增

长11.1%，高于GDP增速2.6个百分点。增速高于广东省平均水平2.4个百分点。其中，城镇居民人均可支配收入42537.4元，增长11%，增速高于广东省平均水平2.6个百分点；农村常住居民人均可支配收入22889.4元，比上年增长11.6%，增速低于广东省平均水平3个百分点。

2016年，珠海经济特区社会消费品零售总额1016.1亿元，比上年增长11%，高于GDP增速2.5个百分点。城镇常住居民人均消费性支出32150.5元，同比增长11.9%；农村常住居民人均消费性支出18372.6元，同比增长14.5%。2016年珠海经济特区城镇常住居民现有住房建筑面积人均30.6平方米，比上年增加0.5平方米；农村常住居民现有住房建筑面积人均45.5平方米，比上年增加3.4平方米。

珠海经济特区居民较高增幅的收入增长是珠海消费增长的重要基础，由此也让老百姓分享了经济增长的成果，另外也说明消费等内需对珠海经济增长的贡献率在提高，有利于珠海经济结构的转型升级。

（八）生态环境持续向好，建设生态宜居之城

2016年，珠海经济特区大气、水环境等生态环境各项指标持续向好。2016年，珠海灰霾天气日数24天，比上年减少21天。环境空气中可吸入颗粒物（PM10）和细颗粒物（PM2.5）年日均值分别比上年下降17.6%和16.1%。全年有346天空气质量为优良，空气质量达标率为94.5%，比上年提升了6个百分点。在环保部公布的全国74个重点城市年度空气质量排名中，居第8位。2016年珠海经济特区水环境质量继续处于较好水平，集中式饮用水源水质达标率100%。城市污水日处理能力达83.4万吨，同比增长13.6%。

2016年珠海经济特区节能减排成效显著。2016年规模以上工业综合能源消费量567.5万吨标准煤，比上年下降1.6%，增速大幅下降9.1个百分点。单位工业增加值能耗下降7.1%，连续四年下降。

珠海经济特区近年来致力于建设生态宜居之城，全面创建全国生态文明建设示范市，生态文明建设成效显著，在全省乃至全国居于领先地位，并获得广泛肯定和赞誉，多次获得"国家生态园林城市""全国最宜居城市""国家级生态示范区""国家森林城市""国家生态市""国际花园城市"等国家有关部委、学术机构甚至联合国等颁发的荣誉称号。2016年珠海经济特区再获3

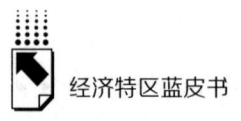

个相关荣誉。2016年1月22日，珠海被国家环境保护局评为"国家生态市"称号，是广东省唯一上榜城市。2016年1月29日，珠海被住房和城乡建设部评为首批7个"国家生态园林城市"之一，也是广东省唯一上榜城市。2016年6月5日，在我国设立的首个生态文明建设示范方面的政府奖项——"中国生态文明奖"颁奖典礼上，珠海获评为全国首批19个"中国生态文明奖——先进集体"之一，也是广东省唯一获此荣誉的城市。

二 珠海经济特区面对的新形势

（一）世界经济有所分化，国际贸易增长缓慢

2016年，世界经济在一定程度上摆脱金融危机的影响，保持了微弱的复苏态势，全球经济增长3.1%，比上年下降0.1个百分点。全球范围内逆全球化、民粹主义的声音此起彼伏，贸易及投资保护主义抬头导致国际贸易增长缓慢，2016年全球商品和服务贸易仅增长1.9%，比上年下降0.8个百分点，低于全球经济增长率1.2个百分点。另外，各国政治经济社会领域"黑天鹅"事件频现，种种"灰犀牛"风险隐忧不断，世界地缘政治冲突不断，世界经济社会发展仍然存在巨大的不确定性。

2016年，发达经济体缓慢复苏，经济增速分化，就业改善。整个发达经济体2016年经济增长1.6%，比上年下降0.5个百分点。美国2016年GDP增速为1.6%，比上年下降0.5个百分点，但2016年第三季度GDP增速高达3.5%，另外美国消费支出、劳动力市场、通货膨胀等核心经济指标不断改善，其中2016年11月美国失业率降至4.6%，为2007年8月以来最低，美国经济接下来将保持恢复增长态势。欧元区方面，虽然得到其内需和出口回升拉动的利好，但仍然受制于其较高的公共债务问题，加上英国脱欧和难民危机等不利影响，欧元区经济复苏缓慢，2016年经济增长1.7%，比上年下降0.3个百分点。不过通货膨胀和就业等核心经济指标持续好转，2016年12月欧元区失业率为9.6%，为四年来最低，当月综合消费者物价指数（HICP）同比增长1.1%，创2013年9月以来新高，长期困扰欧元区的通缩压力有所缓解。日本经济复苏之路艰难，通货紧缩压力犹存，就业相对稳定。2016年日本经济增

长率前高后低，一至四季度GDP年化环比增速为2.3%、1.8%、1.4%和1.0%，通胀水平依然处于低位。2016年4~9月连续6个月CPI为-0.3至-0.5。但日本劳动力市场相对稳定甚至有所改善，失业率比诸多发达经济体国家要低得多，2016年12月日本失业率仅为3.1%，比上年下降0.2个百分点。

2016年新兴经济体经济总体有所企稳，但部分国家仍然处在经济衰退之中。2016年新兴经济体增长4.1%，比上年微幅提升0.1个百分点。印度经济仍然保持高速增长，2016年印度GDP增长6.6%，增速比上年小幅下滑0.1个百分点。在石油等大宗商品价格回升的影响下，巴西和俄罗斯经济有所企稳，其中，巴西经济仍然处于衰退中，经济增长为-3.5%，但比上年小幅上升0.3个百分点，俄罗斯经济增长-0.6%，但比上年大幅提升3.1个百分点。另外南非2016年经济增速为0.3%，比上年下降1个百分点。

全球经济将在未来较长时间内出现较大程度的分化，美国经济由于新一轮科技革命和产业变革以及特朗普政府"减税加基础设施建设"的扩张性财政政策，有望率先并持续复苏。而部分新兴经济体和发展中国家由于资本外流压力、过度依赖大宗商品等资源的结构性困境等，有可能难以在美国经济的"火车头"带动下恢复增长。而逆全球化、民粹主义影响下新贸易保护主义有可能日趋严重，全球贸易增速放缓压力也可能加剧，由此会进一步在全球范围内加速全球价值链出现国内化趋势，各国、各地区乃至一个城市的经济发展动力由此必须更加依赖内需。

（二）国内经济结构继续优化，增长潜力依然巨大

2016年，我国经济下行压力减轻，经济增长速度保持在合理区间，经济结构持续优化，经济发展质量和经济效益提升。

一是宏观经济继续保持较高速增长。2016年国内生产总值为74.4万亿元，同比增长6.7%，比上年回落0.2个百分点，而2015年GDP增速比2014年回落0.5个百分点。二是居民收入稳定增长，人民生活持续改善。2016年全国居民人均可支配收入23821元，同比增长8.4%，比上年回落0.5个百分点，全国居民人均消费支出17111元，同比增长8.9%，比上年提升0.5个百分点。三是经济结构进一步优化，消费和服务业等内需型经济增

长动力进一步增强。2016年社会消费品零售总额为33.23万亿元，同比增长10.4%，最终消费支出对国内生产总值增长的贡献率为64.6%，比上年提升4.7个百分点。2016年第三产业增加值占GDP的比重在上年首次突破50%的基础上，进一步提高了1.4个百分点，达51.6%。四是工业经济增速仍然较低，固定资产投资增速继续回落。2016年全部工业增加值24.8万亿元，同比增长6.0%，比上年提升0.1个百分点，全社会固定资产投资60.7万亿元，同比增长7.9%，比上年回落1.9个百分点。五是"去产能、去库存、去杠杆、降成本、补短板"等供给侧结构性改革取得初步成效，经济效益逐步改善。

从中国经济的未来发展角度看，正如习近平总书记在出席亚太经合组织工商领导人峰会上所说："中国经济发展长期向好的基本面没有变，经济韧性好、潜力足、回旋余地大的基本特征没有变，经济持续增长的良好支撑基础和条件没有变，经济结构调整优化的前进态势没有变。"随着新型城镇化、供给侧结构性改革、国企改革、简政放权等改革不断深化，新一轮科技产业革命中国内战略性新兴产业不断兴起发展，"互联网+"时代的创新型商业模式和共享经济在中国方兴未艾，因此有理由相信中国的经济增长潜力依然巨大。

（三）横琴新区兴起开发建设热潮，成为珠海经济新的增长引擎

2015年4月23日，珠海横琴新区获批成为广东自贸区三大片区之一。自此，横琴新区快速兴起开发建设热潮，成为珠海经济新的增长引擎，提前完成了"三年大变化、五年成规模"的阶段性目标。

2016年，横琴新区在不利的国际国内经济压力下保持了高速增长，地区生产总值达157.5亿元，同比增长20.1%。

横琴新区已成为珠海经济特区新增投资的"热土"和"首选"。2016年，横琴新区固定资产投资额达到346.24亿元，同比增长19.5%，对珠海经济特区固定资产投资增长贡献率高达66.6%。横琴新区目前已有包括数十家世界500强和国内500强企业的85个重点项目正在开发建设，总投资金额高达3400多亿元，其中包括保利集团海外总部、中信集团华南总部、光大控股华南总部、海航基础总部等。从新增企业数量来看，2016年，横琴新区新登记市场主体12167户，同比大幅增长44.7%，注册资本

6877亿元，同比增长141.9%，可见，一批又一批的企业和资金在横琴新区集聚。

横琴新区对澳合作取得巨大成效，开创了珠港澳合作和对外开放新局面。2016年，横琴新区港澳企业数量新增616家，相当于过去六年新增的总和，新增注册资本957.11亿元。其中，新注册澳资企业387家，超过过去6年的总和；新注册港资企业229家，比2015年底增长87%。横琴粤澳合作产业园已进入全面建设阶段，已有16个澳门特区政府推荐进入横琴粤澳合作产业园的项目签订项目合作协议并取得项目用地。

三 促进珠海经济特区进一步发展的建议

（一）着力重点发展现代服务业

如前所述，尽管国际经济形势复杂多变，但中国作为发展中国家，未来经济增长潜力依然巨大。不过未来的经济增长潜力与过去主要依赖外贸外需和粗放式增长方式不同，消费、服务业、高科技产业将成为未来中国增长的主要动力，2015年中国第三产业占比首次突破50%，2016年珠海经济特区第三产业比重也首次突破50%。珠海经济特区需要顺应这一形势变化，充分发挥珠海的珠江西岸交通枢纽、"一带一路"重要战略支点、高科技产业基础、生态环境优越等的影响，着力重点发展第三产业尤其是现代服务业，促进生产性服务业和生活性服务业高速发展。

（二）战略上推动珠海工业顺应当代科技产业革命的发展趋势

珠海经济特区的工业发展是在国内比较早确立高科技发展方向的，"三高一特"的现代产业体系建设并已实施多年取得了较大成效，形成了六大支柱产业为主导的良好基础。另外，珠海经济特区工业存在总体规模相对偏小、基础相对薄弱的短板。为弥补这一短板，珠海经济特区需要顺应当代"以信息技术革命为先导，互联网技术、生物技术、新能源和新材料技术、空间利用和海洋开发技术产业等科技产业革命"的发展趋势，努力布局和促进战略性新兴产业和未来产业的发展，才有可能抓住新的历史发展机遇实现"弯道超越"。在这一点上,深圳经济特区的经验值得借鉴。早在2013年,深圳经济特区就制定了生命健康、海洋、航空航天、机器人等未来产业规划,并采取了财政资金、产业链培育引进以及产业化项目建设等一系列有关政策。这些昔日"未来产业"由此在深圳快速发展,如今甚至成为一定程度上的"支柱性产业"。2016年深圳的战略性新兴产业和未来产业对深圳GDP增长贡献率提高至53%,其中2016年深圳机器人工业增加值为288亿元,同比增长26.8%。

(三)加大制度创新进一步释放横琴新区发展活力

横琴新区近年来成为珠海经济特区投资的"热土",是粤港澳深度合作示范区和粤港澳大湾区建设的重要组成部分,已成为珠海经济新的重要增长引擎。这主要得益于横琴新区充分发挥自贸区在制度创新、行政体制改革、政策优惠、营商环境优化、投资贸易便利等方面的改革优势,从而使市场主体快速集聚,并焕发出巨大市场活力。在此基础上,一方面在珠海经济特区全市应逐步推广横琴新区自贸区经验;另一方面要进一步加大制度创新力度,探索和推动横琴新区新的发展活力。

(四)采取有力措施加大银行信贷对珠海实体经济的支持力度

数据显示,2016年珠海经济特区银行信贷资金大量流入房地产业,而对珠海实体经济的支持力度相对较弱。2016年末珠海经济特区银行业本外币各项贷款余额4098亿元,比年初增长38%,其中,住户贷款余额1809亿元,比年初增长75%,而非金融企业及机关团体贷款余额2070.2亿元,比年初增长10.7%。住户贷款虽然也包括居民经营性贷款和消费性贷款,但最主要部分是住房贷款。需要说明的是,深圳和广州两市2016年住户贷款余额的增速分别是38.7%和22.6%,均远低于珠海,由此可见珠海2016年居民购房热情的火爆。与此相对应的是,2016年珠海楼市量价齐升,全市成交量大幅上扬58.7%,均价19612元/平方米,同比上涨22.5%。银行信贷资金大量进入房地产业而非制造业和服务业等实体经济,对珠海经济的长远发展并非好事。因此,珠海经济特区政府除了落实国家有关房地产调控政策之外,需采取有力措施促进银行信贷资金支持实体经济的发展,可以采取财政、税收、担保,制定战略性新兴产业扶持基金、横琴新区开发基金等有关政策,也可以通过大力引进外部风险资本等各种方式，引导银行信贷资金的投向，从而促进珠海经济的长远发展。

参考文献

[1] 珠海市统计局、国家统计局珠海调查队：《2016年珠海市国民经济和社会发展统计公报》，2017年3月20日。

[2] 广东省统计局、国家统计局广东调查总队：《2016年广东省国民经济和社会发展统计公报》，2017年3月6日。

[3]《珠海市2016年统计年鉴》，珠海市统计信息网，http：//www.stats-zh.gov.cn/。

[4] 马兴瑞：《在广东省第十二届人民代表大会第五次会议上的政府工作报告》，2017年1月19日。

[5] 郑人豪：《在珠海市第九届人民代表大会第一次会议上的政府工作报告》，2017年1月11日。

[6] 陶一桃主编《中国经济特区发展报告（2016）》，社会科学文献出版社，2017。

B.11
汕头经济特区发展报告

黄嘉平*

摘　要： 本文概括性地总结了2016年汕头经济特区的社会与经济发展状况以及面临的问题。2016年，汕头经济特区的经济发展整体上高于广东省平均水平，取得了不错的成绩。同时也存在发展不均衡、过于依赖固定资产投资等问题。政府在推动经济发展中起到了关键性的作用。本文还介绍了汕头华侨经济文化合作试验区的成立与发展现状。作为促进华侨经济的新尝试，该合作试验区体现了汕头经济特区的特色，今后的发展值得关注。

关键词： 汕头经济特区　经济发展　华侨经济文化合作试验区

一　2016年汕头经济特区社会经济发展概况

1. 经济发展总体趋势

2016年汕头经济特区（即汕头市）实现地区生产总值2080.54亿元，比上一年增长8.7%。与2015年相比，第一产业增加值为107.57亿元，增长率为3.4%；第二产业增加值为1051.59亿元，增长率达到9.0%；第三产业增加值为921.38亿元，增长率达到9.0%。地区生产总值增长率比上一年高出0.3个百分点，第一产业、第二产业增长率分别高出上一年0.1个与1.6个百分点，第三产业增长率则低于上一年1.4个百分点。与广东省整体发展情况相

---

* 黄嘉平，深圳大学中国经济特区研究中心讲师，工学博士、经济学博士。

比较，汕头经济特区地区生产总值增长率高出广东省1.2个百分点，第一产业、第二产业分别高出广东省0.3个和2.8个百分点，第三产业低于广东省0.1个百分点。可以看出，汕头经济特区的经济增长稳中有升，其中第二产业的贡献十分明显，而第三产业的势头则有所回落。

2016年，汕头经济特区三次产业占地区生产总值的比例为5.2∶50.5∶44.3，相对于2015年的5.2∶51.5∶43.3，第二产业占比有所下降，第三产业则有所上升。相对于广东省的4.7∶43.2∶52.1，汕头经济特区第二产业占比明显高于广东省整体水平，而第三产业占比则明显低于广东省整体水平，体现了汕头经济特区在产业结构上更加依赖于第二产业的特点。值得一提的是，在第三产业中，汕头经济特区的房地产业增长率为14.5%，高于上一年的11.7%，同时也远高于广东省整体的6.9%。2016年汕头市人均GDP为37382元，比上一年增长8.2%，增长速度较快，但还远远低于广东省平均水平的72787元，居民收入还有很大的提升空间。

2016年，汕头经济特区全年居民价格总水平比上一年上升2.1%，其中食品类上升了7.9%，畜肉类整体上升了14.6%（其中菜类上升了24.6%）。而食用油与烟酒的价格水平有所下降，分别比上一年降低了3.6%与0.9%。交通与通信类价格比上一年降低了1.1%。以上变化基本符合广东省整体变化趋势，但畜肉类与菜类的上升幅度均大幅高出广东省整体水平，在居民生活改善上还面临着很大困难。

2. 工业发展与投资

汕头经济特区在2016年完成工业总产值4321.17亿元，同比增长9.6%。其中规模以上工业总产值达到3325.16亿元，增长10.5%，占全部工业总产值的77.0%。在规模以上工业总产值中，集体企业增长率达到40.2%，而该类别广东省整体增长率为-0.1%。外商及港澳台商投资企业下降1.6%，而广东省整体则增长了2.3%。

2016年，汕头经济特区固定资产投资继续保持较高的增长速度。全年共完成固定资产投资1579.53亿元，比上一年增长24.0%。其中，国有投资与民间投资分别为163.48亿元与1333.28亿元，增长率分别为6.1%和26.8%。民间投资无论是从比例上还是增长速度上都远超过国有投资，说明民间资本在汕头经济特区发展中仍然占据主导地位。从固定资产投资占地区生产总值的比重来看，汕头经济特区2016年为75.9%，而广东省整体比重为41.5%，全国固定资产投资占GDP的比重为81.5%。由此可见，汕头经济特区在2016年的经济发展依然严重依赖于固定资产投资，仅比全国整体水平稍低，远高于广东省整体水平。如何丰富经济增长多样性，提高经济增长质量，是目前汕头经济特区所面临的严峻挑战之一。

3. 对外贸易

2016年汕头经济特区进出口总额为85.27亿美元，比上一年下降8.2%。其中，出口总额为64.26亿美元，比上一年下降4.9%；进口总额为21.01亿元，比上一年下降16.9%。出口与进口都呈下降趋势，且下降幅度比2015年高出5.3个百分点。在出口领域，加工贸易出口额为7.44亿美元，同比下降了18.5%，而外商投资企业出口额为13.40亿美元，同比下降了11.7%，成为出口贸易额减少的主要拉动因素。2016年实际吸收外商直接投资金额为9085万美元，比上一年下降了58.3%。广东省整体出口总额近四年来基本保持同等水准，2016年进口总额比上一年减少0.8%。实际使用外商直接投资金额为233.49亿美元，同比下降13.1%。以上数据表明，汕头经济特区作为对外经济贸易的窗口，其作用已不明显，竞争力也在逐年下降。

4. 由政府主导的社会经济建设

汕头市代市长（时任）刘小涛2017年1月7日在汕头市第十四届人民代表大会第一次会议上作了汕头市《2017年政府工作报告》，总结了2016年汕头市政府在推进汕头市社会经济发展中所做的努力以及所取得的成绩，可概括为以下几个方面：（1）推进供给侧结构性改革，为体制机制激发新活力；（2）实施重大项目重大平台建设，为城市发展开拓新空间；（3）发展新技术新产业新形态，让实体经济释放新动能；（4）完善城市建设管理，使城乡面貌呈现新气象；（5）努力解决民生热点问题，促进社会事业取得新成绩；（6）狠抓政府自身建设，使行政效能实现新提升。

在发展的同时，汕头经济特区还存在很多亟待解决的问题。刘小涛在政府工作报告中将其归纳为以下几个方面：第一，企业自主创新能力不强，产业层次偏低，新经济新产业尚未形成规模，传统产业转型升级任务重，实体经济困难较多；第二，人才总量与结构难以适应新时期发展的需要，创新型人才、高技能人才的引进培养力度需要进一步加大；第三，民生保障任务重，医疗、教育、公共交通等公共服务均等化程度不高，部分群众生活还比较困难；第四，城乡环境污染还比较严重，生态治理任务紧迫而艰难；第五，城市管理精细化水平不高，市容市貌综合整治任重道远，特别是中心城区交通拥堵、交通秩序混乱等问题突出；第六，政府职能转变还不到位，审批难、办事难依然是企业和群众反映强烈的问题。

以上所存在的问题中，前两个问题是直接提升汕头经济特区竞争力，优化经济产业结构，保持高质量发展的关键；后四个问题则与人民生活质量息息相关，直接影响着汕头经济特区的社会发展与进步，同时也对经济增长起到间接的影响。这些都是今后亟待解决的问题，也是近几年政府一直在努力解决的问题。这一方面说明了问题的严重性与深刻性；另一方面也说明了政府在解决这些根本问题上还需要做出很大的努力。

二 保持经济高速增长所面临的问题

刘小涛在《2017年政府工作报告》中提出，"今后五年，我市经济社会发展的主要奋斗目标是：到2021年，全市生产总值达到3400亿元以上，年均增长9%以上"。从近五年汕头经济特区的经济增长速度来看，年增长率达到9%以上并非不可能。但是，近年来地区生产总值增长率处于整体下降趋势，2016年相对于2015年虽有所好转，但整体趋势还是不容忽视的。如何达到年均增长率9%以上这个目标，是汕头经济特区发展中最重要的问题。

针对这个问题，政府工作报告中给出的方案是突出做到"五个坚持"，即："坚持民生为本，坚持环境优先，坚持创新驱动，坚持投资拉动，坚持开放带动。"其中，前两条坚持民生为本和坚持环境优先的主要目的在于改善人民生活质量，对支持经济发展速度并不能起到很大作用，重点是在后三条上。

在经济发展新常态与供给侧结构性改革的大背景下，坚持创新驱动确实是发展地方经济的原动力之一。政府工作报告指出，在2016年里，汕头市设立了规模100亿元的城市发展基金及91个PPP项目，获得8个国家专项建设基金支持项目，投资规模达到63.8亿元，获国开行、农发行融资批复超过47亿

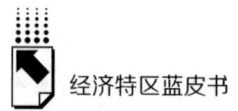

元。高新技术企业净增175家，总量增长117%。新增省级工程技术研究中心10家、省级新型研发机构4家。发明专利申请量和授权量分别增长34.9%和12%。出台并实施了促进民营经济大发展大提升的50条措施、支持上市企业做大做强的15条措施、"1+10"人才政策等。设立首期20亿元的股权投资基金、规模1亿元的中小微企业信贷风险补偿资金、规模1.3亿元的政策性担保资金，开通政企通APP平台，意在破解制约企业发展的系列难题。可以说做出了很大的努力，并取得了一定的成果。然而，现在全国各地都在推进创新，各地也都出台了各式各样的引进人才与促进创新的政策。汕头经济特区地处粤东，对比广东、深圳等地，汕头在地理位置与人文环境上都存在很大的劣势。要克服弱点，必须加大政策扶持力度，同时营造一个开放、舒适的创业就业环境，才能达到吸引人才落地、促进创新发展的目的。

政府工作报告中的下一个重点是拉动投资。"以补齐基础设施短板为重点，突出抓好高速公路、铁路、重大水利工程、新一代信息基础设施及能源、环保基础设施建设。"通过进一步加大工业投资和技术改造投资力度，进一步激活民间投资，在未来五年"累计完成固定资产投资额超万亿元"。在前文中我们已经谈到，汕头经济特区的经济增长过度依赖于固定资产投资，不利于供给侧结构性改革。首先，固定资产投资中有一部分属于重复建设性投资，对实体经济的影响是十分有限的，有些甚至是没有必要的。其次，固定资产投资虽然长期内对经济有正面影响，但是短期内很难直接带动实体经济的发展。从目标投资额看，若要达到五年累计投资额超过万亿元的目标，每年的固定资产投资额占地区生产总值的比例就要超过70%。此比例远高于2015年广东省整体水平的41.5%，更是明显体现了汕头经济特区在供给侧结构性改革方面对投资的过度依赖。

政府工作报告最后指出，在下一个五年里要坚持开放带动经济发展。强调加快推进"一带一路"重要门户城市建设，争取华侨试验区纳入国家自由贸易试验区范围，发挥海内外潮人潮商优势。众所周知，汕头是中国著名的侨乡，充分发挥华侨在汕头经济发展中的驱动作用一直是汕头的优势所在。然而，在前述中我们也看到，2016年汕头经济特区进出口贸易额都显著下降，也显现了汕头作为对外贸易枢纽其作用正在减弱。因此，如何通过发挥侨乡优势促进经济发展，成为一个需要认真思索的难题。

三 创新尝试——汕头华侨经济文化合作试验区

据不完全统计，目前我国约有5000万名海外侨胞，其中潮汕籍侨胞近1500万人，汕头籍侨胞有340多万人。至今为止，汕头经济特区在吸引外资中，侨资和港澳台投资占九成以上。华侨在汕头经济发展中所起的作用可见一斑。

2014年9月15日，《国务院关于支持汕头经济特区建设华侨经济文化合作试验区有关政策的批复》（国函〔2014〕123号，以下简称《批复》）同意在汕头经济特区设立华侨经济文化合作试验区（以下简称"华侨试验区"）。华侨试验区建设工作正式开始。《批复》明确提出试验区要以合作、创新和服务为主题，构建面向海外华侨华人的聚集发展创新平台，建设跨境金融服务、国际采购商贸物流、旅游休闲中心和华侨文化交流、对外传播基地；建立跨境金融、商务会展、资源能源交易、文化创意、旅游休闲、教育培训、医疗服务、信息、海洋等富有活力的都市产业体系。

2015年2月16日，汕头市政府常务会议审议通过了《广东汕头海湾新区发展总体规划（2013~2030年）实施方案》。其中，华侨文化合作平台被列为近期（2013~2017年）着力推进的六大重点建设工程之一。规划建设华侨文化展示中心和华侨国际学校，设立世界华侨华人经济文化合作论坛，打造我国规模最大、影响力最广的综合性华侨文化合作平台。

根据《汕头日报》2015年11月15日的报道，2015年11月13日，广东省政府常务会议审议并原则通过了《华侨经济文化合作试验区发展规划（2015~2030年）》（以下简称《规划》），并要求尽快启动实施。会议强调，华侨试验区建设要体现改革精神，先行先试，借鉴广东自贸试验区的改革创新思路和做法，积极构建市场化、法治化、国际化的运行机制和模式，把试验区建设成为面向海外华侨华人聚集发展的创新平台和21世纪海上丝绸之路的重要门户。根据《规划》，华侨试验区的规划范围与汕头海湾新区规划范围重合，涉及龙湖区、濠江区、澄海区及南澳县共17街道（镇），总规划面积约480平方公里。核心区面积约55平方公里，包括东海岸新城、珠港新城、南滨新城、汕头保税区、广澳港区、广澳物流园区。其中，起步区面积约26平方公里，包括东海岸新城新津片区、珠港新城、南滨新城中心区和广澳港区。

2015年12月14日，广东省人民政府正式批复通过了《规划》。

自《规划》实施以来，华侨试验区的发展建设取得了不小的成果。2016年，试验区规划范围480平方公里内全年实现地区生产总值175亿元，占汕头经济特区地区生产总值的8.4%，比上一年增长8.7%。实现规模以上工业增加值47亿元，完成固定资产投资总额389亿元。试验区存量等级注册企业达到2942家，总注册资本达到274.9亿元。

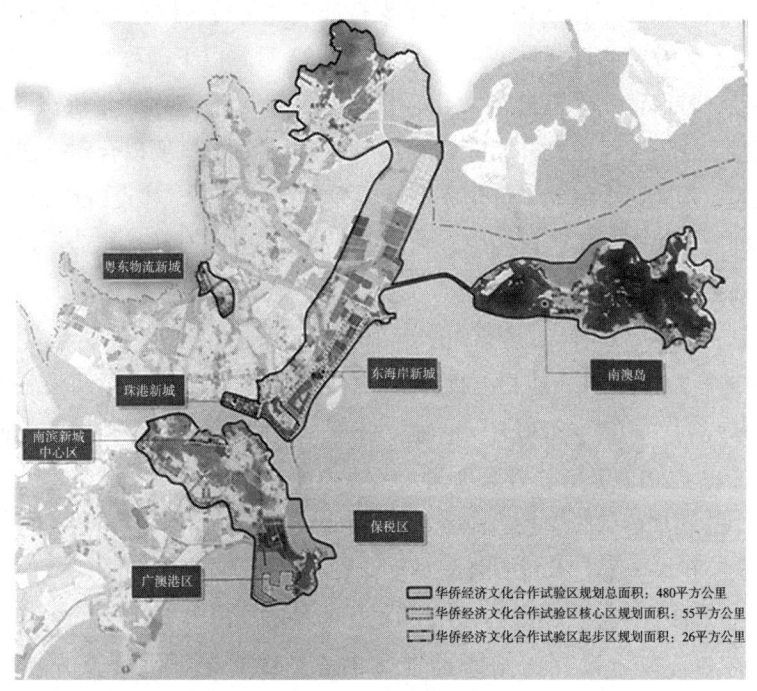

图1　汕头华侨经济文化合作试验区规划范围示意

华侨试验区还着力进行金融创新。由广东省金融办、广东省侨办牵头，以广东华侨金融股权交易中心为载体，于2015年9月15日启动了华侨试验区板块（简称"华侨板"），并在华侨试验区成立运营中心。华侨板按照"内企内融、外企内融、外企外融、内外联动"的顺序，为境内外侨企、侨资提供各类投融资产品和金融服务。截至2016年10月17日，华侨板累计挂牌企业434家（股份制企业6家，有限责任公司428家），累计意向融资额58.52亿元。

作为汕头经济特区发展华侨经济的新尝试，华侨试验区自起步以来发展比较顺利，取得了可喜的成绩。政府工作报告已经将争取华侨试验区纳入国家自由贸易试验区范围作为今后的目标之一，并把加快建设华侨试验区作为 2017 年的首要任务之一，该试验区的发展令人瞩目。

四 总结

2016 年，汕头经济特区的发展稳中有升，基本保持高速增长趋势。经济发展的推动力以固定资产投资为主，进出口贸易额都有不同程度的下降。可以说，汕头经济特区在供给侧结构性改革的路上还有很长一段路要走。自 2014 年起计划实施的华侨经济文化合作试验区已初见成效，今后的发展让人期待。然而，华侨既是汕头的优势，同时也难免成为汕头的短板。如何在全方位引进人才的工作中根本解决汕头在地理及人文方面的劣势，是今后汕头经济特区经济及社会发展的关键所在。

参考文献

［1］汕头市统计局、国家统计局汕头调查队：《2015 年汕头国民经济和社会发展统计公报》，2016 年 3 月 14 日。

［2］汕头市统计局、国家统计局汕头调查队：《2016 年汕头国民经济和社会发展统计公报》，2017 年 3 月 16 日。

［3］广东省统计局、国家统计局广东调查总队：《2016 年广东国民经济和社会发展统计公报》，2017 年 2 月 28 日。

［4］中华人民共和国国家统计局：《中华人民共和国 2016 年国民经济和社会发展统计公报》，2017 年 2 月 28 日。

［5］刘小涛：《2017 年政府工作报告》，汕头市人民政府办公室，2017 年 1 月 7 日。

［6］《国务院关于支持汕头经济特区建设华侨经济文化合作试验区有关政策的批复》，国函〔2014〕123 号，2014 年 9 月 15 日。

［7］《广东省人民政府关于华侨经济文化合作试验区发展规划（2015～2030 年）的批复》，粤府函〔2015〕344 号，2015 年 12 月 14 日。

［8］华侨经济文化合作试验区、汕头海湾新区网站，http：//www.swa.gov.cn/。

［9］《建设面向海外华侨华人聚集发展创新平台》，《汕头日报》2015 年 11 月 15 日。

B.12 厦门经济特区发展报告

周轶昆*

摘　要： 面对经济下行压力，厦门经济特区加快实施创新驱动发展战略，在稳增长、促改革、调结构、惠民生、防风险等方面都取得了较好成效。经济增长稳步提升，工业呈现高开低走态势，服务业成为经济增长主引擎，固定资产投资有序推进，消费市场呈现增长稳中有进的态势。产业转型步伐加快，创新成为引领经济社会发展的第一动力。城市基础设施不断完善，生态环境持续优化。重点领域改革向纵深推进，自贸区经济成果显现，对外开放不断深入。然而，受国际经济形势影响较大，厦门进出口贸易形势较为低迷。新增长点总量仍然偏小，企业研发投入强度偏低，工业发展后劲有待增强。

关键词： 厦门经济特区　创新驱动　深化改革　提质增效

2016年，厦门深入推进供给侧结构性改革，加快实施创新驱动发展战略，认真落实中央关于"创新、协调、绿色、开放、共享"的五大发展理念，有效应对经济下行压力和超强台风"莫兰蒂"的正面袭击等不利因素影响，较好实现了"十三五"良好开局。

---

* 周轶昆，深圳大学中国经济特区研究中心讲师，经济学博士。

一 厦门经济特区发展概况

（一）经济增长稳步提升

2016年厦门实现地区生产总值3784.25亿元，比上年增长7.9%（按可比价格计算），增长速度居全国15个副省级城市第6位，增幅比上年增加0.7个百分点。人均地区生产总值9.73万元（按常住人口计算，折合1.46万美元），增长6.3%。万元地区生产总值耗水9.92吨，万元地区生产总值耗电607.68千瓦时，万元生产总值耗水、耗电比上年分别下降0.56吨和1.94千瓦时。

全年工业呈现高开低走态势，规模以上工业总产值5254.71亿元，电子、机械两大支柱行业合计完成产值3594.10亿元，占全市工业总产值的68.4%。规模以上工业增加值1264.78亿元（约占全市地区生产总值的33.4%），比上年增长5.4%。

社会消费品零售总额比上年增长9.8%，固定资产投资增长14.4%，财政总收入增长8.2%，其中，地方级财政收入增长8.6%，财政支出比上年增长16.5%，城乡居民人均可支配收入增长8.7%，居民人均生活消费支出比上年增长6.8%。各区经济发展状况良好（见表1），其中，思明区地区生产总值继续保持在千亿元之上，思明区和集美区的地区生产总值增速均高于全市增速。

表1 2016年厦门各区主要经济指标

类别	思明区	湖里区	海沧区	集美区	同安区	翔安区
地区生产总值(亿元)	1161.38	820.61	543.66	551.04	313.72	393.85
比上年增长(%)	8.4	7.5	7.0	8.7	7.9	7.5
工业增加值(亿元)	66.57	322.10	290.07	222.63	162.69	254.29
比上年增长(%)	2.4	6.3	2.3	7.1	7.5	6.2
社会消费品零售总额(亿元)	486.40	364.49	153.11	124.11	101.50	53.84
比上年增长(%)	11.1	5.0	6.2	12.0	23.1	17.4
固定资产投资(非农户)(亿元)	274.30	366.97	430.22	377.92	271.76	438.64
比上年增长(%)	16.1	16.4	16.4	-1.4	19.8	23.1
区级公共财政预算收入(亿元)	51.20	39.23	34.20	30.82	16.64	15.90
比上年增长(%)	4.3	-3.4	18.2	14.9	18.3	14.4

资料来源：厦门市统计局、国家统计局厦门调查队：《厦门市2016年国民经济和社会发展统计公报》，厦门统计信息网，2017年3月21日。

（二）产业转型步伐加快

2016年厦门大力推进产业结构调整，三次产业结构从上年的0.7∶43.5∶55.8调整为0.6∶41.2∶58.2（见图1）。第一、第二产业比重继续下降，第三产业比重比上年提高2.4个百分点。第三产业增加值增长9.8%，高于经济增速1.9个百分点。

工业企业效益普遍好于上年，全市规模以上工业企业全年利润增长幅度达到48.24%。工业经济效益综合指数上升至225.03，其中，总资产贡献率9.56%，资本保值增值率105.97%，资产负债率下降至50.25%，流动资产周转率减慢至1.63次，成本费用利润率提高到6.16%，全员劳动生产率增加到21.28万元/人。工业创利创税能力增强，增幅为近年来最高，其中，工业利润总额增长48.2%，工业利税总额增长24.6%。

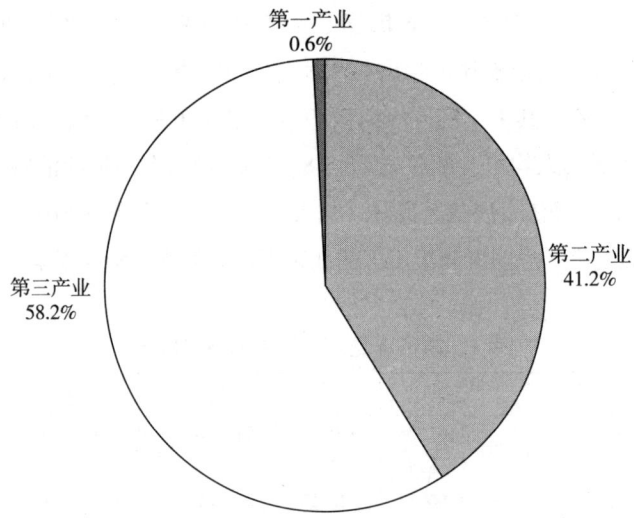

图1 2016年厦门三次产业增加值比重

2016年厦门高新技术企业达到1225家，主要集中于计算机通信和其他电子设备制造业、电气机械和器材制造业、橡胶和塑料制品业三个行业。工业经济结构不断优化，经济发展质量进一步提升。新兴产业优势不断增强，战略性新兴产业产值（2352.23亿元）占全市工业总产值的比重为45%，对推动厦门市产业升级、结构调整发挥了重要作用。

（三）创新驱动发展能力提升

创新成为引领厦门经济社会发展的第一动力。2016年，厦门研发投入占地区生产总值的比重超过3%，高新技术企业数占全省的48.32%。规模以上工业企业科技创新条件持续改善，研发投入强度提高至1.98%。36.6%的规模以上工业企业开展了研发活动，比上年增加114家，其中内资企业占全部有研发活动企业总数的62.8%。内资企业研发内部经费支出43.39亿元，占规模以上工业研发内部经费支出的45.1%，研发投入强度达到2.59%，研发投入强度比港澳台企业高出0.71个百分点，比外资企业高出1.1个百分点。厦门共投入资金111.71亿元打造"双创"平台，认定众创空间165家，双创示范基地17个，"双创四众"蓬勃发展。

创新载体与服务更加完备。新培育国家级高新技术企业281家，新增重点实验室、工程技术研究中心等39家，其中，新增1家国家技术创新示范企业、2家国家认定企业技术中心、3家国家地方联合工程实验室、3家国家级工业设计中心。引进各类"双创"团队3700多个3.6万余人，新增2个国家级小微企业创业创新示范基地，新培育成长型中小微企业492家。各类专利授权1.15万件，每万人拥有有效发明专利18.4件，PCT专利申请量占全省的42.2%。承担国家级科技项目380项，3项科技成果获国家科技奖。新增国家行业标准82项，技术合同交易额占全省的42.7%。

（四）消费市场运行平稳

消费市场呈现增长稳中有进的态势。社会消费品零售总额1283.46亿元，总量居全省第三位，其中商品零售1143.20亿元，餐饮收入140.26亿元。限额以上、以下企业同步增长。全年零售额超亿元的批发零售贸易企业有174家，零售额超千万元的住宿餐饮企业有95家。从商品类别看，商品类值增长的有粮油食品烟酒饮料类、汽车类、通信器材类、服装鞋帽和纺织品类、中西药品类，占限额以上批零企业零售额的71.3%，分别增长7.0%、12.0%、23.4%、31.1%和36.3%，下降的有家用电器和音像器材类、日用品类、石油及制品类、文化办公用品类和金银珠宝类，占限额以上批零企业零售额的21.7%，分别下降0.4%、3.1%、3.4%、4.6%和11.5%（见表2）。汽车类消费成为拉动消费增长的主因,汽车市场在公务车改革政策和家用车升级换代的刺激下,全年限额以上汽车类实现零售额292.99亿元,拉动限额以上零售额增长3.9个百分点。随着经济的发展和收入的提高,健康、信息等新兴消费快速增长,新兴消费带动作用明显增强。例如,限额以上中西药品类、通信器材类商品零售额分别增长36.3%和23.4%,通信器材类、中西药品类合计拉动限额以上零售额增长2.5个百分点。网络平台消费、智慧家庭消费、虚拟经济消费等形式多样,有可能成为未来消费的一个热点。其中,互联网零售较快增长,限额以上企业通过互联网实现零售额127.15亿元,占限额以上单位零售额的14.3%,拉动全市限额以上零售额增长2.5个百分点。万翔网络商务、安踏电子商务以及京东东合贸易居销售总量排序的前三位,其中新开业的京东东合贸易公司第四季度销售额的强劲增长,是网上零售额保持两位数增长的主因。

表2 限额以上批发和零售业主要商品销售情况

单位:万元

指标名称	零售额	
	2016年	比上年同期增长(%)
粮油、食品、烟酒、饮料类	941241	7.0
服装、鞋帽、纺织品类	1239822	31.1
化妆品类	68144	12.1
金银珠宝类	100888	-11.5
日用品类	282895	-3.1
体育、娱乐用品类	23918	4.2
书报杂志类	22190	2.1
家用电器和音像器材类	324656	-0.4
中西药品类	494235	36.3
文化办公用品类	146382	-4.6
家具类	36474	27.7
通信器材类	360580	23.4
石油及制品类	960877	-3.4
汽车类	2929866	12.0
合计	8363746	10.6

资料来源:厦门统计局:《2016全市社会消费品市场保持平稳增长》,厦门统计信息网,2017年2月4日。

(五）扩大有效投资成效显著

固定资产投资保持较快增长。固定资产投资（不含农户）达到2159.81亿元，比上年增长14.4%。其中，第一产业投资、第二产业投资、第三产业投资分别增长16.4%、12.2%和14.9%，三次产业投资比例为0.1∶18.6∶81.3。2016年工业投资397.72亿元，其中制造业投资354.42亿元，增长18.2%。厦门将新兴投资作为投资重点，为经济发展提供了强大后劲。在高端行业领域，例如，医药制造业、专用设备制造业、计算机通信和其他电子设备制造业投资分别增长92.2%、21.0%、9.2%。在现代服务业领域，服务业完成投资1756.36亿元，占整体投资的比重超八成，为服务业长远发展奠定了坚实的基础。在工业技改领域，工业改建和技术改造投资增长41.6%，拉动全市工业投资增长4.7个百分点。

基础设施投资拉动作用明显，基础设施投资792.35亿元（其中交通运输业投资500.08亿元，增长59.8%），增长34.2%。大小嶝7.58平方公里造地基本完成，杏林湾环湾截污工程、"两环八射"快速路网外环线基本建成，石兜、莲花、汀溪水源连通工程加快建设，福厦高铁先导工程、抽水蓄能电站开工建设。"新城+基地"成为投资重点，占全市固定资产投资的40%左右，滨海旅游浪漫线示范段、现代服务业基地丙洲片区统建区一期、翔安医院等项目加快推进。省市重大重点项目加快推进，其中在建省重大项目111个、在建省重点项目46个、在建市重点项目276个，完成投资额超年度投资计划20%以上。38个市重大项目顺利推进，电气硝子、莲岳隧道、复旦大学中山厦门医院等项目基本建成，同集路改造提升工程、国际航运中心、心脏中心等项目加快推进。"五个一批"项目总量稳步增长，亿元以上项目总投资17047亿元，年度新增"五个一批"项目总投资约6361亿元，开工转化率高于全省平均水平。

（六）外经外贸形势分化

受国际市场需求萎缩影响，外贸进出口增长低迷。全市外贸进出口总值5091.55亿元，同比下降1.5%，其中，进口1997.33亿元，比上年增长8.0%，出口3094.22亿元，比上年下降6.7%。贸易顺差1096.89亿元，下降

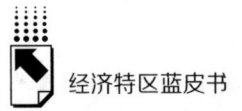

25.3%。对美国、欧盟、日本等传统市场出口分别下降3.3%、2.5%、1.9%，鞋类、服装、液晶显示板等传统优势产品出口下降17.8%、18.9%、23.3%。民营企业进出口总值1992.60亿元，下降6.2%；外资企业进出口总值2094.42亿元，下降6.2%。一般贸易进出口总值3259.27亿元，增长1.5%。对台进出口贸易总值358.06亿元，下降12.3%。

双向投资保持快速增长。利用外资方面，全年新批外商投资项目1278个，合同利用外资和实际利用外资规模稳居全省首位，其中，合同利用外资75.7亿美元，增长81.8%；实际利用外资22.2亿美元，增长6.2%。全年引进千万美元以上项目211个，其中新批项目189个，增资项目22个。全市新批台资企业（含转第三地）740个，合同利用台资增长84.7%，实际利用台资增长30.8%。年末历年累计共有60个全球500强公司在厦投资109个项目。厦门作为"一带一路"建设支点城市，对外投资增势强劲，全年对外协议投资项目359个，投资额55.4亿美元，增长1.5倍。其中，中方投资总额53.38亿美元，实际投资总额29.75亿美元。"海丝"沿线国家和地区成为投资热点，投资额10.7亿美元，投资项目53个。派出各类劳务人员13032人，至年末在外劳务人数10885人。

（七）深化改革取得实效

重点领域改革纵深推进。深化"放管服"改革，下放审批和公共服务事项216项，承接上级下放审批事项240项，对应取消55项，实现市、区、镇（街）三级权责清单全覆盖。制定出台建设项目生成管理办法，推动项目落地建设，深化"多规合一"改革。加快实施"五证合一、一照一码"商事登记制度改革，新增各类商事主体9.7万户，增长23.6%。加强网上行政审批服务，市、区行政许可和公共服务事项网上办理率达100%。"信用厦门"网站上线运行，医药卫生体制改革加快推进，出台家庭医生签约服务试点方案，签约超过48万人，公立医院管理委员会开始实质性运作。制定出台《价格机制改革实施意见》，推动完成停车场类别管理、医疗服务价格改革、BRT票价调整、非居民污水处理费调整、管道天然气价格调整和农业水价综合改革等工作。改革投融资体制，签约了4支产业子基金，设立了总规模达123.7亿元的产业资金池。

自贸试验区挂牌一年多来,建设成效显现,33项改革举措为全国首创。厦门大力推动投资贸易便利化,获评全国自贸试验区最佳实践案例,平台日单证处理量突破11万票,居全国四个自贸试验区首位。自贸区新设外资企业862家,大力发展跨境电商、融资租赁、飞机发动机维修等新兴业态,跨境电商货值增长40%,航空维修业产值增长23%,引进金融、类金融和投资公司3400家。国际营商环境第三方机构评估全球排名提升至第49位,在跨境贸易、开办企业、登记财产三个方面实现显著提升。

(八)民生生态持续改善

社会事业稳步发展。开工建设公办幼儿园22所,新改扩建中小学项目58个,分别新增学位6000个和2万个。医疗教育持续增强,分级诊疗"厦门模式"推向全国,家庭医生签约率为22.7%。社会治理取得实效,社区社会组织增长42%,群体性事件、刑事案件发案率分别下降36.6%和11.3%。

城市建设低碳化,六大高耗能工业能耗下降18.0%,增开2条BRT线路、38条公交线路,获评全国绿色交通城市。

社会保障力度加大。全市基本医疗、基本养老、失业、工伤和生育五项保险参保人数较快增长,参保人数分别增长6.0%、2.8%、4.3%、3.7%和4.6%。就业保持稳定,新增就业17万人,城镇登记失业率为3.4%。为2.7万家企业发放稳岗补贴,对5万人实行灵活就业社保补助。城乡低保标准提高到每人每月610元。企业退休人员月平均养老金提高到3291元。每千名老人养老床位数达32.8张,实现居家养老服务全覆盖。构建多渠道住房保障体系,房价上涨过快势头得到初步遏制。开建公租房8129套,完成配租727人。开建保障性住房8154套,建成4538套。

生态环境更加优化。全面推广小流域综合整治试点工作,启动163个污水截污纳管项目,97个自然村纳入市政污水系统,238个自然村农村生活污水分散式治理。获批国家蓝色海湾整治行动试点城市,推进马銮湾、五缘湾等海域整治,完成海域清淤881万方,成为国家生态市。积极进行扬尘、锅炉、油烟污染等专项整治,空气质量优良率达98.9%,在全国74个重点城市中排名居前。造林绿化524公顷,新增园林绿地487公顷,获评国家森林城市。在全省率先将"互联网+"应用到危险废物监管。

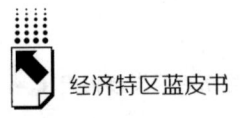

二 厦门经济特区发展面临的主要问题

（一）经济下行压力较大

以社会消费品零售总额为例，自2014年厦门社会消费品零售总量突破千亿元以来，年均增量仅为105亿元。2016年厦门社会消费品零售总额总量居副省级城市末位，同比增长9.8%，排名居副省级城市第10位，社会消费品零售总额及其增幅排名均靠后。受国际经济形势影响较大，进出口贸易形势较为低迷。2016年，厦门进出口总额下降1.4%，其中出口总额下降6.7%，外贸出口呈现负增长。

（二）新增长点总量偏小，工业投资后劲不足，民间投资意愿不强

工业投资总量仍较小，工业投资大项目少，占固定资产投资比重低于全国、全省平均水平。厦门第二产业增加值占GDP的41.2%，工业投资却只占固定资产投资的18.4%，工业投资比重偏低，发展后劲不足，产业转型任务艰巨。民间投资比重依然偏低，增速低于全省平均水平。由于目前经济形势复杂，企业经济效益不佳，抑制了民间资本进入市场的意愿和动力，在部分行业民间资本进入阻碍较大，民营企业的融资难问题仍未得到彻底解决。

（三）企业研发投入强度仍然偏低，行业差别较大，企业研发创新能力有待加强

厦门开展R&D活动的企业覆盖面窄，企业研发投入强度仍然偏低。2016年，厦门开展R&D活动的企业覆盖面虽比上年略有提高，但84.1%的规模以上企业未设立研发机构，超过六成以上的规模以上企业没有研发投入。规模以上企业研发投入强度为1.98%，与北京、深圳等城市相比仍存在较大差距。不同行业的研发经费投入强度差异较大。2016年，全市规模以上工业研发经费投入强度超过3%的行业有医药制造业、专用设备制造业、仪器仪表制造业、通用设备制造业，研发经费投入强度分别为5.61%、4.92%、3.71%和3.64%。但还有木竹藤棕草制品业和木材加工等两个行业没有研发经费投入，

行业差别较大。此外，2016年厦门规模以上企业研发人员占从业人员的比重为6.7%，本科以上人员占从业人员的比重为4.3%。与国内研发能力发达地区相比，人才积累不足，人才支撑能力仍有较大差距。

三 促进厦门经济特区发展的政策建议

（一）多策并举推动供需提质增效

加快淘汰落后产能，扩大有效供给和中高端供给。结合厦门资源优势，培育新兴高端市场。发挥厦门自贸区政策优势，建设大型高端免税店，营造更加便利实惠的消费环境。稳定外贸增长，加大对外贸企业扶持力度；大力发展服务贸易和服务外包，扶持新型外贸商业模式，引进大型外贸综合服务平台，促进服务贸易与货物贸易良性互动。

（二）发挥政策激励引导作用，扩大工业有效投资

围绕国家产业政策、重大规划、重点投向策划生成项目，坚持引资引技引智并举，出台帮扶政策，强化招商引资实效。从政策、税费、资金、服务、用工等方面创造良好的营商环境，实施鼓励企业扩大生产、培育龙头企业等政策措施，加大重点工业项目推进力度，加强项目调度和施工组织，及时了解企业生产经营状况，强化对重点工业企业的跟踪、联系，切实帮助企业解决困难和问题，促进项目早竣工早产出，扩大工业增量，提高对全市工业的拉动作用。

（三）大力培育和提升重点行业领域创新能力

坚持创新驱动发展，借鉴国内外经验，结合自身实际，进一步加大包括机械装备、电子信息、仪器仪表等主导产业以及新型传感器、智能制造、物联网硬件等新兴产业领域创新投入，引导创新投入向新一代信息技术和融合技术等领域渗透，提升关键环节和产业链整体创新能力，围绕主导产业、重点区域，加强研发平台建设。积极构筑创新人才高地，制定和实施对高端人才具有强大吸引力的政策，不断完善人才引进、培养、激励的有效机制，充分调动科技人

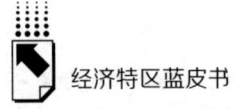

员的积极性和创造性,为各类人才来厦工作生活创造更好的环境,发挥人才在科技创新中的关键作用。

参考文献

［1］庄稼汉:《厦门市第十五届人民代表大会第一次会议政府工作报告》,厦门市统计局,2017年1月10日。

［2］厦门市统计局、国家统计局厦门调查队:《厦门市2016年国民经济和社会发展统计公报》,厦门市统计信息网,2017年3月21日。

［3］《2016年厦门市经济运行情况简析》,厦门市统计局,2017年2月6日。

［4］纪新:《2016年厦门规上工业企业研发情况分析》,厦门市统计局,2017年8月4日。

［5］翟晨晨:《2016年厦门与副省级城市经济运行比较分析》,厦门市统计局,2017年3月30日。

［6］《2016全市消费品市场保持平稳增长》,厦门市统计局,2017年2月4日。

［7］《2016年厦门市工业生产保持平稳增长》,厦门市统计局,2017年2月4日。

［8］《2016年厦门市固定资产投资运行情况分析》,厦门市统计局,2017年1月23日。

［9］张绍勇:《厦门新动能新产业发展报告》,厦门市统计局,2017年6月15日。

［10］厦门市统计局、国家统计局厦门调查队:《厦门市经济特区年鉴2017》,中国统计出版社,2017年9月。

B.13
海南经济特区发展报告

刘伟丽 林玮菡*

摘　要： 根据2016年海南经济特区发展的主要经济特征以及通过构建变异系数对海南省三大区域18个区县的发展情况进行分析，可以发现：2016年海南整体呈现稳中有升的经济发展趋势，但各区域间发展不平衡。其中，海南省经济结构不断优化，第三产业发展迅猛，但第三产业也是各区域发展差异性的主要原因。固定资产投资、工业生产、消费品市场都保持稳定的增长，但其差异系数大于1.6，表明各区县在这些领域发展不平衡；因此，海南省应积极深化改革，促进产业转型升级，发挥长处补齐短板，以创新作为驱动力促进经济平衡稳定地发展，进一步提高经济发展质量。

关键词： 海南经济特区　变异系数　不均衡发展

2016年，海南经济发展呈现稳中有进的良好态势，积极落实中央稳增长、促改革、调结构、惠民生、防风险的工作方针，坚定不移推进供给侧结构性改革，全面践行新发展理念，不断优化产业结构、深化经济体制改革、聚焦民生短板、吸引投资进驻。与此同时，区域经济发展的不平衡、国际旅游岛国际水平不高、教育人才的短板等仍是海南省面临的问题，因而海南省应积极深化改革，促进转型升级，发挥长处补齐短板，继续保持经济长远可持续发展。

---

* 刘伟丽，深圳大学经济学院教授、博士生导师，林玮菡，深圳大学经济学院博士研究生。

一 2016年海南经济特区发展特征

（一）经济结构不断优化，经济发展平稳

根据《2016年海南省国民经济和社会发展统计公报》，2016年，海南地区生产总值（GDP）达到4044.51亿元，比上年增长7.5%。第一产业增加值完成970.93亿元，增长4.1%，在结构上，占三次产业的比重为24.0%；第二产业增加值完成901.68亿元，增长5.1%，在结构上，占三次产业的比重为22.3%；第三产业增加值完成2171.90亿元，增长10.1%，在结构上，占三次产业的比重为53.7%。由此可以看出海南的产业结构不断优化，第三产业占比继续上升。图1显示，2009~2016年海南省地区生产总值呈现不断上升趋势，总体上是平稳发展。图2反映了2009~2016年海南省近年来的三次产业结构占比，从中可以反映三次产业结构的优化过程。

在拉动经济发展的动力中，第三产业是拉动海南经济增长的主要动力，其中主要是金融产业，2016年其增加值为280.07亿元，同比增长15.8%；旅游业在保证发展速度的同时质量不断改进，2016年旅游总收入达到672.10亿元，比上年增长17.4%；全年全省接待国内外游客总人数6023.59万人次，比上年增长12.9%；房地产业保持稳定发展，2016年全省房地产业增加值为345.04亿元，比上年增长13.2%。全年房地产销售面积为1508.53万平方米，比上年增长43.4%；销售额为1490.2亿元，比上年增长51.6%。

（二）固定资产投资力度不断加大，质量不断提升

2016年，海南省固定资产投资为3747.03亿元，比上年增长11.7%。其中，房地产开发投资为1787.60亿元，比上年增长4.9%。图3和图4反映了三大产业投资情况，其中，第一产业投资为40.74亿元，同比下降21.2%；第二产业投资289.41亿元，同比下降10.4%；第三产业投资3416.88亿元，同比增长14.6%。图5从区域结构上反映了投资情况，东部、中部和西部地区投资分别为2761.59亿元、201.69亿元、784.20亿元，其中，东部地区增长15.0%，中部地区增长5.5%，西部地区增长2.8%。

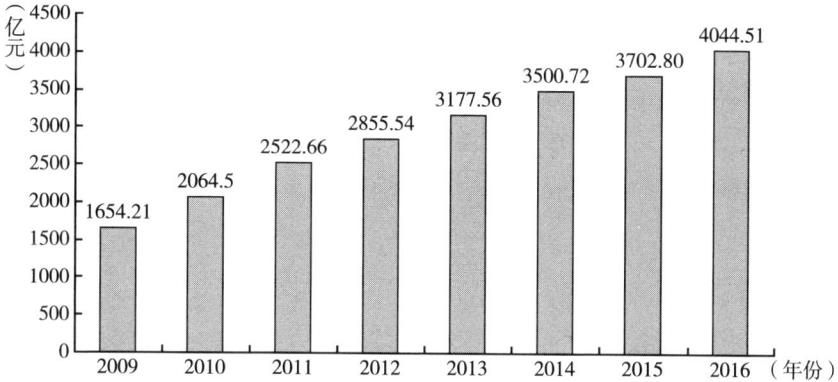

图 1　2009～2016 年海南省地区生产总值完成情况

资料来源：根据《海南省国民经济和社会发展统计公报（2016）》和海南省历年统计年鉴数据绘制。

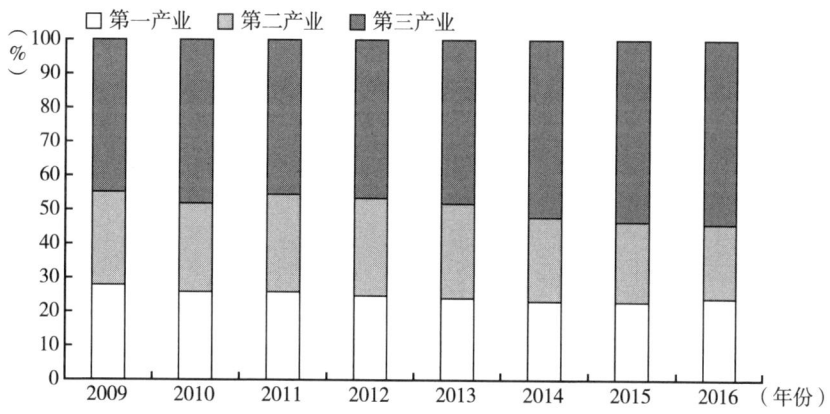

图 2　2009～2016 年海南省三次产业结构情况

资料来源：根据《海南省国民经济和社会发展统计公报（2016）》和海南省历年统计年鉴数据绘制。

（三）工业生产平稳增长

2016年，海南省工业增加值实现479.22亿元，其中，规模以上工业增加值为441.82亿元。按轻重工业分，轻工业增加值为138.33亿元，比上年增长了5.2%，重工业增加值为303.49亿元，比上年增长了1.5%，图6反映了海

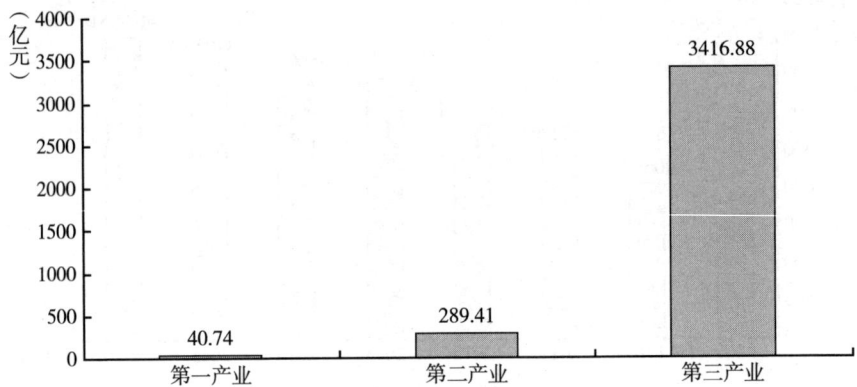

图3 2016年海南省三大产业投资额

资料来源：根据《2016年12月海南统计月报》和《海南省国民经济和社会发展统计公报（2016）》数据绘制。

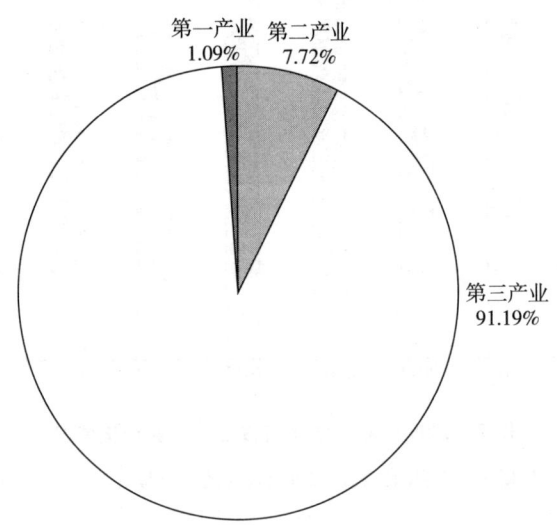

图4 2016年海南固定资产投资的产业结构占比

资料来源：根据《2016年12月海南统计月报》和《海南省国民经济和社会发展统计公报（2016）》数据绘制。

南省近年来工业增加值完成情况，可以看出其工业增加值总体上呈不断上升的趋势。

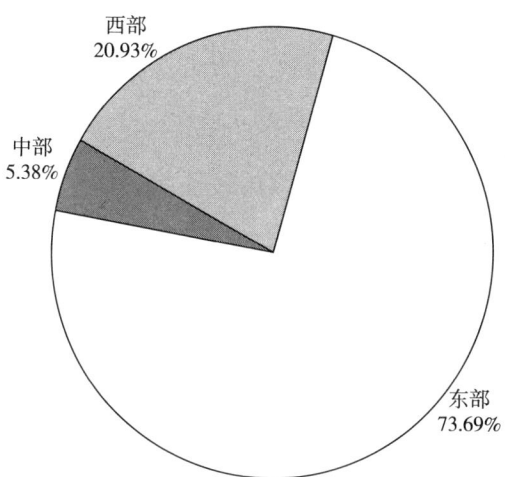

图5 2016年海南固定资产投资的区域结构占比

资料来源：根据《2016年12月海南统计月报》和《海南省国民经济和社会发展统计公报（2016）》数据绘制。

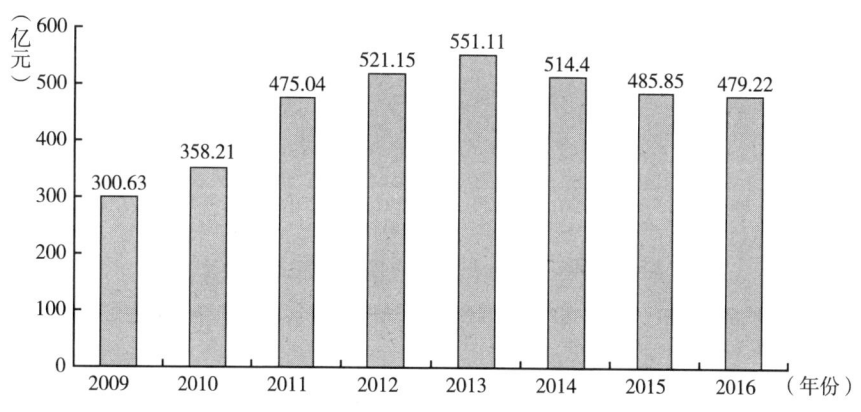

图6 2009~2016年海南省工业增加值实现情况

资料来源：作者根据《海南省国民经济和社会发展统计公报（2016）》和海南省历年统计年鉴数据绘制。

按经济类型划分，股份制企业增加值最多，为252.06亿元，比2015年增长1.8%，其次是外商及港澳台投资企业，为129.20亿元，比2015年增长

2.8%,再次是国有企业增加值,为60.16亿元,比2015年增长6.1%,其他经济类型增长20.9%。在海南的八大工业支柱行业增加值中,化学制品制造业和医药制造业增长较快,分别达到7.7%和7.2%,其他行业均有不同程度的上升,而汽车制造业的增长最为缓慢,只有0.2%。

(四)旅游业和消费品市场保持较快增长

2016年,海南省接待国内外游客人数共计6023.59万人次,较上年增长12.9%(见图7)。旅游总收入672.10亿元,增长17.4%。在全球经济开始复苏的背景下,中国旅游市场已逐渐成熟稳定,并受到越来越多外国游客的喜欢和关注。2016年,海南接待入境旅游者达46.99万人次,比2015年上涨了32.1%,国际旅游收入达34988.86万美元,比2015年上升了41.3%。

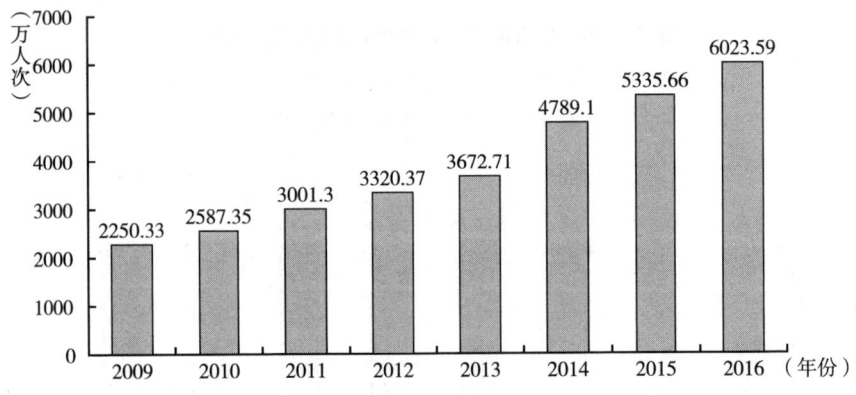

图7 2009~2016年海南省接待旅游人数情况

资料来源:根据《海南省国民经济和社会发展统计公报(2016)》和海南省历年统计年鉴数据绘制。

(五)外贸进出口总体平稳发展

2016年,海南省对外贸易进出口总值、出口总值和进口总值分别为748.40亿元、140.68亿元、607.72亿元,比上年分别增长了-13.9%、-39.5%、-4.5%。对外贸易方式有3种,分别为一般贸易、加工贸易、边境小额贸易,其中,一般贸易仍占主导地位,占进出口贸易总额的40.42%。

图 8 反映了 2016 年海南省进出口贸易方式贸易情况。2016 年,受全球经济低迷的影响,海南省一般贸易进出口总额达 302.6 亿元,较上年下降 18.88%;加工贸易进出口总额为 176.8 亿元,较上年下降 22.78%。图 9 显示了 2009~2016 年以来海南省对外贸易的进出口情况,由此可看出,2016 年海南省外贸进出口总额虽有所下降,但总体趋势还是较为稳定的。

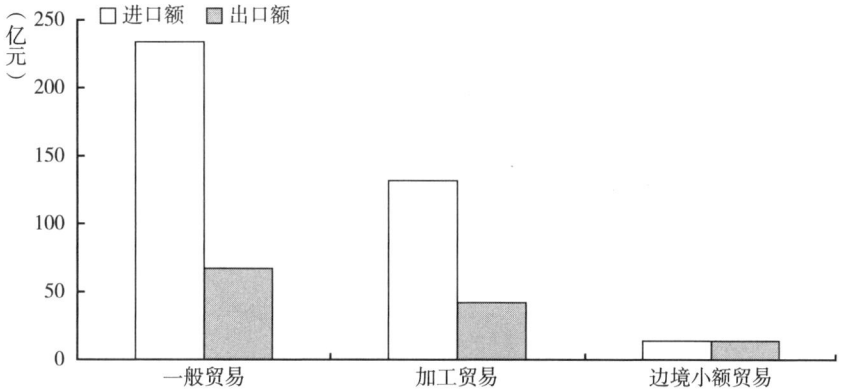

图 8　2016 年海南省进出口贸易方式贸易情况

资料来源:根据《2016 年 12 月海南统计月报》和《海南省国民经济和社会发展统计公报(2016)》数据绘制。

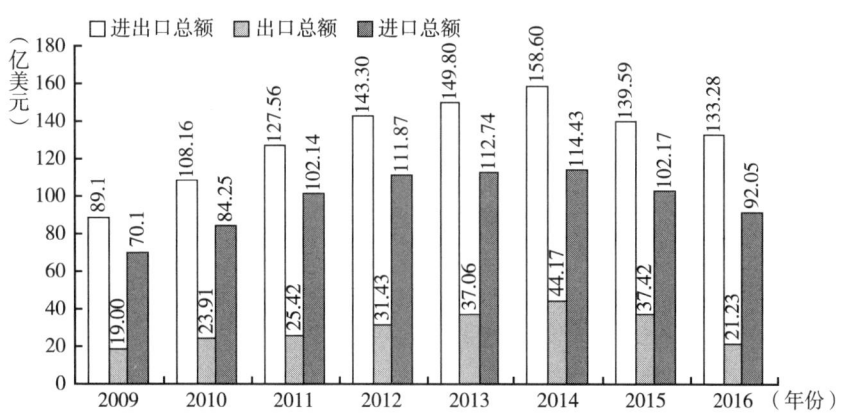

图 9　2009~2016 年海南省对外贸易进出口额

注:单位为亿美元。

资料来源:根据《海南省国民经济和社会发展统计公报(2016)》和海南省历年统计年鉴数据绘制。

其中，对中国香港、日本、美国、欧盟（27国）、东盟进出口分别为8.85亿元、23.24亿元、16.81亿元、26.69亿元、7.67亿元，分别增长-61.47%、64.0%、-7.06%、-65.54%、-40.66%。海口加入"泛珠"四省海关区域通关一体化建设中，并建成了海口港区汽车整车进口口岸。

比较海南省对各国的出口值，可以看出海南省最主要的贸易地区是东盟，2016年出口总值达到26.69亿元，同时，近年来，海南省与日本的出口贸易关系也越来越密切，出口总值有着显著的增长。除此之外，海南省对中国香港、美国、欧盟、中东的出口总值，占比也较大，图10反映了海南省对外贸易出口的主要地区分布。

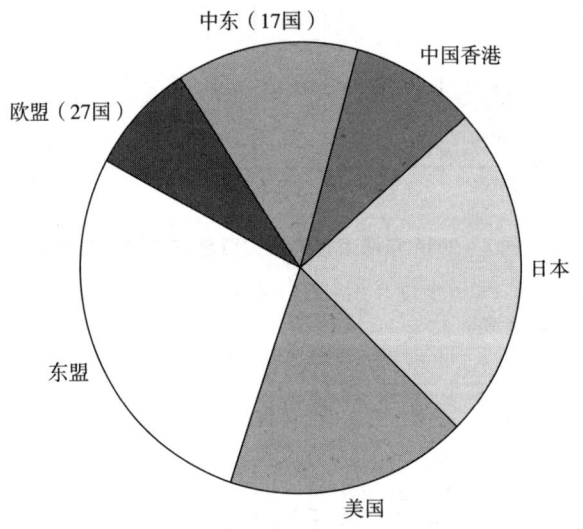

图10 2016年海南贸易出口的主要地区分布

资料来源：根据《2016年12月海南统计月报》和《海南省国民经济和社会发展统计公报（2016）》数据绘制。

二 2016年海南区域经济发展的差异与竞争力评估

本文选取海南省的18个市县作为研究对象进行分析对比，将18个市县划分为东部、中部和西部三大地区，其中，东部地区包括海口市、三亚市、文昌市、琼海市、万宁市和陵水县六个市县地区；中部地区包括五指山市、定安县、屯昌县、琼中县、保亭县和白沙县六个市县地区；西部地区包括儋州市、澄迈县、临高县、东方市、乐东县和昌江县六个市县地区。

1. 指标体系构建方法

本文引入变异系数法来测算海南省不同区县之间的差异。变异系数是原始数据标准差与平均值的比值。其中，标准差是样本中变量值与其均值的离差平方的平均值的算数平方根，可以精确地反映地区经济指标的离散程度。变异系数越大，说明各个地区之间的发展就越不平衡。

2. 海南省区县经济发展的总体差异

2016年，海南经济特区东部和西部地区生产总值分别达到2459.25亿元和1265.64亿元。图11反映了东部、中部和西部地区2016年生产总值占全省经济总量的比重情况，分别为61%、8%、31%，可以看出东部地区对海南省生产总值的贡献起着举足轻重的作用，西部地区也起着显著的作用，而中部地区的发展与西、东部地区之间还存在较大的差距。从生产总值增长速度来看，2016年东部、中部和西部地区的生产总值增长速度分别为7.8%、7.2%和7.0%，三个区域的经济增长速度较为稳定。

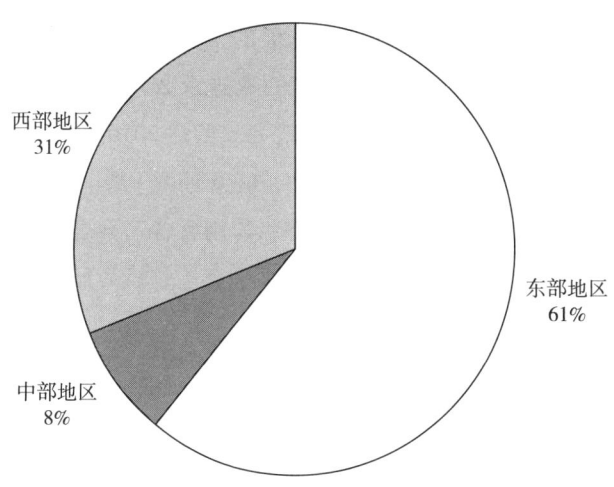

图11　2016年海南省三大区域经济总量占比

资料来源：根据《2016年12月海南统计月报》和《海南省国民经济和社会发展统计公报（2016）》数据绘制。

从各市县的生产总值和 GDP 增长速度上看（见图12），2016年海口市的经济总量最大，其次为三亚市，各区县之间的地区生产总值差异性大，发展较为不平衡。

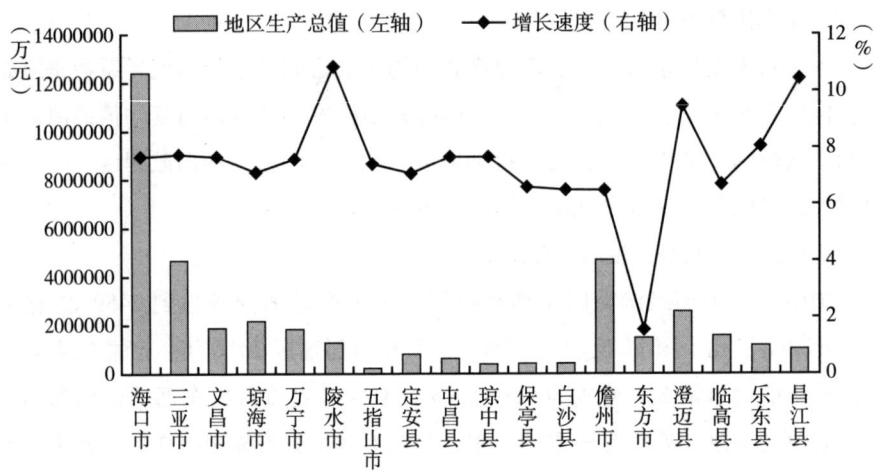

图12　2016年海南省各区县地区生产总值及其增速情况

资料来源：根据《2016年12月海南统计月报》和《海南省国民经济和社会发展统计公报（2016）》数据绘制。

从2009~2016年海南省区县生产总值的变异系数情况来看（见图13），2009年至2016年，海南省区县生产总值的变异系数均显著大于1，说明海南省各区县之间的总体经济发展水平差异较大。虽然2016年的变异系数相比前两年变化不大，在1.27和1.26之间浮动，略有轻微下降，说明海南省各区县生产总值的变异系数总体上呈下降的趋势，海南省各区县之间经济发展的差异正在逐渐缩小，但各区县之间的差异性和不平衡还是较为显著，持续性地平衡发展仍待加强。

3. 海南省区县三大行业的总体差异

海南省各区县三大产业的发展从一定程度上决定了各区县的地区经济发展水平，因而三大产业发展的程度对于地区经济发展有着举足轻重的作用。从反映经济发展的几个主要指标：生产总值、人均生产总值、第一产业、第二产业、第三产业的数据上看（见图14），生产总值、第二产业和第三产业是海南省各区县经济发展产生较大差异的领域。2016年，海南省第一产业和人均生

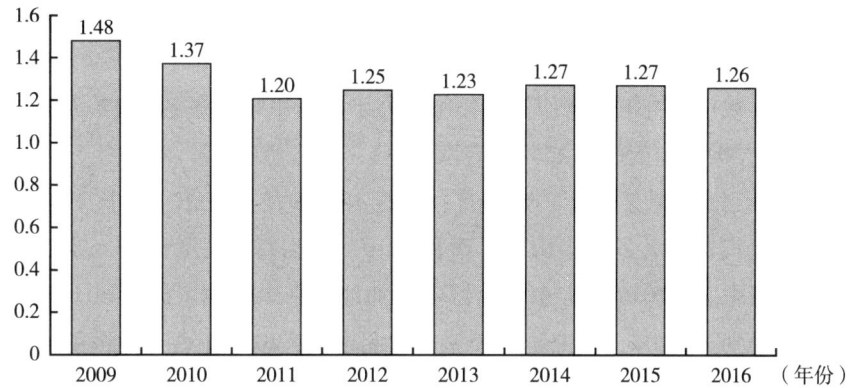

图 13　2009~2016 年海南省各区县生产总值变异系数变化情况

资料来源：根据《海南省国民经济和社会发展统计公报（2016）》和海南省历年统计年鉴数据绘制。

产总值的变异系数均小于 1，分别为 0.58 和 0.32，说明海南省各区县的人均生产总值、第一产业的发展水平都较为平衡，各区县间差异性小；第二产业和第三产业的变异系数均大于 1，说明海南省各区县第二产业和第三产业的发展不平衡，具有较大的差异性，尤其是第三产业，其变异系数达 1.8，远远高于全省生产总值的变异系数 1.26，说明从一定程度上而言，海南省各区县第三产业发展的差异性是导致海南各区县经济发展不平衡的主要原因。

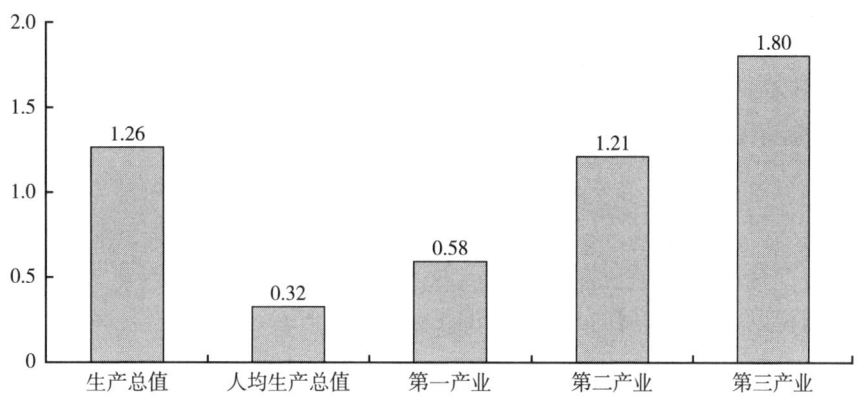

图 14　2016 年海南省区县主要经济指标的变异系数情况

资料来源：根据《2016 年 12 月海南统计月报》和《海南省国民经济和社会发展统计公报（2016）》数据绘制。

4. 海南省各区县工业发展的总体差异

2016年，全省规模以上工业增加值达441.82亿元，同比增长2.6%。分市县来看，规模以上工业增加值增长速度高于全省平均水平的有12个（见图16），其中，增长速度超过45%的有两个县，分别是陵水县（45.8%）和乐东县（45%）。增长速度超过10%的有：增长10.0%的三亚市，增长12.5%的万宁市，增长23.0%的五指山市，增长26.0%的临高县，增长18.6%的昌江县。分区域来看，2016年，东部地区、西部地区、中部地区规模以上工业增加值增长分别为3.1%、4.4%、2.5%，由此可知，2016年西部地区的规模以上工业发展速度快于东部和中部地区。

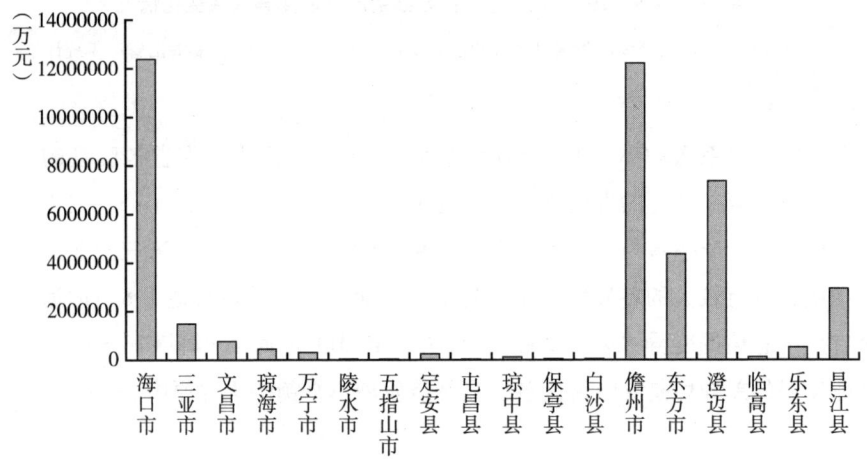

图15 2016年海南省各区县规模以上工业增加值完成情况

资料来源：根据《2016年12月海南统计月报》和《海南省国民经济和社会发展统计公报（2016）》数据绘制。

从海南省区县规模以上工业发展的变异系数来看（见图17），2009～2016年，海南省各区县规模以上工业发展的变异系数呈现不断下降的趋势，说明各区县规模以上工业发展的不平衡状况正在改善。但海南省各区县规模以上工业发展的变异系数仍大于1.6，变异系数偏大，说明海南省各区县在工业发展上仍处于较为明显的不平衡状态，各区县差异性大，本质上的不平衡状况并没有随着变异系数的递减而被打破。因而，缩小海南省各区县工业发展的差异性仍任重而道远。

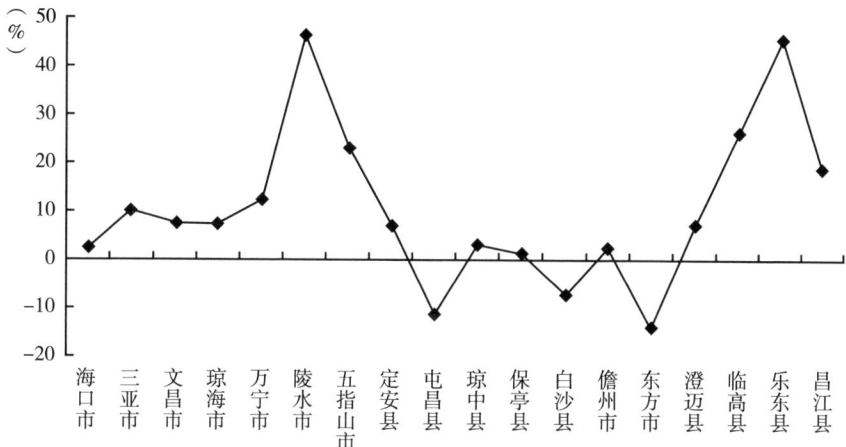

图 16　2016 年海南省各区县规模以上工业增加值增长情况

资料来源：根据《2016 年 12 月海南统计月报》和《海南省国民经济和社会发展统计公报（2016）》数据绘制。

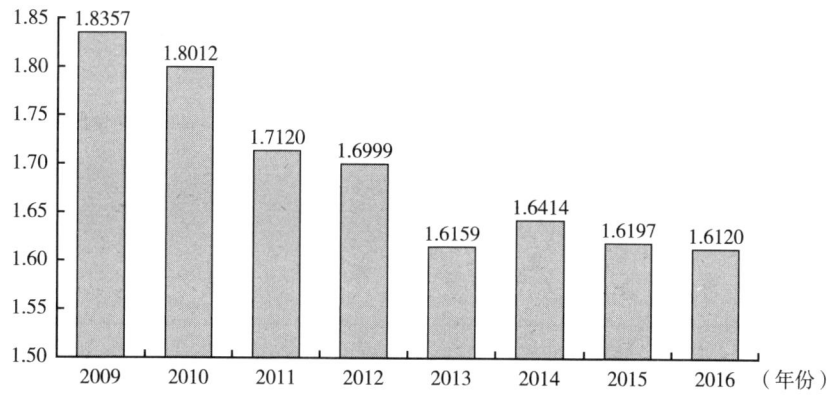

图 17　2009~2016 年海南省区县地区工业发展的变异系数变化情况

资料来源：根据《年海南省国民经济和社会发展统计公报（2016）》和海南省历年统计年鉴数据绘制。

5. 海南省市县固定资产投资的总体差异

2016 年，海南省固定资产投资是 3747.03 亿元，比上年增长 11.7%。分市县来看，固定资产投资增速超过全省平均水平的市县有（见图 19）：增长 25.7% 的海口市，增长 16.5% 的陵水市，增长 15.6% 的屯昌县，增长 14.1% 的琼中县，增长 20.8% 的保亭县，增长 17.1% 的儋州市。从区域的角度来看，东部地区固

217

定资产投资额同比增长15%，而中部地区和西部地区分别增长5.5%和2.8%，由此可以看出海南省各区县以及中东西部之间固定投资额增长的速度存在一定的差异性。同时，2016年海南省各区县固定资产投资额的变异系数为1.6243，也进一步说明海南省各区县固定资产投资不平衡，发展存在较大的差异性。

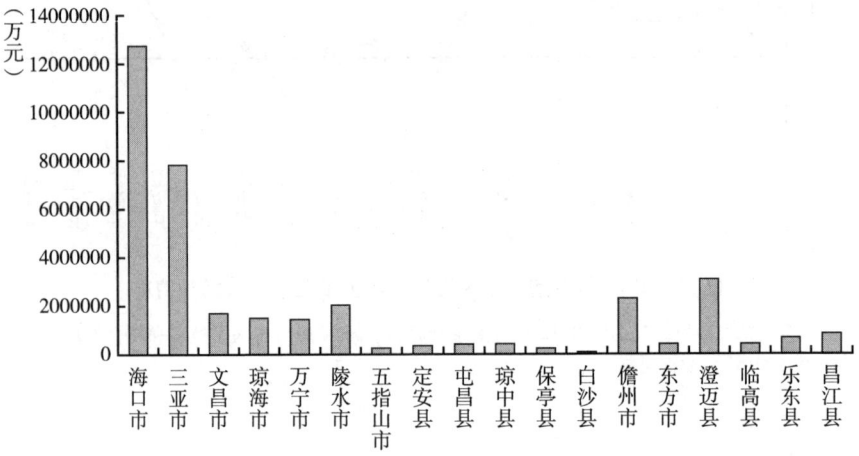

图18　2016年海南省各市县固定资产投资额情况

资料来源：根据《2016年12月海南统计月报》和《海南省国民经济和社会发展统计公报（2016）》数据绘制。

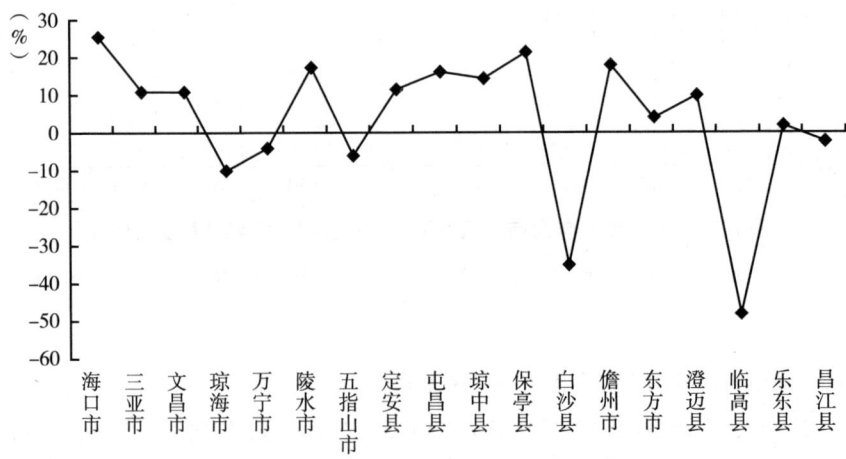

图19　2016年海南省各市县固定资产投资额增长情况

资料来源：根据《2016年12月海南统计月报》和《海南省国民经济和社会发展统计公报（2016）》数据绘制。

6. 海南省各市县在消费领域的总体差异

2016年，海南省社会消费品零售总额为1453.7157亿元，比上年增长9.7%。分市县来看，社会消费品零售总额增长速度超过全省平均水平的共有11个市县（见图21），分别为：增长9.8%的海口市、陵水市、白沙县、儋州市、文昌市；增长10%的琼海市、屯昌县、东方市、临高县，增长10.1%的万宁市，增长10.2%的澄迈县。分区域看，西部地区和东部地区的社会消费品零售总额的增长速度分别为9.7%和9.8%，而中部地区由于五指山市、安定县、琼中县、保亭县的社会消费品零售总额增长均低于全省平均水平，因而中部地区的社会消费品零售总额增长为9.6%，略低于全省平均水平。除此之外，与2016年海南省区县工业投资、固定资产投资和经济发展总水平的变异系数相比，2016年海南省市县之间社会消费品零售总额的变异系数为1.8046，数值较大，也表明海南省各市县之间的消费能力的差异性、不平衡性很高。

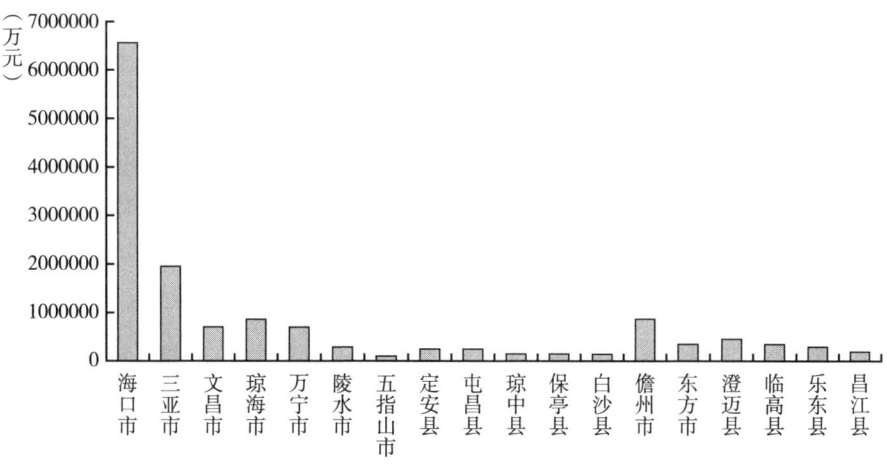

图20　2016年海南省各市县社会消费品零售总额情况

资料来源：根据《2016年12月海南统计月报》和《海南省国民经济和社会发展统计公报（2016）》数据绘制。

7. 海南省市县在财政收支领域的总体差异

2016年，海南省一般公共财政预算收入为1080.8138亿元，比上年增长

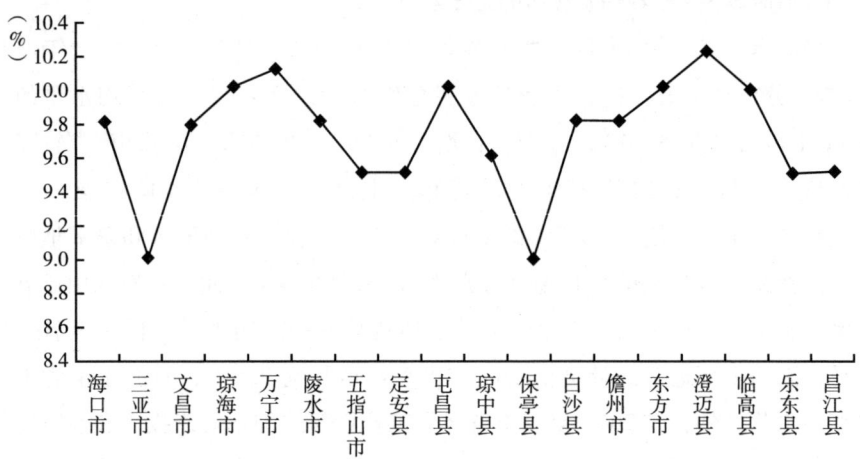

图 21　2016 年海南省各市县社会消费总额的增速情况

资料来源：根据《2016 年 12 月海南统计月报》和《海南省国民经济和社会发展统计公报（2016）》数据绘制。

6.5%。其中，地方一般公共财政预算收入为 637.5031 亿元，比上年增长 8.8%。

分区域来看，东部地区公共财政预算收入为 291.0062 亿元，比上年上涨了 8.2%；中部地区公共财政预算收入为 19.7848 亿元，比上年减少 5.2%；西部地区公共财政预算收入为 106.6245 元，比上年增加 10.5%。分市县来看，地方公共财政预算收入增长快于全省平均水平的市县有：增长 11.2% 的海口市、增长 8.2% 的三亚市、增长 11% 的陵水市、增长 12.5% 的定安县、增长 11.5% 的保亭县、增长 10.3% 的儋州市、增长 15.8% 的澄迈县、增长 19.8% 的乐东县和增长 12.8% 的昌江县（见表 1）。

2016 年，海南省的地方一般公共预算支出为 1378.3806 亿元，比上年增长 10.7%。分市县来看，增长 20.5% 的海口市、增长 37% 的陵水市、增长 21.4% 的屯昌县、增长 59.2% 的琼中县、增长 21.9% 的白沙县、增长 24.7% 的临高县，这 6 个市县地方公共财政预算支出增长快于全省平均水平。

图 23 和图 24 反映了近年来海南省财政收支的变异系数变化情况，从总体

上看，2009~2016年海南省各市县财政收入的变异系数较为平稳，但这几年的变异系数仍均显著大于1，说明在财政收入领域海南省各市县的差异仍然较大。与海南省财政收入的变异系数变化情况相比较，2009~2016年，海南省各市县的财政支出变异系数均稳定在1以下，这说明在财政支出方面海南省各市县相对较为均衡。

表1 2016年海南省各市县公共财政预算收支及增速情况

市县	公共财政收入（万元）	比上年增减（%）	公共财政支出（万元）	比上年增减（%）
海口市	1155065	11.2	2061748	20.5
三亚市	895772	8.2	1257662	6.2
文昌市	135588	6.5	472389	2.7
琼海市	154057	-9.7	437360	-2.7
万宁市	155124	2.3	434596	-5.5
陵水市	414456	11	657638	37
五指山市	31634	-15.1	164877	1.5
定安县	40409	12.5	235107	-8.3
屯昌县	21297	-17.4	224280	21.4
琼中县	42946	1.3	346985	59.2
保亭县	45532	11.5	173646	10.3
白沙县	16030	-39.6	251952	21.9
儋州市	473585	10.3	1087682	-0.5
东方市	146113	1	431229	0.1
澄迈县	203743	15.8	510094	5.1
临高县	41243	-1.7	402356	24.7
乐东县	101242	19.8	468459	10.5
昌江县	100319	12.8	299598	5.8

资料来源：根据《2016年12月海南统计月报》和《海南省国民经济和社会发展统计公报（2016）》数据整理。

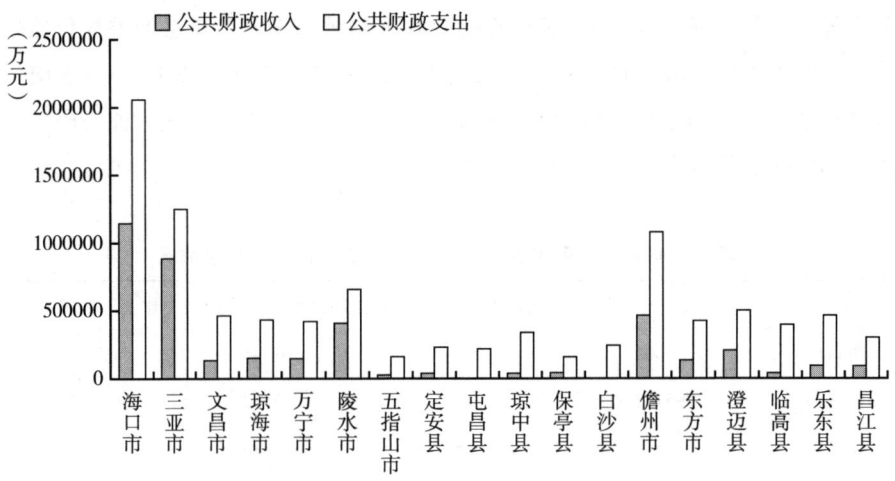

图 22　2016 年海南省各市县财政收支总额情况

资料来源：根据《2016 年 12 月海南统计月报》和《海南省国民经济和社会发展统计公报（2016）》数据绘制。

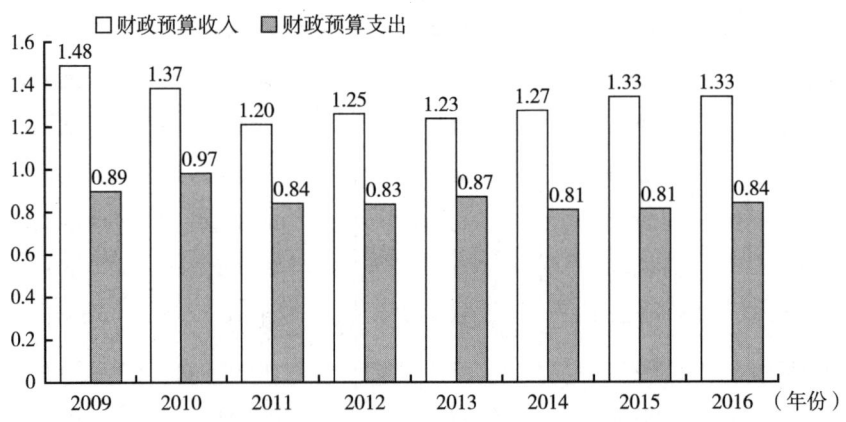

图 23　2009～2016 年海南省市县财政收入与财政支出的变异系数变化情况

资料来源：根据《2016 年 12 月海南统计月报》和《海南省国民经济和社会发展统计公报（2016）》数据整理。

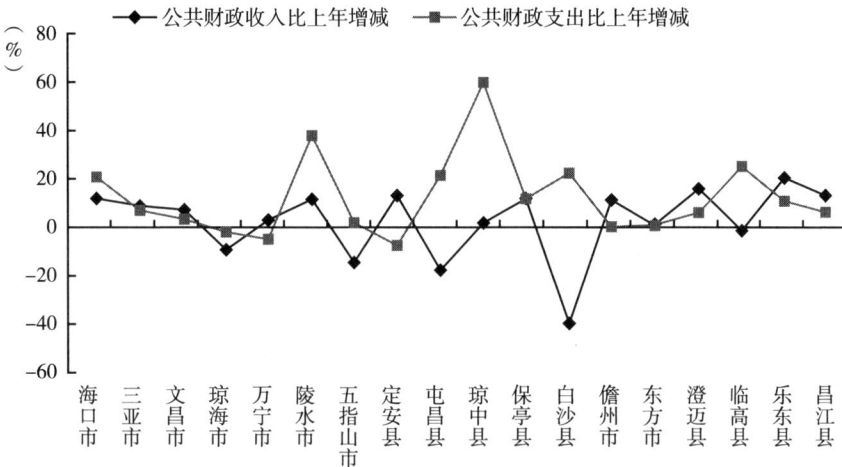

图 24　2016 年海南省各市县财政收支总额的增速情况

资料来源：根据《2016 年 12 月海南统计月报》和《海南省国民经济和社会发展统计公报（2016）》数据整理。

三　2016年海南省经济发展的总体评述和相关建议

（一）2016年海南省经济发展的总体评述

1.经济平稳增长，结构继续优化

2016 年，在面对严峻复杂的国际形势以及国内经济下行压力的情况下，海南省继续保持稳定稳健的经济发展态势，三大产业均实现增长。其中，工业和农业的发展较为平稳，而服务业的发展速度令人瞩目。在第三产业中，以金融业、旅游业为主的现代服务业已然成为海南省经济发展的重要推动力以及瞩目点。同时，经济结构也进一步优化，在供给侧结构性改革的推动下，新兴服务业得以重点培育发展，产业转型升级的进程如火如荼，2016 年全省服务业占 GDP 的比重为 53.7%，对整体经济增长的贡献率达 71.4%，贡献率比上年提高 10 个百分点。

2.投资较快增长，消费状况改善

2016 年，海南省全年固定资产投资增长较快，比上年增长 11.7%，呈现稳中有进、超出预期的良好态势。从投资类别看，非房地产项目是支撑全部投资增长的主要动力，其全年投资额增长18.7%，对全部投资增长的贡献率更高达78.7%。同时，2016年，海南省全年社会消费品零售总额保持稳中有升的态势，消费状况得以改善，消费形态呈现多样化、大众化的态势，其中大众餐饮行业的增长速度令人瞩目，增速快于全部消费1.2个百分点。

3. 以创新为驱动的发展得以落实

在供给侧结构性改革的推动下，在"大众创业、万众创新"新理念的影响下，海南省的创新发展、协调发展、绿色发展、开放发展、共享发展都进行得如火如荼。2016年，在改革创新驱动的作用下，海南省十二个重点产业发展迅猛，对经济增长的贡献率超过90%；同时，在开放理念的引领下，全域旅游全面推进，对外贸易也得以积极促进；此外，民生状况进一步改善，居民就业稳定、收入增加，共享发展成果。

4. 区域经济发展不均衡，差异性大

从海南省中东西三大区域来看，由于各种自然和社会发展的差异，这三大区域经济发展不平衡的状况依然很明显，呈现"中部较弱，东西部较强"的格局，东部经济总体发展较好，西部次之，中部差距最大。从各市县的发展上看，海南省各市县的发展也极不均衡，差异性较大。各市县的地区生产总值、固定投资以及三大产业等主要经济发展指标的变异系数虽然近年来稍有下降，但仍大于1，说明市县之间不均衡的状况本质上没有得到有效改善，各市县的差异性、不平衡性仍然存在，这也是制约海南省经济可持续发展的绊脚石，更是阻碍海南省开展扶贫工作，全面实现小康社会的拦路虎。因而，继续改善不同市县之间、城镇与农村之间的经济发展不平衡仍是海南经济特区发展的重大挑战，也是今后工作的重中之重。

（二）促进海南省经济发展的政策建议

1. 维护人文生态环境，提高国际旅游岛建设质量

海南省旅游资源丰富，发展基础较为稳固，因而作为海南省的重点支柱产业——旅游业，寻求新理念、新发展、新突破是推动海南省提高国际旅游岛发展质量的必经之路。首先，保持"增绿、护蓝"的生态维护理念是建设海南国际旅游岛的前提和基础，良好的生态、人文环境才是海南省旅游业可持续发展的根基。其次，把握机会，抓住"一带一路"和"自由贸易区"的发展战略，推动海南省进一步开放与更高层次地发展，在离境退税、离岛免税、洋浦特殊政策等众多优惠条件的促进下，建设全面性、综合性、多元性的国际旅游岛、生态自由岛。最后，作为海南省重点核心旅游区域——东部，应积极寻求国际旅游休闲化、个性化、高端化发展，整合周边区县的旅游资源，打造旅游业产业集群，在提升自身核心竞争力的同时，带动其他区县的进一步发展。

2. 发展现代热带农业，打造新型特色工业

依托海南优渥的天然资源，独特的地理位置和适宜的气候天气，发展海南现代热带农业产业，打造海南新型特色工业，是海南实现可持续发展、突破性发展的不二之选。首先，把握"互联网时代"的机遇，丰富工农业信息资源，提升信息技术水平，打造全方位的信息化应用平台、信息网络服务平台、检测与控制系统平台等，使生产者、经销商、消费者、管理方都能获得及时有效的信息，更好地开拓生产经营活动。其次，在供给侧结构性改革的浪潮下，优化产品结构，进一步提高工农业产品质量。一方面要根据国内外市场需求继续调整农业产品结构，培育新品种，注重产品质量，打造具有口碑的海南省现代热带农业品牌；另一方面要促进海南省工业的进一步改革升级，优化传统工业模式，打造新型特色工业，扶持创新企业，推动海南省工业的可持续发展。再次，加大科学技术投入，提高海南农业、工业的现代化、标准化和产业化程度。一方面，支持企业建立研发中心、实验室和科技成果转化基地；另一方面，集合高校、科研机构和龙头企业的力量，建立一批产学研一体化联盟。最后，注重品牌的建设和培育，发挥龙头品牌企业的带动效应，创造更多的品牌企业，培育一批具有国内外知名度的品牌，形成海南品牌效应。

3. 注重人才培养和引进机制，推进高端人才队伍建设

人才结构是影响城市发展的重要因素，高端人才更是经济发展的强大助推器。针对海南省教育发展的相对滞后，以及高端人才的稀缺，人才培养和引进机制的优化，高端人才队伍的建设对海南省经济发展具有重要促进意义。对此，海南省一方面要完善人才引进机制，建立人才引进专项资金和高端人才项目资金，提高高端人才的待遇，吸引更多的高端人才到海南省扎根落户。另一方面要完善人才培养机制，加大人才培养力度，根据产业发展的特点，依托高校、科研院所和龙头企业，建设海南人才培养基地，培养适应海南发展需要的

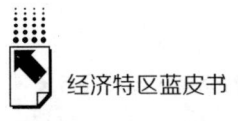

各类人才。同时,加大与周边省份的人才交流,积极发展与经济发达省份、高等院校的人才合作、培训、交流项目。

4. 增强特区管理观念,推进制度创新

海南省作为中国五大经济特区之一,相比其他大多数地区,拥有诸多优势,因而,海南省应当不断增强特区管理观念,推进制度创新,发挥经济特区的优势,提高经济发展的速度。首先,作为海上丝绸之路的重要节点,海南省应积极发挥经济特区的政策优势,营造良好开放的商业环境,加大对外开放力度,努力吸引外资企业和国内大型企业,借助内外力的推动,将海南的发展触角辐射到更大的区域。其次,海南省应不断弘扬特区文化,坚持发扬特区精神。以"敢闯、敢试、敢于人先"的特区精神,唤起特区人民的拼搏精神,树立勇于创新、艰苦奋斗、埋头苦干的斗志,同时,努力培育具有海南特色的特区文化。最后,推进特区制度的创新,构建良好的市场经营环境,完善基础设施体系、金融市场、财政税收体系,加快人才教育资源等综合配套改革的建设,让发展成果更多更公平地惠及全体人民。

参考文献

[1] 海南省统计局、国家统计局海南调查总队:《海南2016年12月统计月报》,2017年2月10日。

[2] 海南省统计局、国家统计局海南调查队:《海南省2016年国民经济社会发展统计公报》,2017年2月10日。

[3] 《2016年海南经济运行情况》,海南省人民政府,http://www.hainan.gov.cn/hn/zwgk/tjdc/hntj/dcfx/201701/t20170122_2218705.html。

[4] 罗后清、何国平:《海南经济发展新模式构造中的政府职能转型探讨》,《特区经济》2013年第10期。

[5] 颜节礼:《海南特区的优势分析和发展探讨》,《特区经济》2011年第3期。

[6] 王永鑫:《认识与践行海南经济发展新理念》,《新东方》2015年第3期。

[7] 陈太宇:《海南区域经济发展的问题与对策》,《长江大学学报》2011年第5期。

B.14
上海浦东新区发展报告

章平 刘启超*

摘　要： 过去五年，在浦东新区广大干部群众的共同努力下，新区持续推进创新驱动发展、经济转型升级，较好地完成了"十二五"规划的目标任务，高起点编制完成"十三五"规划。2016年是"十三五"规划的开局之年，面对全球经济复苏乏力、国内经济下行压力加大的宏观背景，浦东新区深入贯彻创新、协调、绿色、开放、共享的发展理念，积极推进供给侧结构性改革，努力推动全区经济平稳发展，自贸试验区改革和科创中心建设推进有力，社会民生和生态建设等短板弥补成效明显，实现了"十三五"经济社会发展的良好开局，推动了浦东的"二次创业"走向新征程。

关键词： 开发开放　二次创业　创新　国家级新区

"起跑决定后势，开局关系全局。"2016年，作为"十三五"的开局之年，其经济发展形势对"十三五"的社会经济发展尤为关键。过去的一年，浦东新区广大干部群众共同努力、攻坚克难，持续深化改革、提高对外开放水平、优化产业结构，实现了经济社会发展的良好开局。本文根据公开数据（由于截稿时尚未获得2017年浦东新区统计年鉴，只能以政府工作报告为主、媒体报道和期刊为辅获取数据）对浦东新区2016年的经济发展态势进行梳理分析，并提出政策建议。

---

* 章平，深圳大学中国经济特区研究中心副研究员，管理学博士，硕士研究生导师，主要研究方向为比较制度分析；刘启超，深圳大学中国经济特区研究中心理论经济学专业硕士研究生。

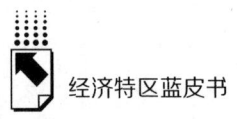

一 发展态势和总体特征

(一) 经济发展总体平稳健康，经济运行基本符合预期

2016年新区经济保持平稳健康增长。地区生产总值达到8731.84亿元（见图1），占全市生产总值的1/3，比新区建立之初翻了144倍。地区生产总值同比增长8.2%，五年年均增长9.3%，增速均高于上海全市。截至2016年末，浦东新区常住人口为550.1万人，人均生产总值超过2.4万美元，居民人均可支配收入为55776元，同比增长9.1%；人均生产总值和居民人均可支配收入均达到中等发达国家水平。投资结构趋于合理，消费保持较高规模。社会固定资产投资为1825.74亿元，一般公共预算收入达到963.75亿元，全年商品销售总额和社会消费品零售总额分别为32361亿元和2037亿元，均增长8%以上。产业结构得到进一步优化。工业总产值为9710.16亿元，第三产业增加值占地区生产总值的比重达到74.9%，金融业增加值占地区生产总值的比重达到27.5%，战略性新兴产业产值占工业总产值的比重达到28.2%，"三大三新"产业①产值占新区工业总产值的比重达到63.2%，旅游业直接收入达170亿元，同比增长17%。对外开放水平得到进一步提高，实到外资为70.36亿美元，同比增长8.9%，全年外贸进出口为17594.88亿元，同比增长4.9%，外贸进出口总额约占全市的60%。其中，对"一带一路"沿线国家的对外贸易进出口总额达到进出口总额的19%。总部经济持续发展，全年新增跨国公司地区总部15家，新增亚太区总部6家，累计获得认定的跨国公司地区总部达到261家。

(二) 创新驱动发展进一步推进，经济转型进一步升级

2016年新增持牌类金融机构63家，累计达到963家，各类新兴机构新增849家，累计达到7563家。全年新区中外资银行本外币存贷款余额分别增长

---

① "三大"是指电子信息产品制造业、汽车制造业和成套设备制造业；"三新"包括生物医药、航空航天与新能源产业。

11.2%和0.5%左右。证券市场实现成交额284万亿元左右，增长6.6%。面向国际的金融交易平台有序推进，黄金交易所国际板正式上线运行，上海保险交易所挂牌成立。促进金融服务实体经济，累计为1303家企业落实83.06亿元贷款，为973户小微企业授信获批贷款20.89亿元。全年获得专利授权29942件，发明专利约占获得专利授权的50%，每万人口发明专利拥有量约为44.7件；新区共有36家市级科技公共服务平台机构，约占上海市的三成。航运功能持续得到提升，浦东国际机场旅客吞吐量接近6600万人次，货邮吞吐量继续保持全球第三位。

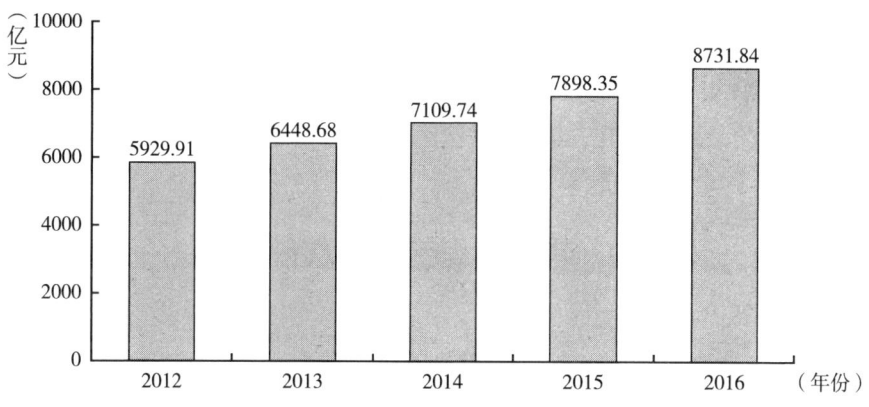

图1　浦东新区2012~2016年生产总值

（三）社会民生得到切实保障和改善

2016年新开办学校达26所，其中初中5所，小学3所，幼儿园18所，共建设幼儿园规模达95个班。2016年新建了150家村卫生室，完成了对36个街镇的血压计免费校准服务。完成了20家菜场的标准化建设，新开业2家中心菜场和5家生鲜菜店。全年新增超过14万个就业岗位，帮助4.2万人参加职业技能培训、1864人成功创业、1180人实现再就业。全年开展各类救助帮困196.6万人次，发放各类救助帮困资金8.34亿元。2016年新增4家养老机构内设医疗机构和1200张养老床位，为5.8万多名老人提供居家养老服务。此外，为了保障居民的文体活动和方便居民绿色出行，新区新建和改建8个市民球场，在公园、公共绿地及大型居住社区新建8条百姓健身步道，在医院、学

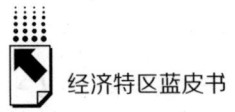

校、商业商务楼宇及住宅小区周边等处的停车场累积新建了786个电动汽车公共充电桩。

不断深化综合配套改革，自贸试验区改革示范效应进一步显现。浦东新区围绕全面深化上海自由贸易试验区建设、全面推动上海科创中心建设、全面提升政府治理能力、全面提升基层社会治理能力，进一步深化浦东综合配套改革。2016年开展了"证照分离"改革试点，分类改革116项行政许可事项。建成上线"单一窗口"2.0版，自由贸易账户拓展得到进一步推进，人民币跨境使用领域得到进一步扩大。"业界共治＋法定机构"试点得以开展。自贸区成立三年来，"先行先试"取得显著成效。如"外商投资负面清单、企业准入单一窗口、先进区后报关、批次进出集中申报"等100多项制度在全国得到推广。上海浦东自贸区的经验被推广到广东、天津、福建，如今先行的4个自贸试验区的经验又推广到第三批自贸试验区。

二 浦东的蝶变：两次创业

（一）蝶变历程："敢闯敢试，敢为天下先"

2016年是浦东开发开放的第26个年头，26年前浦东的开发开放向世界宣示了中国将来"举什么旗""走什么路"，进而开始了浦东的第一次创业，浦东开发开放的15年取得了一系列令人瞩目的经济发展成就，例如陆家嘴和世博园等一系列代表性成果。2005年，浦东又成为首个综合配套改革试点区，标志着浦东以体制创新为核心的"二次创业"开始了。"三个着力，四个结合"[①]的要求说明浦东的改革发展和对外开放，不仅仅停留在经济增长的表面，而要使改革成果能够制度化，做到"浦东能突破、上海能推广、全国能借鉴"，最终达到完善社会主义体制的目标。2013年成立的（上海）自由贸易试验区，标志着浦东进入了"自贸时代"，迈上了"二次创业"的新征程。自

---

① 指中央对浦东新区综合配套改革试点的总体部署，即着力转变政府职能、着力转变经济运行方式、着力改变城乡二元经济与社会结构；把改革和发展有机结合起来，把解决本地实际问题与攻克面上共性难题有机结合起来，把实现重点突破和整体创新有机结合起来，把经济体制改革和社会其他方面改革有机结合起来。

贸试验区的建设和张江综合性国家科学中心的建设，并推动两者联动发展，是21世纪浦东"二次创业"最重要的任务。经过两次创业，浦东实现了蝶变，从"宁要浦西一张床，不要浦东一间房"到"八十年代看深圳，九十年代看浦东"，26年后的浦东新区交出了一份令世界惊艳的答卷。新时期的浦东新区也紧紧围绕上海的发展战略，来确定自己的定位。"十三五"期间，浦东新区要"多定位，少定数"，发挥浦东"二次创业精神"（只争朝夕，勇立潮头；崇尚科学，开放包容），努力建设成为科学发展的先行区、"四个中心"的核心区、综合改革的试验区、开放和谐的生态区。

浦东两次创业脉络如图2所示。

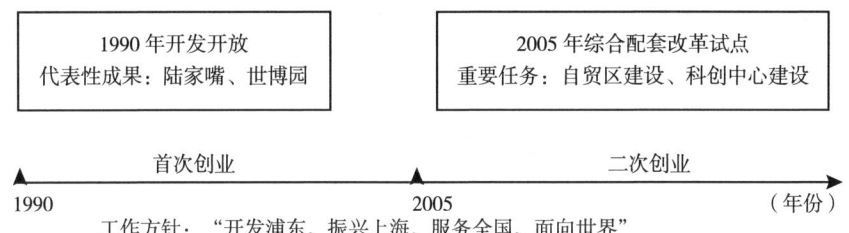

图2　浦东两次创业脉络

（二）审时度势，找准改革开放下的新定位

在浦东开发开放的初期，即确定了"开发浦东、振兴上海、服务全国、面向世界"的十六字工作方针，这表明浦东的定位为整个上海，乃至全国。党的第十四次全国代表大会对上海提出了"以浦东为龙头，带动上海的国际经济中心、国际金融中心、国际贸易中心的推进"，即"一个龙头，三个中心"的发展战略。上海则对浦东提出了"上海要领先一步，浦东要更先一步"的要求。1996年，上海根据国务院提出的"上海要成为国际航运发展目标"，又把成为国际航运中心加进去，"一个龙头，三个中心"则变成了"一个龙头，四个中心"，即"以浦东为龙头，带动上海的国际经济中心、国际金融中心、国际贸易中心、国际航运中心的推进"，即上海要成为全国"改革开放排头兵、创新发展先行者"，而浦东则要成为"排头兵中的排头兵、先行者中的先行者"。

（三）从后卫到前锋，浦东成为改革开放的领跑者

从1990年浦东的开发开放到2005年浦东新区成为首个国家级综合配套改革试验区，首次创业的十五年间，浦东创业人，切实落实"十六字"工作方针，不怕艰辛，努力奋斗，取得了令世人瞩目的成就。经济实力不断增强，浦东GDP从1990年的60亿元增长到2005年的2108.79亿元，增长达到约34倍；首次创业十五年间，浦东工业总产值由176.85亿元增长到4242.47亿元，增长了近23倍。投资和消费潜力得到释放，固定资产投资和社会消费品零售总额分别增长了48倍和24倍。产业结构持续优化，金融产业得到了较快发展，第三产业增加值和金融业增加值占地区生产总值的比重，均实现了翻一番。国际贸易得到飞速发展，进出口总额增长了近30倍。1996年，当上海把发展战略由"三个中心"扩展为"四个中心"时，浦东也相应提高了自己的航运功能，港口货物吞吐量实现了翻一番，也为上海建设成为国际航运中心做出了应有的贡献。

经过26年的开发开放，浦东的GDP从1990年的60亿元增长到2016年的8731.84亿元，增长了近145倍。财政收入从1990年的10亿元增长到3000多亿元，地方财政收入则从1990年的5亿元增长到1000多亿元。2016年浦东新区财政总收入的增长速度明显大于地方财政的增长速度，说明浦东在开发开放的过程中确实做到了"开发浦东、振兴上海、服务全国、面向世界"十六字方针，其经济实力不仅得到了提高，也为全市、全国做出了较大贡献。浦东新区在发展的过程中，不仅注重量的提高，也注重质的提高。浦东新区现规划面积不断增加，2016年已达1201.41平方公里，集中城市化面积为260平方公里，累计建成近一亿平方米的各类建筑，而建成区的绿化覆盖率从1990年的5%提高到2005年的37%，再到2016年的36%左右，经济得到了发展，居住环境也相应得到改善，具体经济发展指标如表1所示。

表1　浦东新区部分年份经济发展指标

类别	1990年	1997年	2005年	2016年
土地面积（平方公里）	350	522.75	522.75	1210.41
年末总人数（万人）	133.94	153.40	279.19	550.1
生产总值（亿元）	60	608.22	2108.79	8731.84

续表

类别	1990年	1997年	2005年	2016年
工业总产值(亿元)	176.85	1349.01	4242.47	9710.16
第三产业增加值比重(%)	20.1	37.2	48.9	74.9
金融业增加值比重(%)	5.1	11.4	11.8	27.5
固定资产投资总额(亿元)	14.15	504.36	693.61	1825.74
社会消费品零售总额(亿元)	14.28	162.23	353.69	2037
人均国内生产总值(元)	4498	39949	75532	158731
城镇居民人均可支配收入(元)			19089	55776
农村居民人均可支配收入(元)			9779	
进出口总额(亿美元)	29.92	99.01	894.75	17594.88(亿元)
绿化覆盖率(%)	5.5	18.24	37.80	36
港口货物吞吐量(万吨)		7417	22470	32000
集装箱吞吐量(万标准箱)			2509.8	3500
旅客吞吐量(万人次)			4041	6600
货邮吞吐量(万吨)			322	344

注：表中2016年绿化覆盖率、港口货物吞吐量、集装箱吞吐量为估计值。

三　国家级新区中的浦东

2017年4月，国家设立雄安新区的消息，再次将人们的关注焦点集中到"国家级新区"这一承担国家重大发展战略的综合功能区上来。自1992年国家设立浦东新区开始，到2016年底，国家共设立了18个国家级新区，再加上2017年4月设立的雄安新区，共设立了19个国家级新区，它们具有不同的战略定位，承担着不同的历史使命（见表2）。

表2　19个国家级新区概况

新区名称	设立时间	主体城市	规划面积（平方千米）	战略定位及历史使命
浦东新区	1992年10月11日	上海	1210	科学发展的先行区、"四个中心"的核心区、综合改革的试验区、开放和谐的生态区
滨海新区	2006年5月26日	天津	2270	我国北方对外开放的门户

续表

新区名称	设立时间	主体城市	规划面积（平方千米）	战略定位及历史使命
两江新区	2010年5月5日	重庆	1200	中央赋予其五大功能定位,包括内陆重要的先进制造业和现代服务业基地等
舟山群岛新区	2011年6月30日	舟山	1440	浙江海洋经济发展的先导区、海洋综合开发试验区、长江三角洲经济发展的重要增长极
兰州新区	2012年8月20日	兰州	1700	带动甘肃及其周边地区发展、深入推进西部大开发、促进我国向西开放
南沙新区	2012年9月6日	广州	803	打造粤港澳全面合作示范区
西咸新区	2014年1月6日	西安、咸阳	882	把西安建设成富有文化底蕴特色的现代化城市
贵安新区	2014年1月6日	贵阳、安顺	1795	探索欠发达地区后赶超路子,加快推进体制机制创新
西海岸新区	2014年6月3日	青岛	2096	担负海洋强国和改革开放的双重使命
金普新区	2014年6月23日	大连	2299	进一步深化与东北亚各国各领域的合作
天府新区	2014年10月2日	成都、眉山	1578	打造成为内陆开放经济高地、宜业宜商宜居城市、现代高端产业集聚区、统筹城乡一体化发展示范区
湘江新区	2015年4月8日	长沙	490	建设高端制造研发转发基地和创新创业产业集聚区,产城融合、长江经济带内陆开放高地
江北新区	2015年6月27日	南京	2451	设立并建设好南京江北新区,对于推进长江经济带建设、培育东部沿海地区率先转型发展的新增长极具有重要意义
福州新区	2015年8月30日	福州	1892	把福州新区建设成为两岸交流合作重要承载区、扩大对外开放重要门户、东南沿海重要现代产业基地、改革创新示范区和生态文明先行区
滇中新区	2015年9月7日	昆明	482	打造成为我国面向南亚东南亚辐射中心的重要支点,云南桥头堡建设重要经济增长极,西部地区新型城镇化综合试验区
哈尔滨新区	2015年12月16日	哈尔滨	493	打造中俄全面合作重要承载区、东北地区新的经济增长极、老工业基地转型发展释放区

续表

新区名称	设立时间	主体城市	规划面积（平方千米）	战略定位及历史使命
长春新区	2016年2月3日	长春	499	建设成为创新经济发展示范区、新一轮东北振兴的重要引擎、图们江区域合作开发的重要平台、体制机制改革先行区
赣江新区	2016年6月14日	南昌、九江	465	建设成中部地区崛起和长江经济带的重要支点，成为全省创新的引领区、开放的先行区、改革的试验区、合作的示范区和发展的重要增长极
雄安新区	2017年4月1日	保定	2000	打造北京非首都功能疏解集中承载地，以新发展理念引领的现代新型城区

注：表中舟山群岛新区和西海岸新区的规划面积是指陆地面积，未包括规划的海域面积。

（一）国家级新区空间布局更趋优化，新区板块布局进一步平衡

从新区设立的主体城市来看，既有东部沿海城市，又有中西部和东北部城市；从时间上看，在1992年设立第一个国家级新区浦东新区之后，十四年间未设立任何新区，之后设立新区数量的速度加快，尤其是2014年之后，如2014年和2015年各设立新区5个，2016年设立新区2个，2014年以后成立的新区多位于中西部和东北部（见图3）。从新区分布的区域上看，呈现从东部向中西部和东北部扩散的趋势。其中，东部占了八个国家级新区：雄安新区、天津滨海新区、青岛西海岸新区、南京江北新区、上海浦东新区、浙江舟山群岛新区、福州新区、广州南沙新区；西部占了6个国家级新区：重庆两江新区、四川天府新区、云南滇中新区、陕西西咸新区、贵州贵安新区、甘肃兰州新区；中部占了两个国家级新区：江西赣江新区和湖南湘江新区；东北占了三个国家级新区：哈尔滨新区、长春新区和大连金普新区。从战略定位和使命上来看，新区的设立是国家现实经济发展的需要，特别是为了整合区域资源，带动区域发展，为地方经济发展注入新的活力和动力，增创新的竞争优势。"十二五"期间及以后设立新区的意义，着眼于"两个一百年"的奋斗目标，以及新常态经济发展的现实之下，寻找新的发展体制和机制，推动政府管理体制的改革创新。在新区数量急剧增加的背景下，浦东新区所独有的政策优势和功能势必受到影响。

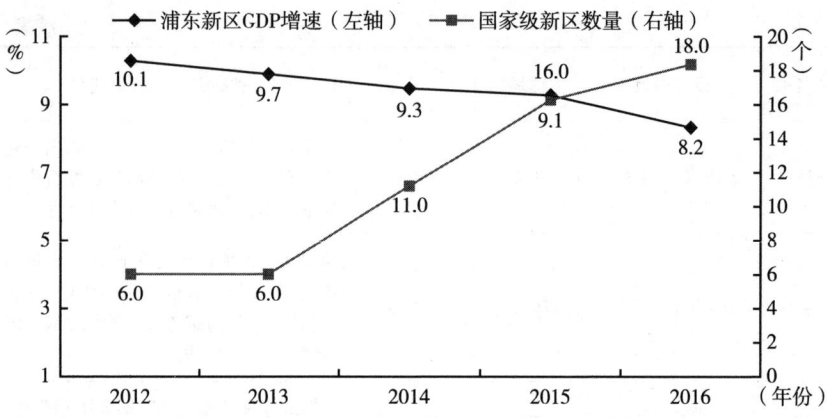

图3　2012~2016年浦东新区生产总值增长率及国家级新区数量

（二）浦东新区经济发展更具效率

据统计，2016年，18个国家级新区，以约占全国土地和人口的0.2%，实现地区生产总值近4万亿元，占全国经济总量的5.4%，成为社会经济发展的重要增长极。从表3可以看出滨海新区、浦东新区、西海岸新区和两江新区的经济总量位于19个国家级新区前四名。滨海新区和浦东新区地区生产总值列前两位，其中滨海新区地区生产总值超过万亿元，居国家级新区首位，也成为首个GDP破万亿元的国家级新区，人均GDP超过33万元，达到发达国家和地区的人均水平。浦东新区地区生产总值虽居第二位，但单位面积GDP为7.22亿元，是国家级新区中最高的。在增长率方面，除了雄安新区，均实现了中高速发展，且大多超过新区所在省市的GDP增速。其中兰州新区、贵安新区、南沙新区居前三位，由于兰州新区和贵安新区GDP基数较低，因此不具有可比性；雄安新区增长率为负，但其仍在规划中，也不具有可比性。

表3　部分国家级新区GDP及GDP增长速度

新区名称	2016年地区生产总值（亿元）	2015年地区生产总值（亿元）	2016年GDP增长速度（%）
滨海新区	10002.31	9270.31	10.8
浦东新区	8731.84	7898.35	8.2
西海岸新区	2871.07	2594.73	12.3

续表

新区名称	2016年地区生产总值（亿元）	2015年地区生产总值（亿元）	2016年GDP增长速度（%）
两江新区	2261.00	2020.00	10.9
金普新区	2250.00	2166.80	7.0
天府新区	1958.00	1811.00	8.1
江北新区	1839.63	1465.00	8.5
湘江新区	1801.12	1602.53	11.0
南沙新区	1278.76	1133.07	13.8
舟山新区	1228.51	1094.70	11.3
长春新区	1035.00	912.00	13.5
赣江新区	582.30	570.00	2.2
滇中新区	501.11	522.00	8.8
贵安新区	240.00	170.60	40.6
兰州新区	151.66	125.53	20.8
雄安新区	200.55	212.19	-5.5

（三）"一南一北，独领风骚"

在国家级新区中，滨海新区与浦东新区在经济总量上"一南一北，独领风骚"，它们也常常被拿来一起作比较。在经济总量上，滨海新区GDP比浦东新区多出1270.47亿元，差不多是南沙新区2016年的经济总量，滨海新区人均GDP也比浦东新区多出一倍多。在观察一个地区经济发展态势时，我们更关注一个地区的经济结构、发展质量和潜力，而不仅仅是看经济总量。在经济结构方面，2016年浦东新区第三产业增加值占地区生产总值的比重近75%，战略性新兴产业产值占工业总产值的比重达到28.2%，而滨海新区2016年三次产业构成为0.1∶59.4∶40.5，第二产业占比近六成，且高技术产业产值、战略性新兴产业产值占工业总产值的比重分别为18.8%、22.6%，所占比重相对较低，经济结构调整转型的压力也较大。因此，相比较而言浦东新区的产业结构更具合理性和高度化。在经济效率方面，2016年浦东新区和滨海新区的固定资产投资总额分别为1826亿元、4609亿元，近三年浦东新区固定资产投资占生产总值的比重为24.8%、22.4%、20.9%，滨海新区为66.0%、64.9%、46.1%，其他新区除了南沙新区接近66%外，均接近或大于1，可以看出除了浦东新区，大多数新区还未彻底摆脱投资拉动型的增长模式。在自主创新方面，浦东新区全社会研究与试验发展经费支出相当于生产总值的3.65%，而滨海新区为2.7%，比浦东新区低了近一个百分点。因此，滨海新区GDP总量虽超过了浦东新区，但在经济质量和效率上，浦东新区稍胜一筹。造成以上差异的主要原因在于二者的定位不同，浦东新区的定位为"科学发展的先行区""四个中心的核心区、综合改革的试验区、开放和谐的生态区"，而滨海新区的定位为"我国北方对外开放的门户"。因此，除了重合的航运中心定位之外，浦东新区的定位在于上海国际金融中的核心区，而滨海新区的定位在于北方的制造业中心。

四 政策建议

在"新常态"背景下，浦东新区要以自贸试验区理念加快推进政府职能转变，进一步丰富和提升自贸试验区建设和综合配套改革试点的内涵，深入加强自贸试验区与"四个中心"、科创中心建设及"一带一路"和长江经济带等国家战略的联动发展。以深化供给侧结构性改革为动力，加快经济功能从速度规模向质量效益转变，确保经济社会持续、平稳、健康发展。

（一）坚持以开放促进改革，进一步深化自贸试验区战略

进一步全面深入推进自贸试验区建设。进一步深化"证照分离"等试点，创新"单一窗口"功能。要进一步创新"一线放开、二线安全高效管住、区内自由"等监管制度，海关、国检等部门要进一步创新"先进区、后报关报检""十检十放"等通关流程，使对外贸易流程进一步便利化。提升金融服务实体经济的能力，全面落实金改"51条"和"40条"，率先试点和创新应用各项金融政策。加强对金融行业的监管，完善风险预警、排查、处置等流程。进一步深入推进重点领域综合配套改革，完善政府治理体系。进一步加快"浦东新区事中事后综合监管平台"和"浦东新区公共信用信息服务平台"建设，推动政府与社会的信用信息开放共享。进一步完善政府权力清单、责任清单，全面取消限制市场主体活力的行政事项，使政府行政权力的运行公开化和透明化。

（二）坚持以创新驱动发展，进一步聚焦科创中心核心功能区建设

进一步优化科技创新综合环境，加快推动张江从科技园区向科学城转型。推动以张江科学城为核心，以临港地区为主体承载区的综合性科学研究试验基地的建设，充分发挥"双自联动"叠加优势。全面提升园区形态与功能，促进科技、产业、人口与空间有机融合，进而推动临港"双特政策"落地实施，以及科研支撑、协同创新等功能平台的建设，深入推进智能制造产业发展。构建完善的科技综合服务体系，鼓励民营企业设立研发中心。完善政府引导、市场主导的科技投融资体系，积极探索建立"投贷保奖补"五位一体的财政科技投入体系，进而深化科技管理制度的创新。进一步优化人才综合服务，落实海外人才出入境、"多证联办"等制度试点。出台浦东新区新一轮人才政策，建设一批科学家国际公寓、创新创业社区、国际社区。

（三）坚持以城镇带动乡村，进一步促进城乡发展一体化

通过政府投资带动社会资本，强力推动基础设施、社会事业、民生保障等领域的重点工程项目，切实保障和改善民生，不断缩小城乡发展差距，进一步促进城乡均衡协调发展，有序推进15个"城中村"地块改造。加快交通基础设施建设，完善郊区雨污水处理系统，增强农村地区除涝、排水、治污能力。优化公共资源配置，深化学区化、集团化办学模式，加快社区卫生服务机构均衡布局。深化调整农业产业结构，促进都市现代农业发展，依托迪士尼、古镇等载体，积极发展都市型乡村旅游。完善社会保障和治理体系，强化就业服务工作，增加农民经营性、财产性、工资性收入，优化农民收入结构。提升社区治理多元参与度，完善养老合格供应商制度。

参考文献

[1] 杭迎伟：《政府工作报告——2017年1月9日在浦东新区第六届人民代表大会第一次会议上》。
[2] 陈高宏：《浦东开发开放战略与实践（上）》，《浦东开发》2017年第6期。

［3］陈高宏：《浦东开发开放战略与实践（下）》，《浦东开发》2017年第7期。

［4］曹金秋：《加快滨海新区经济转型升级的比较研究》，《港口经济》2017年第6期。

［5］黄雯、曲彬：《经济新常态下天津滨海新区信贷投放对经济增长的影响研究——基于门限模型的非线性实证研究》，《华北金融》2017年第2期。

B.15 天津滨海新区发展报告

李 桐*

摘　要： 2016年是"十三五"开局之年，天津滨海新区认真贯彻落实京津冀协同发展战略，主动适应和把握经济发展新常态，积极参与"一带一路"倡议，加快推进自贸试验区建设，主动承接北京非首都功能疏解任务，在产业创新、交通一体化建设、生态环境保护等重点领域与京冀两地协调发展，取得一系列重大突破。本文对2016年天津滨海新区整体发展特征及七大功能区的发展定位及优势进行分析，突出八大产业的引领作用，并分析了2016年新区在产业转型、基本公共服务、生态环境污染防治等方面面临的挑战，提出了政策建议。

关键词： 天津滨海新区　京津冀协同发展　功能区　优势产业

2016年是我国"十三五"开局之年，滨海新区认真贯彻落实京津冀协同发展国家战略，继续推进改革开放的深度和广度，增强发展动力，紧紧围绕国家赋予滨海新区的功能定位，不断取得新突破和新的发展成就。2016年，京津冀协同发展的国家战略不断推进，新区主动适应和把握经济发展新常态，坚持把协同发展战略贯串于新区发展全过程，主动参与"一带一路"倡议，加快推进自贸试验区建设，主动承接北京非首都功能疏解任务，与京冀两地有关地区全面开展各项对接合作，在产业协同创新、交通一体化建设、生态环境保护等重点领域取得一系列重大突破。天津滨海—中关村科技园、天津未

---

* 李桐，深圳大学中国经济特区研究中心教师，经济学博士。

来科技城、京滨城际铁路、津冀港口资源优化等重点项目建设迈出重要步伐，区域空气、水污染防治联动协作取得成效。京津冀区域一体化通关模式，海铁联运、空铁联运服务向京冀腹地延伸，辐射能力显著增强。加大供给侧结构性改革力度，稳增长调结构促转型，发展质量与效益显著提高。滨海新区在产业结构、社会事业和民生事业方面保持了快速增长，为"十三五"开了个好头。

本文以2016年滨海新区各项经济数据为基础，对影响国民经济发展的重要指标进行分析疏理，在此基础上对2016年天津滨海新区经济发展中存在的问题及面临的挑战进行分析，并提出相应的政策建议。

一 2016年总体态势及发展特征

2016年，滨海新区主动适应和把握经济社会发展的新常态，借京津冀协同发展之契机，积极融入"一带一路"建设，利用天津自由贸易试验区试点的难得机遇加快基础设施建设和体制机制创新，经济发展继续稳中求进。继2015年突破9000亿元后，2016年新区地区生产总值首次突破万亿元关口，达到10002.31亿元，按可比价格计算比上年增长10.8%，占天津全市的比重由2010年的54.5%提高到2016年的55.92%，占比较上年略有下降，但仍处于较高水平，滨海新区带动北方经济增长的极化效应继续得到强化（见图1）。

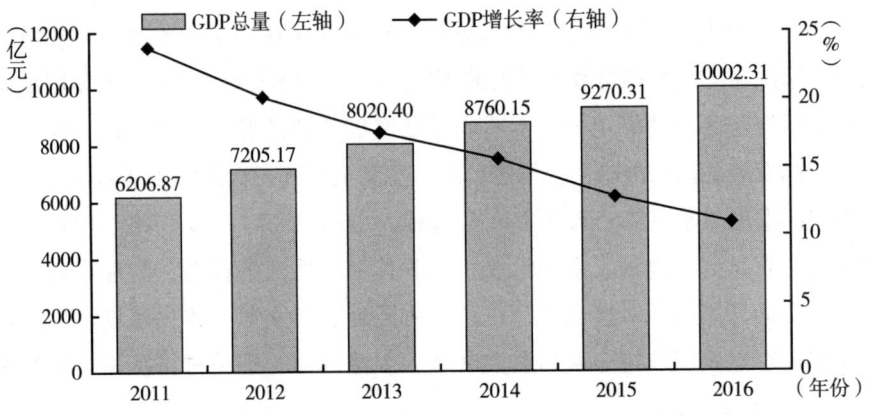

图1 滨海新区2011~2016年GDP总量及增长率变化情况

新区积极响应党中央号召，抓住对接北京非首都功能疏解之契机，引进科技含量高和投资规模大的重点企业，全面推进与在京央企合作，进一步优化新区产业结构。从三次产业结构看，2016年，农业总产值完成30.47亿元，同比增长2.4%，农业科技化水平继续提升，全区共有市级农业科技园区9个，区级农业产业示范区7个，粮食、奶类、禽蛋等农副产品产量增幅超过20%，继续向"农业强、农村美、农民富"的建设目标不断推进。

工业领域继续发挥龙头企业和优势产业的带动作用，在调结构转方式促转型过程中保持平稳增长，2016年，全年规模以上工业实现总产值1.56万亿元，与上年相比略有增长，实现工业增加值5687.30亿元，按可比价格计算增长12.1%。从图2可以看出，工业增加值总量止跌回升，出现企稳迹象。全区有计划地推进重点项目带动产业结构转型，全年有一汽大众华北基地、丰田新工厂、万达广场等新开工项目378个，已竣工项目212个，总投资10亿元以上项目120个，完成投资额947亿元。

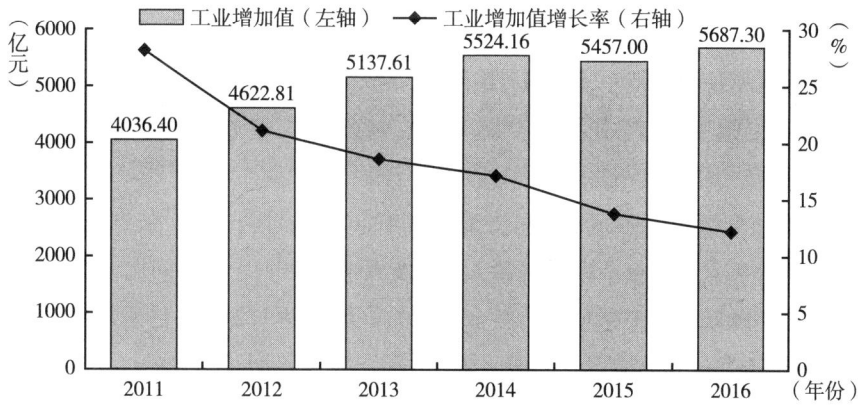

图2　滨海新区2011~2016年工业增加值及其增长率变化情况

2016年新区第三产业增加值占GDP的比重为40.5%，同比提高3.14个百分点，比2014年提高7.16个百分点①（见图3）。新区围绕服务先进制造业，加

---

① 天津市滨海新区统计局：《2016年天津市滨海新区国民经济和社会发展统计公报》。

大对生产性服务业的支持力度,以创新型金融业态为依托服务实体经济,逐步建立服务实体经济发展的金融服务体系。2016年,新区金融业实现增加值601.4亿元,占全区GDP的比重达6%,与2013年相比几乎翻了一番,服务实体经济的态势进一步显现。

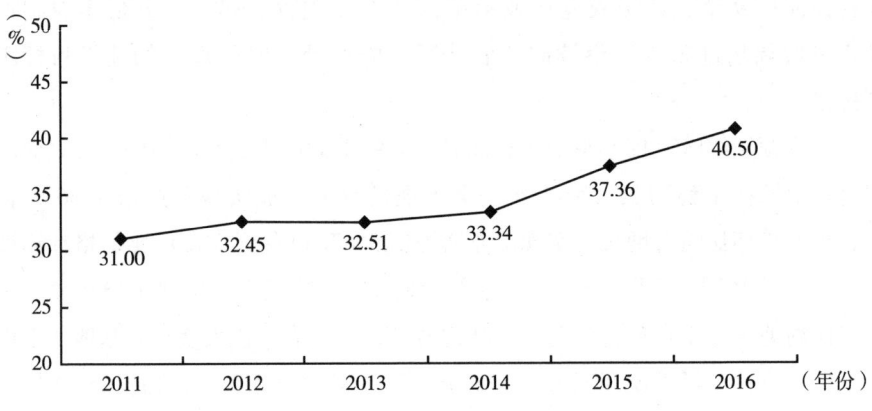

图3 滨海新区2011~2016年第三产业增加值占GDP比重

2016年,新区一般公共预算收入由2010年的435.41亿元增长到1338.05亿元,同比增长13.1%,是2013年的1.5倍,公共预算收入占GDP的比重持续增长(见图4)。其中,税收收入758.44亿元,增长14.1%;非税收入579.70亿元,增长11.8%。

2016年全区城镇居民人均可支配收入42869元,同比增长9.2%,增幅比上年降低0.9个百分点。农村居民人均可支配收入20719元,同比增长8.8%,增幅比上年降低0.2个百分点,社会消费品零售总额1228.57亿元,同比增长3.7%。2016年完成固定资产投资4609亿元,比上年增长9.6%,增幅同比下降4.4个百分点,其中,第三产业投资4003.46亿元,比上年增长24.8%,占全区总投资的86.9%,比重比上年提高15.3个百分点,在总量显著下降的同时,第三产业固定资产投资大幅增长,调结构转方式特征明显。从图5可以看出,第三产业固定资产投资比重占总投资的比重超过一半,制造业投资仅占7%,房地产开发投资占11%,固定资产投资呈现明显向服务业转型的态势。

2016年,新区新增科技型中小企业4462家,累计26286家,新增国家级高新技术企业512家,累计1632家。共建成市级以上研发中心429家、众创

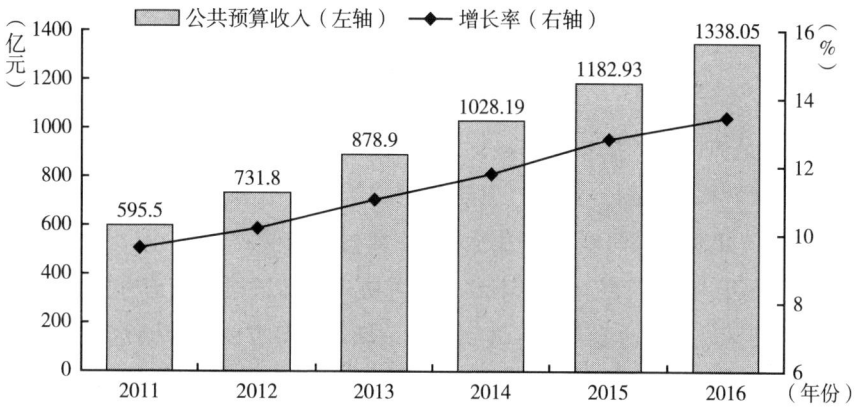

图 4　滨海新区 2011~2016 年一般公共预算收入及其增长情况

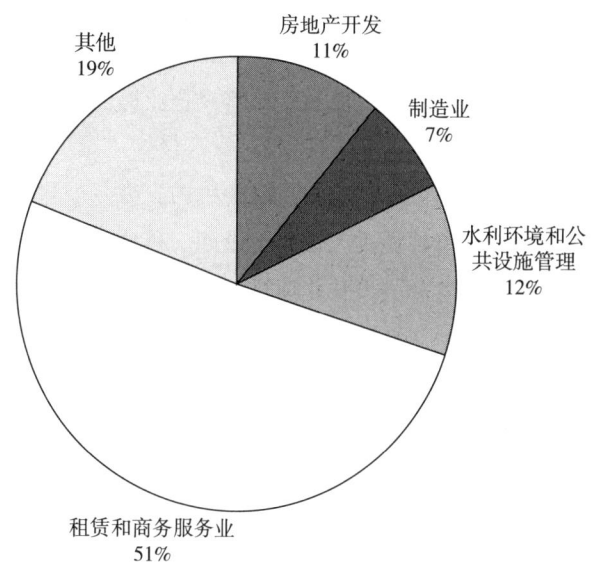

图 5　滨海新区 2016 年固定资产投资结构

空间 48 家、产业技术创新联盟 28 家，其中国家级众创空间 19 家，拥有国家级科技产业化基地 6 个，创新能力显著提升①。

---

① 天津市滨海新区统计局：《2016 年天津市滨海新区国民经济和社会发展统计公报》。

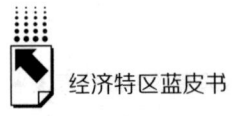

（一）抓住京津冀协同发展、疏解北京非首都功能之契机，优化产业结构

《京津冀协同发展规划纲要》上升为国家重大战略一年多来，京津冀三地在产业升级转移、交通一体化、生态环境保护等重点领域不断取得实质性进展。到2016年底，滨海新区共引进来自京冀的重点项目1021个，总投资1354亿元。2016年10月，京津两地市政府签署协议，加快建设滨海—中关村科技园，在空间区域、行政管理、人才引进、创新政策等方面进行探索和突破，积极从北京中关村分流一部分移动互联网、文化创意、生物医药、集成电路、高端制造业等领域的高新企业，借助京津全面合作之机，围绕新区自身八大支柱产业和重大科技项目，充分吸引上下游企业和同行业优势企业落户新区，推进京津冀区域经济一体化发展。新区将在支持科技型企业发展、孵化载体和服务平台建设、科技合作和重大成果转化、创新创业环境建设等方面加大投入，吸引中关村科技型中小企业落户新区发展，对落户企业提供税收、资金支持、融资贷款、房屋租金、人员落户等全方位服务[①]。

借助于首都资源、推动京津冀协同发展的机遇，另一个建在滨海新区的重大科技项目——天津未来科技城进入快速建设期。科技城初步规划用地145平方公里，承接北京科技研发和成果转化项目，打造高端制造业基地。未来十年内，天津未来科技城将致力于打造一个集聚海内外高层次科技人才创新创业的战略高地，成为全球科技创新中心和高技术产业基地。天津未来科技城以促进人才资源和研发机构集聚、促进科技成果转化为原则，在基建投资补贴、住房补贴及贴息、研发补助、企业所得税减免、国家级重点实验室建设奖励、国家级重大科技成果转化等领域给予资金和政策上的支持，未来必将成为北京疏解非首都职能的重要平台，成为北京科技创新企业外移最为便利的高科技聚集区。

除科技领域外，交通一体化也是京津冀协同发展的重要保障。2016年，京滨城际铁路进入正式施工期，作为环渤海及京津冀地区的一条具有重要意义

---

① 季岩：《加快建设"滨海—中关村科技园" 园区规划"两步走"》，天津网，2016年9月30日。

的城际快速铁路,它的建成必将带动相关产业的发展,改善沿线的交通和投资环境,缩短时空距离,促进京津冀城市群空间优化与质量提升,也能充分发挥各自比较优势,合理配置资源,推进产业整合和区域经济协调联动发展,有力促进产业升级和结构调整,促进区域内各经济节点城市的不断壮大和区域经济的一体化发展,发挥区域经济的辐射作用。同时,城际铁路的开通还增强了沿线经济开发区、工业园区的集聚效应,对京津冀一体化发展具有至关重要的作用。

生态环境保护也是京津冀协同发展的重中之重,一年多来,在推进生态环境联防联治方面,以绿色引领为指导思想,生态一体化建设率先取得突破,区域内空气、水污染防治联动协作取得成效。2015年底,国家发改委、环境保护部发布《京津冀协同发展生态环境保护规划》,明确提出了今后一段时间京津冀生态环境保护方面的目标任务、实现路径和体制机制保障。虽然目标已经明确,但由于三地之间的经济发展水平、产业结构、环境管理水平以及公共服务支撑等方面存在较大差异,各地制定的阶段性环境质量目标也不完全一致,这就决定了在现有体制机制下无法做到真正的生态一体化。因此,生态一体化建设是一个长期而漫长的过程,要从生态环境是经济发展和社会进步的基本保障的高度看待生态一体化建设,尽最大努力解决京津冀发展面临的最大瓶颈和制约因素,进而达到促进经济发展、提升人民生活幸福感的最终目的。

(二)七大功能区找准定位,优势互补,利用好首都资源,在更高层次上调结构、促转型

2016年11月20日,在滨海新区"全面落实京津冀协同发展战略专题推动会"上发布了七大功能区在承担北京非首都核心功能方面的各自定位,为项目转移打好基础。

截至2016年底,天津开发区共引进北京企业近430家,协议投资额600多亿元人民币。以大项目为依托,2016年相继有京滨城际铁路、国美金融总部、滴滴出行、京东商城等一批投资额过10亿元的项目落户开发区。同时加强与北京在科技创新项目方面的合作,积极引进北京"双创"项目200余个,众创空间5个,致力于打造科技创新创业生态系统。天津开发区在未来几年内将继续对接京冀资源,特别是高科技产业和"双创"资源,建立科技领域更

高层次、更多细分领域的合作关系,围绕专业化、精准化布局引资招商,形成全方位、多领域对接体系。

天津港保税区拥有得天独厚的港口资源禀赋,在承接北京非首都核心功能项目方面具有区位优势。截至2016年底,天津港保税区共引进京冀项目313个,包括中远海运综合物流、渣打银行科技运营中心等世界500强企业项目10个。重点打造电商货运和国际物流,充分利用北京作为首都的航空优势开展深度合作,提速大通关基地建设,吸引京冀两地优势企业入驻,启动海港保税区与北京天竺综合保税区跨关区合作,尽早实施异地通关一体化建设。

滨海高新区定位于高科技产业创新中心,充分利用首都资源创建自主创新示范区,以产业集聚和产业链为主线,以各行业的领军企业为引领,带动上下游企业发展,形成具有一定规模的完整的生态产业链,产生集聚效应和集群效应。同时扩大在公共领域的投资,在培养各行业所需高端人才的同时,大力引进高端学术人才和科技创新人才落户创业,以天津未来科技城建设为重点项目,不断提升科技产业在高新区的引领带动效应。

东疆保税港区地处天津自由贸易试验区内,充分利用自贸区优势,积极服务京津冀产业结构转型升级和体制机制方面的先行先试,融资租赁业务继续保持全国领先地位,区内航空租赁、国际船舶租赁和海工设备租赁业务持续增长,努力建成北方国际航运中心核心功能区。在主导产业稳定发展的同时,新兴产业也持续快速增长,医疗、新能源、汽车等新兴租赁业务布局步伐加快。2016年共引进亿元级以上项目近600个,超10亿元项目30余个。港区内已有40余家国企及其控股公司设立80余家功能型总部基地,注册资本600多亿元人民币,京津冀企业在港区内享受一体化通关待遇。

中新天津生态城由中国和新加坡两国政府合作共建,建设九年来,围绕房地产、互联网、动漫等主导产业,共梳理出千余家京津冀企业,瞄准其中400家重点企业开展精准招商。2016年,生态城实现地区生产总值180亿元人民币,同比增长超过30%。生态城在产业发展、科技创新、园区建设等方面强化京津两地合作,截至2016年共吸引436家北京企业落户生态城园区,占比超过40%,注册资金144亿元,占同期总注册资金的50%。

中心商务区在吸引北京优质资源转移疏解方面也不断加大力度,2016年招商项目中有近三成来自北京,合计注册资本超过1000亿元,设立京津冀跨境电商产业联盟、众创联盟、产业结构调整引导基金等,促进资源整合共享的载体平台。2016年9月,中心商务区"双创通"服务平台2.0版正式上线,可通过手机随时下单办理行政审批事项,享受专属管家和专家全天候服务。中心商务区未来将围绕建设企业总部集聚区实施精准招商,尽快形成功能区配套服务。

天津临港经济区以高端装备制造、粮油食品加工、港口物流、现代化工四大主导产业为核心,重点培育海洋经济、智能制造、生产性服务业三大新兴产业。截至2016年底共引进相关项目30余个,协议投资额300亿元人民币,先后与40余家在京央企、总部企业进行交流,与工信部等建立长效联络机制。中国航天空气动力技术研究院项目签约落户,中海油海油工程临港海工装备制造基地、五矿(中冶)集团临港海工装备基地、中交集团北方设备及生产基地已开工建设①。

(三)利用七大功能区定位,突出八大优势产业在经济发展中的引领作用

在调结构、促转型过程中,滨海新区政府出台并实施一系列政策,新区政府2016年先后发布了《滨海新区关于促进新兴产业发展的指导意见》和《关于各功能区、各街镇进一步贯彻落实市委、市政府深化国企改革有关要求的通知》,要求各功能区各街镇加大新区国企深化改革力度,切实提出落实改革任务的整体思路、具体办法,特别是对清退僵尸企业、低效资产有明确布置,并制订了完善的工作方案。各功能区结合自身的区位优势和功能定位,着力打造各功能区核心竞争力,形成百花齐放的良好局面,共同推动新区经济社会全面协调发展。

新区政府在产业结构转型中,明确提出了先进制造业和现代服务业两个发展方向,将滨海新区的重点发展领域确定为33项,其中既包括汽车及装备制造、石油和化工、电子信息、粮油轻纺、航空航天、新能源、新材料、生物医药等八大优势产业,也包括机器人、3D打印设备、高性能数据库、大数据产

---

① 关于七大功能区的定位,参阅天津北方网:《滨海新区七大功能区 经济发展一支藤上多面开花》,2016年8月4日。

业、现代物流、电子商务、休闲旅游、文化创意等热门行业和方兴未艾的发展领域，为滨海新区"十三五"期间经济和产业结构调整指明了方向。

2016年，新区的八大优势产业总产值完成14115.12亿元，占全区规模以上工业总产值的比重达到90.5%，比上年提高2.7个百分点。八大优势产业中，生物医药产业增长11.9%，粮油轻纺产业增长11.7%，航空航天产业增长11.1%，新能源产业增长8.7%。

天津开发区的重大项目一直是滨海新区产业发展的引领者。2016年，天津开发区引进了一汽大众、一汽丰田、中沙新材料园以及修正药业等重大项目，这将成为新区"十三五"时期经济发展的重要支撑。天津开发区2016年科技创新总投入达140亿元，已有各类孵化基地15家，国家和市级研发机构59家，企业技术中心60家，外资研发中心58家。2016年地区生产总值3049.8亿元，成为全国首个GDP超过3000亿元的国家级开发区。天津港保税区利用跨境电商试点城市的机遇大力发展电商产业，制定了发展规划和扶持政策，目前已聚集超过百余个电商项目。仅在2016年上半年汽车平行进口企业已超过500家，进口平行车1.4万辆，同比增长17.7倍，货值7.2亿美元。滨海高新区积极对接《中国制造2025》，布局重大产业创新平台，启动新能源汽车动力电池创新中心建设，未来五年，滨海高新区将围绕新能源产业开展专利分析，形成竞争优势突出的产业集群、创新集群和专利集群。2016年2月，天津高新区成为天津市首个国家级专利导航实验区，在推进专利与产业发展结合、优化整合专利资源、提升专利运用能力，突出专利对产业发展的导航作用，促进产业转型升级等方面将发挥巨大作用[1]。东疆保税港区以融资租赁为主要创新形式开展试点工作，在首批内资融资租赁试点企业中，东疆保税港区落户的企业就有4家。2016年，跨境经营性转租赁、使用外币支付租赁价款、通用航空器资产评估等在全国具有创新引领意义的业务落户港区，在"金改30条"中有关租赁业发展的政策和涉及租赁业发展的创新措施快速在港区实施[2]。中心商务区以"两区两建两创新"为核心发展思路，全力打造制度创新高地和转型升级引擎，大量优质项目落户运营，项目聚集和创新要素聚集实现历史

---

[1] 王迪：《滨海高新区上半年主要指标领跑全市》，天津广播网，2016年7月17日。
[2] 《天津自贸试验区建设推动区域跨越发展》，人民日报2016年8月19日。

性突破,"双创效应"日益显现,全年已有超过2000家"双创"企业落户,占比超过总数的70%,20余家众创空间已正式运营。全区已聚集各类金融机构1100家,合计注册资本金超过2600亿元,管理资产规模超过2万亿元[①]。

(四)继续加快各领域体制机制创新,充分利用自贸试验区和"互联网+",引领各领域改革步伐

2016年,新区政府充分利用自贸区改革创新优势,促进天津自贸区改革创新加速前进,151项制度创新举措落地实施,2016年区内新增市场主体13570户,注册资金超5300亿元,同比增长50%以上;深入推进对外开放,新批外商投资企业890个,实际利用内资项目超过1000个。中心商务区加快"双创特区"建设,优化提升商务区载体功能,在体制机制、人才引进、国际资金集聚使用等方面先行先试;东疆保税港区在融资租赁、跨境、汽车平行进口、海外工程出口基地等方面均实现创新突破;2016年12月,天津市政府向滨海新区下放市级行政许可事项16项,下放市级其他管理事项6项,市有关部门在滨海新区行政服务中心设立窗口办理的行政许可事项10项。下放的市级行政许可事项涉及包括市发改委、市建委在内的11个单位,扩大滨海新区自主改革权。2016年底,滨海新区出台《滨海新区激励干部改革开放创新勇于担当容错免责实施办法(试行)》,开始探索试行"容错机制",激励政府各级干部勇于尝试、大胆改革的信心和决心。

2016年底,"电子市民中心"一期系统已上线试运行,这是落实国家"互联网+政府服务"的总体要求、便于市民和企业提升办事效率的重大举措。以部门权责清单为基础,实现科教文卫、人社以及民政服务事项的全网上办理,形成线上线下一体化的"互联网+政务服务"体系[②]。

2016年,滨海新区政府制定了《国家京津冀协同发展规划纲要及天津市实施方案滨海新区涉及事项分工意见》,将工作具体落实到部门,成功举办了京津冀三省市协同办主任第一次联席会议,加快推进政策落地,并已取得显著

---

① 《2016年:中心商务区GDP首破300亿》,天津市滨海新区人民政府网站"功能区信息公开"专栏。
② 滨海新区人民政府:《关于加快推进"电子市民中心"服务事项梳理的工作方案》。

成效。在"双创"领域，中心商务区成为国家级"双创示范基地"，与中车资本、阿里云+优客工场、国安创客等签署战略合作协议，开展金融、互联网、文创产业等领域的深度合作，已有70余家大型央企和知名民营企业设立超过100家的各类机构。

二 2016年发展面临的挑战

2016年滨海新区经济总量首次突破万亿元大关，继续保持着两位数的GDP增长率，依然高于全国和天津市的平均水平，但增速继续呈现下降趋势，而且与上年相比，增速下降趋势继续扩大。如图6所示，2016年天津市GDP增速与上年相比下降0.3个百分点，滨海新区增速则有2个百分点的降幅，当然这与滨海新区前期固定资产投资增加迅猛，后期逐步回归正常水平有关，也是在产业结构调整过程中的阵痛期需经历的必然过程，但这一过程需尽快度过，才能继续引领天津市经济的快速增长。

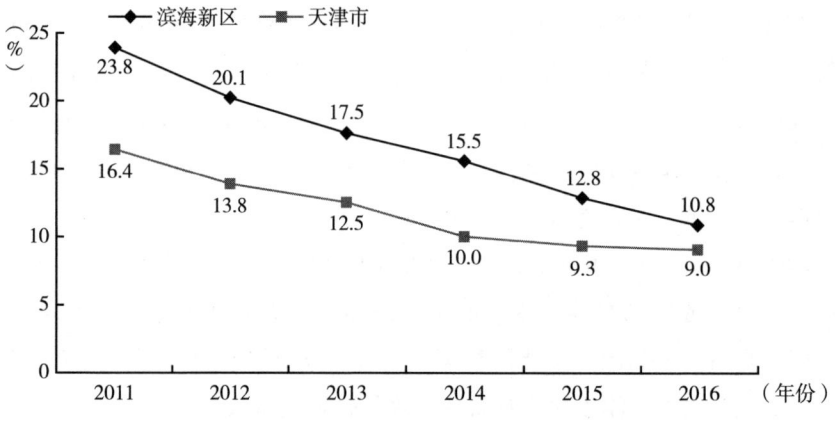

图6　2011~2016年天津市与滨海新区GDP增长率对比

1.经济总量未达到预期目标，"三步走"战略预期无法实现

根据滨海新区2015年发布的"三步走"战略，2015年力争达到1万亿元，2017年达到1.3万亿元的GDP总量规模预期无法实现。根据"三步走"战略，第二步是到2017年，地区生产总值达到1.3万亿元左右，公共财政收入突破1500亿元，城乡居民人均可支配收入比2010年翻一番，初步建成新区核心标志区,提前三年率先全面实现小康社会目标。第三步是到2020年,地区生产总值达到1.8万亿元以上、力争2万亿元,公共财政收入突破2000亿元,基本实现国家对新区的功能定位①。从2016年经济数据看,在GDP增速呈逐年下降的过程中,这一预期目标无法实现。当然在新常态下,稳健有质量的增长是经济转型的目标,滨海新区应抓住这一转型契机,将经济总量增长与产业转型目标结合起来,在实现产业转型的同时继续保持经济总量的持续增长,二者并不矛盾,从目前趋势看,情况并不乐观。

2. 产业转型压力仍然较大,生产性服务业比重仍较低

GDP总量未达到既定目标,既与国际经济环境以及国内淘汰落后产能等因素有关,也与新区自身产业结构调整密不可分。具体来看,如图7所示,2016年,新区的经济结构仍处于调整之中,第三产业比重与上年相比增长了3.1个百分点,达到40.5%,首次占比超过四成,但横向比较,与浦东新区近75%的第三产业占比相比仍相差甚远。在《滨海新区关于促进新兴产业发展的指导意见》中明确将现代服务业列为未来发展的主攻方向,这表明新区已经认识到现代服务业,特别是生产性服务业在经济转型中的重要地位和作用,但这一转型过程压力巨大,仍需加大力度增加现代服务业比重,不断提升生产性服务业的重要地位,使产业结构不断优化,更好地服务于实体经济和人民群众对美好生活的向往。

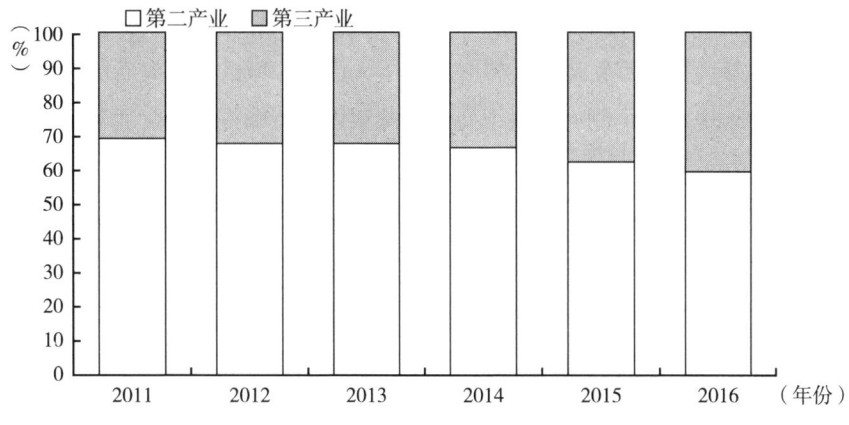

图7 2011~2016年天津滨海新区第二、第三产业构成比较

---

① 刘东梅等:《瞄准"三步走"新区步稳蹄疾》,《天津日报》2015年3月11日。

3. 围绕八大优势产业的民营经济成分发展相对滞后，国企改革力度仍需加强

2016年新区共新增民营企业20970户，注册资本6738.97亿元，同比分别增长10.53%和79.92%，增长势头良好，但与国有及国有控股企业相比，市场份额及规模仍显不足。截至2016年底，国有及国有控股企业总量虽然仅有10592户，但注册资本达到10581.17亿元，同比分别增长15.51%和6.99%，市场规模仍高于民营企业。新区重点打造的八大优势产业，已成为带动新区产业发展的主导力量，民营企业在国有企业改革过程中，应加大整合力度，积极参与八大优势产业上下游服务和布局引导帮助创业者融入新区主导产业、进入产业细分领域，形成新区主导产业的全产业链。同时大力发展混合所有制经济，鼓励民营资本进入能源、基础设施、市政公用事业、教育文化、医疗卫生、金融等行业和领域，开放民营资本进入范围。

4. 七大功能区发展不平衡，基本公共服务仍需完善

核心区与南北两翼之间、功能区之间、功能区与街镇之间、城区与农村之间的发展差距还比较大。2016年七大功能区找准定位，坚持以科技创新引领产业结构转型升级，逐步形成了各自发展重点，但由于历史原因，各功能区仍存在发展不平衡、收入差距较大等现实问题。同时在公共服务领域，新区也存在较多短板，2016年新区轨道交通B1线、Z4线开工建设，Z2线启动实施，津滨轻轨9号线列车重新运营，暂时缓解了天津中心城区和滨海新区两地民众出行之苦，这也从一个侧面反映了新区公共服务，特别是公共交通建设滞后的问题。

5. 生态环境及污染防治领域面临严峻挑战，环保与经济增长之间矛盾凸显

经济增长与环境保护之间的利益平衡，是世界性难题。对于第二产业占绝对主导地位的滨海新区来说，这一矛盾长期存在，特别是石油、化工、冶金等高污染、高耗能产业比重较大，直接产生工业废弃物造成环境污染。在京津冀生态一体化概念引领下，三地在大气污染、水污染、固体废弃物污染等生态治理关键领域和生态环境监测领域的深度合作，是解决产业发展与环境保护问题的重要契机，在产业布局和技术革新方面淘汰落后产能，引进先进技术，实现经济增长与环境保护二者的有机融合。

三 发展展望及政策建议

作为北方经济对外开放的门户,滨海新区的发展承载服务环渤海、辐射"三北"、面向东北亚的重大使命,发展潜力巨大,在京津冀协同发展中更具有不可替代的作用。滨海新区将发展成为高水平的现代制造业和研发转化基地,北方国际航运中心和国际物流中心,成为京、冀两地的航运通道。

一是,滨海新区要在天津"一基地三个区"的功能定位中找准自己的位置,在更高层面发挥经济发展的龙头带动作用,当好京津冀协同发展的重要引擎,只有这样才能为滨海新区经济发展提供新一轮发展机遇,同时也为京津冀协同发展的国家战略提供服务。滨海新区本身已拥有传统的制造业优势,如何将科技创新平台作为实施创新驱动的载体和依托,在传统制造业转型升级过程中充分利用好京津冀协同发展这一平台的创新驱动,是需要协调解决的关键问题,只有解决好技术、人才、成果转化等配套问题,才能走出一条依托京津冀平台促进资源整合进而带动传统优势产业全面协调可持续发展之路。

二是要积极参与"一带一路"倡议,当好面向东北亚的桥头堡,带动"三北"地区的航运和国际物流业发展。充分利用华北地区唯一的自贸试验区先行先试和相对宽松的政策环境,充分调研中俄两国提出的"冰上丝绸之路"倡议,探讨天津港在其中发挥积极作用的可行性,为新区的航运和国际物流业发展寻找新的突破口和平台。

三是要进一步明确七大功能区各自发展定位,尽可能地发挥功能区优势互补、产业联合、政策联动的协同发展优势,而非上要政策、下夺资源、内抢人才、外争企业的恶性竞争。依托科技创新和京津冀协同发展的历史机遇,继续做大做强八大优势产业,同时延伸产业链和功能布局,带动民营经济与国有企业同步发展,继续深化国有企业改革,充分释放民间资本参与国有企业改革的积极性,加大混合所有制比重。

四是深入推进简政放权和"放管服"工作,提高服务质量和效率。在2016年下放市级行政许可事项基础上,继续做好落实和衔接工作,做好行政许可事项的动态管理,在承接行政许可事权的同时,也要承担监管责任,做好审管联动,实现审批全流程、监管全覆盖。滨海新区要在此基础上加快体制机

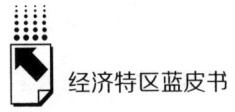

制创新,大胆先行先试,全力推进"多项合一、多证合一"改革,全面提高"互联网+政务服务"的建设效率。

参考文献

[1] 《天津滨海新区统计年鉴2016》,中国统计出版社,2016。

[2] 天津市滨海新区统计局:《2016年天津市滨海新区国民经济和社会发展统计公报》,2017年3月。

[3] 中共天津市委党校课题组:《天津滨海新区经济发展研究报告》,《求知》2017年第2期。

[4] 天津滨海新区人民政府:《天津滨海新区体制机制创新2016年进展情况及2017年工作考虑》,《港口经济》2017年第3期。

[5] 高文等:《天津滨海高新区核心区高新技术企业现状分析》,《天津科技》2017年第6期。

[6] 杨钊:《天津滨海新区融入京津冀协同发展战略政策研究》,《城市》2016年第6期。

[7] 王森、赵贤钰:《天津滨海新区融入"一带一路"服务国家战略》,《滨海时报》2017年5月15日。

[8] 王森、牛婧文:《七大功能区明确发展定位》,《滨海时报》2016年11月17日。

[9] 《2017天津滨海新区功能定位的意义》,http://www.kanzhun.com/lunwen/555878.html。

[10] 天津滨海新区人民政府:《新区七大功能区明确发展定位》,http://www.bh.gov.cn/html/zfxxgk/GNQGK26822/2016-11-17/Detail_916248.htm。

[11] 《2016年天津临港经济区工业总产值突破千亿》,http://tj.ifeng.com/a/20170123/5348312_0.shtml。

[12] 战旗、张广艳:《临港工业总产值突破千亿》,《滨海时报》2017年1月24日。

[13] 李泽亚:《滨海新区七大功能区 经济发展一支藤上多面开花》,天津北方网,http://news.enorth.com.cn/system/2016/08/03/031093181.shtml。

[14] 刘东梅等:《瞄准"三步走"新区步稳蹄疾》,《天津日报》2015年3月11日。

特区发展动态考察报告

INVESTIGATION REPORTS ON THE DEVELOPMENT
TRENDS OF THE SPECIAL ECONOMIC ZONES

B.16 前海发展报告

雍 炜*

摘　要： 从2010年前海深港现代服务业合作区的建立，到2015年前海蛇口自贸区的建立，前海，这个仅有15平方公里的土地，在"深港现代服务业合作区""一带一路""国家自贸区试验区"国家三大战略的指引下，已经成为叠加"深港现代服务业合作区、保税港区、自贸试验片区、粤港澳深度合作示范区"的四区之地。本报告是系列报告，围绕着前海——这个拥有15平方公里土地的"特区中的特区"，对其开发建设的每一年所取得的新进展进行梳理、分析并提出相应的政策建议。

关键词： 制度创新　现代服务业　集聚发展　深港合作

---

* 雍炜，深圳大学中国经济特区研究中心讲师，经济学博士。

2017年发布的《中国(广东)自由贸易试验区深圳前海蛇口片区综合规划(草案)》将国家2015年批复的广东自由贸易试验区前海蛇口片区(28.2平方公里,其中前海蛇口片区包括前海片区15平方公里和蛇口片区13.2平方公里)和前海蛇口周边地区(9.7平方公里)共37.9平方公里的范围纳入规划范围,并将其定位为"立足港澳、服务内地、面向世界的粤港澳深度合作示范区和城市新中心、'一带一路'战略支点"。

从前海深港现代服务业合作区的建立,到前海蛇口自贸区的建立,前海,这个仅有15平方公里的土地,已经成为叠加"深港现代服务业合作区、保税港区、自贸试验片区、粤港澳深度合作示范区"的四区之地。本报告围绕着前海——这个拥有15平方公里土地的"特区中的特区",在过去一年里所取得的新进展①进行梳理分析并提出相应的政策建议。

一 前海取得的新进展

2017年是前海开发开放的关键一年,将迎来习近平总书记视察前海5周年和香港回归20周年,以及党的十九大的召开,前海围绕着"制度创新、现代服务业的集聚发展、深港合作",不断推进开发开放,取得了新的进展。

(一)前海制度创新凸显成效,社会经济效益显著

制度创新,是前海开发开放的核心任务。作为制度创新的重要载体,截至2017年8月,前海已经相继推出284项涵盖金融开放、法治建设、贸易投资管理、机制体制创新等方面的制度创新,其中110项领先全国或全国首创,49项复制推广至广东省内,31项复制推广至深圳市内。而制度创新的实质在于为前海创造更加国际化、便利化、法治化的营商环境,促进实体经济的快速发展。2016年前海注册企业实现增加值②达926.45亿元,2013~2016年年增长率达到164.8%。相比2013年的49.89亿元,2016年前海注册企业实现增加

---

① 本报告采用的数据均来自前海管理局。
② 注册企业实现增加值核算方式与地区生产总值(GDP)一致,但前者以注册地为原则核算,后者以经营地为原则核算,不能等同于同一指标;增长速度采用当年价格计算,即以当年的实际价格进行计算,未折算为可比价、不变价进行计算。

值增幅达到1757%（见表1）。经过几年的开发开放，2016年前海的经济密度已经达到每平方公里创造价值将近62亿元。截至2017年8月，共有133657家企业入驻前海，注册资本为89121.38亿元，累计完成固定资产投资970.19亿元，合同利用外资投资948.41亿元，实际利用外资101.42亿元。

表1 广东省自贸区前海蛇口片区2013~2016年注册企业实现增加值

单位：亿元、%

指标	2013年	2014年	2015年	2016年	年均增长率
注册企业增加值	507.35	692.98	1019.01	1416.19	40.8
其中：前海片区	49.89	192.98	569.46	926.45	164.8
蛇口片区	457.46	500.00	449.55	489.74	2.3

资料来源：前海管理局。

2017年8月，前海管理局公布了《中国（广东）自由贸易试验区深圳前海蛇口片区制度创新载体管理暂行办法（征求意见稿）》，拟认定一批在制度创新中能够发挥示范作用的"政府机构、市场机构、智库机构（包含第三方咨询机构和科研院所等）"作为制度创新载体，旨在通过建设载体，实现政府企业以及民间智库之间的协同创新，构建制度创新有效机制，实现在重要领域以及关键环节的突破，推动制度的创新、复制、推广。

1. 金融体制创新：跨境金融创新的政策体系初步形成

作为新一轮改革开放的试验田，叠加"深港现代服务业合作区、保税港区、自贸试验片区、粤港澳深度合作示范区"四区之地的前海，在其成立之初，就肩负着对接国际投资贸易规则，构建国际化、法治化的营商环境的重要使命，而其中金融业的开放创新是重中之重。2016年12月，深圳市前海创新研究院和香港大学公开发布了"前海跨境金融指数"（QCFI），从中我们可以得知：前海拥有良好的跨境金融生态环境建设和发展趋势；以及良好的投资环境和显著的政策优势。其金融生态环境稳定健康，对各类金融企业有着持续有效的吸引[1]。截至2017年8月，入驻前海的133657家企业中，金融业企业达到56347家，占比达到42.16%，传统金融与创新金融和类金融机构共同集聚

---

[1] 深圳南山网，http://www.sznews.com/mb/content/2016-12/15/content_14585828.htm。

前海，成为目前国内举足轻重的"跨境金融中心"。

(1) 加快跨境人民币业务，推进资本项目开放

资本项目开放是我国金融体制改革的一项重要内容。从"逐步实现人民币资本项目可兑换"到"有序实现人民币资本项目可兑换"，政府"十二五"规划和"十三五"规划都已将其列入重要内容。身兼"国家金融业对外开放试验示范窗口"以及"跨境人民币业务创新试验区"的前海，担负着推进资本项目开放、推动人民币国际化的重任。资本项目的开放需要一个审慎的、有序的过程。通常来讲首先需要逐步放开以人民币结算的资本项目，然后渐进放开以外汇结算的资本项目，可以最大限度降低资本项目开放所带来的风险。为加快人民币资本项目的开放，前海稳步推进跨境人民币业务的试点工作。

跨境双向人民币贷款业务是前海在全国范围内最早展开的，2012年12月，《前海跨境人民币贷款管理暂行办法》的颁布，标志着前海跨境人民币贷款业务的开启。截至2017年8月，累计跨境人民币贷款提款金额达到371亿元，惠及171家入驻前海的企业。跨境双向股权投资业务方面，自2012年启动QFLP①试点、2014年启动QDLP②试点后，截至2017年8月，前海已经拥有118家QFLP管理企业，41家QDLP试点企业。在跨境双向资金池业务方面，前海自2015年开始启动"跨国公司外汇资金集中运营试点和集团内部跨境双向人民币资金池业务试点"以来，截至2017年8月，共有14个跨国企业集团包含336家成员企业，完成了跨境双向人民币资金池业务的备案，便利了境内外企业的跨境融资。

继跨境双向人民币贷款业务、跨境双向人民币债券业务、跨境双向股权投资业务、跨境双向资金池业务在前海试点之后，2016年12月，国内首个依托平台的跨境信贷资产转让业务在前海金融交易所办理完成。2017年6月，经国家外汇总局批复，银行不良资产跨境转让业务在前海开始试点。截至2017年8月，共完成30笔累计8.13亿元交易额的人民币信贷资产跨境转让业务。随着这些跨境人民币业务的试点政策一一落地，前海已经初步形成了以跨境金融创新为主要特色的金融政策体系，探索出一批可复制可推广的经验，并将其成功地复制并推广至全国。

---

① 外商投资股权投资。
② 合格境内投资者境外投资。

（2）加快金融监管创新

"创新和开放都离不开稳定、可持续、风险可控的金融体系的建设。"① 为应对不确定的金融风险，前海积极加强金融风险的防范工作。2017年8月，前海金融风险防控工作会议在前海召开，会议围绕防控金融风险、加强金融监管，提出了5个工作重点②："（1）强化金融监管机构建设。明确监管职责、强化监管职能，建立和完善金融监管机构、平台，充实金融监管力量。（2）强化金融监管责任落实。强化行业监管责任，做到'不留死角不留空白'，强化地方监管责任，做到'不缺位、不跑偏'。（3）强化金融监管机制探索。率先试点金融综合监管，完善金融安全防线和风险应急处置机制，把监管力量放在一线，牢牢守住不发生区域性系统性金融风险的底线。（4）强化金融监管科技手段。努力探索利用大数据监测防控金融风险，搭建平台并探索金融风险高科技监管的前海模式。（5）强化金融企业风险防控主体责任。探索建立企业内部金融风险防控工作机制，形成金融业'外部+内部'协同监管合力。"

2016年人民币正式加入SDR货币体系，成为国际货币金融体系中的重要一员，人民币的国际化迈出了坚实的一步。在多边博弈、开放的国际金融环境下，成熟、稳定的国内金融市场将会成为人民币国际化的重要保障。由于受到宏观经济的各种不确定性以及金融体系不完善等因素的影响，在推动资本项目开放的过程中，很容易会导致跨境资本流动风险。如何有效防范、化解资本项目开放过程中的跨境资本流动风险，这就需要积极探索管理资本流动的有效路径。加强跨境资本流动的宏观审慎管理，从传统的微观审批逐步转向宏观审慎管理，在实现跨境投融资便利化的同时，有效地防控风险③。

前海是最早启动外债宏观审慎管理试点的地区，2016年1月，中国人民银行发布了《关于扩大全口径跨境融资宏观审慎管理试点的通知》，将跨境融资宏观审慎管理升级为本外币一体化的全口径跨境融资宏观审慎管理，并推广

---

① 前海深港现代服务业合作区管理局网站，http://www.szqh.gov.cn/ljqh/cxqh/cxdt/201608/t20160823_36081354.shtml。
② 引自马培贵《前海：为全国金融风险防控探索新路》，《深圳特区报》2017年8月15日第A06版。
③ 引自姜姝珺、甘国玲《人民币资本项目开放的新形势及推进对策》，《财税金融》2017年第3期。

至上海、天津、广州、福建等自贸区以及全国27家金融机构试点，2016年5月，该项目试点被推广至全国。截至2017年8月，共有103家深圳企业办理了外债宏观审慎试点以及全口径跨境融资业务，签约金额达到53.18亿美元，平均融资成本降低了1%~2%。

2. 法治示范区建设不断深化

"中国特色社会主义法治示范区"——前海，过去六年多时间里，在法治创新方面一直不断探索，并在立法、司法、执法三个方面取得创新，已经初步建立了"社会主义法律体系框架"。

(1) 立法方面

立法权是国家赋予前海的权利，这也使前海拥有了其他自贸区以及功能开发区所不具备的竞争优势。"依法治国、立法先行。"前海在过去开发开放的几年里，"基础性立法、产业性规定、配套性制度"三管齐下，围绕着合作区内现代服务业的集聚发展，尤其是金融业的开放创新，相继推出了一系列条例、办法、规则，已经初步形成以"基本法"为核心的前海规则体系。2017年前海发布了《前海中国特色社会主义法治建设示范区规划纲要》并指出①："全面推进国家治理体系和治理能力现代化，服务国家'一带一路''一国两制'和自由贸易区建设战略，率先探索市场化、法治化、国际化区域治理模式，努力在推进科学立法、严格执法、公正司法、全民守法等方面先行先试，打造国际一流的法治环境，成为中国特色社会主义法治建设示范区。"

(2) 司法方面

前海法院是全国唯一的"中国特色社会主义法治示范区综合性司法改革示范法院"。为了进一步适应法治示范区的发展要求，服务"一带一路"建设，保障合作区与自贸区的建设，前海法院全面推进涉外涉港澳台审判机制的改革创新，提升涉外涉港澳台审判能力、质效，增强当事人对司法审判的信赖感，提升国际司法效力、公信力。组建专业化国际化的审判团队，创立港籍专家陪审制度，完善外籍、港澳台籍调解员制度，深化域外法律查明与适用，探索多元化的商业纠纷解决机制。2017年前海法院颁布了《深圳前海合作区人民法院涉外涉港澳台案件审判机制改革纲要及工作指引》，进一步

---

① 引自《前海中国特色社会主义法治建设示范区规划纲要》。

深化涉外涉港澳台审判机制改革。截至2017年8月，前海法院共受理民商案件6092件，其中一半以上为涉外涉港澳台案件（3412件），而涉港案件也达到将近40%。

此外，在法律服务方面。作为"一带一路"重要的战略节点，前海为了更好地服务"一带一路"建设，让更多的企业"引进来""走出去"，不断创新国际化法律服务，为企业"引进来""走出去"保驾护航。2017年3月，前海启动了"一带一路"法治地图项目，"该项目通过利用互联网技术，发现、抓取、组织、整理相关国家和地区的公开信息和数据，为我国政府、企业和公众提供全面、快捷、准确的'一带一路'相关国家和地区的法律查明公共服务"①，推动"一带一路"沿线国家之间商品和服务的交换，推动国际投资、贸易的发展。2017年5月，前海设立了"前海'一带一路'法律服务联合会"，聚集了近50个国家70多个地区的1000多名华语律师，"搭建了包括跨境投资、跨境并购、知识产权、争议解决等在内的全方位服务的国际华语律师国际性法律服务平台"。

（3）执法方面

作为全国唯一的"廉洁示范区"，前海积极探索"政府+市场+社会"共同反腐倡廉新模式，2013年专责整治前海党风建设、反腐倡廉工作的前海廉政监督局在前海挂牌成立。坚持"以廉洁为目标，以诚信为基础，以法治为根本，以制度为关键，以惩处为保障"的理念，前海先后推出了党风廉政建设主体责任的实施办法、建设"廉洁示范区"68条工作意见、国内首份关于测评廉洁状况的《白皮书》以及防止利益冲突的规定。经过几年的努力，前海的廉政建设初显成效。根据廉政《白皮书》的数据，2016年前海的"廉洁政府指数"为82.9分，其中"案件查处指数"88.3分，"控制指数"86.1分，"法治指数"79.4分，"风险防范指数"76.6分；此外2016年前海"公众廉洁感知指数"为80.7分，其中"腐败接触"96.5分，"廉政满意度"78.2分，"廉政感知"78.1分，"腐败容忍度"70.3分。从数据上看，前海法定机构在惩治违法乱纪腐败现象方面做得很好，但在防范腐败风险方面欠佳；

---

① 引自江南鸾《为法治中国建设提供"前海方案"》，《深圳商报》2017年3月22日第A03版。

而在公众对于廉洁的感知上，我们会发现公众对于腐败的容忍度较高，对于周边发生的腐败行为态度比较宽容。这亟须做好反腐倡廉的宣传教育工作，让公众积极参与到反腐倡廉工作中。

3. 管理制度创新

（1）创新投资管理模式

"降门槛、提效率、便企业"是前海创新管理模式的目标。深化商事制度改革，推进"证照分离2.0版"，"着重简化企业的后置审批"，以"能取消则取消、能削减则削减、能合并则合并、能转移则转移"为标准，优化企业的市场准入、退出机制。深化"互联网+税收"的管理模式，创新多元化缴税方式，首创"跨境电子支票缴税"业务，推出多语种税务咨询服务平台，探索"诚信纳税免打扰"风险管理模式，实行"对诚信纳税人不打扰，对失信纳税人'管'到位"，优化税收发展环境。此外，前海积极探索税务银行合作新道路，分三步实现从前海的"一站式服务"到深圳的"一网式服务"，再到全国"税银大网络格局"。税务银行合作模式将"纳税申报、发票打发、纳税风险报告查询、增值税专用发票抵扣认证"等百余项涉税业务设置在银行内专用的办税服务区直接办理，从而简化企业办税程序，节约办税成本，提高办税效率。

（2）优化贸易通关环境

在贸易便利化方面，前海秉承"促合作、简手续、减成本"的原则，对接国际经贸标准规则。继续深化口岸综合监管机制，推进国际贸易"单一窗口"3.0建设；推进"深港关检自贸通"等项目的实施，实现"关检信息互换""监管互换""执法互认"通关；推进"保税+实体零售"保税展示交易平台建设等。2017年4月，前海发布了贸易便利化指数。该指数借鉴国际通行贸易便利化评价方法，从"口岸管理""通关环境""贸易功能转型""辐射带动效能"等方面测量了前海蛇口自贸区的贸易便利化指数。2016年该指数为0.8515，与2015年相比提高了5.85%。

（3）构建信用体系，加强事中事后监管

前海在积极推进"证照分离"政务改革，做好"简政放权"的同时，还积极构建信用体系，推进事中事后监管建设，实行"宽进严管""放管结合"。2017年前海成立社会信用服务中心，"推进企业信用评级、信用风险预警、定期发布黑名单,在土地出让、工程建设、金融等高回报的领域,实施信用准入"。作为设置在前海法定机构中的内设机构,前海社会信用服务中心将面向政府和企业做好监管服务和信用需求服务。通过建设社会信用体系,有助于创新政府的监管模式,有效地防控前海在开发开放中所遇到的各种风险,构建安全的营商环境。

(二)现代服务业集聚发展方面取得的新进展

截至2017年8月,入驻前海企业共133657家,总注册资本89121.38亿元,比2016年同比增长21.3%,其中港企4729家,比2016年同比增长27.2%,总注册资本4242.16亿元。其中金融业56347家,比2016年同期增长19.4%,总注册资本53699.28亿元,占比42.16%;现代物流业23095家,总注册资本9579.7亿元,比2016年同比增长8.9%,占比17.28%;信息服务业12885家,总注册资本6374.73亿元,比2016年同比增长16.8%,占比9.64%;科技服务和其他专业服务业40344家,总注册资本19052.15亿元,比2016年同比增长38.5%,占比30.2%。2016年实现税收收入184.9亿元。2017年1月至7月实现税收收入178.8亿元,已经完成2016年一整年税收收入的96.7%。2013~2016年,前海实现税收收入的平均年增长率已经达到229.1%。

金融业仍然是前海发展的重点产业,与2016年同期相比虽然所占前海的比重有所下降。从金融业的结构上来看,传统型的金融机构(银行、证券、保险)占比较低,所占比重仅有0.3%;创新型金融主体56178家,占比99.7%,而其中2606家为融资租赁,5311家为商业保理,42家为小额贷款,284家为信用担保,19家为要素交易平台,8934家为各类股权投资机构,9967家为资产管理机构,1784家为互联网金融,3602家为金融外包服务,23671家为其他投资机构。前海的金融业已经发展成以创新型金融机构为主体的多元化的金融机构体系。

(三)深港合作步伐全面加速

深港合作是前海开发开放的核心任务。"依托香港、服务内地、面向世界",这是习总书记在2012年视察前海时的殷殷嘱托。"依托香港",就是深化与香港之间的合作,借鉴香港,构建与国际相接轨的国际投资贸易规则,发

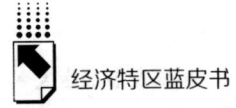

展现代服务业，尤其着力发展金融业，创建前海国际金融中心。2017年正值香港回归20周年，"在国家主席习近平的见证下，香港特别行政区行政长官林郑月娥、澳门特别行政区行政长官崔世安、国家发展和改革委员会主任何立峰、广东省省长马兴瑞共同签署了《深化粤港澳合作推进大湾区建设框架协议》。"①协议中明确②："强化广东作为全国改革开放先行区、经济发展重要引擎的作用，构建科技、产业创新中心和先进制造业、现代服务业基地；巩固和提升香港国际金融、航运、贸易三大中心地位，强化全球离岸人民币业务枢纽地位和国际资产管理中心功能，推动专业服务和创新及科技事业发展，建设亚太区国际法律及解决争议服务中心。努力将粤港澳大湾区建设成为更具活力的经济区、宜居宜业宜游的优质生活圈和内地与港澳深度合作的示范区，携手打造国际一流湾区和世界级城市群。"

1. 产业合作

推进深港两地之间产业合作，尤其是现代服务业合作是深港合作的重要内容。2017年6月，由香港上海汇丰银行和前海金融控股有限公司共同设立的汇丰前海证券，以及由香港东亚银行与前海金融控股有限公司、两家内地公司共同设立的东亚前海证券正式落户前海，成为CEPA框架下首家合资多牌照证券公司，推进了深港两地在金融业的合作发展。此外前海设立了前海深港基金小镇，外资、港资金融机构、PE、VC机构、第三方金融机构等入驻基金小镇集聚发展，已经初步形成财富管理的生态圈。

此外，为了便利于香港企业在内地的发展，服务香港企业的"内港通"平台在前海正式启动。通过搭建"政务一站通平台③""信息互通平台④""资源对接平台⑤""培训平台⑥"4个平台，助力香港企业拓展国内业务、深化深港产业合作。另外，前海还搭建了与香港的两个"一二三四"服务模式："一

---

① 引自《一图读懂〈深化粤港澳合作、推进大湾区建设框架协议〉》，http://economy.southcn.com/e/2017-09/01/content_177110708.htm。
② 引自《深化粤港澳合作推进大湾区建设框架协议》。
③ 为企业在香港、内地提供包含注册、法律、融资、税收等全方位服务。
④ 及时发布政府的相关政策和产业规划，帮助企业了解国内外宏观经济环境以及重大宏观经济决策背景。
⑤ 通过举办政府招商推介会以及时实地投资考察，推进深度合作。
⑥ 集合香港及内地资源，共同打造国际商学院为企业提供专业的经营及商务培训服务。

个平台①、两种渠道②、三种形式③、四方合作④""确定在每一个季度中的第二个月、第三周、第四天定期召开前海港企联席会议"。其目的在于为港企提供优质的税政服务。截至2017年8月,入驻前海的港资企业4729家,注册资本4242.16亿元。

2. 人才交流

在人才交流方面,前海通过"职业资格认定、深港人才工作联盟、合伙联营等方式,为前海引进律师、注册会计师、注册税务师、建筑师等香港专业人才",截至2017年8月,已有千余港人在前海执业从业。推动深港两地政府、行业协会、企业之间的合作,创建"前海深港博士后交流驿站""前海留学人员创业园"、国际商学院、开展香港青年培养计划、举办"首届前海深港合作论坛""深港澳青年创新创业大赛"等加快深港两地人才的深度交流。

作为香港、内地青年创新创业的孵化器——前海梦工场,已经具有了良好的孵化能力。在专门的梦工场运营指导委员会的指导监督下,逐步地搭建了"创业服务、孵化器集群、投融资、宣传推广、国际路演、创业导师辅导"等六个平台,初步形成了较完备的创业生态圈。截至2017年8月,前海梦工场共孵化235家创业团队,其中117家为香港创业团队,占比近半。

二 前海发展的焦点问题

（一）如何发挥前海的制度创新优势,寻求与其他自贸区差异化发展

中国的经济增长已经步入了新常态,这就需要我们进行优化要素结构,使资源进行合理配置,释放出市场的经济活力的同时,还需要加快创新驱动,不断推进制度创新、科技创新,以创新优势更好地融入世界多极化的竞争之列。

---

① "搭建一个前海与港企对话服务的平台了解港企需求"。
② "通过举办定期联席会议和不定期沙龙两种渠道,加强企业与税局之间的联系"。
③ "通过培训、调研、辅导3种形式,解决港企涉税诉求"。
④ "通过前海国税局、前海地税局、前海管理局香港事务处及前海香港商会4方联合形成紧密的沟通联络机制"。

自 2013 年上海自贸区国家第一批自贸区建立以来，截至 2017 年 8 月，已经有三批自贸区在 11 个省（直辖市）建立了自贸区，而前海于 2015 年被纳入了广东自贸区前海蛇口片区。"建设自贸区，是我国面对全球经济治理体系深度调整和国内经济发展进入新常态下积极探索扩大服务与投资市场开放、主动应对国际贸易投资规则变革和加快深化经济体制改革的重大举措。"① 可以说，制度创新是自贸区建设的重要任务。"在对外开放方面，进一步思考政府如何管理市场、服务市场、推动投资贸易便利化；在政府职能转变上，就是要探索如何厘清政府与市场的边界，如何提高政府的透明度、便捷性。"②

前海自开发开放以来已经陆续推出了 284 项制度创新成果，其中 110 项成果在全国首创或领先，6 项被纳入 2016 年国务院发布的全国复制推广的 19 项制度创新成果中，49 项在广东省内复制推广，31 项在深圳市内复制推广。随着这些制度创新成果在全国范围内的广泛推广，与其他自贸区相比，前海在开发开放中具有哪些优势？在制度创新方面，前海如何发挥其自身优势，与其他自贸区形成差异化的发展？比如前海在搞金融创新，上海也在弄金融创新，两者都在以"实现人民币国际化和资本项目开放为主要目标"，那么两者在金融创新中所担任的职责到底如何划分，避免重复作业等。这些都是前海在未来的开发开放中面临的焦点问题。

（二）如何突出前海香港要素

2017 年是香港回归的 20 周年，也是前海的"深港合作年"，从 2014 年第一家的内地与香港联营律师所的入驻，再到 2017 年深港基金小镇的建立，过去开发开放的几年里，前海积极地推进深港两地的合作，探索两地的合作机制。香港是国际金融中心，拥有发达的现代服务业。前海地处与香港一河之隔的深圳，拥有独特的区位优势、地域特色，而这一优势、特色正是国内其他自贸区所没有的，更是无法复制的。"两种制度、两套文化在交融中可以产生巨大的能量，要

---

① 引自李善民《中国自由贸易试验区发展蓝皮书（2015~2016）》，中山大学出版社，2016 年 7 月。
② 引自蒋硕亮《中国（上海）自贸试验区制度创新与政府职能转变》，经济科学出版社，2014。

素在两种体系之间的快速流动可以催生社会变革。"① 前海在未来的开发开放中应着力地突出香港要素,深化深港在全方位的合作。如何突出前海香港要素,实际上就是如何深化深港两地间的合作?如何来深化,"这实际上说的就是合作的深度、广度问题。从深度上来讲,就是推进两地之间的金融、法律、贸易、管理等制度合作;从广度上来讲,就是推进两地在社会、经济、文化、人才交流等方面的合作"。② 如何从深度和广度上来加快深港两地的合作,搭建两地合作平台,构建两地合作机制,这是前海要继续解决的焦点问题。

三 前海发展的对策建议

(一)主打法治建设、深港合作,与其他自贸区差异化发展

法治建设、深港合作,这是前海区别于其他自贸区拥有的独特优势。作为特区中的特区,前海拥有其他自贸区所没有的立法权,开发开放的7年里,前海在立法、司法、执法等方面不断创新,取得了积极的成效。立法方面,出台了前海的基本法"一条例两办法",以"基础性立法、产业性规定、配套性制度"三管齐下,初步形成了以"基本法"为核心的前海规则体系。司法方面,建立前海法院,引入香港元素,探索多元化的商业纠纷解决机制。执法方面,借鉴香港建立前海廉政公署,摸索廉政监督新机制。深港合作,是前海拥有的地缘优势,在过去的几年里,前海在产业合作、人才交流等方面积极与香港合作,建立了青年梦工厂、基金小镇,搭建了"内港通"平台等,服务深港两地企业合作和人才交流。

法治建设、深港合作,是前海与其他自贸区差异化发展、特色化发展的重要推手。拥有立法权就意味着避免了"改革创新举措与上位法产生冲突时,限制政府部门手脚"的现象,缩减了办事程序、降低了改革成本。而深港合作又为前海的体制机制改革提供了借鉴模板。作为开放的国际大都市香港,可

---

① 引自前海创新研究院《香港特区各界领军人物建言深港共荣新路向:何以可能?何以可为?》,http://www.qiir.org/sitecn/yjsjj/1908_1683.html。
② 引自雍炜《深圳前海合作区发展报告(2015)》,《中国经济特区发展报告(2015)》,社会科学文献出版社,2015年12月。

以为前海在法治建设、投资贸易管理、人才保障等方面提供可借鉴经验，加快前海的开发开放。未来几年，前海应该抓住法治建设与深港合作两个抓手，借鉴香港，法治先行，建设"中国特色社会主义法治示范区"。

（二）推进创新驱动，实现科技与金融的融合发展

在经济发展新常态下，随着要素成本的提高以及资源环境的约束，以要素驱动的经济发展越来越显现出其局限性。加快科技创新、制度创新，实现经济增长由原来的要素驱动向创新驱动转变，推动经济的转型发展，是经济可持续发展的根本途径。作为中国新一轮改革开放的桥头堡——深圳前海，在创新驱动发展中的首要作用是排头兵作用。

深圳是中国著名的高新科技产业基地，拥有着像华为、华大基因、中兴等众多全球化的科技企业。前海处于深圳一隅，如何利用深圳科技创新的优势，在产业技术创新取得突破，是形成前海区别于其他自贸区发展的核心竞争力的关键。发展金融产业是前海开发开放的重要内容，深化深港合作，与香港共建国际金融中心，带动整个湾区经济的发展，是前海发展的重要目标。

在许多发达国家，科技与金融已经经过多年的发展进行了深度的融合。而其中最为著名的案例是美国的硅谷，可以说硅谷的发展是科技与金融不断融合发展的过程。科技企业在其发展的不同阶段都离不开银行、证券公司、投行以及资产管理公司的金融服务，金融机构也会应对企业不同阶段发展需求不断创新发展，二者长期的融合发展的过程中，实现了"双赢"。"高新技术企业的出现和发展需要与之相适应的高新技术风险资本市场的发展，而进一步健全和完善的创业板市场和风险投资市场是高新技术企业发展向资本市场提出的要求。"① 前海在未来的发展中应该借鉴发达国家在高新技术领域与金融之间相互融合的经验，借助深圳的高新科技创新，优化金融服务，加强对高新科技企业的扶持，促进科技应用于金融，提升金融服务的效率，加快前海"科技+金融"的融合发展，推动湾区经济的发展，更好地服务于"一带一路"倡议。

---

① 引自王国安《高新技术企业发展与资本市场制度创新》，《河南工业大学学报》（社会科学版）2007年第1期。

参考文献

［1］姜姝珺、甘国玲：《人民币资本项目开放的新形势及推进对策》，《财税金融》2017年第3期。

［2］马培贵：《前海：为全国金融风险防控探索新路》，《深圳特区报》2017年8月15日。

［3］江南鸾：《为法治中国建设提供"前海方案"》，《深圳商报》2017年3月22日。

［4］王国安：《高新技术企业发展与资本市场制度创新》，《河南工业大学学报》（社会科学版）2007年第1期。

［5］李善民：《中国自由贸易试验区发展蓝皮书（2015~2016）》，中山大学出版社，2016。

［6］前海创新研究院：《香港特区各界领军人物建言深港共荣新路向：何以可能？何以可为？》，http://www.qiir.org/sitecn/yjsjj/1908_1683.html。

［7］雍炜：《深圳前海合作区发展报告（2015）》，载陶一桃主编《中国经济特区发展报告（2015）》，社会科学文献出版社，2015。

［8］蒋硕亮：《中国（上海）自贸试验区制度创新与政府职能转变》，经济科学出版社，2014。

［9］《一图读懂〈深化粤港澳合作、推进大湾区建设框架协议〉》，http://economy.southcn.com/e/2017-09/01/content_177110708.htm。

B.17 中国自由贸易试验区发展报告

范霄文 许家宜*

摘　要： 截至2017年9月，自贸试验区实施面积由成立时的474.96平方公里增加到1314.26平方公里，已经形成"1+3+7"的改革试点布局，负面清单进一步瘦身，开放领域进一步扩大，改革经济成效显著，自贸试验区进入制度系统集成的改革新阶段。与此同时，最初设定的改革目标已初步实现，下一阶段向何处发力成为目前改革的重要问题。11个自贸试验区制度差异化改革，在缺少制度协调性下可能引起政策理解上的困惑。下一阶段自贸试验区所面临的改革难题依然是如何化解"蒙代尔－克鲁格曼的不可能三角定理"，以开放促改革、以改革促发展，问题导向取代政绩导向依然是自贸试验区制度改革的着力点。

关键词： 自贸试验区　制度集成　开放掣肘

2017年随着辽宁省、浙江省、河南省、湖北省、重庆市、四川省、陕西省新的自贸试验区设立，中国自由贸易试验区（China Pilot Free Trade Zone，以下简称"自贸试验区"）已经形成"1+3+7"的改革试点布局。至此，围绕长江经济带发展、粤港澳合作、京津冀一体化、两岸经济合作、西部开发、东北振兴、中部崛起、"一带一路"建设等重大国家发展战略，已经形成了从沿海到内地、从东部到中西部，差异化、立体化的开放型经济制度改革"试验田"。

---

* 范霄文，深圳大学中国经济特区研究中心经济学博士、副教授，硕士生导师。许家宜，深圳大学经济学院硕士研究生。

2016年，自贸试验区作为我国全面改革开放的"试验田"和改革开放的风险测试区，在市场准入方面负面清单进一步瘦身，开放领域进一步扩大；以资本项目可兑换的金融开放有序推进；政府职能转变不断深化，贸易便利化程度进一步提高，事中事后监管制度不断完善，法治化保障不断加强。自贸试验区进入制度系统集成的改革新阶段。

一 中国自贸试验区发展状况与进展

2017年3月31日，国务院正式印发了《中国（辽宁、浙江、河南、湖北、重庆、四川、陕西）自由贸易试验区总体方案》，上海自贸试验区3.0版方案也同时发布。2017年4月1日，第三批新增的7家自贸试验区同时挂牌。参照现有自贸试验区，新增自贸试验区每个面积约120平方公里，都涵盖3个片区，主要依托已有的保税区、高新区设立。第三批自贸试验区挂牌之后，我国自贸试验区实施面积增加了839.4平方公里，由"1+3"[①]的474.96平方公里增加至"1+3+7"的1314.36平方公里。这不仅意味着中国自贸试验区实施面积扩大了约1.77倍，更重要的是自贸试验区实施区域由东部沿海扩展至中西部内陆，且兼顾东北，与此前第一批设立的上海自贸试验区和第二批设立的广东、天津、福建自贸试验区一起形成"1+3+7"新的开放经济改革试验格局（见表1）。根据现有各省公布的2016年GDP数据，11个自贸试验区所在省份的GDP约占全国的47%，自贸试验区制度创新改革也将承载更多的内容，开放"试验田"布局已见雏形。

表1 中国自贸试验区设立时间

批次	自贸试验区名称	挂牌时间
第一批	上海自贸试验区	2013年9月29日
第二批	广东自贸试验区、天津自贸试验区、福建自贸试验区	2015年4月21日
第三批	辽宁自贸试验区、浙江自贸试验区、河南自贸试验区、湖北自贸试验区、重庆自贸试验区、四川自贸试验区、陕西自贸试验区	2017年4月1日

---

① "1+3"自贸试验区基本概况参见范霄文、朱维芝《中国自由贸易试验区发展报告》，载陶一桃主编《中国经济特区发展报告（2015）》，社会科学文献出版社，2015。

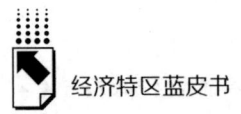

（一）新设第三批自贸试验区概况①

新设的7个自贸试验区定位各有侧重，主要将进行差异化的制度改革探索，聚焦国资国企改革、中西部崛起和东北振兴等重大国家战略。其实施面积、涵盖片区见表2。

表2 新增7个自贸试验区实施面积、涵盖片区概况

自由贸易试验区	实施面积（平方公里）	涵盖片区
辽宁	119.89	大连片区59.96平方公里、沈阳片区29.97平方公里、营口片区29.96平方公里
浙江	119.95	舟山离岛片区78.98平方公里、舟山岛北部片区15.62平方公里、舟山岛南部片区25.35平方公里
河南	119.77	郑州片区73.17平方公里、开封片区19.94平方公里、洛阳片区26.66平方公里
湖北	119.96	武汉片区70平方公里、襄阳片区21.99平方公里、宜昌片区27.97平方公里
重庆	119.98	两江片区66.29平方公里、果园港片区30.88平方公里、西永片区22.81平方公里
四川	119.99	成都天府新区片区90.32平方公里、成都青白江铁路港片区9.68平方公里、川南临港片区19.99平方公里
陕西	119.95	中心片区87.76平方公里、西安国际港务区片区26.43平方公里、西安杨凌示范区片区5.76平方公里

1. 辽宁自贸试验区

辽宁自贸试验区战略定位："以制度创新为核心，以可复制可推广为基本要求，加快市场取向体制机制改革、积极推动结构调整，努力将自贸试验区建设成为提升东北老工业基地发展整体竞争力和对外开放水平的新引擎。"

辽宁方案中，确立大连片区"重点发展港航物流、金融商贸、先进装备制造、高新技术、循环经济、航运服务等产业"；沈阳片区"重点发展装备制

---

① 第三批自贸试验区概况中片区范围、实施面积、战略定位及发展重点均引自国务院印发的各自贸试验区总体方案。

造、汽车及零部件、航空装备等先进制造业和金融、科技、物流等现代服务业"；营口片区"重点发展商贸物流、跨境电商、金融等现代服务业和新一代信息技术、高端装备制造等战略性新兴产业"。

2. 浙江自贸试验区

浙江自贸试验区战略定位："以制度创新为核心，以可复制可推广为基本要求，将自贸试验区建设成为东部地区重要海上开放门户示范区、国际大宗商品贸易自由化先导区和具有国际影响力的资源配置基地。"

浙江方案中，确立舟山离岛片区"重点发展油品等大宗商品储存、中转、加工、贸易和保税燃油供应等产业"；舟山岛北部片区"重点发展油品等大宗商品贸易、保税燃油供应、石油石化产品配套装备保税物流、仓储、制造等产业"；舟山岛南部片区"重点发展大宗商品交易、航空制造、零部件物流、研发设计及相关配套产业，建设舟山航空产业园，着力发展水产品贸易、海洋旅游、海水利用、现代商贸、金融服务、航运、信息咨询、高新技术等产业"。

3. 河南自贸试验区

河南自贸试验区战略定位："以制度创新为核心，以可复制可推广为基本要求，加快建设贯串南北、连接东西的现代立体交通体系和现代物流体系，将自贸试验区建设成为服务于'一带一路'建设的现代综合交通枢纽、全面改革开放试验田和内陆开放型经济示范区。"

河南方案中，确立郑州片区"重点发展智能终端、高端装备及汽车制造、生物医药等先进制造业以及现代物流、国际商贸、跨境电商、现代金融服务、服务外包、创意设计、商务会展、动漫游戏等现代服务业"；开封片区"重点发展服务外包、医疗旅游、创意设计、文化传媒、文化金融、艺术品交易、现代物流等服务业"；洛阳片区"重点发展装备制造、机器人、新材料等高端制造业以及研发设计、电子商务、服务外包、国际文化旅游、文化创意、文化贸易、文化展示等现代服务业"。

4. 湖北自贸试验区

湖北自贸试验区战略定位："落实中央关于中部地区有序承接产业转移、建设一批战略性新兴产业和高技术产业基地的要求，发挥其在实施中部崛起战略和推进长江经济带建设中的示范作用。"

湖北方案中，确立武汉片区"重点发展新一代信息技术、生命健康、智能制造等战略性新兴产业,以及国际商贸、金融服务、现代物流、检验检测、研发设计、信息服务、专业服务等现代服务业";宜昌片区"重点发展先进制造、生物医药、电子信息、新材料等高新产业及研发设计、总部经济、电子商务等现代服务业";襄阳片区"重点发展高端装备制造、新能源汽车、大数据、云计算、商贸物流、检验检测等产业"。

5. 重庆自贸试验区

重庆自贸试验区战略定位:"主要是落实中央关于发挥重庆战略支点和连接点重要作用、加大西部地区门户城市开放力度的要求,带动西部大开发战略深入实施。"

重庆方案中,确立两江片区"重点发展高端装备、电子核心部件、云计算、生物医药等新兴产业及总部贸易、服务贸易、电子商务、展示交易、仓储分拨、专业服务、融资租赁、研发设计等现代服务业";果园港片区"重点发展国际中转、集拼分拨等服务业";西永片区"重点发展电子信息、智能装备等制造业及保税物流中转分拨等生产性服务业"。

6. 四川自贸试验区

四川自贸试验区战略定位:"以制度创新为核心,以可复制可推广为基本要求,立足内陆、承东启西、服务全国、面向世界,将自贸试验区建设成为西部门户城市开发开放引领区、内陆开放战略支撑带先导区、国际开放通道枢纽区、内陆开放型经济新高地、内陆与沿海沿边沿江协同开放示范区。"

四川方案中,确立成都天府新区片区"重点发展现代服务业、高端制造业、高新技术、临空经济、口岸服务等产业";成都青白江铁路港片区"重点发展国际商品集散转运、分拨展示、保税物流仓储、国际货代、整车进口、特色金融等口岸服务业和信息服务、科技服务、会展服务等现代服务业";川南临港片区"重点发展航运物流、港口贸易、教育医疗等现代服务业,以及装备制造、现代医药、食品饮料等先进制造和特色优势产业"。

7. 陕西自贸试验区

陕西自贸试验区战略定位:"以制度创新为核心,以可复制可推广为基本要求,全面落实党中央、国务院关于更好发挥'一带一路'建设对西部大开发带动作用、加大西部地区门户城市开放力度的要求,努力将自贸试验区建设成为全面改革开放试验田、内陆型改革开放新高地、'一带一路'经济合作和人文交流重要支点。"

陕西方案中，确立中心片区"重点发展战略性新兴产业和高新技术产业，着力发展高端制造、航空物流、贸易金融等产业"；西安国际港务区片区"重点发展国际贸易、现代物流、金融服务、旅游会展、电子商务等产业"；西安杨凌示范区片区"重点以农业科技创新、示范推广，通过全面扩大农业领域国际合作交流，打造'一带一路'现代农业国际合作中心"。

（二）自贸试验区制度改革新进展

2016年，上海、广东、天津、福建4个自贸试验区紧紧围绕各自战略定位，抓住关键环节，进一步对接高标准国际贸易规则，各自贸试验区加强与国家发展战略的联动，形成了各具特色、各有侧重的制度创新成果。

1. 负面清单瘦身，市场准入进一步开放

在投资管理体制改革方面，4个自贸试验区在外商投资准入前国民待遇加负面清单管理模式方面取得进一步进展，国务院办公厅发布的《自由贸易试验区外商投资准入特别管理措施（负面清单）》（2017年版）于2017年7月10日起正式实施。2017年版负面清单将覆盖现有的11个自贸试验区，分为15个门类、40个条目、95项特别管理措施，限制性措施缩减了一半，负面清单的不断"瘦身"，使得市场准入制度不断完善（见表3）。由正面清单到负面清单，自贸试验区市场准入制度改革不断倒逼政府职能转变，政府放权于市场，使资源配置方式逐步由政府主导转为由市场主导。

表3 中国自贸试验区负面清单瘦身历程

负面清单		实施的自贸试验区	特别管理措施项目数
2013年版	第1份	上海	199
2014年版	第2份	上海	139
2015年版	第3份	上海、广东、天津、福建	122
2017年版	第4份	上海、广东、天津、福建、辽宁、浙江、河南、湖北、重庆、四川、陕西	95

2. 优良的营商环境已初步建立

自贸试验区已经建立了外商投资备案管理、企业准入"单一窗口"服务模式，区内企业只要登录一个网络"窗口"，在线提交相关数据，就可以办完有关手续，效率提高50%以上。商事登记制度方面全面推行"证照分离"，实现"一门式"审批、"一网式"办理，绝大部分企业注册登记1天内可办结，服务效率直逼新加坡水平。京津冀推行"一站式"海关区域通关一体化，"通报、通检、通放"和"进口直通、出口直放"一体化模式，通关时间和途中运费都大幅减少和降低。企业办税不用区分国税、地税，已采用"税务综合一窗"模式。自由贸易账户试点由人民币业务拓展至外币，资本项目可兑换、利率市场化、金融市场开放、人民币国际化等金融核心领域的改革机制已经建立；宏观审慎和风险可控的金融监管体系、创新措施的系统集成已初具规模。这些创新举措极大地降低了企业的交易成本，改善了自贸试验区企业的营商环境。

3. 法治化保障不断增强

2016年9月3日，全国人大常委会通过《关于修改〈中华人民共和国外资企业法〉等四部法律的决定》，2016年10月8日，商务部发布《外商投资企业设立及变更备案管理暂行办法》，自此，我国长期以来实行的外商投资准入全面审批模式正式终结。最高人民法院于2016年12月30日印发了《关于为自由贸易试验区建设提供司法保障的意见》，为自贸试验区的发展提供了有效的法律保障。

各自贸试验区也根据各自的特点，制定相关法律保障措施。上海市检察院出台《关于进一步加强服务保障自贸试验区建设的若干意见》，对检察部门提出了自贸试验区法治环境建立的明确要求。广东省检察院出台《服务保障中国（广东）自由贸易试验区建设的若干意见》，明确提出了衡量服务保障工作的标准、基本理念、要求及举措。天津市检察院围绕自贸试验区建设要求和功能定位，提出20条服务举措，所在地滨海新区检察院也出台了18条意见，为自贸试验区建设提供了制度保障。福建检察机关出台了13条服务意见，就履行检察职责、搭建服务平台等方面，明确提出了工作重点和服务措施。

（三）自贸试验区改革经济成效显著

上海自贸试验区，作为中国第一个自贸试验区，以浦东新区1/10的面积，创造了浦东新区3/4的生产总值；以上海1/50的面积，创造了上海1/4的生产总值，其2016年具体指标情况见表4。根据国家税务总局公布的数据①，上海、广东、天津、福建四大自由贸易试验区，2016年共实现税收收入4090.55亿元，税收增速远远高于全国同口径区域增长，成为中国经济新增长极。

表4　2016年中国（上海）自由贸易试验区主要经济指标及其增长速度

指标	单位	绝对值	比上年增长（%）
地方一般公共预算收入	亿元	559.38	23.7
外商直接投资实际到位金额	亿美元	61.79	28.2
全社会固定资产投资总额	亿元	607.93	9.4
工业总产值	亿元	4312.84	14.2
社会消费品零售总额	亿元	1396.76	6.9
商品销售总额	亿元	33609.23	6.9
服务业营业收入	亿元	4167.59	7.0
外贸进出口总额	亿元	7836.80	5.9
出口额	亿元	2315.85	14.5
期末监管类金融机构数	个	815	7.5
新兴金融机构数	个	4651	11.9

资料来源：《2016年上海市国民经济和社会发展统计公报》，上海统计局网站，http://www.stats-sh.gov.cn/html/sjfb/201703/293816.html。

表5　2016年中国（天津）自由贸易试验区主要经济指标

指标	单位	绝对值
商品销售总额（限额以上）	亿元	7720.5
社会消费品零售总额	亿元	408.1
实际利用外资金额	亿美元	25.16
实际利用内资金额	亿元	453.9
一般公共预算收入	亿元	212.7
固定资产投资总额	亿元	1000.7

资料来源：根据中国（天津）自由贸易试验区网站发布的统计数据汇总而成，http://www.china-tjftz.gov.cn/html/cntjzymyqn/TJSJ25012/2017-04-21/Detail_582414.htm。

---

① 数据引自《中国（福建）自由贸易试验区网站：四大自贸试验区去年税收破4000亿》，http://www.china-fjftz.gov.cn/article/index/aid/5706.html。

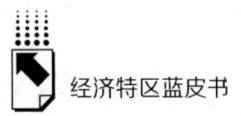

优良的营商环境吸引了大批企业入驻自贸试验区。截至2016年底,上海自贸试验区累计新设企业4.2万户,超过上海自贸试验区设立之前前20年注册企业的总和;广东自贸试验区累计新设企业15.8万余家,超过广东自贸试验区设立之前历年注册企业的总和;天津自贸试验区截至2017年3月底,自贸试验区共有市场主体53528户,注册资本(金)20538.72亿元人民币。其中内资企业43644户,注册资本(金)15661.14亿元,外商投资企业3375户,注册资本(金)4872.85亿元。福建自贸试验区自2015年4月21日挂牌起至2017年6月30日,共新增内外资企业61125户,注册资本12047.49亿元人民币。其中,新增内资企业58194户,注册资本10407.65亿元人民币;新增外资企业2931户,注册资本1639.84亿元人民币。

二 中国自贸试验区改革的核心问题

自贸试验区作为撬动中国新一轮改革的支点,随着改革进程的不断深入,其面临的不同阶段性难题有待突破。那么,在"1+3+7"布局下,自贸试验区现阶段改革的核心问题又是什么?在人民币加入SDR之后,开放中亟待解决的症结是什么?这是下一阶段自贸试验区发展有必要先厘清的问题。

(一)贸易投资开放的掣肘

贸易和投资的自由化,意味着一个国家要减少或解除外汇管制,实现资金进出和货币兑换的自由化,人民币于2016年10月1日正式纳入SDR货币篮子,将进一步推动中国的开放进程。由开放带给中国的益处是有目共睹的,中国开放的决心也毋庸置疑,因此,从改革的逻辑上来讲,制度创新应以全面开放的视角进行相应的制度改革。

众所周知,资金的自由进出会波及汇率,而汇率又影响着国际的贸易和投资。就理论而言,人民币汇率应由外汇市场供求关系决定,只有这样才能使国际收支内在的平衡机制发挥作用。但作为交换媒介而言,稳定的汇率又可以减少不确定性,降低外贸企业的交易成本及风险。因此,在实现资金进出自由的前提条件下,如何改革现有汇率形成机制是现阶段自贸试验区改革的核心问题。

我国在1996年开始实现经常项目可兑换，2008年修订后的《外汇管理条例》，结束了强制结汇制度，目前对出口企业实行意愿结汇。汇率实行"以市场供求为基础、参考一篮子货币进行调节、有管理的浮动汇率制度"。虽然，人民币被纳入SDR之后，法规和条例做了相应的修订，国际上投资者已经可以用人民币投资国内金融市场，资本项目可兑换也在持续推进，越来越多的国际组织和金融市场开始使用人民币。但资本项目不可自由兑换，在一定程度上仍然制约着货币的自由化进出，依然影响着对外开放的程度。

制约对外开放的根本原因在于无法妥善解决资本自由流动、汇率稳定及货币政策之间的关系。根据蒙代尔－克鲁格曼的不可能三角定理，对于资本自由流动、货币政策独立和汇率稳定，一国政府最多只能同时实现两项。如何三取二？不能明确这三者间的相互关系，就很难构建起全面开放的市场。

对于一个开放型经济而言，实现货币自由兑换和资本自由流动全面开放的充要条件，特别是人民币被正式纳入SDR货币篮子后，汇率形成机制及货币政策是在此前提下进行改革。因而，制度改革的关键是要厘清货币政策及汇率机制在经济中的作用。

就理论而言，本质上货币是降低交易费用的工具，货币政策应以稳定币值为重，而非调控经济，也只有在本币币值稳定的基础上，汇率才能反映物品的相对价格，比较优势才能发挥资源配置作用。因此，在自贸试验区金融改革中，只有构建稳定币值的货币制度，才能从根本上消除全面开放的掣肘。

（二）开放改革制度成果的系统化集成、推广

开放就是要"引进来"和"走出去"，涉及市场准入、国民待遇、商事制度、税收制度、监管制度及国际通行的营商规则对接，与国际对接就是要由市场来主导资源配置，这就意味着政府要放权。放什么权、如何放权就需要进行试验。

自贸试验区通过近四年的改革实践，已经按照国际通行规则在区内全面实施准入前国民待遇，非禁即入，建立了"法无禁止皆可为"的负面清单管理模式；以自由贸易账户形式，构建了"一线放开、二线严格管理"的金融监

管模式；"法无授权不可为、法定职责必须为"的事中事后监管制度已经确立，政府管理理念已发生了根本变革。"一线放开、二线安全高效管住、区内流转自由"的贸易便利化制度落地生效。然而，这些改革成效大多是通过自贸试验区内从不同侧重点单点突破取得的，自贸试验区重要使命是为中国加大改革开放力度提供可扩展可复制的经验。因此，如何解决改革碎片化的问题是自贸试验区现阶段要解决的核心问题。

目前自贸试验区改革中，从某种意义上说，可以单点突破的制度改革已经告一段落。目前全面深化制度改革所面临的最大挑战是部门间的壁垒，如何打破堡垒是关键所在。如果说，之前自贸试验区改革是单兵突进、自下而上，那么，目前就到了协同、系统、自上而下的时候。一是从顶层统筹现有制度成果的集成，增强制度创新的整体性、协调性，同时理顺各部门协调机制，加快改革成果在现有自贸试验区的复制推广，降低改革成本；二是打破部门间的壁垒，从国家重点发展战略全局出发，完善改革的顶层协调机制，打破条条框框的束缚，在联动发展中不断创新、完善制度。

三 中国自贸试验区发展的焦点问题

（一）差异化的困惑

中国自贸试验区的差异化策略，容易让投资者产生困惑。不仅各个自贸试验区各有改革侧重点，且11个自贸试验区内各片区也各有侧重，发展定位、具体政策、营商环境等也千差万别。加之，中国自贸试验区是作为中国全面开放经济制度的试验田而设立，这与世界上其他国家的自由贸易园区有着不同的历史使命与定位，也承载着不同的功能。不仅是自由贸易园区，也包括经济特区，重点在体制机制创新，特别是在政府和市场关系改革方面，与国际上大多数自由贸易园区有着很大的差别。因此，投资者特别是外商投资者，较难有一个清晰的了解把握。

不同的自贸试验区区位优势、功能定位各异，区内涵盖的产业群体、目标投资群体亦有所差异。虽然，自贸试验区大多在保税区、高新区基础上设立，但设立时间不同，所处地理位置不同，其发展呈现很不均衡的状态，上海自贸试验区已经进入了3.0时代,7个自贸试验区才刚刚挂牌成立。上海、广东、天津、福建自贸试验区所形成的一批改革成果已复制推广,但第三批自贸试验区更强调区域地方特色定位,新的改革侧重点必然也有所不同。如果差异化的改革没有一个总体框架下的系统集成,改革就可能出现混乱或执行的困惑,影响改革的进程。

中国自贸试验区最重要的目标是在开放中解决政府与市场的关系问题,随着改革试验拓宽,在"法无授权不可为、法定职责必须为"下,政府的责任清单需要在差异化中不断完善,但差异化改革却会带来不同行政部门间的制度冲突,如何修改或废除不合理的、阻碍跨部门协同的行政规章制度,提高政府行政效能,是现阶段自贸试验区改革有待解决的问题。

(二)向何处发力

如果说新设立的自贸试验区刚刚起航,那么原有的4个自贸试验区经过近四年的制度创新改革之后,似乎开始进入改革的"倦怠期"。上海、广东、天津和福建自贸试验区围绕贸易投资自由化,结合自身的区位优势及战略定位,通过单点突破,可以说最初设定的改革目标已经基本完成,下一阶段究竟向何处发力是目前改革面临的问题。

何处发力的问题不仅来自政府放权之后阶段性的"迷茫期",也来自自贸试验区自身改革所涉及的领域及其改革深度的局限性。涉及单个问题的解决相对来说比较容易,但如果要解决的问题涉及其他部门或更高层次,自贸试验区自身就难以解决或难以发力。而现阶段自贸试验区的改革已经过了单打独斗的阶段,进入了需要协调统筹的阶段。因此,自贸试验区何处发力是其单靠自身无法解决的问题。另外,现有改革成果大多集中在"引进来"的开放上,开放不仅是"引进来"还有"走出去",从何处着手来进一步扩大"走出去"的开放程度,也是值得思考的问题。

对于新设立的7个自贸试验区而言,存在着是全盘复制已有自贸试验区经验和制度,还是有选择性复制?在现有经验、制度尚未形成系统化集成的前提下,以何种形式进行复制均是亟待明确的问题。复制制度显然可以降低改革成本,但是经验、制度的复制又要求有顶层设计和推广,自贸试验区自身的交流学习成本显然会远远高于顶层推广。

除经验、制度如何复制、复制什么之外,新设自贸试验区本身还肩负着制度创新改革重任,虽然存在后发优势,但这些自贸试验区大多地处内地,开放程度相对较低,要通过开放来促进改革难度显然要比沿海开放地区大得多。究竟如何着手推动制度改革,也是现阶段改革的焦点问题。

实体经济是一个大国安身立命之本,如果没有实体经济的发展也就不可能有贸易的发展。改革的目的就是要提高配置资源的效率和激发企业的活力,国资国企的改革是难以绕开的问题。国有企业的使用权属于国家,常被看作"所有者缺位"的经济组织,混合所有制是否唯一有效的国有企业治理模式?从现有股份制上市公司状况来看,混合所有制形成需要在一定程度上解决所有者缺位的问题,但并非混合所有制企业效率就高,关键还要解决国有资产监管及企业治理模式问题。

四 中国自贸试验区发展的对策建议

(一)问题导向取代政绩导向

开放意味着要解除限制,而改革则是指改变旧制度、旧事物,并把解决问题的办法合法化和制度化。改革开放,就是指改变旧制度、旧事物,解除限制事物发展的种种因素。自贸试验区作为改革开放的试验田,就是要通过扩大开放,在"走出去"和"引进来"的经济活动过程中,发现制约经济开放的问题所在,在"法无禁止皆可为"的原则下,找到变通之法。

自贸试验区作为一项国家战略,其改革的核心任务是改革开放,应构建以市场为主导的资源配置体制、机制,建立与国际通行惯例接轨的高效营商环境的试验田和风险测试区。既然是试验田就要以问题为导向,大胆探索,积极实践,特别是在目前改革开放进入深水区的情况下,就要容许失败,不以政绩论英雄,唯此才能激发起改革的热情,调动各方制度创新的积极性。只有从国家重要发展战略出发,以问题为导向进行改革开放,才能实现制度创新。

以问题为导向进行改革,首先要明确的是现阶段自贸试验区改革的问题所在。一是以市场为主导配置资源,就要给企业选择的自由和公平竞争的机会,但目前虽然实行国民待遇,非禁即入的负面清单制度,给了企业较大的市场准入自由，但到目前为止，清单仍然有95项，与国际规则相比依然限制较多，限制就意味着政府管制，因此，减少负面清单不仅是减少对企业的限制，也是促进政府放权于市场成本最低的捷径。二是国际便利化的营商环境，其问题的核心是降低企业交易成本。在开放经济中，交易成本既涉及货币能否自由兑换和流动，也涉及商事制度、监管制度。现阶段最主要的问题依然是资本项目下货币的自由流动，而这方面首要的是要厘清货币制度与汇率形成机制的关系，需在央行参与把控下，进行风险测试和制度创新。三是国资国企如何摆脱特殊身份，与其他市场主体一同参与公平竞争，创新企业制度是解决问题的关键。

（二）以开放促改革，以改革促发展

以开放促改革，以改革促发展，看起来是老生常谈，但却蕴含着自贸试验区改革的逻辑：以解除限制促进现有不合理制度的改变，而只有改变不合理的制度才能促进发展。正是这一浅显的道理使得中国经济取得了举世瞩目的成就。

制度改革首先是要解除限制，就是要"放得开"，中央已经给了开放的尚方宝剑——"大胆试、大胆闯、自主改"，那么，自贸试验区如何才能"放得开"？从何处开放呢？要"放得开"，首先要从思想上澄清对外开放中存在的误区。

一直以来，有种观点认为进口会减少本国生产和影响国内就业，因而，在对外开放中应多出口、少进口，这其实是典型的重商主义观点，非常迷惑人。实际上各国经济发展表明这种观点是错误的，也是危险的。根据国际贸易理论，进出口存在内在的平衡机制，会按照比较优势调整就业结构，进口其本质是引入竞争机制，会促进本国产业结构优化。如果一个国家只出口，不进口，类似只赚钱而不花钱，那么作为世界工厂的中国，在向世界各国提供价廉物美产品的同时，也应当享受世界其他国家价廉物美的产品，这才是我们开放的初衷。因此，在经济全球化的今天，要"放得开"，不仅要"出"，也要"进"，才能真正优化资源配置，促进产业结构优化。

引进外资对我国经济发展的积极作用人所共知，但对于对外投资则存在争议。虽然我国目前对外投资2016年已经超过引进的外资，但依然有观点认为对外投资会导致资本外流，影响国内经济。事实上，对外贸易和投资历来是双向的，只有双方受益贸易才会发生。在对外投资的同时，也扩大了本国的市场。只有先解放思想才有可能解除限制。

"放得开"，解除限制还不够，没有规矩不成方圆，在打破现有制约开放的不合理制度和机制的同时要创新制度与机制，为改革提供长远制度保障。以降低交易成本、进一步改善营商环境为主线，以市场配置资源为核心进一步深化自贸试验区制度改革，实现我国全面开放型经济制度建设的历史使命。

参考文献

[1] 中国（上海）自由贸易试验区官网，http://www.china-shftz.gov.cn/Homepage.aspx。

[2] 中国（广东）自由贸易试验区官网，http://www.china-gdftz.gov.cn/。

[3] 中国（天津）自由贸易试验区官网，http://www.china-tjftz.gov.cn/html/cntjzymyq/portal/index/index.htm。

[4] 中国（福建）自由贸易试验区官网，http://www.china-fjftz.gov.cn/article/index/gid/8/aid/142.html。

[5] 中国（辽宁）自由贸易试验区官网，https://www.dlftz.gov.cn/zmq/index.html。

[6] 中国（浙江）自由贸易试验区官网，http://www.china-zsftz.gov.cn/。

[7] 中国（湖北）自由贸易试验区官网，http://www.hubei.gov.cn/zhuanti/2017zt/hbzmq/。

[8] 中国（河南）自由贸易试验区官网，http://www.china-hnftz.gov.cn/。

[9] 中国（重庆）自由贸易试验区官网，http://www.liangjiang.gov.cn/2017/cqzmq.htm。

[10] 中国（四川）自由贸易试验区官网，http://www.sccom.gov.cn/web/zmq/home。

[11] 中国（陕西）自由贸易试验区官网，http://www.shaanxiftz.gov.cn/。

[12] 范霄文：《中国自由贸易试验区与全面开放型经济制度改革》，《中国经济特区研究》2015年第1期。

[13] 范霄文、孙俊歌：《中国（上海）自由贸易试验区发展报告》，载陶一桃主编《中国经济特区发展报告（2013）》，社会科学文献出版社，2013。

[14] 范霄文、秦渝：《中国（上海）自由贸易试验区发展报告》，载陶一桃主编

《中国经济特区发展报告（2014）》，社会科学文献出版社，2014。

［15］范霄文、朱维芝：《中国自由贸易试验区发展报告》，载陶一桃主编《中国经济特区发展报告（2015）》，社会科学文献出版社，2015。

［16］范霄文、马美连：《中国自由贸易试验区发展报告》，载陶一桃主编《中国经济特区发展报告（2016）》，社会科学文献出版社，2016。

［17］纳瑞蒙·贝尔拉夫什：《这才是经济学：经济学的误解与真相》，机械工业出版社，2009。

［18］国务院：《全面深化上海自贸试验区改革开放方案》，http：//www.gov.cn/zhengce/content/2017-03/31/content_5182392.htm。

［19］于佳欣、何欣荣：《2017版自贸试验区负面清单公布缩减至百项以内》，http：//news.xinhuanet.com/fortune/2017-06/16/c_1121159497.htm。

［20］王萌、卢泽华：《自贸区引领中国全方位开放》，http：//paper.people.com.cn/rmrbhwb/html/2017-03/29/content_1762046.htm。

［21］林中明、王治国：《"自贸检察"，四大平台提升服务保障水平》，http：//newspaper.jcrb.com/2017/20170707/20170707_001/20170707_001_5.htm。

［22］王志彦：《上海自贸区制度框架基本形成》，http：//www.jfdaily.com/journal/2017-01-14/getArticle.htm?id=239897。

［23］国务院办公厅：《国务院办公厅关于印发自由贸易试验区外商投资准入特别管理措施（负面清单）（2017年版）的通知》，http：//www.gov.cn/zhengce/content/2017-06/16/content_5202973.htm。

［24］姚玉洁、周蕊：《上海自贸区基本形成金融创新制度框架》，http：//news.xinhuanet.com/2017-01/10/c_1120282141.htm。

［25］冯其予：《探索改革开放路径 实现经济快速发展 我国自贸区建设不断向纵深推进》，http：//paper.ce.cn/jjrb/html/2017-01/13/content_322869.htm。

［26］张勇健、刘敬东、奚向阳、杨兴业：《〈关于为自由贸易试验区建设提供司法保障的意见〉的理解与适用》，http：//rmfyb.chinacourt.org/paper/html/2017-01/18/content_120979.htm?div=-1。

［27］《好消息！国务院新设7个自贸区 你能得到这些大实惠》，东方财富网，http：//finance.eastmoney.com/news/1344,20170403726054614.html。

［28］孙韶华、梁倩：《我国自贸试验区步入3.0时代，一大波政策红利袭来！》，http：//www.jjckb.cn/2017-04/01/c_136176761.htm。

［29］《国务院批准七大自贸区方案 特色定位获明确》，和讯网，http：//news.hexun.com/2017-03-31/188698282.html。

B.18 中国图们江地区外商投资发展报告

沈万根　赵宝星*

摘　要： 中国图们江地区随着美国退出TPP,人民币的"入篮",以及"一带一路"倡议的纵深推进,为该地区外商投资合作提供了新契机,但也面临着地缘政治不稳定,以及自身经济实力薄弱从而无法占据外资争夺有利地位的挑战。同时,该地区存在着经济实力也较为薄弱,外资分布结构不合理,外资来源地较为集中,投资方式以及投资领域单一等问题。因此,打造雄厚的经济实力以及基础设施等硬实力成为吸引外资的关键一步,并且营造良好的法律法规、政策以及金融环境是推进地区吸收外资的基本前提,不断优化投资结构,通过建立中国图们江自贸区,为中国图们江地区吸引外资开拓新方式,最终为中国图们江地区经济发展提供新动力。

关键词： 中国图们江地区　外商投资　机遇与挑战　问题及对策

随着"一带一路"倡议的不断深化以及中国发展的良好态势,国际社会在经济发展乃至全球治理等方面都更加迫切地想听到中国声音,更加迫切地想得到通过中国智慧得出的中国方案。伴随着中国国际地位的不断提升,习近平总书记在多次外交演讲上向世界传播合作共赢的观念,"计利当计天下利",[①]

---

* 沈万根,延边大学马克思主义学院教授,博士生导师;赵宝星,延边大学马克思主义学院硕士研究生。
① 习近平:《习近平谈治国理政》,外文出版社,2016。

并且提出建设利益共享的亚太价值链，培育普惠各方的亚太大市场。① 这无疑为作为在亚太地区具有区位优势的图们江地区提供了发展基础，也为图们江地区吸收外资发展经济提供了坚实的前提保障。

一 中国图们江地区外商投资基本现状

截至2017年上半年，中国图们江地区落实外资项目100余个，落实外资150多亿美元，实际利用外资超3亿美元，同比增长超50%。② 中国图们江地区由于其独特的地理优势以及人文优势，在外资投资流向上具有鲜明的特点。从产业划分角度来看，第二产业吸收外资独占鳌头；从投资商国别来看，韩国外资一枝独秀，成为中流砥柱；从投资地区角度来看，州直属、延吉市以及珲春市等地理位置占优的地区吸收外资的能力更强。

（一）三次产业中第二产业外资独占鳌头

从中国图们江地区外资投入的产业情况来看，第一产业拥有外资企业39个，占外资企业总数的5%；第一产业外资企业投资额共计1945万美元，仅占投资总额的1%；第一产业拥有外资合同42个，占外资合同总数的7%；合同外资金额共计12896万美元，占合同外资总额的6%。第二产业拥有外资企业303个，占外资企业总数的40%；第二产业外资企业投资额共计13533万美元，仅占投资总额的73%；第二产业拥有外资合同279个，约占外资合同总数的50%；合同外资金额共计163275万美元，占合同外资总额的73%。第三产业拥有外资企业417个，占外资企业总数的5%；第三产业外资企业投资额共计47061万美元，仅占投资总额的26%；第三产业拥有外资合同243个，占外资合同总数的43%；合同外资金额共计46129万美元，占合同外资总额的21%。由上述比重就可以看出第二产业在吸引外资方面的突出地位。并且第二产业中的制造业仍然是外商投资的"宠儿"，制造业拥有282个外资企业，占外资企业总数的37%；制造业投资额为121437万美元，占投资总额的66%；

---

① 习近平：《习近平谈治国理政》，外文出版社，2016，第350页。
② 根据延边政府相关部门的数据资料整理。

制造业拥有外资合同 265 个，占外资合同总数的 47%；合同外资金额为 135374 万美元，占合同外资总额的 61%。① 由此可见，制造业几乎在很多方面的比重都大于第一产业与第二产业比重之和，也可以看出中国图们江地区第二产业具有较强吸引外资的能力，并且外商投资对第二产业中的制造业情有独钟。

（二）韩国外资成为图们江地区外资的中流砥柱

在中国图们江地区的外商投资情况看来，亚洲国家外资占据了绝大部分比重。中国图们江地区外资企业共有 591 个，其中亚洲外资企业有 513 个，占全部外资企业的 87%。在亚洲外资企业中韩国外资企业有 396 个，占亚洲外资企业的 77%，占全部外资企业的 67%。紧随韩国之后的是日本外资企业 49 个，美国外资企业 40 个，中国香港企业 37 个，分别占全部外资企业户数的 8%、7%、6%。② 从中国图们江地区外资合同数上来看，韩国外商投资合同数为 376 个，占全部外资合同数的 67%，位列其后的是日本、中国香港和美国，外资合同数分别为 50 个、40 个和 38 个。合同的外资金额最多的仍然是韩国外资，外资金额为 108830 万美元，占全部合同外资金额的 49%，紧随韩国之后的是中国香港、日本和美国，分别为 75700 万美元、9711 万美元、6478 万美元。分别占全部合同外资金额的 34%、4%、2%。③ 由此可见，无论是从哪一角度来看，韩国外资在中国图们江地区全部外资中占据相当大的比重，韩国外资依旧是"一枝独秀"，是外资的主要来源国。

（三）地理因素影响外资地域分布

在外资吸引方面来看，地理区位优势起到了巨大的优势，并且间接决定外资的地域分布。从中国图们江地区的各县市吸引外资的情况来看，延边州直属的合同外资金额为 83169 万美元，占合同外资总额的 37%；延吉市吸引的合同外资金额为 38989 万美元，占合同外资总额的 18%；珲春市吸引的合同外

---

① 延边州统计局编《2016 延边统计年鉴》，中国国际图书出版社，2016，第 239 页。
② 延边州统计局编《2016 延边统计年鉴》，中国国际图书出版社，2016，第 242 页。
③ 延边州统计局编《2016 延边统计年鉴》，中国国际图书出版社，2016，第 240 页。

资金额为 35390 万美元，占合同外资总额的 16%。据数据统计，2015 年延边州共计新签署外资协议 20 个，其中延吉市新增 8 个，占总体的 40%；延边州直属新增 6 个，占总体的 30%；珲春市新增 3 个，占总体的 15%；龙井市新增 2 个，占总体的 10%；汪清县新增 1 个，占总体的 5%。[①] 而图们市、敦化市、和龙市以及安图县并没有新增的外资协议。由于州直属、延吉市以及珲春市这些城市具有一定的地理区位优势，并且延吉市是延边州的州府所在，因此其基础设施建设相对完善，投资环境相对稳定，所以外商为了规避风险、节省成本等原因，会将外资投入到这样具有地理区位优势的城市，也进一步影响了外资在中国图们江地区的地域分布。

二 中国图们江地区外商投资发展的机遇与挑战

在当今世界政治多极化、经济全球化、文化多元化趋势下，为中国图们江地区外商投资的发展提供了绝佳的机遇，同时也面临着不小的挑战。

（一）中国图们江地区外商投资发展的新机遇

第一，美国退出 TPP 为中国图们江地区进行外商投资以及国际合作提供了新契机。TPP 是由美国主导的，旨在遏制中国经济发展的跨太平洋伙伴关系协定。但是在 2017 年 1 月 21 日，美国白宫发布新施政纲领，宣布退出 TPP 和北美自由贸易区。由于美国大力推动签署 TPP 协定，致使韩国与日本两国在中国图们江地区进行外资合作持消极态度，从而使得中国图们江地区外商投资发展缓慢。随着美国退出 TPP 协定，使得该协定失去了强大推进动力，这也为在中国图们江地区推进中、日、韩三方合作提供了有利局面。并且发挥中国图们江地区所具有的地理区位优势以及其在东北亚地区经济发展中所占据的地位，可以促进这一地区吸收来自韩、日、俄等周边国家雄厚的外资，共同建设中国图们江地区。不仅可以促进中国图们江区域经济发展，而且在一定程度上推进中国图们江地区周边的俄、日、韩、朝、蒙等国家深层次的经贸合作，实现中国图们江地区周边国家经济发展，推进图们江地区区域经济一体化，进而

---

① 延边州统计局编《2016 延边统计年鉴》，中国国际图书出版社，2016，第 241 页。

推进东北亚区域经济一体化进程,甚至有利于推进亚太地区区域经济一体化。所以,中国图们江区域要把握住这一绝佳契机进行发展建设。

第二,"一带一路"战略为中国图们江地区吸引外资提供平台。"一带一路"是指"丝绸之路经济带"和"21世纪海上丝绸之路",这是在全球经济出现了"逆全球化"倒退势头的关键时期,中国提出的一项坚决捍卫全球化并且旨在加强"一带一路"沿线国家之间的联系、推动全世界经济联动发展的重大提议。中国图们江地区是东北亚的经济发展核心地区,而且还具有得天独厚的区位优势,随着"一带一路"倡议的进一步推进实施,我国与图们江地区周边国家的联系得到了进一步的加强,为中国图们江地区吸收外资创造了良好的条件,切实地发挥出中国图们江地区在东北亚地区甚至亚太地区经济发展的重要作用。并且"一带一路"的进程不断推进,就会倒逼中国图们江地区加强地区内的基础设施建设,以及建立起开放的经济体制,为外资进入到中国图们江地区打造完备的软硬件设施。并且"一带一路"倡议可以吸引韩、日、俄、美、欧洲甚至拉丁美洲国家的高质量的外资进入到中国图们江地区,在一定程度上会引导外商转变投资产业,进而优化中国图们江地区甚至全国的外资产业结构,推进中国图们江地区发展,以图们江地区为纽带将周边各国甚至世界各国连接在一起,共同发展,实现共赢。

第三,人民币"入篮",打造中国图们江离岸地区经济发展新环境。人民币"入篮",即将人民币纳入到特别提款权货币篮子中。在2015年11月30日,国际货币基金组织正式宣布人民币"入篮"。人民币"入篮"是人民币国际化进程开启的重要标志,人民币也以国际货币的身份逐渐频繁出现在世界经济、金融活动当中,并且逐步地成为区域内通用的货币甚至国际通用货币。随着中国图们江地区国家之间合作开发的不断深化,外商投资也会得到进一步扩大,因此国家之间的金融业务往来也会日益频繁,人民币"入篮"并随着国际化进程的持续推进,可能会出现在中国图们江地区周边国家的毗邻地区,人民币成为通用货币,这样一来将会大大提高资金流动的效率,降低此地区国际金融交易成本,在一定程度上降低甚至规避结售外汇给外资企业带来的金融风险。同时,会倒逼中国图们江地区营造良好的金融环境,以人民币国际化为基础,建立中国图们江地区离岸金融市场,健全中国图们江地区金融发展的法律法规,促进地区吸引外资,推进地区企业发展,进而推动中国图们江地区各方面协调健康发展。

（二）中国图们江地区外商投资发展面临的挑战

从国际方面来看，中国图们江地区周边亚洲国家政治不太稳定。中国图们江地区周边的国家在一定程度上或多或少都存在一定的政治不稳定因素。第一，朝鲜方面的核问题始终是影响中国图们江地区乃至亚太地区，甚至全世界和谐稳定发展的重要因素。朝鲜也因核问题与其他国家处于一个剑拔弩张的状态。而中国对待朝核问题更倾向于将核问题通过"六方会谈"的方式加以解决，如果朝核问题得不到妥善解决，将会对中国图们江地区的健康发展构成严重的威胁。第二，此前的韩国政府由于朝核问题以及美国方面的压力在韩国部署了"萨德"，这也使得韩国与中国的关系处于临界点，严重影响中韩之间外交关系，进而也会严重影响中韩双方的经贸合作，从而也会影响中韩双方投资事业的健康发展。随着韩国两届政府的完成转换，韩国新政府的上台，一系列政治、经济、社会政策存在很多未知数，这对在中国图们江地区进行中韩双方合作甚至多方合作以及吸引外资都是一个不确定的因素。第三，日本方面的安倍政府对待中日关系上始终没有一个正确的态度，并且由于钓鱼岛事件中日关系已经降到冰点，安倍政府在重大纪念日积极参拜靖国神社，在一定程度上说明安倍政府并没有使中日关系回温的倾向，所以在相对一段时间内中日关系仍会保持停滞不前的态势。由于政治环境不稳定，使得中国图们江地区周边的市场经济国家大多面临着经济下行的压力。因此，在一定程度上也会影响地区吸引外资，也会影响投资的外国企业总体的经济利益。但是由于外商其国内的相关产业经济低迷，资本一定会从低效益的产业向高效益的地区和产业转移。如何利用好自身优势，在政治经济不稳定的情况下，充分吸引投资投入是中国图们江地区发展面临的巨大挑战。

从国内以及中国图们江地区自身条件来看，在争夺外资时往往会处于不利地位。图们江地区所处的中国东北地区经济发展水平相对落后，并且毗邻的地区是俄罗斯的哈桑镇与朝鲜豆满江市，其经济实力都相对薄弱。而且图们江地区的基础设施较为落后，整体经济环境不容乐观，主要发展的仍然是通过利用廉价劳动力进行生产的劳动密集型产业，但是廉价劳动力的素质偏低也制约着相应产业的进一步发展。即使国家将这一地区与吉林省腹地的长春市、吉林市一同建立长吉图先导区，并且国家给予这一地区享受西部大开发政策，但是由于图们江地区的自身条件落后，使得这些有利条件并没有发挥出预期的效果。资本一定会从低效益的产业和地区流向高效益的产业和地区。中国的沿海地区随着近40年的改革开放，拥有较强的经济实力、较为完善的基础设施、较完备的法律法规，因此相对于中国图们江地区对外资的吸引更具有优势。进而使得中国图们江地区在外资争夺中处于不利地位，进而在一定程度上影响外资的投入，进而影响中国图们江地区经济健康发展。中国图们江地区落后的自身条件是制约外资引进的又一大艰巨的挑战。

三 中国图们江地区外商投资的主要问题

伴随着图们江地区发展进程的持续推进，图们江地区外商投资的一系列问题也在逐步地显现出来。如果不能妥善地解决这些问题，将会严重制约图们江地区的经济发展，甚至会影响这一地区的社会稳定。

（一）中国图们江地区经济实力薄弱

2015年图们江地区的生产总值为886.1亿元，相对于2014年按可比价格计算，增长7%，其中第一产业增长4.5%，第二产业增长8.4%，第三产业增长5.7%，食品、医药、林产以及能源矿产业四大支柱产业实现增加值332.3亿元，增长10.3%。[①] 2016年，中国图们江地区实现生产总值915.1亿元，按可比价格计算，同比增长7.6%。分行业看，第一产业完成69.2亿元，增长2.3%；第二产业完成445.7亿元，增长6.4%；第三产业完成400.2亿元，增长10.1%。三次产业结构调整为7.6∶48.7∶43.7，第三产业比重比上年提高2.0个百分点。虽然三级产业都在增长，但是整体生产总值仍然偏低。图们江地区森林覆盖率达80.8%，有1460余种野生经济植物，250余种经济动物，[②] 煤炭、石油矿产也较为丰富，但是并没有充分发掘其经济价值，从而实现经济效益。中国图们江地区多为山林地区并且周边缺乏大型城市，并不能形成连片

---

① 延边州统计局编《2016延边统计年鉴》，中国国际图书出版社，2016，第11页。
② 《延边州2016年国民经济和社会发展统计公报》，http://www.tjcn.org/tjgb/07jl/35239_4.html。

城市一体化发展，致使经济发展机会较少，从而导致自身经济实力薄弱，严重制约中国图们江地区引进外资。

（二）中国图们江地区投资环境亟待完善

地区经济实力薄弱导致投资的软硬环境相对都不完善。第一，地区基础设施建设相对滞后。虽然近年来国内的公路、铁路、航空线路不断完善，但是相关的国际线路没有完全打通，这也是经济发展滞后的一大原因。第二，劳动力整体素质偏低。中国图们江地区的劳动力大多数掌握朝鲜语，这在生产要素市场上是具有一定优势的。虽然地区内有大量的廉价劳动力，但是由于劳动力素质整体偏低，使得在中国图们江地区发展的产业多为劳动密集型产业，多为低附加值的产业，处于产业链的初级阶段，这将制约地区经济水平大幅度提升。第三，金融环境相对封闭。中国图们江地区金融市场环境欠佳，并且金融市场相关配套的设施并不齐全，这样一来加大了外资企业进入到这一地区的金融风险，这会直接导致外资转移到国内其他地区。并且目前图们江地区除五大国有控股银行外，还有吉林银行、农村商业银行、民生银行、光大银行等民营股份制商业银行，但是并没有外资银行入驻这一地区，这使得中国图们江地区在利用外资方面将会失去大量的外资支持。中国图们江地区要想提升吸引外资的能力，最关键的就是要完善地区投资环境。

（三）外资来源地过于集中，投资方式及领域相对单一

第一，中国图们江地区外资主要来源国是韩国。截至2015年底，在中国图们江地区范围内，韩国外资企业共计396个，占外资企业总数的67%；韩国外资合同数达到376个，占外资合同总数的67%；韩国外资合同金额为108830万美元，超过10亿美元，占外资合同总额的49%。[①] 韩国外资可以说是独占鳌头，从而导致了外资结构过于单一。

第二，目前的外资进入中国图们江地区的方式多为以外资企业的形式进驻，截至2015年底，中国图们江地区外资企业合同共计441个，中外合资经

---

① 延边州统计局编《2016延边统计年鉴》，中国国际图书出版社，2016，第242页。

营企业合同共计108个，中外合作经营企业合同仅为15个。① 这也说明投资方式单一，前者多为外商独资，而后两者为中外合作，单一的投资方式不利于得到通过吸收外资所间接得到的技术转移效应以及技术溢出效应，进而无法大力推动地区企业技术更新，提供外资支持，推动中国图们江地区企业发展。

第三，外资主要投资的领域是第二产业的制造业。截至2015年底，中国图们江地区制造业的外资企业有282个，占外资企业总数的37%，投资额超过了12亿美元。② 缺少对第三产业的投资，尤其是高新技术产业以及服务业的投资，而且制造业的投资多数在轻工业上，缺少大型项目的投资，使得外商投资在一定程度上缺乏长期性与稳定性。

（四）中国图们江地区外资分布结构不合理

外资在中国图们江地区大多集中在州直属、州府延吉市以及具有地理区位优势的珲春市，三者合同外资金额比重之和为71%。其他6个县市仅占合同外资总额的29%。③ 由此可以看出外资分布结构不合理，过于集中。外资的引入有利于城市经济发展，但是外资地区分布失衡将会间接导致中国图们江地区发展不平衡，逐步就会拉大中国图们江地区内县市之间经济水平之间的差距。这将不利于中国图们江地区经济发展，不利于地区社会和谐稳定。因此，中国图们江地区外资引入要均衡引入，合理分配，进而促进地区经济整体协调发展。

四 中国图们江地区外商投资发展的对策建议

外商投资不断进入中国图们江地区不仅有利于地区自身的经济发展，而且有利于发挥其辐射效应以及示范效应，带动中国东北地区、俄罗斯哈桑地区以及朝鲜半岛发展，对东北亚区域经济发展具有重大意义。

---

① 延边州统计局编《2016延边统计年鉴》，中国国际图书出版社，2016，第239页。
② 延边州统计局编《2016延边统计年鉴》，中国国际图书出版社，2016，第243页。
③ 延边州统计局编《2016延边统计年鉴》，中国国际图书出版社，2016，第241页。

(一)优化投资结构,引导外资投向特色产业

投资结构单一将严重影响中国图们江地区经济协调全面发展,因此要优化投资结构。要采取多形式、多渠道、灵活地引进各国高质量外资,不能过度集中引进某一国家的外资。在外资引进过程中要重视外资质量而不是外资数量,要以长远眼光审视引进外资的过程。要打破外商独资企业在中国图们江地区"独步天下"的格局,引导外资采取中外合资经营或者中外合作经营的方式,从而优化外商投资方式,进而充分发挥外资在中外合作与中外合资企业中的作用,推动企业经济发展,带动地区经济发展。并且要拓展外商投资领域,引导外资投向地区内高新技术产业与特色产业。中国图们江地区地貌多为山区,林业资源充足。因此,可以因地制宜地发展林下经济产业,通过外资支持发展地区特色产业,最大限度发挥外资的作用,并且借助"互联网+",打造电子商务平台,促进中国图们江地区经济水平飞速提升。

(二)打造中国图们江地区吸引外资硬实力

第一,提升地区总体经济实力。结合地区的优势,大力发展特色产业,促进地区内经济发展。中国图们江地区主要支柱性产业多为劳动密集型与资源密集型产业,并且都是属于低附加值的产业。所以要延长产业链,对生产的产品进行深加工提高产品的附加值。同时,对劳动力进行教育培训,提高劳动力技能水平及劳动力素质并鼓励外出人员返乡创业,逐步将支柱产业从劳动密集型与资源密集型产业转向技术密集型或资本密集型产业,壮大税源经济,精准发力抓项目,主要促进国际大项目合作,不断开发新项目,包括劳务合作、投资合作、工程建设等项目,结合好项目的上下游产业,打造系统高效的产业链,从而壮大中国图们江地区总体经济实力。

第二,加强中国图们江地区交通运输网络互联互通建设。首先,加强城市道路交通建设,拓宽城市主干道,以保障地区内城市交通运输的通畅便利。其次,加强城市间甚至村镇间交通运输网络建设,拓宽重要国道、高速公路,修缮车流量大的省道以及山区道路,并且注意道路的养护。高速公路、重要国道附近有村镇的,可以申请在相应的地点设置高速公路或国道出入口,通过交通运输网络将中国图们江地区联为一个整体。最后,打造中国

图们江地区与国内其他地区甚至国际部分地区的交通运输网络。通过高速公路、铁路、空中线路，将国内各地区联系起来。并在国内交通运输网络的基础上，重点建设国际高速公路、铁路以及空中线路。通过交通运输盘活图们江地区、东北亚地区甚至亚太地区。同时加快珲春市机场的建设，使延吉机场与珲春机场成为中国图们江地区的空中交通枢纽，为吸引外资人员提供便捷的交通条件。

第三，巩固并加强中国图们江地区内开发开放区、产业园区以及区内设施建设。珲春国际合作示范区长期以来的经验为中国图们江地区内的和龙边境经济合作区，图们凉水—朝鲜稳城跨境文化旅游合作区、延吉国际空港经济开发区、保税物流中心以及延龙图新区的建设提供了宝贵经验。加强区内国际口岸建设，珲春圈河国际口岸联检楼以及附属的设施项目将于2017年下半年开工建设，完工后珲春圈河国际口岸将成为中国图们江地区目前为止最大的口岸，将在货物运输方面发挥巨大作用，并促进高质量外资进入到中国图们江地区。

（三）营造良好的外商投资的软环境

第一，利用好法律法规以及政策在营造软环境中的作用。中国图们江地区属于少数民族自治地区，根据相关法律规定，少数民族地区可以在宪法范围内，不违反专门规定以及法律基本原则的前提下，依据自身发展需要制定相关的单行条例，这种单行条例可以突破上位法的限制。通过因地制宜制定引进外资与利用的单行条例有利于少数民族地区以及中国图们江地区的经济发展，还有利于健全中国图们江地区金融法律法规体系，为中国图们江地区外资引进与利用乃至金融环境的建立提供法律基础。而且还要充分利用好国家、省、州的金融政策，健全中国图们江地区金融制度体系，从而提供根本的制度保障，促进外资的吸收，发展中国图们江地区。

第二，建立中国图们江地区离岸金融市场。随着人民币"入篮"开启了人民币国际化的进程，为在中国图们江地区构建离岸金融市场提供了现实基础。离岸金融市场可以带动中国图们江地区三级产业发展，以此为依托打造中国图们江地区新增长极，将不断刺激中国图们江地区国际经贸合作，并实现刺激工、农产品生产的作用，带动地区以及腹地产业发展。并且，在中国图们江地区离岸金融市场建立后，会为境外投资企业提供运作平台，在推动境外投资企业发展的同时，也会吸引许多国外国内实力雄厚的企业到中国图们江地区投资，进而推进中国图们江地区经济发展。

第三，扩大外资企业的金融支持来源。中国图们江地区要打造活跃的金融市场，给予外资企业充分的金融支持，以确保外资企业资金得以正常运转。在外资金融支持方面应适当地放开民间信贷，鼓励吉林银行、光大银行、招商银行、民生银行等民营股份制银行为外资企业提供金融支持，并且政府要给予这些银行相应的政策支持。引进适量的外资银行，为外资企业提供金融支持。当前中国图们江地区韩国外资较多，所以可以引进在韩国国内相对信誉度好的银行在中国图们江地区设立分支机构，随着投资来源地的逐步丰富，可以引进更多相应的外资银行，以确保外资企业运行流畅，确保中国图们江地区经济健康发展。

（四）建立中国图们江自贸区促进外资引进

以中国图们江地区为基础建立自贸区，以签订的中韩FTA为基础，先建立中韩自贸区，在此基础上建立中、俄、韩、日多方自贸区，并逐步形成中国图们江自贸区。由于成立自贸区，关税必然会降低，从而使得在中国图们江地区多边贸易活动会大幅度提升，进而使得各国国内闲置的资本、劳动力、资源等生产要素在自贸区自由流动，进而实现充分利用，从而为多方投资提供了经济基础，进而使得高质量外资进入到中国图们江地区，外资通过合资以及合作的形式在企业文化、管理经验以及技术方面进行交流学习，通过技术转移效应以及技术溢出效应促进技术改进与更新，最终实现共赢。以中国图们江自贸区为核心形成中国图们江地区新增长极，通过其示范效应与辐射效应，带动吉林省腹地长春市以及吉林市，即长吉图先导区经济发展，甚至带动东北亚地区经济发展，推进图们江地区经济一体化发展，乃至大图们江地区区域经济一体化发展。

总之，中国图们江地区具有得天独厚的区位优势，伴随着"一带一路"和亚投行的不断推进，以及中国整体经济基本向好，在此基础上，高质量外资的注入无疑为中国图们江地区的经济发展提供动力，并且中国图们江地区的发展对长吉图先导区发展，乃至中国东北地区发展，甚至东北亚区域发展都具有重要意义。

参考文献

［1］习近平:《习近平谈治国理政》,外文出版社,2016。
［2］延边州统计局编《2016延边统计年鉴》,中国国际图书出版社,2016。
［3］郭文君:《关于将图们江区域合作开发纳入"一带一路"战略的思考》,《东疆学刊》2016年第2期。
［4］李国强:《"一带一路"倡议与图们江区域合作的新机遇》,《东疆学刊》2016年第4期。
［5］邵冰:《我国沿边地区跨境经济合作模式创新——以图们江区域合作为例》,《商业经济研究》2015年第19期。

B.19
深圳湾区经济发展报告

李 凡 莫琳琳*

摘　要： 在经济全球化的大背景下，国家之间、地区之间的商贸往来日渐频繁，因此物流产业的重要性日益凸显。与此同时，基于区位优势和产业集群的湾区经济发展模式广泛应用于世界各国的发达经济区。深挖经济现象，本文以深圳为例，探讨湾区经济发展模式、物流产业与区域经济发展的相辅相成关系。首先，基于物流一体化的理论，界定其内涵、形成条件与区域经济的相关性；其次，基于深圳湾区物流业的发展景象，讨论深圳借助物流一体化进一步提升区域经济水平的发展路径。

关键词： 湾区经济　物流产业　物流一体化　深圳发展

伴随国家之间、地区之间商贸往来的日渐频繁，全球化融合的经济发展趋势与物流产业联系更加紧密。一方面，区域经济的增长需要依托物流产业，降低运输成本、提高运输速度，进而加速区域内部以及区域之间的原材料和商品流通，助力经济增长。另一方面，区域经济的增长为物流产业的发展提供了更加广阔的舞台。丰富的管理经验、现代化的运输平台、精准覆盖的网络等是物流业发展的基础条件。因此，物流产业与经济发展的相关性受到了产业界、学术界和政府的日益关注。

2017年6月，深圳成功入围国家"十三五"海洋经济创新发展示范城市，

---

* 李凡，深圳大学中国经济特区研究中心副教授、博士；莫琳琳，深圳大学经济学院本科生。

意味着以海洋为载体和纽带、更加注重和依赖海上合作与发展成为国家对深圳新的要求和期待。近年来，深圳致力于发展湾区经济，统筹区位资源优势，构建以前海湾、深圳湾、大鹏湾、大亚湾为重点的经济走廊，是深圳依托海洋优势发展蓝色经济的勇敢实践。区域经济的集结发展需要物流产业的支持，也促使了物流一体化在深圳及周边区域的形成。

本文首先从物流一体化的理论出发，对比学术界的理论研究，明确物流一体化的含义并分析物流一体化的形成条件，紧接着论证物流一体化与区域经济发展的相关性。其次立足深圳湾区物流业发展景象，分析深圳借助物流一体化进一步提升区域经济水平的优势。最后基于物流产业和湾区经济发展模式讨论深圳在国家"一带一路"倡议中的排头兵作用。

一 物流一体化的理论框架

（一）物流一体化的概念界定

近40年，国内学者从不同角度对物流一体化进行了深入研究。如徐青青、缪立新（2006）将物流一体化分为自身物流一体化、微观物流一体化、宏观物流一体化三个层次。王淑云（2003）提出物流一体化是指将原材料、半成品和产成品的生产、供应、销售结合成有机整体，实现生产与流通的纽带和促进关系。章志刚（2005）认为一体化现代物流在微观经济活动中包括原材料产成品从起点至终点及相关信息的有效流动。胡松（2007）则将物流一体化的核心定义为 LRP（Logistics Requirement Planning）即物流需求计划。

物流一体化的定义因不同学者理解角度不同而有差别。无论是将物流业放在社会的大背景下进行评价，还是着眼于物流产业的运作过程，物流一体化都既强调物流本身专业性协调统一的重要性，又强调物流的社会性管理。总结学术界的研究，我们认为：物流一体化是物流发展的高级和成熟阶段。在一定的区域经济范围内，以物流系统为载体，以物流需求计划为核心，实现采购物流、生产物流、销售物流的有机结合，以求达到供应链的整体化和系统化，满足顾客对产品物美而价优的要求。

（二）物流一体化的形成

物流行业的发展包括运输、仓储、装卸搬运、包装、流通加工、配送等相关物流环境的流畅衔接。但要提高物流效率，实现物流一体化，体现物流作为"第三利润源泉"对区域经济的贡献，则离不开现实需求、政策支持、交通便利、货运量大等区位条件的协调配合、有机统一。

发展需求引导物流平台化。区域经济发展，物质资料的流动依托物流的桥梁和纽带作用；消费水平提升，生产销售的串联依赖物流的衔接和润滑作用。物流效率的高低决定着经济发展程度，也直接决定着经济效益大小。2016年，我国社会物流总费用与国民生产总值的比率为14.9%，同比下降1.1个百分点。国民生产总值不断攀升，所花费的物流总费用占比却逐年降低，不仅体现了物流业对经济发展的贡献作用，还凸显了其在绿色发展中的强大功能。《中国智慧物流大数据发展报告》显示，2016年中国智慧物流指数全年均值为40.9（满值100），处于快速发展阶段。步入经济"新常态"发展时代，智慧物流的提质增效成为定规划、抓落实的不二选择。

政策支持助力物流引领性。物流涉及的社会经济活动广、范围大、数量多，自发展以来就得到了各级政府的高度重视。国家统计局的数据表明，交通运输、仓储和邮政业的固定资产投资连年增加，2015年已达48974.8亿元，比2003年增加了43305.8亿元。港口建设的相关费用亦逐年增加。物流业相关基础设施建设的投入力度之大、更新换代速度之快，充分体现了国家对物流业发展的重视与大力支持。

交通便利强化物流功能性。传统物流的主要功能是运输和储存。现代物流则在传统的基础上糅合了众多管理功能，但仍离不开其本质的服务性：运输和储存。据此，交通区位因素的显著性再度放大。海陆空运输便捷、腹地带动作用优、辐射效力强成为物流一体化的标配。在此基础上，立足多条交通干线，统筹多种交通方式，联动多方交通功能，建立全方位、多层次的立体物流网，形成宽领域、广覆盖的多维物流圈。

货运量大创造物流需求性。经济枢纽地区强大的制造业将为物流业创造大量的货运需求，形成稳定的物流市场。2015年全国货运量合计达417.6亿吨，货物周转量达178355.9亿吨公里，与2011年相比分别增加了47.9亿吨、

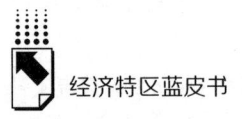

19031.9亿吨公里。短短四年时间，全国货运量的增长以亿吨计，庞大的货运需求不仅直接促进了物流量的激增，更将带动各物流环节的协作统一，因点成线，由线及面，集面为体，助力物流一体化日臻完善。

二 物流一体化与区域经济发展的相关性

物流业作为区域经济活动的重要组成部分，在区域经济发展中起着助推器的作用。物流一体化对于经济发展存在直接促进作用和间接促进作用，二者相辅相成、相得益彰。

（一）物流一体化对于区域经济发展的直接促进作用

区域内产业对经济发展的直接贡献在于其创造的国民生产总值。物流业作为一个地区的大型产业，其迅猛发展直接贡献于国民生产总值的增长。全国物流行业创造的国内生产总值保持平稳较快增长，达每年近8%的增长速度。全国各大湾区的物流业对地区经济总量的直接贡献日益显现：深圳市物流业增加值达1984.5亿元，同比增长9.4%，占GDP的比重达10.2%。大连市2016年社会物流业增加值860亿元，占GDP的比重为11%左右。海口市2014年前三季度全市物流总额74.5亿元，占GDP的比重为10.4%。《物流业发展中长期规划（2014~2020年）》重申了物流业在国民经济发展中的重要性，并指出到2020年全国物流业增加值年均增长8%左右，物流业增加值占国内生产总值的比重达到7.5%左右。物流业支撑国民经济发展的基础性、战略性作用日益突出。

（二）物流一体化对于区域经济发展的间接促进作用

物流一体化能降低物流成本，刺激商品生产。一方面，物流一体化使得物流业内部得以系统管理；另一方面，物流一体化所形成的物流运输网络，极大地便利了商品的运输和销售。2015年，全国新建与改建公路合计达22.9万公里，新（扩）建港口码头年吞吐量达13.6亿吨。网络化的物流运输加一体化的科学管理，不仅大大提高了商品运输的速度，还降低了商品运输途中的损耗，保证了商品质量的合格率。产销双方空间距离缩短，消费者购买欲望增强，销售产量得以连年攀升。

物流一体化能吸引产业集聚，扩大规模效益。规范化的管理和先进的技术吸引产业集聚，使得供应链的上中下游厂家聚集在邻近地方，进一步减少了生产环节中各生产要素间的运输成本，极大地降低了生产成本。全球范围内不乏此类例子，如东京湾的物流业吸引了NEC、佳能、三菱、丰田、索尼、东芝和富士通等世界著名的大企业集聚，集中了重化机械等主要工业部门，京滨、京叶工业区由此形成。这两大工业地带作为日本工业产业最为发达的片区，贡献了全国工业产值的40%、GDP的26%，是全世界GDP最高的湾区。高度一体化的物流平台吸引大型企业进驻，设施共建、效益共享、功能互补、行业互助，进而为区域经济创造极大财富。

三 深圳物流产业的发展景象

"湾区"一词在国际上多用于描述围绕沿海口岸分布的众多海港和城镇所构成的港口群和城镇群，而衍生的经济效应则称之为"湾区经济"。湾区经济具有开放的经济产业结构、高效的资源配置能力、强大的集聚外溢功能、发达的国际交往网络，是世界一流城市的显著特征。经过多年发展，深圳湾区拥有显著的区位优势、前沿的电子商务、完备的物流产业，具备发展成为世界一流湾区物流经济、更好服务国家战略的良好基础和条件。

（一）区位优势打造成熟物流

物流产业的发展与成熟依赖于区位优势的有机统一，而深圳正兼备了物流所需的社会条件与自然禀赋：从经济支持到政府鼓励，由交通便利到货运需求，都凸显着深圳湾区物流产业得天独厚的优势。

经济实力为深圳湾区物流提供坚强后盾。2016年，深圳市地区生产总值达19492.60亿元，比2015年增长9.0%，居广东省各地市第一；经济总量持续扩大，继续居内地大中城市第四位，比上年净增近2000亿元，创历年新高；人均生产总值达167411元，增长3.7%。此外，深圳市2016年的地方级一般公共预算收入达3131.42亿元，同比增长16.8%，总量和增幅都居全省之首，甚至超过省内除广州、珠海的18市之和。深圳市充足的资金保障了湾区物流设施的建设，助力物流园区一系列基础设施的优化升级。

政策支持为深圳湾区物流打造强定心丸。早在2002年，深圳市政府就富有前瞻性地制定了《关于加快发展深圳现代物流业的若干意见》，提出把深圳建设成为现代物流中心城市。要加快深圳的物流基础设施和市场体系建设，使之成为我国乃至东南亚地区重要的物流基地。2016年深圳市政府工作报告亦确立了建设国际物流枢纽的宏大目标。深圳作为改革开放的窗口，秉承敢为人先、开拓创新、勇于创新的深圳精神，在政策的东风下大刀阔斧建设湾区物流业。

交通便捷为深圳湾区物流建设新快车道。深圳港湾条件优良，海运便利；加之位于广东省中南部沿海地区，深茂铁路、空港高铁站的兴建将进一步沟通省内各大城市的联系。公路、铁路以及高速铁路构建一体化的省内交通网，增强了深圳对内辐射的枢纽作用，逐步形成以深圳为中心的一小时经济、生活圈。此外，港珠澳大桥和京九铁路等里程碑式的落成进一步强化了深圳湾区物流对外辐射的能力，形成对内引领发展、对外辐射全球的大格局。

货运需求为深圳湾区物流凝聚发展动力。粤港澳是全球重要的制造业基地，号称"世界工厂"。而广东的制造业模式以来料加工、来样加工、来件装配和补偿贸易，即"三来一补"为主，外向型特征明显。国内外物流发展经验表明，一个国家或地区的物流的发展水平与经济发展水平具有正向关系。随着广东省经济水平的快速提升，物流业也步入发展的快车道。经济增长提供了强大的物流需求市场。深圳作为广东省发展的排头兵，2016年的货运量已达31164.49万吨，从各大港区发出、中转的货物数达2397.93万标箱。吞吐量达21409.87万吨。加之深圳进出口规模进一步扩大，大量原材料、半成品、产成品和各种能源的进出形成了产业上下游的供需关系，物流增长渠道拓宽拓深，为深圳湾区物流发展提供了充足的货源，带来了巨大的市场需求和发展空间。2011~2015年深圳市货运情况见图1。

（二）电子商务拓展外延物流

以电子商务为代表的新经济立足于高新技术迅猛发展的形势，通过崭新的运作方式和商务模式，成长为推动经济增长的重要动力。实现由传统物流向电子物流快速转型成为物流业发展的新要求。将电子化手段应用于电子物流，通过涵盖物流运输、仓储、配送等各业务流程中组织方式、交易方式、服务方式

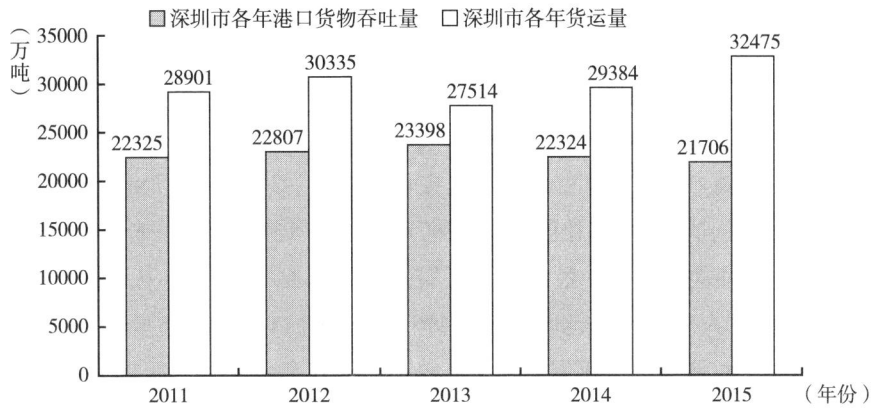

图 1　2011~2015 年深圳市货运情况

资料来源：深圳市统计局：《深圳统计年鉴 2016》。

的电子化，从而实现物流运作数字化。深圳作为国家创新城市，科技发展水平走在前列，拥有发展电子商务和电子物流的技术支撑。通过电子科技进一步提高物流一体化水平，以实现深圳物流经济的跨越式发展。

深圳是全国电子信息产业重镇，年产值突破万亿元，是全国乃至全球重要的通信设备、平板显示、计算机等的研发、生产、出口基地。加之深圳互联网产业发达，2015 年互联网产业增长 19.1%，电子商务交易额超过 1.7 万亿元，互联网金融全国领先，网贷平台的数量领跑全国。深圳仅从事互联网的主体就超过 90000 多家，拥有一大批国际一流的互联网品牌企业。以深圳前海跨境电子商务运营模式为例，其不仅具有传统商业优势、产业领先优势，还具有前海保税港区的政策优势，加之与电子物流科技的有机结合，构建跨境电子商务服务平台将为深圳创造更独特的发展优势。一方面，珠三角区强大的制造业提供了坚实的产业支持；另一方面，物流一体化为供应链管理实现商流、物流、信息流及资金流"四流合一"提供了保障。深圳打造的一站式跨境电子商务服务平台，使"全球贸易，前海服务"的现代服务业模式成为可能。

（三）物流产业助力湾区经济

深圳湾区物流是深圳经济发展到一定程度的产物，又支撑着深圳经济的发展，具有直接贡献作用；物流产业带来商品的集聚和扩散，使产品通过顺畅的物流体系进入市场，实现其使用价值，拉动深圳经济发展。加之湾区物流带来商品流、资金流、信息流、技术流的集聚以及运输业、信息业、金融业多种产业的发展，为深圳产业结构升级带来新的增长点。

首先，物流产业对深圳经济具有直接贡献作用。2015年深圳市交通运输、仓储和邮政业创造的生产总值达540.8亿元。交通运输、仓储和邮政业企业个数达886个，占全市企业个数的20%，资产总计达6367亿元；从业人员平均人数达309280人。全社会运货量达32475万吨，港口货物吞吐量达21706万吨。全市生产总值与物流业创造的生产总值具有正相关关系（见图2），物流产业直接创造的社会经济效益可观。

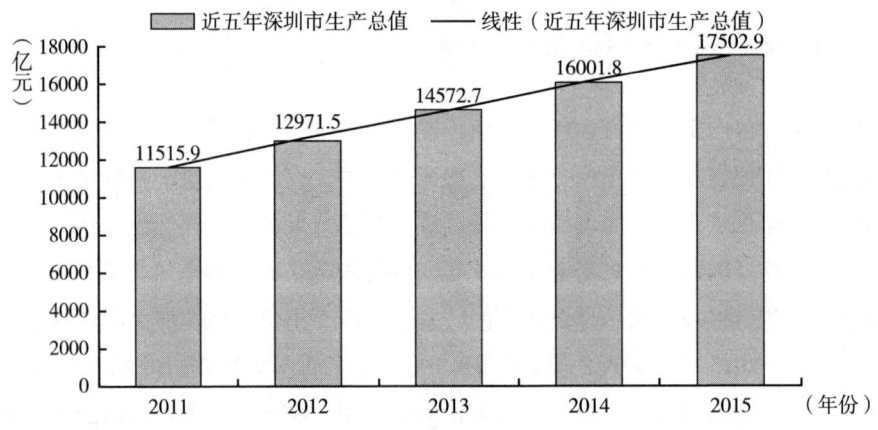

图2　2011~2015年深圳市生产总值

其次，物流产业对深圳经济具有拉动作用。物流作为连接生产和销售的纽带，为经济建设搭建流通平台。强大而便捷的物流运输网络的形成，一方面从源头上减少了生产加工环节的物流运输费用，从而极大地降低了商品的生产成本；另一方面物流一体化加速了商品流通速度，保质保量地将商品送达消费者手中，进一步促进了商品消费，进而促进生产，形成良性的经济循环。

最后，物流产业对深圳产业结构优化具有推进作用。根据增长极理论，区域内的优势产业能带动区域经济的发展，通过扩散效应带动影响其他产业的转型升级，进而带动辐射周边地区的经济增长。物流业具有涉及范围广、辐射带动性强的特征。物流一体化使得上中下游企业加速集聚，依托现代物流平台中

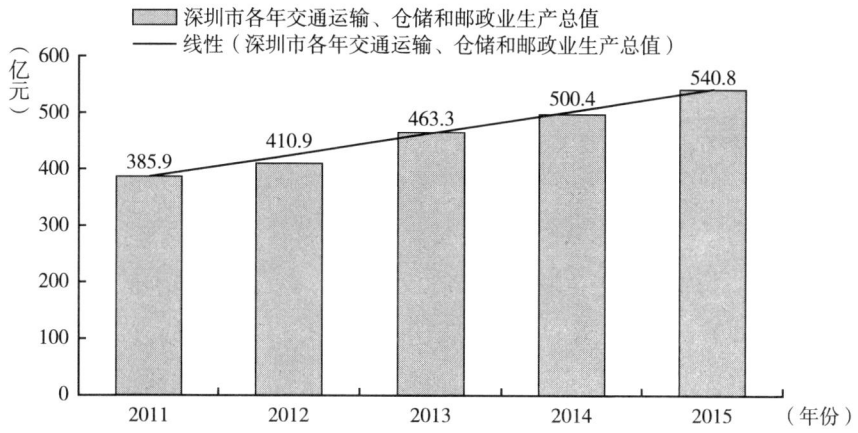

图 3　2011~2015 年深圳市交通运输、仓储和邮政业生产总值

资料来源：深圳市统计局：《深圳统计年鉴 2016》。

先进的区域网络信息对经济生产的系统性管理，从需求上倒逼其他相关产业调结构、促增长。2016 年深圳市二三次产业结构由上年的 41.2∶58.8 调整为 39.5∶60.5，第三产业占 GDP 比重比上年提高 1.7 个百分点，已经突破六成。四大支柱产业中的物流业增加值达 1984.50 亿元，增长 9.4%，对全市经济结构优化升级的拉动作用明显。

四　深圳湾区物流在"一带一路"建设中的发展定位

（一）现代物流业助力"一带一路"建设

国家发展改革委和国家海洋局联合发布的《"一带一路"建设海上合作设想》提出"要重点建设三条蓝色经济通道：以中国沿海经济带为支撑，连接中国—中南半岛经济走廊，经南海向西进入印度洋，衔接中巴、孟中印缅经济走廊，共同建设中国—印度洋—非洲—地中海蓝色经济通道；经南海向南进入太平洋，共建中国—大洋洲—南太平洋蓝色经济通道；积极推动共建经北冰洋连接欧洲的蓝色经济通道"。物流的沟通协调性作用再次凸显。"蓝色经济"是 21 世纪最具潜力的发展行业之一，发展"蓝色经济"更被各国各地区提上了议事日程，占有重要的战略地位。以共享蓝色空间、发展蓝色经济为主线，物流业应立足多港联动的新格局，全面增强海上丝绸之路桥头堡的互联互通功能。截至2015年，我国对外投资存量达10978.65亿美元，其中对亚洲、非洲、欧洲投资存量分别达7689.01亿美元、346.94亿美元和836.79亿美元，"一带一路"沿线国家占比接近81%。而物流业将深化其一体化的优势，统筹海陆资源，以海港、空港为支撑，以信息港为平台，发挥多港联动综合效应，加快发展供应链管理，进一步提升国际中转能力。同时拓展已有的湾区发展优势，推进重大基础设施建设，参与建设国际物流大通道，积极对接国家陆路骨干网，提升对中亚、南亚等新兴市场拓展能力，为湾区经济发展开辟更广阔空间。深圳将着力强化世界级海港枢纽地位，通过联动珠三角各湾区形成一体化港口群，强化深圳远洋集装箱枢纽港功能。加强国际采购、国际配送功能，建设全球化的物流一体化管理平台，与香港合作共建，打造辐射全球的航运中心。同时加强建设深圳港经内陆城市至中亚铁路班线，推动深圳港成为"一带一路"海陆联运枢纽。

（二）深圳发展优势顺应"一带一路"发展趋势

深圳经济特区是我国改革开放的窗口，地处粤港澳大湾区和海上丝绸之路战略要冲，与"一带一路"沿线国家交流合作紧密。深圳具有特区、湾区的叠加优势，在特区政策的东风下，融合湾区经济产业发达、功能强大、开放互动、集聚外溢的特点，一方面加强辐射作用，加强与"一带一路"沿线国家的互联共通；另一方面深化地区优势领域，打造最具发展潜力的产业群。

深圳立足粤港，面向南海，辐射东盟。其坐拥绵长海岸线和优良海港，地处亚太主航道的要塞地位，这使其得以深化粤港澳发展、联动南海地区、沟通东盟各成员国。《关于大力发展湾区经济建设"21世纪海上丝绸之路"桥头堡的若干意见》指出，要积极推动粤港澳世界一流湾区建设；要努力建设服务国家南海开发的战略基地；要积极参与中国—东盟自贸区升级版建设，吸引中国—东盟国际合作机构落户深圳。2016年深圳市外贸进出口总额26307.01亿元，其中出口总额15680.40亿元，分别占全国和广东省出口总额的11.3%和39.7%；出口总额连续二十四年居内地城市首位；新签外商直接投资合同项目4132项，比上年增长23.0%；合同外资金额521.93亿美元，增长103.9%；

实际使用外商直接投资金额67.32亿美元,增长3.6%。枢纽性造就深圳的平台性。近年来深圳不断统筹陆海资源,扩大开放合作,面向沿线国家打造综合性经贸促进平台,创建海上丝绸之路综合型外贸转型升级基地,进一步扩大双边与多边贸易总量。同时加强跨界基础设施互联互通,积极参与亚太地区全球价值链发展与合作,成为推动21世纪海上丝绸之路建设、带动区域发展的重要增长极。2011~2015年深圳市进出口总额见图4。

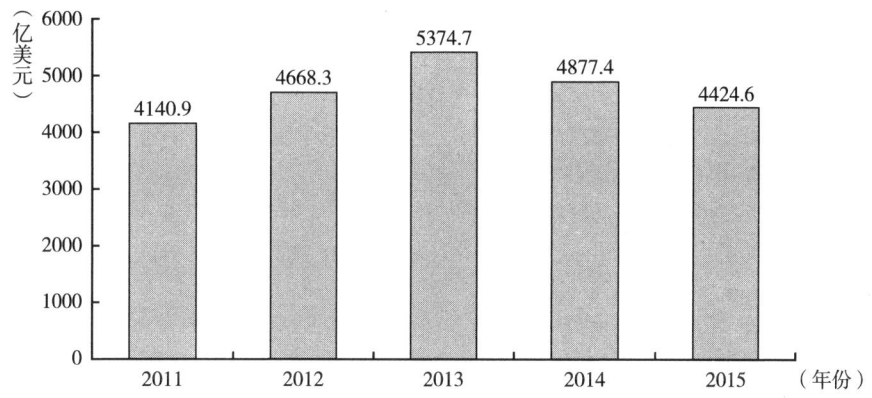

图4　2011~2015年深圳市进出口总额

资料来源:深圳市统计局《深圳统计年鉴2016》。

"独行快,众行远。"海上合作的加强是顺应世界发展潮流的大势之举。2017年国家发展改革委和国家海洋局联合发布《"一带一路"建设海上合作设想》,首次就推进"一带一路"建设海上合作提出中国方案,发展方向更加明确。而广东作为中国大陆与沿线国家经贸合作及人文交流最密切的省份,在地区经贸往来中居龙头地位。同时,广东地处中国大陆的最南端,交通枢纽的作用突出,在与沿线国家的合作中具有不可替代的区位优势。而深圳湾区作为粤港澳合作区的重要组成部分,在区域内初步形成了具有国际竞争力的城市群。区域整体与世界经济深度融合,基础设施互联互通加快推进,地理节点的增长极作用增强。《广东省参与建设"一带一路"的实施方案》明确了深圳湾区的战略地位,其形成的辐射作用也日益显现。

丝绸之路发端于中国,贯通中亚、东南亚、南亚、西亚乃至欧洲,东牵亚太经济圈,西系欧洲经济圈,这条世界上跨度最长的经济大走廊覆盖约44亿人口，经济总量约21万亿美元。随着经济全球化和区域经济一体化的进一步发展，发展"蓝色经济"逐步成为国际共识。各国以海洋为载体和纽带的合作日益紧密，携手谱写海上合作与发展的时代未来。围绕"一带一路"建设原则，沿线国家人民将共商未来、共建梦想、共享繁荣！

参考文献

[1] 徐青青、缪立新：《区域物流发展及研究综述》，《物流技术》2006年第4期。
[2] 王淑云：《企业物流一体化研究》，《烟台大学学报》（哲学社会科学版）2003年第16（2）期。
[3] 刘艳霞：《国内外湾区经济发展研究与启示》，《城市观察》2014年第3期。
[4] 李梅芳、杨芳：《电子物流对湖南区域经济的影响分析》，《消费导刊》2014年6月刊。
[5] 沐潮：《深圳前海跨境电子商务运营模式研究》，《物流技术》2013年第32卷第11期。
[6] 李国杰、李超锋：《基于"钻石模型"的广东物流产业竞争力研究》，《物流工程》2008年第11期。
[7] 张锐：《世界湾区经济的建设经验与启示》，《中国国情国力》2017年第5期。
[8] 深圳政府在线（www.sz.gov.cn）。
[9] 深圳市统计局（www.sztj.gov.cn）。
[10] 国家统计局（www.stats.gov.cn）。
[11] 李瑞君：《区域物流与区域经济的联动发展——以山西为例》，北京交通大学硕士学位论文，2014。
[12] 《物流业发展中长期规划（2014~2020年）》国发〔2014〕42号。
[13] 章志刚：《现代物流与城市群经济协调发展研究》，复旦大学博士学位论文，2005。
[14] 胡松：《为何物流要一体化》，《经理人》2007年第81期。
[15] 邓实：《物流一体化与区域经济增长耦合进化的实证研究》，武汉理工大学硕士学位论文，2012。

B.20
新疆新兴经济特区发展报告

王保卫 赖秀玫*

摘　要： 2016年，"喀什经济特区"和"霍尔果斯经济开发区"积极应对错综复杂的国内外环境，围绕社会稳定和长治久安总目标，抓住"一带一路"发展机遇，大力推进供给侧改革，统筹推进稳定发展改革各项事业，区（市）上下呈现社会大局稳定、经济快速发展的良好局面。本文首先从经济规模、产业结构、工业生产、对外贸易、居民收入、城镇化水平等方面阐述喀什、霍尔果斯经济特区的发展现状，然后分析其发展面临的主要问题，最后针对问题提出政策建议，为新疆新兴经济特区的进一步发展提供借鉴。

关键词： 喀什　霍尔果斯　发展报告　沿边开放

"喀什经济特区"和"霍尔果斯经济开发区"积极应对错综复杂的国内外环境，围绕社会稳定和长治久安总目标，抓住"一带一路"发展机遇，大力推进供给侧改革，统筹推进稳定发展改革各项事业，区（市）上下呈现社会大局稳定、经济快速发展的良好局面。

一　喀什经济特区整体发展状况

（一）生产总值稳定增长，增速趋势放缓

在国民经济的"新常态"下，机遇与挑战并存，喀什地区紧紧抓住"一

---

* 王保卫，深圳大学中国经济特区研究中心硕士、讲师；赖秀玫，深圳大学经济学院会计系硕士研究生。

带一路"的政策优势，积极面对错综复杂的国内外环境，实现了经济的高速发展。2016年，喀什地区生产总值为759.8亿元，比上年增长11.5%，人均生产总值16860元，同比增长11.2%。

喀什地区生产总值增速高于全国（6.7%）和新疆维吾尔自治区（7.6%），但相比2015年，喀什地区生产总值增速放缓，且仍低于2012~2013年的增长水平。由此看来，在全国生产总值总体增速放缓的情况下，喀什地区生产总值也受到一定的影响。2012~2016年喀什地区经济发展状况如图1所示。

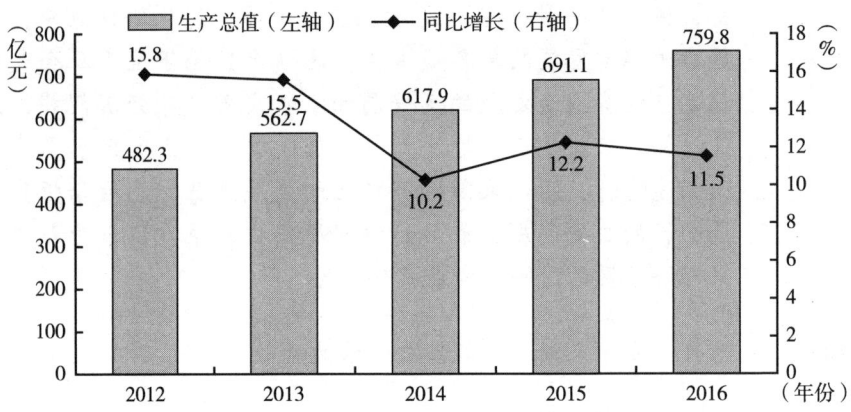

图1　2012~2016年喀什地区生产总值规模及增长速度

资料来源：根据喀什政府信息网、《喀什地区国民经济和社会发展统计公报》（2012~2016年）整理而得。

（二）产业结构升级缓慢，第二产业结构比重下降

2016年，喀什地区产业结构有小幅调整，第二、第三产业同比增速分别为12.7%和15.3%，分别占喀什地区生产总值的25.2%和40.6%，第二产业的比重为2013年以来首次下降。第一产业同比增速为6.5%，增加值呈同比上升趋势，占喀什地区生产总值的比重为34.2%，为2012年以来的最高值。

自2012年以来，喀什地区三大产业结构比重相当，平分秋色。由于喀什地区得天独厚的自然地理条件，其瓜果类、蔬菜类和玉米、坚果等凭借优良的品质深得消费者青睐，因而第一产业生产总值所占比重较高，这也是喀什地区产业结构升级缓慢的原因之一。2012~2016年喀什地区三次产业结构所占比重如图2所示。

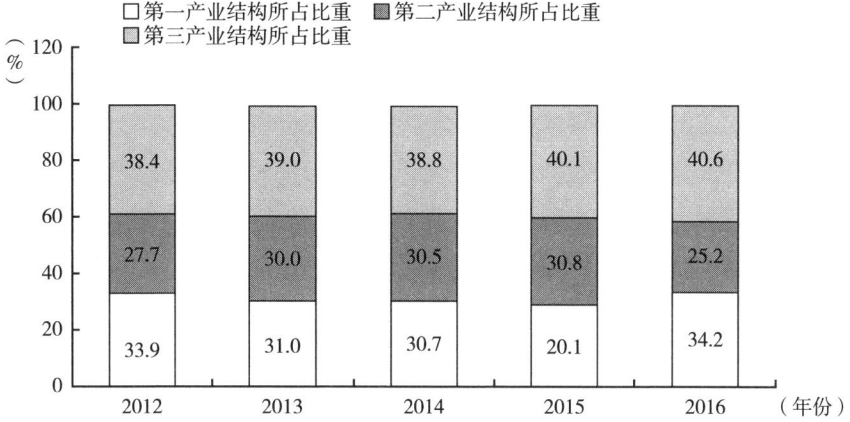

图 2　2012~2016 年喀什地区三次产业结构所占比重

资料来源：根据喀什政府信息网、《喀什地区国民经济和社会发展统计公报》（2012~2016 年）整理而得。

（三）工业生产增速小幅回升，建筑业增速放缓

2016 年，喀什地区实现工业增加值 70.8 亿元，同比增长 12%，增速比上年有所提高。其中，规模以上工业增加值 29.3 亿元，增长 9.4%；规模以下工业增加值 41.5 亿元，增长 14%。工业企业 2099 家，比上年增加了 124 家。其中主要为规模以下的工业企业，合计达 1937 家，比上年增加了 72 家；规模以上的工业企业所占比重较小，只有 162 家，比上年增加了 52 家。

喀什地区 2016 年全社会建筑业实现增加值 120.6 亿元，同比增长 13.1%，增速较上年有所放缓。具有资质等级的总承包和专业承包建筑企业 60 家，总产值合计 69.4 亿元。2012~2016 年喀什地区工业增加值情况如图 3 所示。

（四）固定资产投资增速下降，第一产业投资比重上升

2016 年，喀什地区完成固定资产投资（不含农户）919.2 亿元，比上年增长 13.8%。如图 4 所示，喀什地区固定资产投资增速缓慢下降。

2016 年，建筑业完成固定资产投资 343008 万元，同比增长 2227.06%；房地产行业完成固定资产投资 2687809 万元，比上年增长 0.21%；居民服务、修理和其他服务业完成固定资产投资 39474 万元，同比下降 4.5%；公共管理、

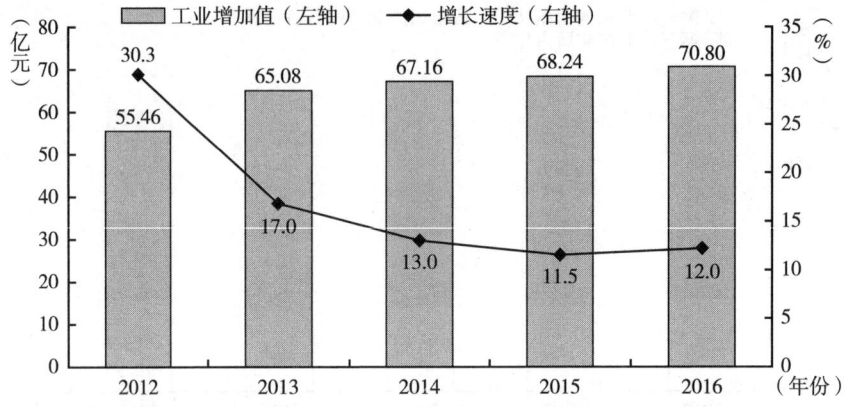

图 3　喀什地区 2012～2016 年工业增加值及其增长速度

资料来源：根据喀什政府信息网、《喀什地区国民经济和社会发展统计公报》（2012～2016 年）整理而得。

社会保障和社会组织投资额达 907567 万元，比上年增长 47.8%。然而金融业投资额较低，只有 480 万元，同比下降约 86.1%；文化、体育和娱乐业投资额有较大幅度的提升，金额达到 169170 万元，比上年增长 24.54%。

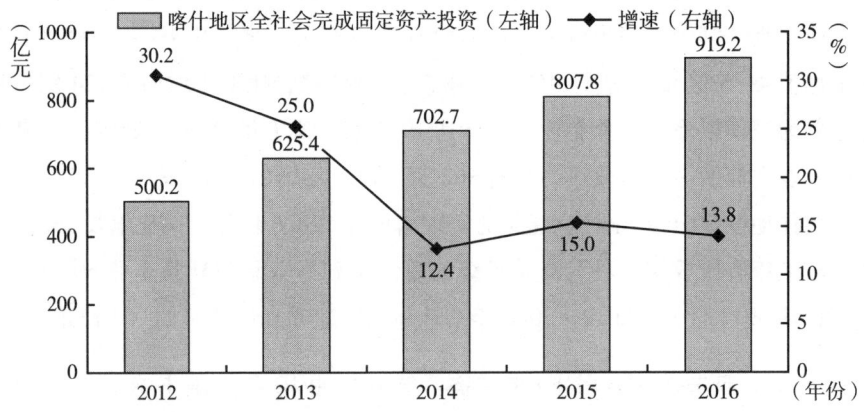

图 4　喀什地区 2012～2016 年全社会固定资产投资及其增速

资料来源：根据喀什政府信息网、《喀什地区国民经济和社会发展统计公报》（2012～2016 年）整理而得。

2016 年，喀什地区第一产业投资增速大幅上升，第一产业完成投资 67.3 亿元，比上年增长了 68.3%。第二产业发展较慢，完成投资额合计 236.4 亿元，比上年只增长了2.6%，增速呈继续下降的趋势。其中，工业完成投资202.09亿元，下降11.75%。第三产业完成投资615.5亿元，比上年增长37.6%，与上年相比，增速大大提高（见图5）。作为第二产业的重要组成部分，制造业全年投资额为1360204万元，比上年下降了6.29%。

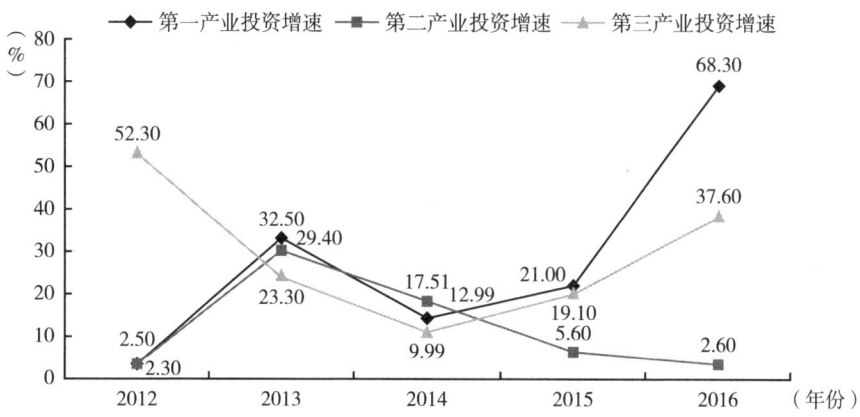

图5　喀什地区2012~2016年三大产业投资增长情况

资料来源：根据喀什政府信息网、《喀什地区国民经济和社会发展统计公报》（2012~2016年）整理而得。

从三大产业投资比重角度分析，第一产业投资比重最低，但是2016年第一产业投资比重较上年增长了约4个百分点；第三产业投资比重最高，但较上年也下降了约1个百分点。第二产业投资比重持续下降，较上年下降了约3个百分点（见图6）。

从制造业和房地产业开发角度分析，2016年喀什地区制造业投资额1360204万元，比上年下降6.29%，如图7所示，2016年增速继续下降。

房地产企业开发投资实现19.4亿元，同比增长了12.4%。具体而言，房屋施工面积为268.4万平方米，比上年下降了9.1%；住宅投资额为8.1亿元，同比下降了12.5%。

（五）对外贸易规模上升，初步彰显区位优势

2016年，喀什地区完成外贸进出口总额16.78亿美元，比上年增长45.45%，其中，出口完成16.64亿美元，增长44.79%；进口总额合计

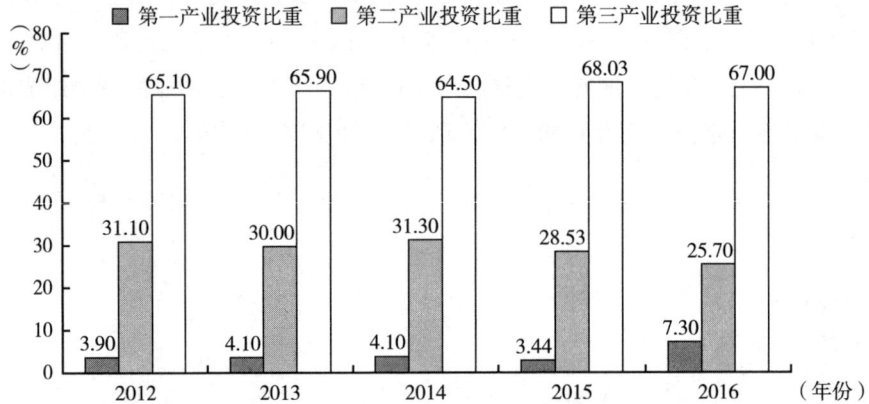

图6　喀什地区2012～2016年三大产业投资比重变化

资料来源：根据喀什政府信息网、《喀什地区国民经济和社会发展统计公报》（2012～2016年）整理而得。

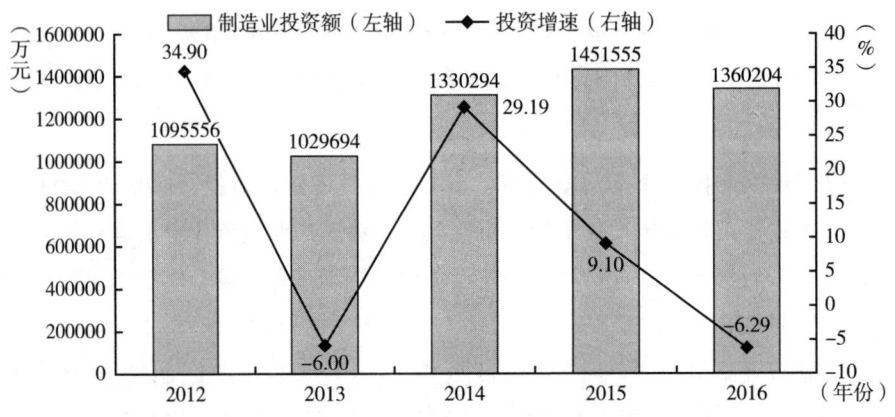

图7　喀什地区2012～2016年制造业投资额及其增速

资料来源：根据喀什政府信息网、《喀什地区国民经济和社会发展统计公报》（2012～2016年）整理而得。

1484.6万美元，增长194.6%。全年贸易顺差16.63亿美元，比上年增加5.19亿美元（见图8）。喀什地区自2010年成立特区以来，进出口总额首次实现高速增长，充分体现了"一带一路"政策的刺激作用，也说明喀什地区的区位优势得到充分发挥。

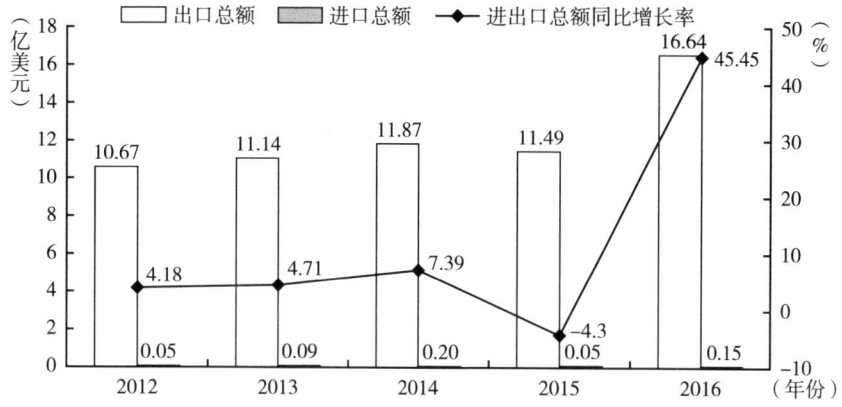

图 8 喀什地区 2012~2016 年进出口总额与增长率

资料来源：根据喀什政府信息网、《喀什地区国民经济和社会发展统计公报》(2012~2016年)整理而得。

（六）居民收入与消费水平稳步上升

2016年，喀什地区农牧民人均纯收入9275元，比上年增长13.9%（见图9）。具体而言，工资人均纯收入、家庭经营人均纯收入、转移性人均纯收入分别为1457元、7397元和421元；增长率分别为11.4%、10.6%和102.4%。

当地城镇居民人均可支配收入22732元，同比增长10%。其中，财产净收入、经营净收入、转移净收入、工资性收入分别为665元、1312元、6518元、14237元；增长率分别为3.1%、5.9%、11.4%、10.1%。

当地农村居民人均可支配收入7918元，同比增长10%。其中，财产净收入、经营净收入、转移净收入、工资性收入分别为62元、3871元、1580元、2405元；增长率分别为5.3%、7.6%、16.9%、9.7%。

2016年，如图10所示，喀什地区社会消费品零售总额合计175.6亿元。按消费形态统计，餐饮收入和商品零售额分别为27.54亿元、148.06亿元；按经营地统计，乡村零售额和城镇零售额分别为43.2亿元、132.4亿元

（七）城镇化率仍维持低水平

截至2016年末，喀什地区总人口451.47万人，人口总户数112.37万户。

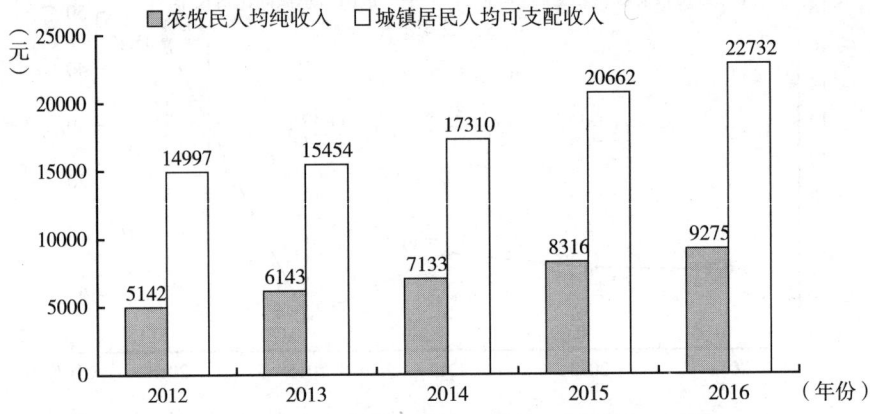

图9 喀什地区2012~2016年居民收入

资料来源：根据喀什政府信息网、《喀什地区国民经济和社会发展统计公报》（2012~2016年）整理而得。

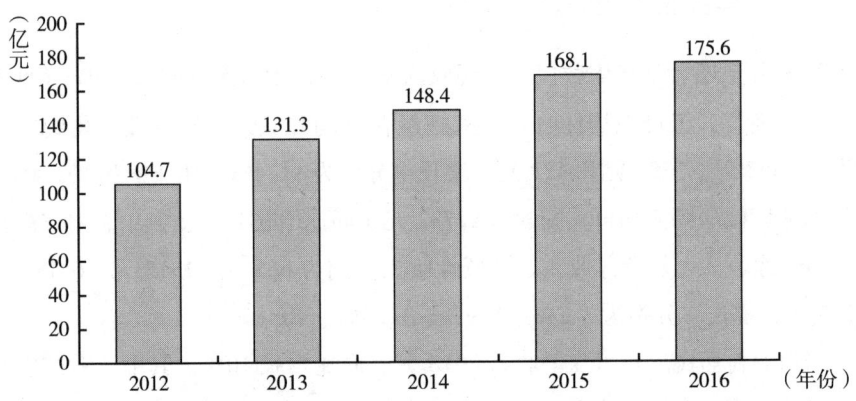

图10 喀什地区2012~2016年社会消费品零售总额

资料来源：根据喀什政府信息网、《喀什地区国民经济和社会发展统计公报》（2012~2016年）整理而得。

城镇人口合计102.24万人，城镇人口占总人口的比重仅为22.65%。乡村人口349.23万人，占总人口比重为77.35%。喀什地区的城镇化水平，本文拟用城镇人口占总人口的比重来衡量，如图11所示，自2012年以来，喀什地区的城镇化率在20%上下徘徊，与2016年全国城镇化率57.35%相距甚远。

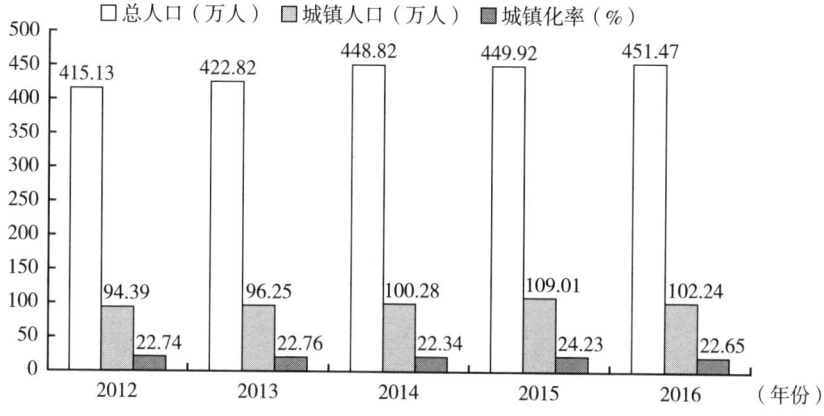

图 11　喀什地区 2012~2016 年城镇化水平状况

资料来源：根据喀什政府信息网、《喀什地区国民经济和社会发展统计公报》（2012~2016 年）整理而得。

（八）对口援助到位资金稳定增长

《2016 年喀什地区国民经济和社会发展统计公报》显示，山东、上海、广东、深圳四省市 2016 年援助资金 100% 到位，援助到位资金合计 54.48 亿元，对口援助项目达 408 个。如图 12 所示，援助项目到位资金持续增长，四省市积极向喀什特区经济发展伸出援助之手，体现了我国"先富带后富"的理念和"互帮互助"的精神。各对口援助省市 2016 年的援助情况以及 2010~2016 年累计援助明细如表 1 所示。

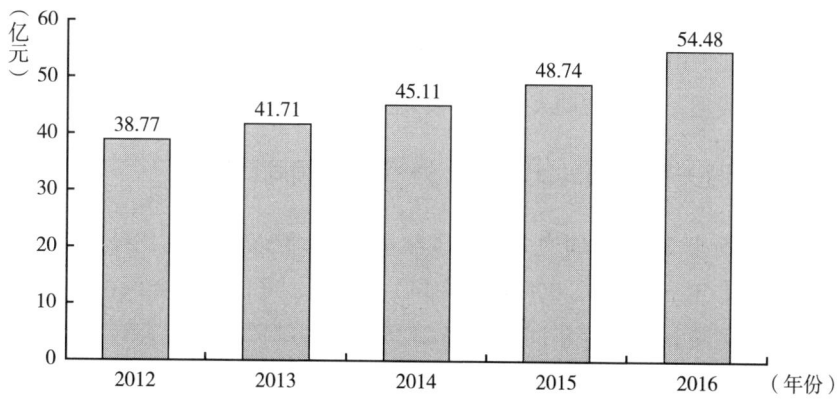

图 12　山东、上海、广东、深圳四省市 2012~2016 年"援疆"项目到位资金

表1 各对口援助省市具体援助情况

对口援助省市	2016年援助项目(个)	2016年援助到位资金(亿元)	2010~2016年累计援助资金(亿元)	2010~2016年累计援助项目(个)
山东省	140	11.64	61.05	579
上海市	147	22.71	115.05	733
广东省	55	9.96	50.36	300
深圳市	66	10.17	43.6	291
合计	408	54.48	270.06	1903

二 霍尔果斯经济开发区发展概况

2016年，霍尔果斯经济开发区实现生产总值39.05亿元，比上年增长22.6%。其中：第一产业6.50亿元，第二产业15.28亿元，第三产业17.27亿元。人均生产总值44782元。

工业总产值3.94亿元，同比增加0.55亿元，增长16.2%；工业销售产值2.79亿元，同比减少0.53亿元，下降16.1%；工业增加值1.28亿元，同比增加0.38亿元，增长42.7%。

（一）固定资产投资稳步增长，增速加快

2016年，霍尔果斯区（市）完成固定资产投资额32.11亿元，同比增加6.66亿元，增长26.2%。其中，建设项目投资完成23.06亿元，同比增加3.87亿元，增长20.2%；房地产投资完成9.05亿元，同比增加2.79亿元，增长44.6%。如图13所示，2012~2016年，霍尔果斯区（市）固定资产投资额稳步上升，但是增速波动大，2016年增速较高。

（二）通关贸易额同比减少，外贸出口额同比增加

霍尔果斯市2016年的通关贸易金额达93.61亿美元，同比减少26.39亿美元，且比上年下降了22.0%（见图14）。其中，进口贸易金额占较大比重，合计65.18亿美元，比上年同期下降27.6%；出口贸易金额合计28.43亿美元，比上年下降5.2%。

霍尔果斯市2016年的地方外贸进出口额合计11.66亿美元，从数量上看，

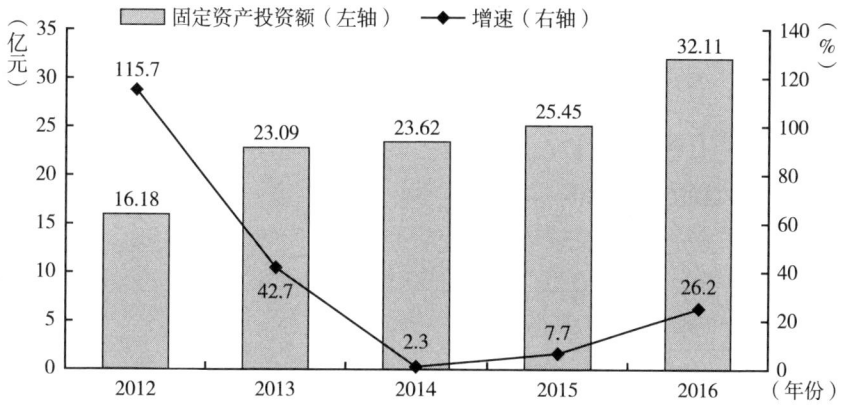

图 13　霍尔果斯区（市）2012~2016 年全社会固定资产投资总额和增速

资料来源：根据《霍尔果斯区（市）2016 年国民经济和社会发展统计公报》整理而得。

比上年增加了 4.98 亿美元；其中，出口 11.00 亿美元，同比增加 5.33 亿美元，增长 94.0%；进口 0.66 亿美元，同比减少 0.35 亿美元，下降 34.7%。

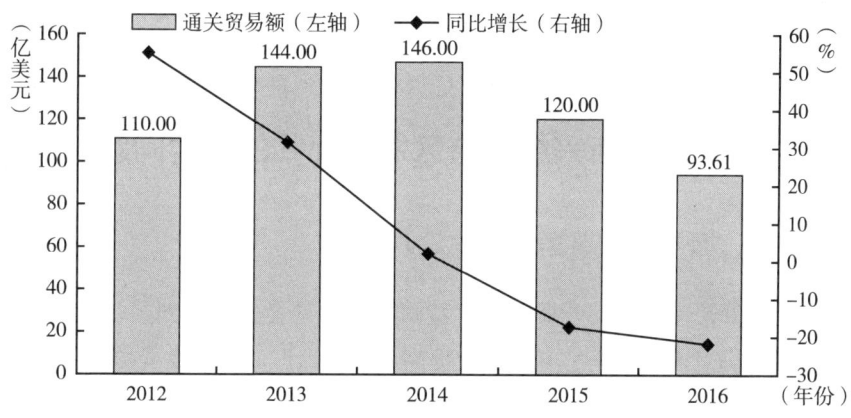

图 14　霍尔果斯市 2012~2016 年通关贸易额发展走势

资料来源：根据《霍尔果斯区（市）2016 年国民经济和社会发展统计公报》整理而得。

（三）通关货运量微涨，合作中心增速显著

2016 年，实现的通关货运量同比增加 29 万吨，增长了 1.1%，合计 2608

万吨。其中，实现出口121万吨，进口2487万吨（见图15）。具体来看，公路口岸的货运量为41万吨，下降了8.2%；铁路口岸的货运量为82万吨，下降了10.4%；合作中心的货运量为5万吨，增长了37.5%；管道的货运量为2480万吨，增长了15.2%。

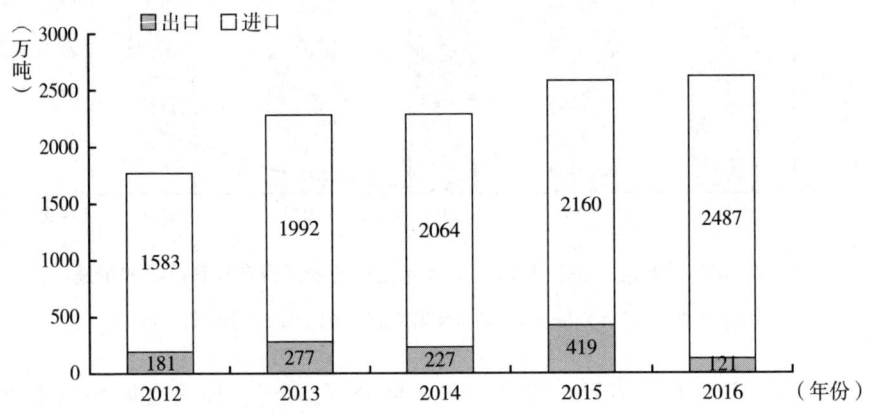

图15　霍尔果斯市的通关货运量（2012～2016年）

资料来源：根据《霍尔果斯区（市）2016年国民经济和社会发展统计公报》整理而得。

三　新疆新兴经济特区发展面临的主要问题

（一）"反恐维稳斗争"仍需深入

自严打暴恐专项行动开展以来，新疆地区的社会安全得到了很大的改善，各族人民的满意度和安全感有了很大提高，为该地区的经济发展提供了较为安全稳定的前提条件。但是动乱分子时隐时现，社会"维稳问题"依然存在，很大程度上阻碍了经济的发展。

而且，新疆地区的"维稳问题"不应该仅仅局限于新疆内部，还应该关注与周边国家的关系，国际恐怖活动不可小觑。据印度《经济快报》2017年9月21日报道，巴基斯坦国防部部长库拉姆·达斯特吉尔对印度提出指控，斥责印度沉溺于实施恐怖活动，并试图破坏中巴两国斥资500亿美元打造的经济走廊。

（二）双语教育尚未普及深化

喀什地区2016年汉族人口占比约6.3%，维吾尔族人口占比高达92.2%，且喀什境内还有塔吉克族等31个民族，各民族之间语言沟通会有一定的不便，而民族文化的融合往往以语言畅通为前提。虽然在喀什市区大部分学校已经实现了双语教育，市区对外和游客的交流、贸易障碍不大，但是双语教育还不够普及，不够深入。

（三）产业结构优化进程缓慢

2016年，第一产业、第二产业、第三产业占喀什地区生产总值的比重分别为34.2%、25.2%和40.6%。虽然在经济特区优惠政策和各种扶持政策下，喀什地区的对外贸易规模逐渐扩大、金融体系在逐步完善、旅游业面向多元化发展，但是由于基础薄弱、技术落后、劳动力匮乏等原因，喀什地区的经济发展未能实现资源的有效配置。

喀什地区盛产棉花、瓜果、干果、玉米等，是新疆大规模加工生产的原材料基地，然而其盛产的特色水果、玉米、棉花等原料在喀什地区并没有加工制造业的支持，换而言之，喀什第一产业主要停留在初级农产品阶段，产业链条短，未能往高附加值产业延伸，第一产业与第二产业之间没有衔接，没有实现产业之间的协调发展。

（四）城乡一体化发展水平低

截至2016年末，喀什地区城镇人口102.24万人，占总人口的比重为22.6%。乡村人口349.23万人，占总人口的比重为77.35%。自2012年以来，喀什地区的城镇化率在20%上下徘徊，与2016年全国城镇化率57.35%相差很大，难以形成"以城带乡、以乡促城"的发展格局，更难以实现城乡"相互依托、优势互补、共同发展"的城乡关系。如果在建设喀什经济特区的初级阶段不注重城乡一体化发展，则势必在发展过程中拉大城乡发展的差距，阻碍城乡之间资源和生产要素的自由流动，使得城乡之间在生活水平、意识思维、生活方式等方面难以融合，也最终导致城乡经济难以实现持续、协调、健康发展。

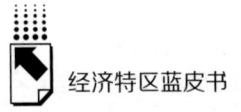

（五）物流滞后制约经济发展

一方面，喀什地区物流相关基础设施非常滞后，公路运输不得不成为中巴之间的主要物流运输方式，而公路运输承载量有限，且受山体滑坡、泥石流等自然灾害的影响大，极大地影响了运输效率。另一方面，喀什地区尚未形成科学的物流管理体系，物流信息服务网不完善，相应的硬件、软件设备落后，进一步导致了物流信息处理的低效。物流专业人才匮乏，且喀什地区的物流企业除了屈指可数的几家大企业，其他都是零零散散的小企业或者个体经营户，难以进行物流资源的整合，导致物流业难以形成规模化，影响喀什商贸物流业的长远发展。

四　促进新疆新兴经济特区发展的政策建议

（一）深刻认识反恐斗争的艰巨性，明确维稳任务的具体责任

首先，要明确新疆与"三股"势力斗争的过程是复杂的、艰巨的，甚至是长期的，不要轻视其破坏性和影响力，更不能有丝毫懈怠；其次，要充分调动广大群众的力量，牢牢依靠群众，为打赢反恐奠定坚实的群众基础。具体表现为创新群众工作方式，做好宣传工作，通过奖惩措施提高群众的参与度。最后，重视村民小组在维稳工作中的重要性，积极部署村级维稳力量的建设，充分利用党支部和基层党员的力量，把具体政策落到实处。

（二）普及双语教育，促进民族融合

双语教育不应局限于城市范围内，应该加强对双语老师的培养，给予优惠政策吸引双语教师到偏远村镇去普及汉语，为促进民族的交流打牢基础。各民族之间有各自的特色文化、宗教信仰，而实现各民族文化融合，对各民族不同文化的理解与包容是社会和谐稳定发展的前提。因此，要积极开展各种形式的民族团结宣传教育，举办有利于民族文化交流的活动，促使民族团结思想深入人心。

(三)提高农产品的附加值,促进产业的优化升级

喀什地区受到深圳、广东、上海、山东四省市的援助,除了接受援助资金支持外,更应该好好把握机会,学习经济发展经验,提升加工制造业生产能力,实现由低级农产品生产销售向加工高附加值产品转换,延长产业链,增强产业之间的联系与协调,使资源实现最高效的配置。

喀什地区农村人口比重大,占比约为70%,经济的发展最好能充分调动广大农民的积极性。首先,落实水稻、小麦、瓜果等良种补贴和种植补贴,适当地进行种植知识教育,保障优质土地的利用率和产量。其次,加强对农村劳动力的培训,就地吸收劳动力,提高农民的收入水平,依靠农产品、农村劳动力,实现特色产业的专业化发展。

(四)提高城乡一体化水平,实现城乡协调发展

城乡一体化水平的发展,要注重空间、经济、社会、生态环境及发展的一体化。在"一带一路"背景下,有效推动喀什地区城乡发展一体化,首先,顺应国家发展规划,抓住新型城镇化建设的机遇期,依靠国家政策和对口援助省市的力量,早日形成适合喀什地区的增长机制,推进喀什的农业现代化、信息化和工业化,为城乡一体化发展打下坚实的基础。其次,着重推进农村基础设施建设,实行土地承包经营制,提高农村土地利用率,在发展的同时重视农村生态环境保护。最后,应该结合喀什地区各县镇的具体情况,因地制宜地制定相关政策。

(五)加快基础设施建设,建立全面的物流体系

基础设施的建设离不开国家政策的支持。自2010年建立特区特别是提出"一带一路"倡议以来,国家政策一直在扶持喀什地区基础设施的建设,也取得了可观的成绩。"十三五"规划中还指出,到2020年,喀什市将全面完善公共交通系统,打造"公交城市"更好地满足市民出行需求。

物流体系的建立则需要制订长远计划,切忌一蹴而就。首先,以喀什市为中心,建立大型仓储基地,涵盖信息系统、检验、综合服务等基础配套设施,并选取资源丰富、位置优越的地方为物流节点。其次,加大宣传力度,利用优

惠政策招商引资，吸引有经验的物流企业落户，打造物流企业集聚的物流工业园区。再次，注重吸引和留住物流专业人才，将世界先进的管理技术本土化，促进物流的高速有效运转。最后，提升喀什的物流优势和战略地位，依托现有的铁路、公路、航空等基础设施，以喀什市为中心带动辐射周边的莎车、泽普、叶城、巴楚等城市，形成多方位多层次多领域的物流运输体系。

（六）强化人才培养战略，落实人才引进计划

人才是经济发展的源动力之一，在经济发展加快的背景下，新疆新兴经济特区培养和引进人才刻不容缓。加大人才引进的广度和力度，提供行之有效的优惠政策，消除引进人才的各方面顾虑。人才培养一方面要制定全面的、一体化的人才培养战略，政府与企业应联合设立人才培养基金。人才培养涵盖金融、互联网、电子商务等领域，培养方式应注重就地培养，重点培养当地大学生；另一方面要实行监督机制，确保人才培养资金落到实处，人才产出目标能够实现。

参考文献

［1］霍尔果斯政务网（http：//www.xjhegs.gov.cn/）有关政策和公报。

［2］喀什政府信息网（http：//www.kashi.gov.cn/）有关政策和公报。

［3］《喀什地区2016年国民经济和社会发展统计公报》。

［4］人民网（http：//xj.people.com.cn/n2/2016/0719/c188514-28691711.html）相关报道。

［5］网易新闻（http：//news.163.com/17/0921/17/CUSI1QG700018AOR.html）相关报道。

［6］张传勇、张永岳、吴伟：《"一带一路"战略下边疆地区城乡发展一体化研究——以新疆喀什地区为例》，《人文杂志》2017年第3期。

［7］迪力努尔·阿不都热依木：《浅析"一带一路"对喀什产业结构优化的影响》，《全国商情》2016年第29期。

［8］竹效民：《丝绸之路经济带上喀什经济开发区现状及愿景的思路》，《中共乌鲁木齐市委党校学报》2016年2月。

［9］苏来曼·斯拉木、夏米斯亚·卡米力江、阿曼姑丽：《喀什地区产业结构优化

分析》,《经济界》2016年第2期。
［10］王雪、刘丹、张晟义:《"中巴经济走廊"建设背景下的喀什商贸物流业发展与完善》,《财经理论研究》2016年第1期。
［11］王保卫、胡炳惠:《新疆新兴经济特区发展报告》,载《中国经济特区发展报告（2015）》,社会科学文献出版社,2015。
［12］王保卫、张颖：《新兴经济特区发展报告》,载《中国经济特区发展报告（2014）》,社会科学文献出版社,2014。

B.21
欧洲经济特区发展报告

罗海平　余兆鹏　周静逸*

摘　要： 经济特区是基于贸易自由化、便利化、激励生产、鼓励出口而实行特殊对外经济政策的特定区域。经济特区起源于欧洲，欧洲经济特区对于促进全球对外贸易自由化和便利化具有重要的历史贡献。在欧洲经济自由化、区域一体化的大背景下，传统意义上的经济特区正在欧洲尤其是欧洲发达经济体中消亡。实现地区经济的持续繁荣将成为欧洲经济特区新的定位和使命，如何挖掘并发挥好欧洲经济特区的新价值将是欧洲各国实现各种功能区和开发区成功转型的关键。

关键词： 经济特区　欧洲　自由港

一　前言

欧洲（Europe）是世界上发达国家最多、人类生活水平较高、人类发展指数总体最高的洲。欧洲人口数位列世界第三，仅次于亚洲和非洲。自17世纪以来，欧洲的经济发展水平居各大洲之首，整体质量非常高；无论是工业、金融业还是高科技业，欧洲总体水平均排在前列。作为资本主义发祥地，欧洲是自由贸易、市场经济的起源地。现代意义上的各类特区、自由贸易区、自由港等最早几乎都起源并高度发展于欧洲。长期以来，欧洲的工业化、机械化水平

---

* 罗海平，四川南充人，南昌大学中国中部经济社会发展研究中心副研究员，硕士生导师，主要研究方向：经济特区研究；余兆鹏，广东湛江人，南昌大学经济管理学院硕士研究生；周静逸，湖北秭归人，南昌大学经济管理学院硕士研究生。

均较高，尤以西欧为甚。西欧的英国、德国、法国、比利时、荷兰和瑞士等国均高度发达，是世界著名的发达经济体。

经济特区是基于贸易自由化、便利化、激励生产和鼓励出口而实行特殊对外经济政策的特定区域。经济特区发展和繁荣于我国，但起源于欧洲。改革开放初期，我国为学习西方出口加工区、自由贸易区、自由港以及其他特殊功能经济区而圈定深圳、厦门、汕头、珠海等为享有特殊经济政策的区域，这类区域在我国被称为"经济特区"。随着我国经济特区在全球的影响日益扩大以及我国经济特区研究的拓展，世界上逐渐认可"经济特区"的称谓；从而经济特区成为一切实行特殊经济和对外政策的出口加工区、自由港、自由贸易区、高新工业园以及特殊经贸合作区等的统称。

随着欧洲经济自由化和一体化程度的提高，在欧洲发达经济体中经济特区的作用和功能逐渐消退。但鉴于经济特区起源于欧洲以及欧洲经济对全球的巨大影响，欧洲经济特区发展之路依然深刻影响着后来成立并发展壮大的全球经济特区。为此，研究经济特区非常有必要了解欧洲经济特区发展之路及欧洲经济特区的发展现状，尽管经济特区在欧洲大多数发达经济体中正在消亡。

二 欧洲经济与经济特区

当然，欧洲作为现代文明和市场经济的发祥地，对世界的意义并不单单是因为其在全球经济中的重要地位，还更多取决于欧洲在近现代所确立起来的全球性广泛遵循的经贸规则和经济制度。尤其是欧洲关于自由贸易和贸易便利化的探索对后来经济特区的形成产生了重要影响和启迪。

贸易自由化是经济特区的核心要素。近代自由贸易政策发源于英国。18世纪中期到19世纪，英国在第一次工业革命的驱动下，工业和整个经济发展领先全球，并迅速建立了全球殖民体系和英国支配下的世界市场。为了更好地拓展和抢占亚洲与非洲市场，英国致力于倡导经济自由化，要求各国开放贸易和投资市场。同时，英国于1846年废除《谷物法》，免除农产品进口关税，实现了英国农产品进出口的自由化。1853年英国放开了海外殖民地，解散了特权贸易公司，并于1854年废除航海条例，实现了航海自由。最具历史性意

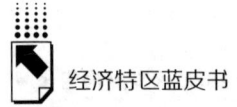

义的是，英国于1859年改革关税制度，并逐步取消和废除进出口关税。英国的自由贸易政策相对于以往不平等贸易增加了平等的成分，各国贸易政策逐步由对抗转向包容，自由贸易成为世界趋势。

在还不能实现全球性的自由贸易之前，自由贸易载体即为一个个面向特定国家或地区实行自由贸易政策的自由贸易区。所以，自由贸易区某种程度上与经济特区是画等号的，差异仅在于自由贸易区载体形式不同而已。自由港是自由贸易区的最早形态，1547年意大利里窝那港成为世界上第一个自由港。随着欧洲国际贸易的扩张，欧洲自由港越来越多。

"二战"前，欧洲自由港无论是功能，还是形态都比较单一。且相当长时期内，自由港多为发展自由贸易的商业型港口，大量港口用于发展转口贸易。"二战"后，世界自由港数量不断增长、功能不断拓展、形态不断更新。到20世纪末，各种类型的自由港或自由贸易区达到近千个，且新增自由港多位于欧洲以外的国家和地区。欧洲本土自由港则进入精简优化阶段，自由港功能呈现多元化。自由港从事转口贸易转向直接贸易和出口加工。1959年爱尔兰建立了以出口加工活动为主的香农出口加工区。除出口加工功能之外，国际物流服务、离岸金融业务、旅游业服务等成为自由港的业务范畴。

"二战"使得欧洲全面丧失了国际体系中的主导和领先地位，为避免在国际体系中被边缘化，欧洲选择了一体化。20世纪80年代末，欧洲关税同盟建成。1993年欧洲成为单一市场。2013年欧洲议会通过修改后的《共同体海关法典》。随着对外贸易自由化和关税壁垒的拆除，自由港等一系列特区享有的优惠政策和特权几乎都普惠化了。因此，从某种意义上来讲，在欧洲历史上曾经占据重要地位的自由港正面临着逐渐消亡的命运。

三　欧洲不同类型经济特区发展

（一）出口加工区

出口加工区（export processing zone）作为一种常见的经济特区形式，是一国或地区专门用于制造、加工、装配出口商品的特殊工业区。世界出口加工区始于20世纪50年代初的欧洲，第一个出口加工区1956年建于爱尔兰的香农国际机场。出口加工区通常享有各种税收优惠和便利。20世纪60年代在亚洲、南美洲的发展中国家迅速兴起，较早的有中国台湾高雄出口加工区。中国在20世纪80年代实行改革开放政策后，沿海一些城市开始兴建出口加工区。欧洲尤其是欧洲发达经济体由于经济发展水平高、人力成本高，通常都将低附加值的制造业和加工业向其他欠发达地区转移，从而引发了欧洲产业的转移；同时也给亚非拉等欠发达地区带来了承接产业，并带来了产业发展的新机遇；而欠发达地区承接欧洲制造和加工业的形式正是出口加工区。

（二）自由港

自由港（free port）又称自由口岸、自由贸易区、对外贸易区。自由港主要从事转口贸易，一些不处于港口地区的自由贸易区，除转口贸易外，还从事加工、旅游、服务等行业。最早的自由港出现于欧洲，且大部分位于沿海港口，但也有位于欧洲内陆地区的自由港（俗称"无水港"），如作为欧洲内陆国的瑞士就有大大小小约20个自由港。尽管自由港起源于欧洲，但随着欧洲发达经济体的全面自由化以及欧洲经济的一体化，对于欧洲而言，其地位和价值已大不如前。自由港的功能从最初的减免关税、物流仓储，到战后的出口加工和快速通关服务，都伴随着国际政治经济秩序和关税制度的演变而逐渐转型。

（三）自由贸易区

自由贸易区（Free Trade Zone，FTZ）具有狭义和广义两种内涵。狭义自由贸易区类似于出口加工区，广义还包括自由港和转口贸易区。欧盟是全球地区一体化最成功的自由贸易区。欧盟成员间不仅取消了关税壁垒，而且实现了劳动力自由流动。近年来，欧盟贸易重心开始转向欧盟之外。在非洲、亚太、拉美等区，如墨西哥、智利等南美国家建立自由贸易区。目前欧洲自由贸易区依靠关税优惠吸引贸易的时代已经过去，物流和服务效率成为港口竞争力之关键。涉欧自由贸易区如表1所示。

表 1 涉欧自由贸易区

名称	国家、地区、城市
中欧自由贸易区	捷克、波兰、斯洛伐克、罗马尼亚、斯洛文尼亚、匈牙利、保加利亚
欧盟与墨西哥自由贸易区	奥地利、比利时、保加利亚、克罗地亚、塞浦路斯、捷克、丹麦、爱沙尼亚、芬兰、法国、德国、希腊、爱尔兰、匈牙利、意大利、拉脱维亚、卢森堡、荷兰、马耳他、波兰、立陶宛、葡萄牙、斯洛伐克、罗马尼亚、斯洛文尼亚、瑞典、西班牙、英国、墨西哥
德国汉堡自由贸易区	德国

（四）科技工业园区

欧洲工业园区长期以来在欧洲经济发展中具有重要地位。欧洲传统工业园如巴黎盆地工业园区、伯明翰—曼彻斯特工业园区、里昂工业园区、阿尔萨斯-洛林地区和鲁尔区等都对欧洲乃至世界经济发展产生过重要影响。20世纪五六十年代以后，欧洲各主要工业园区逐步改变传统高耗能发展道路，开始培植具有竞争力的新兴产业，以促进产业转型，并成功实现了工业园区的发展升级。

1. 法国工业园区。20世纪90年代后法国经济发展速度趋缓。为了鼓励创新创业，法国政府设立了"工业发展基金"和"融资保证基金"用于扶持和支持新成立公司以及中小企业发展。对工业园区的企业法国实行优惠政策，如在2~5年内减免税收、享受一次性奖金以及每创造一个就业岗位获一万法郎奖金等激励。为了促进企业开发投资，法国在工业园区内实行"科研税收信贷"融资优惠。在条件比较差的落后地区，地方政府可给予税收上的优惠。通过一系列措施，法国的工业园区得到了长足发展。

2. 德国鲁尔工业园区。鲁尔工业园是欧洲最大的工业园区之一，但长期以来其主导产业为煤和钢铁。进入20世纪六七十年代，德国资源型经济问题显现，出现了煤炭和钢铁危机。20世纪70年代中期开始鲁尔工业园区不得不对传统产业进行转型。鲁尔工业园区转型措施主要有：（1）发展汽车、化学、机械制造、信息通信等新产业；（2）大力进行基础设施建设，建成了欧洲最稠密的交通网；（3）建立大学，引进科研机构，使鲁尔工业园区成为科教、科研重地。

四 欧洲主要经济特区发展

（一）法国索菲亚科技园。法国索菲亚科技园位于法国东南部世界闻名的休闲地带"蓝色海岸"。索菲亚科技园是法国高科技交流和新兴企业培植的中心，也是欧洲高科技研发中心之一，被称为法国"硅谷"。索菲亚科技园诞生于20世纪60年代。1972年法国国立巴黎矿业学院校长皮埃尔·拉法叶在索菲亚·安得波利开始兴建"科学智慧之城"。1977年后索菲亚逐渐发展成为一个国际工业园区，主要从事创新型、非污染和高附加值的技术研发活动。从1972年到20世纪80年代末，索菲亚科技园科研人员数量从零增长到12000人。索菲亚科技园成功实现了由外驱型工业园区到本土化创新基地的转型。

（二）意大利的里雅斯特港。意大利的的里雅斯特港（Trieset）是欧洲两大自由港之一。的里雅斯特港，位于意大利的东北部、亚得里亚海的北端，紧靠东欧中心市场。的里雅斯特港共设有五个自由港区，其中三个为商业用自由港区、两个为工业用自由港区。

（三）德国汉堡自由港。汉堡是德国的第二大城市，是东欧和北欧与世界进行贸易活动的重要枢纽。汉堡自由港依托汉堡港而建立，是世界上规模较大的经济自由区之一，面积约16.2平方公里，占整个汉堡港区面积的23%。汉堡港是德国最重要的集装箱枢纽港，起讫于汉堡港的集装箱铁路货运量占到德国的34%。汉堡自由港区的主要优惠政策主要围绕货物转船、储存、流通以及船舶建造等业务。货物在自由港区内可任意进行加工和交易而不必缴纳增值税，货物只有从自由港输入欧盟市场时才需向海关结关、缴纳关税及其他进口税。除贸易自由之外，自由港还享有金融自由如外汇兑换自由、资金进出和经营自由以及投资自由等。

（四）爱尔兰香农经济特区。位于爱尔兰香农小镇的香农经济特区是世界第一个现代意义上的经济特区，同时也是我国经济特区创建之前最为成功的经济特区之一。香农开发区建于1959年，跨越了爱尔兰中西部五个郡。开发区由香农开发公司管理，是一个由政府控股的机构；也是受企业和贸易部长直接管辖，但又自负盈亏的有限责任公司。作为现代意义上最早的也是最成功的经济开发区之一，香农开发区是世界各国竞相效法的榜样。香农开发区的意义不仅仅在于香农开发区的成功，更在于香农开发区为世界欠发达国家或欠发达地区创造性地提供了一个可以复制的发展模式。早在20世纪六七十年代，中国台湾、马来西亚、埃及和斯里兰卡等地大量邀请香农开发区的官员担任特区顾问，以协助推进开发自由贸易区的项目工作。香农也成为世界新特区官员的"朝圣"和"取经"之地。

香农开发区是中国经济特区的"老师"。改革开放初期，时任中国国家进出口管理委员会、国家外国投资管理委员会副主任的江泽民同志曾到该区参观考察并认真学习了爱尔兰利用外资建立出口加工区的经验，从此正式揭开了香农开发区与中国往来和合作的序幕。此后，我国历任国家领导人都曾访问过香农开发区。香农开发区的成功经验为中国建立四大经济特区提供了参考。正是有了中国与香农开发区在经济特区建设上的特殊"师承"和"甜蜜"关系，才有了后来以深圳为代表的中国经济特区开始续写新的"特区奇迹"！"先在某地'试验'，成功后再'推广'"的香农经验成为新特区区别于以往各类功能区的新使命。

五　结语：欧洲经济特区消亡与转型

1. 欧洲传统经济特区在人类历史中发挥了重要作用，在实现对外贸易、贸易自由化和贸易便利化以及形成经济增长极等方面具有重要历史地位，是促进经济自由化的重要推动力量。欧洲是现代文明的起源地，现代世界经济制度和规则几乎都最早来源于欧洲。欧洲经济特区尤其是早期的自由港等在促进资本主义发展中发挥了重要作用，主要表现为扩大了对外贸易，强化了老牌资本主义国家在世界贸易中的主导作用，利于欧洲宗主国加强对其殖民地国家以及欠发达国家的经济控制和资源掠夺。通过贸易自由化、同等化和便利化促进了世界经济往来，增强了国与国之间的经济联系，使得具有现代意义的经济模式向欠发达地区扩散和推广，从而推进了整个世界经济的现代化。

2. 欧洲现代经济特区向世界其他地方的输出带来了世界经济特区的大发展。香农经济特区是世界现代经济特区的鼻祖，以香农经济特区为代表的欧洲现代经济特区如各种保税区等最终引发了世界其他欠发达国家的学习和模仿。世界经济特区发展主体逐渐由发达经济国家向第三世界国家转移，并形成新的经济特区发展高潮，引领了一批又一批国家的经济腾飞和融入全球经济。

3. 欧洲国家传统经济特区大势已去，特区正在欧洲国家消亡。由于欧洲经济自由化水平较高、欧盟内部的无关税制度以及商品的自由流通，欧洲所有经济特区在经济全球化以及WTO规则下都将面临和世界其他经济特区相同的命运，即最终都将消亡。由于欧洲自由化水平相对全球而言更高、经济更发达，当前欧洲享有特殊关税政策和其他优惠政策的经济特区已普遍消失，传统经济特区失去了存在的意义。

4. 鉴于欧洲经济特区在历史上以及经济发展中的重要地位，未来欧洲经济特区都将走向转型。如何在没有政策优势下实现地区经济繁荣、提高产业效率、引领世界经济与科技高峰，将成为未来欧洲经济特区新的定位和使命。经济特区是一个历史产物，是一个国家和地区快速实现经济发展的一个政策选择；然而在经济高度发展情况下一个国家和地区是不需要特殊政策来扶持和发展某个特殊地区的。尽管如此，作为一种客观的历史存在，许多欧洲经济特区在未来依然将具有新的价值和意义。如何挖掘并发挥好这种新的价值也将是欧洲各国实现各种功能区和开发区成功转型的关键。

参考文献

［1］李金珊、胡凤乔：《国际关系体系下欧洲关税制度的变迁与自由港功能形态的演化》，《浙江大学学报》（人文社会科学版）2014年第6期。

［2］王晓辉：《国外自由贸易区发展经验及对我国的启示》，《价格月刊》2017年第2期。

［3］覃朝晖：《欧洲工业园区发展经验及教训》，《商业时代》2010年第23期。

［4］陈平：《从工业园区到创新基地：法国索菲亚科技园的启示》，《科技进步与对策》2007年第9期。

［5］杨新昆：《欧洲自由港——的里雅斯特港》，《中国船检》2000年第5期。

［6］孙德红：《汉堡自由港管理对我国港口保税区监管的几点启示》，《中国港口》2007年第2期。

［7］柴晔：《爱尔兰：香农国际航空港自由贸易区》，《国际市场》2014年第6期。

［8］胡大龙：《德国汉堡自由贸易区》，《国际市场》2013年第3期。

B.22 后　记

呈现在读者面前的《中国经济特区发展报告》"经济特区蓝皮书",是教育部人文社科重点研究基地——中国经济特区研究中心着力打造的一个学术品牌和取得的标志性科研成果;是教育部重点支持的人文社科重点基地54个报告之一;是全国150多部蓝皮书中唯一的经济特区蓝皮书;它具有源于区位优势与研究积淀所拥有的原创性、前沿性和权威性。

本书由谷牧同志题字。自2009年创办以来,已连续出版发行了9期,2016年起同时由德国斯普林格出版社海外出版发行,至此开始中英双语国内外出版。

《中国经济特区发展报告》"经济特区蓝皮书"以真实反映中国经济特区发展状况,如实记录中国经济特区发展历程,动态记载中国经济特区先行先试的成长路径,学理性阐述经济特区在推动中国深化改革中的独特地位,及时反映国家整体发展战略和区域发展布局调整的大思路,而受到国内外相关领域专家学者乃至政府官员的普遍关注,已经产生了独特的学术与对策研究的影响,是国内经济特区研究的重要成果。

从结构上来说,本年度的《中国经济特区发展报告》依旧分为总报告、专题研究报告、特区发展分述报告、特区发展动态考察报告四大部分,共21篇文章。总报告是全书的概论,是站在国家整体发展战略规划的角度对中国经济特区,包括新兴特区,如喀什、霍尔果斯、图们江特区和新型特区,如自贸区、湾区一年发展状态的整体评述。从编撰的逻辑上来说,我们以新常态和供给侧改革为指导,以深化改革为方向,以新的增长点为切入口,以发展特征为出发点,着重从特区和特区升级版形态所承担的新的时代使命视角出发,反映中国社会由政策开放走向制度开放的进程;展现中国社会由外向型经济向开放型经济转变的路径;凸显"一带一路"倡议大背景下,中国社会以更加深广的开放,促进更加深刻的政治经济体制改革的内在制度变迁逻辑。我们希望总

后 记

报告能更充分地体现国家整体战略，并准确反映中国改革开放的大方向，能成为具有一定学术分量和政策意义的，准确记载、预测中国经济特区发展现状与未来趋势的，具有学术与咨政权威性和影响力的年度报告。当然，由于认知和对部分数据资料掌握的客观局限，我们的分析、研究难免有疏漏和不全面的地方。但是，一切不足与遗憾，都是我们未来研究有可能趋向完美的内在动力。

专题研究报告不是泛泛而论的综述，而是问题导向的探索，即分别以特区发展现状、比较分析、政策建议为切入点，分别针对产业转型、资源使用效率与可持续发展、政治体制改革、社会保障、科技创新、金融体制改革、特区文化及文化产业等问题进行综述分析，并对每一具体问题提出宏观层面的建议。上年的皮书这部分内容相对集中于特区所面临的产业绿色转型发展能力分析，同时增加了中国经济特区的法治建设章节，去掉了政治体制改革的内容。2017年增加了经济特区医疗卫生服务体系建设报告，去掉了经济持区法治建设章节。这种调整除了整体框架结构的考量外，还着重考虑到如何从经济特区依旧肩负的先行先试的创新实践中，充分体现习近平总书记的治国理政新思想。习近平总书记说，我们重大的责任就是对人民的责任。我们的人民热爱生活，期盼有更好的教育、更稳定的工作、更满意的收入、更可靠的社会保障、更高水平的医疗卫生服务、更舒适的居住条件、更优美的环境，期盼孩子们能成长得更好、工作得更好、生活得更好。人民对美好生活的向往，就是我们的奋斗目标。我们的责任就是继续解放思想，坚持改革开放，不断解放和发展社会生产力，努力解决群众的生产生活困难，坚定不移走共同富裕的道路。可以说，医疗卫生服务体系建设不仅关系到人们的健康和免受疾病痛苦的权利，而且又直接关系到千家万户的生活福祉。特区作为中国最先富裕的先发达地区，在这方面的制度创新和较为成熟的制度安排，对全国具有示范效应。

专题研究报告所讨论的问题，既是经济特区所面临的问题，也是现阶段中国社会发展所遇到的问题。特区对上述问题解决的路径与举措，或许会对全国产生先行先试的借鉴与推广意义，这也正是中国经济特区的功能与使命所在。我们认为，这部分研究的重要性还在于拓展了对经济特区的研究，不是就特区研究特区，而是以特区为蓝本，走向了对中国改革开放所遇到的理论与现实问题的前沿或前瞻性的研究与思考；从单纯的经济问题研究，走向对经济社会的更广泛问题的研究与探索；从对特区问题本身的研究，走向对中国道路的实质

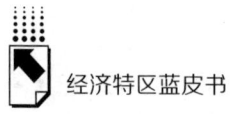

与内涵的研究。从而为实现中国梦，为建设美丽中国；为全面建成小康社会，为实现"两个一百年"奋斗目标提供理论支撑。

特区分述报告，是对传统五大经济特区及上海浦东和天津滨海新区一年发展状况的历史性记录与梳理，是"经济特区蓝皮书"撰写伊始就存在的最基础性的内容。但随着特区自身的发展及功能的变化，我们的研究也在不断增加新的内容以体现时代的声音与脚步。如果说专题研究报告是共性问题的比较，那么特区分述报告则偏重于不同特区的特殊问题的比较研究。由于历史及地域位置的不同，各经济特区、新区、自贸区、经济带在国家整体发展战略部署中所担负的责任与使命有所不同，在产业结构中的定位及在中国经济发展布局中的地位、角色、作用有所不同，所以它们发展路径的选择也有所不同，这部分的分析正是从这些"不同"展开的。

第四部分的动态考察报告，是为了及时反映中国区域发展战略调整及介绍、借鉴世界新兴市场经济国家经济特区发展状况的一个比较灵活并且具有广泛拓展空间的结构安排。喀什、霍尔果兹、图们江特区的建立，意味着中国社会已经开始了由沿海开放向沿边开放的战略转移，鉴于此，2014年度蓝皮书就增加了图们江经济特区外商投资发展报告。可以说，从沿海开放到沿边开放是在中国大地上确立、完善市场经济体系的战略大思路；是中国社会实现协调发展的大举措；是全方位开放路径的积极探索；是科学发展的伟大实践；是全面实现现代化的整体部署。它不仅以战略的眼光规划着中国社会全面发展的宏伟蓝图，同时也将促进产业结构区域间的合理布局，不同区域间由要素禀赋等构成的比较优势的形成与有效发挥；扩大中国经济增长的对外辐射力，从而开拓更加广阔的国际市场；减弱世界经济危机对以外向型经济为主的经济增长模式的正面冲击，建立具有日益增长空间的稳定而又可持续的内生的经济发展实力；形成全国范围内的逐渐趋于平衡发展的共同繁荣的以区域间协调互补为特征的经济共同体。所以它对中国未来的发展将产生深刻而持久的影响，它的战略意义是深远而巨大的。

与喀什、霍尔果兹、图们江特区不同，上海自贸区和深圳前海合作区的建立，不仅是区域发展战略部署的结果，更是中国社会全面深化改革，由外向型经济走向开放经济，实践"一带一路"倡议的战略性试验区。如果说40年前，以深圳为代表的传统经济特区的成立是为了完成计划经济向市场经济的转型，那么今天新兴经济特区，尤其是深圳前海合作区和上海自贸区这类传统经济特区的"升级版"或者说"拓展形态"的出现，则更在于扩大特区的示范效应，深化中国社会的改革开放和社会规制建设，以开放促改革，进一步推动中国社会全方位改革的有序进行。本年度蓝皮书在以往的基础上，更具体地连续记载了新兴经济特区和自贸区的发展现状和面临的问题与挑战。如深圳前海合作区发展报告、中国自由贸易试验区发展报告、新疆新兴经济特区发展报告和图们江地区外商投资发展报告。

记录、反映、研究国外新兴经济体的经济特区发展路径、成长模式、政府行为等问题，在比较中寻找共性规律，探索共同面临的问题及解决方案，寻求共同发展繁荣的途径和方式，是"经济特区蓝皮书"的时代使命。新兴市场经济国家几乎无一例外地面临着某些共性的问题：如既依赖于国际分工，又受制于国际分工；都在经历经济高速增长的同时，面临资源过度消耗及污染和环境保护等问题；都遭遇未富先老的社会尴尬和矛盾等。尽管对于经济可持续发展和社会文明进步而言并没有一条放之四海而皆准的道路或模式，但国与国之间的相互借鉴、学习以及对共同面对的发展问题的不同国别的解决方案的提出，无疑是一种合作的力量。

从2012年开始，"经济特区蓝皮书"就增加了介绍世界经济特区的内容。2012年整体概要地介绍了以美国、日本、爱尔兰为代表的发达市场经济国家的特区，以印度、菲律宾、巴西为代表的新兴市场经济国家的特区。自2013年起，我们对国外经济特区部分开始采取单一国家或特定区域专题研究的方式。2013年度是关于巴基斯坦经济特区的发展报告；2014年度是关于非洲经济特区的发展报告；2015年度是关于朝鲜经济特区的发展报告；2016年度是关于拉丁美洲经济特区的发展报告；2017年度是关于欧洲经济特区的发展报告。

其实，在编写"经济特区蓝皮书"的过程中，我们也面临着现实的挑战与考问。因为从概念上讲，特区本来就是"实行特殊优惠政策的地区"的简称，一旦这种政策消失了，特区在概念上自然就没有存在的必要了。从20世纪末的30多年的实践上来看，特区已经很好地或者说圆满地完成了它当初特殊的政治—历史使命，即"窗口""试验田""排头兵"的使命。1992年之后，当全国都走上市场经济之路时，特区似乎也就没有存在的必要了。也正是在这个意义上,时任总理朱镕基说:"现状特区已经不'特'了,已经没有什么特区优惠政策了,全中国都是一样的。我们并不是按地区来优惠,而是按产业来优惠。"在经济特区成立二十周年大会上,中央要求特区"增创新优势,更上一层楼",宣告经济特区将贯穿于中国改革开放的全过程,贯穿于中国现代化建设的全过程。有学者认为,中国经济特区被历史地赋予了双重使命,即从"改革"的意义上讲,是要加快完成市场经济的转型,继续当好改革开放的先锋队、排头兵;从"发展"的意义上讲,是要加快实现发展方式的转变,早日完成现代化国际性大城市建设,构筑中国区域经济的新版图。

我以为,从根本上说无论是对中国社会,还是对一直走在改革开放前沿的特区而言,改革的任务并没有完成,改革的时代也并没有结束。所以,无论如何我们都不能得出这样的结论:中国社会已从"改革的时代"进入了"发展的时代",更不能以发展替代改革。从根本上说,只有深化改革,扩大开放,确实建立起社会主义市场经济体制,才能实现发展方式的彻底转变,才能使中国社会真正走上科学发展的道路,才能实现震撼人心的"中国梦"。因为无论是从逻辑还是现实上说,"改革"与"发展"之间的关系绝不是此先彼后的关系,而是深刻的因果关系。它们不是处于两个不同时代的承上启下的两项任务,而是同一时代的同一过程中的共同主题。这正如阿玛蒂亚·森的自由与发展的关系一样。

共筑"中国梦"的过程,依旧是改革开放的过程。改革开放 40 年来,中国社会取得了举世瞩目的巨大成就,可以说,40 年来的高速增长,靠的就是改革开放;令世人感叹的"中国奇迹",靠的也是改革开放;实现科学发展,靠的还是改革开放;共筑"中国梦"的伟大实践,靠的必然还是改革开放。以开放促改革,过去是今后依然是中国改革开放的内在逻辑选择。当然,不是所有改变都是改革,我们要防止任何以改革的名义回到计划经济的过去。

经济特区作为特殊政策的产物,已经完美地完成了它的特殊历史使命,但特区作为中国道路的一种选择,或者说作为中国实现现代化的一条捷径,它的存在是有其必然性与必要性的,它的使命与功能是与时俱进并逐步拓展的。或许特区作为一种路径选择将伴随"中国梦"实现的全过程,诸如喀什、霍尔果斯、图们江、上海自贸区、深圳前海—蛇口自贸区等新兴经济特区的出现,以及大湾区建设的启动都是十分有力的现实说明。

后 记

党的十九大报告提出了坚持全面深化改革的明确宣言："全面深化改革的总目标是完善和发展中国特色社会主义制度，推进国家治理体系和治理能力现代化。"同时又提出："推动形成全面开放新格局，赋予自贸区更大改革自主权。"我认为，这不仅预示着中国社会的改革开放还有没有完成的使命，而且也同时预示着，以先行先试的方式推动中国社会的改革，依然是一条行之有效的中国道路。所以，特区以及深化改革不同时代特区的不同形态，其率先改革的功能与使命依旧还在。

蓝皮书的顺利完成，首先要感谢学术团队的全体同仁。这是一支专业知识扎实、学术功底深厚，对经济特区问题有比较深入思考与研究的学术团队。这个团队是财政部支持的理论经济学创新团队，是广东省理论经济学攀峰学科团队，是广东省高水平大学建设重点学科团队。目前正在承担国家社科基金重大项目——"中国经济特区发展史（1978～2018年）"。

如果说共同的学术兴趣是蓝皮书团队的凝聚力之所在，那么团结、友善、合作、充满活力与朝气则是这个团队的战斗力之所在。蓝皮书的出版不仅仅是一个学术项目的完成，更是学术团队共同的思想收获。对学术的敬畏和对专业的热爱是这支学术团队已经拥有并期待永远拥有的美好品格。

作为学术团队的重要成员和负责人之一，教育部人文社科重点基地——深圳大学中国经济特区研究中心副主任袁易明教授，为蓝皮书的完成付出了更多的精力和努力。周铁昆博士不仅一直承担着蓝皮书文稿的具体收集、整理等相关事务工作，而且还承担了第三部分厦门经济特区的撰写任务。蓝皮书学术团队也不断加强与扩充，不仅增加了海外留学归来的青年才俊，如李凡副教授和黄嘉平博士，还有专门研究特区问题的其他高校人员参加，如教育部人文社科重点基地——南昌大学中国中部经济社会发展研究中心副研究员罗海平博士等。同时，不仅深圳大学理论经济学团队的老师参与了蓝皮书的撰写，而且其他专业的研究人员也参与了蓝皮书的工作，如深圳大学文化产业研究院的钟雅琴博士。这也意味着蓝皮书对中国经济特区研究领域和问题的拓展。另外，中国经济研究中心的博士研究生和硕士研究生也参与了蓝皮书的资料收集和数据采集工作。

蓝皮书编委会由学者和来自几大中国经济特区的实际工作者和地方官员组成。蓝皮书从前期调研、资料收集到制定撰写框架和初稿的论证都得到了编委会全体成员的积极参与和大力支持。来自各大经济特区的编委们以丰富的实践经验和咨政思考，为蓝皮书的完善提出了许多有针对性、有价值的意见与建议，他们是蓝皮书撰写中冷静而客观的头脑。在这里尤其要说明的是，蓝皮书受到了来自越南广宁经济特区、南非、巴基斯坦、印度、柬埔寨、俄罗斯、哈萨克斯坦等新兴经济体的学者与官员的高度关注，逐步加入新兴经济体经济特区、自贸区的内容，将是蓝皮书未来的一个研究方向。这是国别比较、借鉴的过程，也是宣传、介绍中国道路的过程。

在这里还要特别感谢"经济特区蓝皮书"出版项目负责人高雁女士等人。他们踏实的工作作风和令人敬佩的专业精神为蓝皮书的顺利完成提供了不可或缺的指导与帮助。同时还要感谢社会科学文献出版社副总编辑周丽女士。

以《中国经济特区发展报告》为标题的蓝皮书，是教育部哲学社会科学发展报告立项资助的培育项目；是广东省委宣传部"理论粤军"的专项支持项目。蓝皮书的出版还获得了深圳市文化宣传基金的资助，作为"深圳学派"具有标志性意义和海内外学术影响力的代表著作，《中国经济特区发展报告》在介绍以深圳为典型代表的中国经济特区成功经验方面，在传播、宣传中国道路方面发挥着独特的作用。它可谓深圳学派"走出去"的精彩的体现。在这里还要感谢深圳市委市政府的大力支持与资助，这一智慧与远见卓识的决定，会为中国特区发展史、中国改革开放史，乃至中国现代史留下一笔厚重的思想财富。它的意义和价值随着时间的延续将越来越显现出来。在这里还要特别感谢时任深圳市社会科学院院长、市委宣传部副部长，现任深圳市委宣传部常务副部长吴忠同志的支持与帮助，他作为编委会的主任委员不仅为蓝皮书的撰写贡献了思想与政治智慧，同时也给予了切实的资助。还要感谢深圳市宣传文化事业发展专项基金领导小组办公室林久华主任对蓝皮书的支持。可以肯定地说，政府的远见卓识是学术自由发展与繁荣的制度环境保证。

希望蓝皮书在以飨读者的同时，能得到同行和读者的批评与指教。

陶一桃

2017年11月于桑泰丹华府

社会科学文献出版社　　**皮书系列**

❖ 皮书起源 ❖

"皮书"起源于十七、十八世纪的英国,主要指官方或社会组织正式发表的重要文件或报告,多以"白皮书"命名。在中国,"皮书"这一概念被社会广泛接受,并被成功运作、发展成为一种全新的出版形态,则源于中国社会科学院社会科学文献出版社。

❖ 皮书定义 ❖

皮书是对中国与世界发展状况和热点问题进行年度监测,以专业的角度、专家的视野和实证研究方法,针对某一领域或区域现状与发展态势展开分析和预测,具备原创性、实证性、专业性、连续性、前沿性、时效性等特点的公开出版物,由一系列权威研究报告组成。

❖ 皮书作者 ❖

皮书系列的作者以中国社会科学院、著名高校、地方社会科学院的研究人员为主,多为国内一流研究机构的权威专家学者,他们的看法和观点代表了学界对中国与世界的现实和未来最高水平的解读与分析。

❖ 皮书荣誉 ❖

皮书系列已成为社会科学文献出版社的著名图书品牌和中国社会科学院的知名学术品牌。2016年,皮书系列正式列入"十三五"国家重点出版规划项目;2012~2016年,重点皮书列入中国社会科学院承担的国家哲学社会科学创新工程项目;2017年,55种院外皮书使用"中国社会科学院创新工程学术出版项目"标识。

中国皮书网

发布皮书研创资讯，传播皮书精彩内容
引领皮书出版潮流，打造皮书服务平台

栏目设置

关于皮书：何谓皮书、皮书分类、皮书大事记、皮书荣誉、
皮书出版第一人、皮书编辑部

最新资讯：通知公告、新闻动态、媒体聚焦、网站专题、视频直播、下载专区

皮书研创：皮书规范、皮书选题、皮书出版、皮书研究、研创团队

皮书评奖评价：指标体系、皮书评价、皮书评奖

互动专区：皮书说、皮书智库、皮书微博、数据库微博

所获荣誉

2008年、2011年，中国皮书网均在全国新闻出版业网站荣誉评选中获得"最具商业价值网站"称号；

2012年，获得"出版业网站百强"称号。

网库合一

2014年，中国皮书网与皮书数据库端口合一，实现资源共享。更多详情请登录 www.pishu.cn。

权威报告·热点资讯·特色资源

皮书数据库
ANNUAL REPORT(YEARBOOK) DATABASE

当代中国与世界发展高端智库平台

所获荣誉

- 2016年,入选"国家'十三五'电子出版物出版规划骨干工程"
- 2015年,荣获"搜索中国正能量 点赞2015""创新中国科技创新奖"
- 2013年,荣获"中国出版政府奖·网络出版物奖"提名奖
- 连续多年荣获中国数字出版博览会"数字出版·优秀品牌"奖

成为会员

通过网址www.pishu.com.cn或使用手机扫描二维码进入皮书数据库网站,进行手机号码验证或邮箱验证即可成为皮书数据库会员(建议通过手机号码快速验证注册)。

会员福利

- 使用手机号码首次注册会员可直接获得100元体验金,不需充值即可购买和查看数据库内容(仅限使用手机号码快速注册)。
- 已注册用户购书后可免费获赠100元皮书数据库充值卡。刮开充值卡涂层获取充值密码,登录并进入"会员中心"—"在线充值"—"充值卡充值",充值成功后即可购买和查看数据库内容。

数据库服务热线:400-008-6695
数据库服务QQ:2475522410
数据库服务邮箱:database@ssap.cn
图书销售热线:010-59367070/7028
图书服务QQ:1265056568
图书服务邮箱:duzhe@ssap.cn

社会科学文献出版社 皮书系列
SOCIAL SCIENCES ACADEMIC PRESS (CHINA)
卡号:555519784342
密码:

S子库介绍
Sub-Database Introduction

中国经济发展数据库

涵盖宏观经济、农业经济、工业经济、产业经济、财政金融、交通旅游、商业贸易、劳动经济、企业经济、房地产经济、城市经济、区域经济等领域，为用户实时了解经济运行态势、把握经济发展规律、洞察经济形势、做出经济决策提供参考和依据。

中国社会发展数据库

全面整合国内外有关中国社会发展的统计数据、深度分析报告、专家解读和热点资讯构建而成的专业学术数据库。涉及宗教、社会、人口、政治、外交、法律、文化、教育、体育、文学艺术、医药卫生、资源环境等多个领域。

中国行业发展数据库

以中国国民经济行业分类为依据，跟踪分析国民经济各行业市场运行状况和政策导向，提供行业发展最前沿的资讯，为用户投资、从业及各种经济决策提供理论基础和实践指导。内容涵盖农业，能源与矿产业，交通运输业，制造业，金融业，房地产业，租赁和商务服务业，科学研究，环境和公共设施管理，居民服务业，教育，卫生和社会保障，文化、体育和娱乐业等100余个行业。

中国区域发展数据库

对特定区域内的经济、社会、文化、法治、资源环境等领域的现状与发展情况进行分析和预测。涵盖中部、西部、东北、西北等地区，长三角、珠三角、黄三角、京津冀、环渤海、合肥经济圈、长株潭城市群、关中—天水经济区、海峡经济区等区域经济体和城市圈，北京、上海、浙江、河南、陕西等34个省份及中国台湾地区。

中国文化传媒数据库

包括文化事业、文化产业、宗教、群众文化、图书馆事业、博物馆事业、档案事业、语言文字、文学、历史地理、新闻传播、广播电视、出版事业、艺术、电影、娱乐等多个子库。

世界经济与国际关系数据库

以皮书系列中涉及世界经济与国际关系的研究成果为基础，全面整合国内外有关世界经济与国际关系的统计数据、深度分析报告、专家解读和热点资讯构建而成的专业学术数据库。包括世界经济、国际政治、世界文化与科技、全球性问题、国际组织与国际法、区域研究等多个子库。

法律声明

"皮书系列"(含蓝皮书、绿皮书、黄皮书)之品牌由社会科学文献出版社最早使用并持续至今,现已被中国图书市场所熟知。"皮书系列"的LOGO( )与"经济蓝皮书""社会蓝皮书"均已在中华人民共和国国家工商行政管理总局商标局登记注册。"皮书系列"图书的注册商标专用权及封面设计、版式设计的著作权均为社会科学文献出版社所有。未经社会科学文献出版社书面授权许可,任何使用与"皮书系列"图书注册商标、封面设计、版式设计相同或者近似的文字、图形或其组合的行为均系侵权行为。

经作者授权,本书的专有出版权及信息网络传播权为社会科学文献出版社享有。未经社会科学文献出版社书面授权许可,任何就本书内容的复制、发行或以数字形式进行网络传播的行为均系侵权行为。

社会科学文献出版社将通过法律途径追究上述侵权行为的法律责任,维护自身合法权益。

欢迎社会各界人士对侵犯社会科学文献出版社上述权利的侵权行为进行举报。电话:010-59367121,电子邮箱:fawubu@ssap.cn。

社会科学文献出版社